The Hulton Getty Picture Collection

150 Years of Photo Journalism

Jahre Photojournalismus
Jaar Fotojournalistiek

Nick Yapp (Part I)

Amanda Hopkinson (Part II)

KÖNEMANN

(FRONTISPIECE) STEPHANIE STEPHENS AS PETER PAN IN 1915.
(FRONTISPIZ) STEPHANIE STEPHENS ALS PETER PAN, 1915.
(FOTO TEGENOVER TITELBLAD) STEPHANIE STEPHENS IN DE ROL VAN PETER PAN, 1915.

© 1995 Könemann Verlagsgesellschaft mbH
Bonner Straße 126, D-50968 Köln
© 1995 Hulton Getty Picture Collection Ltd
This book is a single-volume version of the 1995 two-volume publication of the same name.

All photographs: drawn from the Hulton Getty Picture Collection, London

This book was produced by The Hulton Getty Picture Collection Ltd
Unique House, 21-31 Woodfield Road, London W9 2BA

Publishing concept: Charles Merullo
Art director: Peter Feierabend
Production manager: Detlev Schaper
Design: Paul Welti
Picture research: Sue Percival, Leon Meyer
Project editor: Elisabeth Ingles
German translation: Birgit Herbst (part I), Manfred Allié (part II)
Dutch translation: TextCase, Groningen
Typesetting: Peter Howard
Colour separation: Imago
Printed and bound by Mateu Cromo Artes, Madrid
Printed in Spain

ISBN 3-8290-5032-1

10 9 8 7 6 5 4

Contents

Inhalt

Inhoud

Part I

1850–1918

Introduction

LIFE was a lottery in the mid-19th century. Whether rich or poor, mother and baby both needed luck to survive the perils of childbirth. Infant mortality rates were terrifyingly high, and cholera, typhus, diphtheria and a dozen other diseases were in constant brooding attendance. Of those who did survive into infancy, childhood and adulthood, the rich lived longer, ate better, had more to enjoy. The poor struggled to exist in bad housing, worked exhausting hours, ailed and died, often in their thirties and forties. The average expectation of life in the industrial world varied from country to country as well as from class to class. In the slums and sweatshops it could be as low as thirty-five; in villas and offices it could be as high as sixty. For white men and women in the ever-extending colonies it could be little more than forty. Death seemed always near at hand and people fervently prayed for a longer, as well as a better, life hereafter.

But if you won the lottery, what a time it was to be alive! Those born in 1850 who were granted their threescore years and ten witnessed a transformation of life on earth hitherto unknown. They entered a world where most people travelled only as fast as a horse could carry them – though steam locomotives were already rattling along at 45 miles an hour (72kph), shocking Queen Victoria, but delighting many. To sail to another land meant a voyage of considerable discomfort, often prolonged by the vagaries of the wind. Most people still lived, worked and died on the land. Anaesthetics were unknown. Family planning was unheard of. Open sewers ran along the centres of even the most fashionable streets in the smartest cities. There was no electricity, and gas, as a fuel for light or heat, was still something of a novelty.

In Europe there was a sprinkling of insecure republics, but in most countries, king or emperor sat firmly on his throne and all was, on the face of it, right with the world. The indigenous North Americans hunted buffalo on the central plains; the interiors of Africa, Australia and South America were unknown to white people; Japan and China were closed communities. The old order prevailed. Dukes and princes, bishops and cardinals hunted for sport and oppressed for a living. To the vast majority, the deliberations of central government were of far less concern than the whims of the local lord. If you were a poor male and wanted to travel, you joined the army. If you were a poor female and wanted to travel, you couldn't.

A lifetime later, so much had changed. A succession of wars had redrawn the frontiers of Europe. Italy and Germany had both forged painful unification. Russia had given birth to a revolution that was to bring hope and terror to millions in almost equal shares. The great empires of Austro-Hungary and Turkey had collapsed. The bitter fight to win the endless arms race had led to breathtaking developments of plane, submarine, machine gun, tank and a multitude of other toys of war. Colonial greed had hacked and dug its way through most of Africa, India and America, and invaded the far-flung islands of the Pacific Ocean. Custer's Last Stand had proved to be the native Americans' last victory, and train excursions of sharpshooters from the Eastern States had all but removed the buffalo from the plains. Scott and Amundsen had raced to the South Pole. To the Norwegian victor had been immediate glory: to the English loser, fame as lasting as his own body in the frozen wastes of that terrible land.

There was electricity, the gramophone, the cinema. Thomas Crapper had invented the flush lavatory, bringing at first disease and dread to those who used it, but, later, hope and health. The internal combustion engine was shunting the horse off the road: the steam traction engine was driving horses from the land. There was town planning. There were underground sewers and underground railways. There were suburbs, skyscrapers, department stores, millionaires, strikes and cheap newspapers. There was mass production and mass consumption. Women had the vote. Men were conscripted into monster armies. Children received education, whether they liked it or not. International sport had been revived – the first time tribes had met in playful rivalry since the ancient Olympic Games. There was the telephone and the telegraph. In 1919, when those born in 1850 would have been venerable, and quite possibly exhausted, Alcock and Brown flew a Vickers Vimy bi-plane across the Atlantic at 100 miles an hour (160kph), just beating the arrival of the Original Dixieland Jazz Band in Europe. The world had shrunk. The 20th century had arrived.

It was the high-water mark of European domination. The United States was rapidly becoming the richest country in the world, but was still looking inwards on itself, pursuing a policy of isolation and loath to become involved in foreign affairs. Europeans constructed the railways that crossed South America and Africa; engineered the canals that joined oceans; and even built an opera house 3,000 miles up the Amazon River.

A PUNCH AND JUDY SHOW IN THE HAYMARKET, LONDON, AROUND 1900.

PUPPENTHEATER AUF DEM HAYMARKET, LONDON, UM 1900.

MARIONETTENTHEATER OP DE HAYMARKET, LONDEN, OMSTREEKS 1900.

Wherever they went, the French took with them the Code Napoléon: the British took a few foxes and packs of hounds. The ports of Europe filled with the riches of the present: cotton, wool, manganese, copper, rubber, tea and coffee, meat and grain. The museums of Europe filled with the riches of the past: gongs, temple bells, statues, jewellery, fossils, amulets, skeletons, whole tombs. In exchange, entire continents received beads, guns and Bibles – and a second-hand language and culture.

But millions benefited from the advance of science and learning, from better housing, from education. Life was still harsh and brutish for many, but at least fewer people risked losing everything in the lottery. More babies survived. Children were healthier. The poor were a little less poor; the rich, for the most part, a little less rich. Some women had professional and social freedom. People ate better food, but probably breathed worse air. The future seemed to hold much.

On pages 16 and 17 is a gallery of some of the most famous – or notorious – figures of the seventy-year period.

Towards the end of this lifetime of achievement, Europe tore itself apart in the worst war in history, a war that nobody wanted. When the guns finally stopped, an exhausted continent had lost its grip on the world. Germany was crippled, defeated, bankrupt. France and Britain had lost a generation of hope and promise. Russia was emerging from the pangs of revolution into the searing pain of civil war. Serbia, Macedonia and Bosnia had disappeared from the map.

President Woodrow Wilson of the United States laid the ground rules for the Treaty of Versailles and then withdrew his troops and his involvement. But the United States had accumulated a massive self-confidence during the war, and was poised for its turn to plunder the rest of the world – including Europe.

Einleitung

IN der Mitte des 19. Jahrhunderts war das Leben ein Glücksspiel. Ob reich oder arm, Mutter und Kind brauchten Glück, um die Gefahren der Geburt zu überleben. Die Kindersterblichkeitsrate war erschreckend hoch, und Cholera, Typhus, Diphtherie und ein Dutzend anderer Krankheiten grassierten. Von denen, die bis zum Erwachsenenalter durchhielten, konnten sich die Reichen, nicht zuletzt aufgrund einer besseren Ernährung, eines längeren und angenehmeren Lebens erfreuen. Die Armen kämpften in schlechten Unterkünften um ihre Existenz, arbeiteten bis zur Erschöp-fung, wurden krank und starben häufig schon zwischen dem dreißigsten und vierzigsten Lebensjahr. Die durchschnittliche Lebenserwartung in der industrialisierten Welt war sowohl von Land zu Land als auch von Klasse zu Klasse verschieden. In den Slums und den Ausbeuterbetrieben wurden die Menschen oft nur 35, in den Villen und Büros jedoch bis zu 60 Jahre alt. Weiße Männer und Frauen, die in den ständig wachsenden Kolonien lebten, hatten eine Lebenserwartung von knapp über 40 Jahren. Der Tod schien überall zu lauern, und die Menschen beteten für ein längeres und besseres Leben im Jenseits.

Wenn man jedoch das große Los gezogen hatte, konnte das Leben herrlich sein. Jene, die 1850 geboren wurden und das siebzigste Lebensjahr erreichten, erlebten bis dahin ungekannte Veränderungen. Sie traten ein in eine Welt, in der die meisten Menschen nur so schnell reisten, wie ein Pferd sie tragen konnte, obwohl die Dampflokomotiven – zum Schrecken von Königin Victoria, aber zur Freude vieler – bereits mit 70 Stundenkilometern dahinratterten. In ein anderes Land zu segeln bedeutete, eine mit beträchtlichen Unannehmlichkeiten verbundene Reise anzutreten, die häufig durch die Unberechenbarkeit des Windes noch verlängert wurde. Die meisten Menschen lebten, arbeiteten und starben noch immer auf dem Land. Betäubungsmittel kannte man nicht, und von Familienplanung hatte man ebenfalls noch nichts gehört. Die Abwässer flossen offen durch die Straßen in den Zentren selbst der elegantesten Städte. Es gab keine Elektrizität, und Gas für Lampen oder Heizungen war noch immer etwas Neues.

In Europa gab es ein paar vereinzelte ungefestigte Republiken, aber in den meisten Ländern saßen Könige oder Kaiser fest auf ihrem Thron, und nach außen hin hatte alles seine Ordnung. In den Ebenen Nordamerikas jagten die Eingeborenen Büffel; das Innere von Afrika, Australien und Südamerika hatte noch kein Weißer gesehen; Japan und China waren geschlossene Gemeinschaften. Die alte Ordnung blieb vorherrschend. Herzöge und Prinzen, Bischöfe und Kardinäle jagten zum Vergnügen und unterdrückten zur Bereicherung. Für die große Mehrheit der Bevölkerung waren die Entscheidungen der zentralen Landesregierung von weitaus geringerer Bedeutung als die Launen ihres Gutsherrn. Mittellose Männer, die reisen wollten, gingen in die Armee, für mittellose Frauen gab es keine solche Möglichkeit.

Eine Generation später hatte sich sehr viel verändert. Eine Reihe von Kriegen hatte die Grenzen Europas verschoben. Sowohl Italien als auch Deutschland hatten einen schmerzhaften Vereinigungsprozeß erlebt. In Rußland hatte sich eine Revolution vollzogen, die für Millionen von Menschen fast ebensoviel Hoffnung wie Schrecken bedeuten sollte. Die großen Reiche Österreich-Ungarn und Türkei waren zusammengebrochen. Der bittere Kampf um den Sieg im Rüstungswettlauf hatte zur atemberaubend schnellen Entwicklung von Flugzeugen, Unterseebooten, Maschinengewehren, Panzern und einer Vielzahl anderer »Kriegsspielzeuge« geführt. Die Gier der Kolonialmächte hatte sich einen Weg durch den größten Teil von Afrika, Indien und Amerika geschlagen und war über die entlegenen Inseln des Pazifischen Ozeans hergefallen. General Custers letztes Gefecht hatte sich als letzter Sieg der amerikanischen Ureinwohner erwiesen, und Trupps von Scharfschützen aus den Oststaaten hatten die Büffel fast vollständig von den Ebenen verschwinden lassen. Scott und Amundsen hatten sich ein Wettrennen zum Südpol geliefert. Dem norwegischen Sieger wurde unmittelbarer Ruhm zuteil, während der britische Verlierer im ewigen Eis dieses grausamen Landes zurückblieb.

Es gab nun Elektrizität, das Grammophon, das Kino. Thomas Crapper hatte das Wasserklosett erfunden und seinen ersten Benutzern Krankheit und Schrecken gebracht, später jedoch Hoffnung und Gesundheit. Der Verbrennungsmotor verdrängte das Pferd von den Straßen, der dampfbetriebene Traktor vertrieb es vom Land. Man betrieb Stadtplanung. Es gab unterirdische Abwasserkanäle und unterirdische Züge. Es gab Vororte, Hochhäuser, Kaufhäuser, Millionäre, Streiks und billige Zeitungen, Massenproduktion und Massenkonsum. Frauen erhielten das Wahlrecht. Männer wurden in Schreckensarmeen eingezogen. Kinder erhielten Erziehung und Ausbildung, ob sie wollten oder nicht. Der internationale Sport war wiederbelebt worden; zum ersten Mal seit den Olympischen Spielen der Antike hatten sich wieder Völker zum spielerischen Wettkampf zusammen-gefunden. Es gab das Telephon und den Fernschreiber. Im Jahre 1919, in dem die 1850 Geborenen mit großer Wahrscheinlichkeit alt und verbraucht gewesen wären, flogen Alcock und Brown in einem Vickers-Vimy-Doppeldecker mit einer Geschwindigkeit von 160 Stundenkilometern über den Atlantik und erreichten Europa kurz vor der Ankunft der Original Dixieland Jazz Band. Die Welt war kleiner geworden. Das zwanzigste Jahrhundert hatte begonnen.

Die europäische Vorherrschaft hatte mittlerweile ihren Höhepunkt erreicht. Die Vereinigten Staaten von Amerika wurden schnell zur reichsten Nation der Welt, waren jedoch noch immer äußerst selbstbezogen und verfolgten eine Politik der Isolation, mit dem erklärten Ziel der Nichteinmischung in fremde Angelegenheiten. Die Europäer bauten Eisenbahnen in Südamerika und in Afrika, sie konstruierten Kanäle, die Ozeane miteinander verbanden, und mitten im Urwald, am Oberlauf des Amazonas, errichteten sie sogar ein Opernhaus. Wo immer sie auch hinkamen, brachten die Franzosen den Code Napoléon und die Briten ein paar Füchse und Jagdhunde mit. Die Häfen Europas füllten sich mit den Reichtümern der Gegenwart: mit Baumwolle, Wolle, Mangan, Kupfer, Kautschuk, Tee und Kaffee, mit Fleisch und Getreide. Die Museen Europas hingegen füllten sich mit den Reichtümern der Vergangenheit: riesige Gongs, Tempelglocken, Statuen, Juwelen, Fossilien, Amulette, Skelette, sogar vollständige Grabanlagen. Im Gegenzug erhielten ganze Kontinente Perlenketten, Gewehre und Bibeln sowie eine Sprache und eine Kultur sozusagen aus zweiter Hand.

Millionen Menschen jedoch profitierten vom Fortschritt der Wissenschaft und den neuen Erkenntnissen, von besserer Unterkunft, Erziehung und Ausbildung. Für viele war das Leben noch immer schwer, aber zumindest liefen weniger Menschen Gefahr, alles in der Lebenslotterie zu verlieren. Mehr Babies überlebten, und die Kinder waren gesünder. Die Armen waren ein bißchen weniger arm und die meisten Reichen ein bißchen weniger reich. Einige Frauen genossen berufliche und soziale Freiheit. Die Menschen ernährten sich besser, atmeten aber schlechtere Luft. Die Zukunft schien vieles bereit-zuhalten.

Auf den Seiten 16 und 17 finden Sie eine Porträtgalerie einiger der berühmtesten – berüchtigtsten – Persönlichkeiten jener fast 70 Jahre zwischen 1850 und 1918.

Gegen Ende dieser Zeit der bahnbrechenden Errungenschaften zerriß sich Europa im verheerendsten Krieg der Geschichte, einem Krieg, den niemand gewollt hatte. Als die Gewehre endlich schwiegen, hatte ein erschöpfter Kontinent seine Macht über die Welt verloren. Deutschland war geschunden, geschlagen und bankrott. Frankreich und Großbritannien hatten eine hoffnungsvolle und vielversprechende Generation verloren. Rußland war dabei, die Schrecken der Revolution gegen die des Bürgerkrieges einzutauschen. Serbien, Mazedonien und Bosnien waren von der Landkarte verschwunden.

Nachdem der Präsident der Vereinigten Staaten, Woodrow Wilson, die Statuten des Versailler Vertrages festgelegt hatte, zog er seine Truppen zurück und überließ Europa seinem Schicksal. Aber die Vereinigten Staaten hatten während des Krieges großes Selbstvertrauen gewonnen und waren bereit, den Rest der Welt – einschließlich Europa – zu plündern.

Inleiding

Halverwege de 19e eeuw was het leven een soort loterij. Rijk of arm, moeder en kind hadden beiden een dosis geluk nodig om de gevaren van de geboorte te overleven. De kindersterfte lag vreselijk hoog en ziekten als cholera, tyfus, difterie en een dozijn andere ziekten vormden een constante bedreiging. Van degenen die volwassen werden, konden de rijken, niet in de laatste plaats door hun betere voeding, een langer en aangenamer leven verwachten. In slechte behuizing vochten de armen om hun bestaan; ze werkten tot ze uitgeput waren, werden ziek en stierven vaak al tussen hun dertigste en veertigste jaar. De levensverwachting in de geïndustrialiseerde wereld verschilde per land en per klasse. De mensen die in achterbuurten woonden en door hun baas uitgebuit werden, werden vaak maar 35; degenen die op kantoor werkten en in villa's woonden wel zestig. Blanke mannen en vrouwen die in de koloniën leefden, hadden een levensverwachting van iets meer dan veertig jaar. De dood leek overal op de loer te liggen en men bad voor een langer en beter leven in het hiernamaals.

Had je een lot uit de loterij, dan kon het leven prachtig zijn. Mensen die rond 1850 werden geboren en zeventig jaar werden, maakten tot dan toe ongekende veranderingen mee. Ze werden geboren in een wereld waarin de meeste mensen slechts zo snel reisden als een paard ze kon dragen, hoewel stoomlocomotieven –tot afgrijzen van koningin Victoria, maar tot vreugde van velen– al met een vaartje van zo'n 70 km per uur voortraasden. Naar een ander land varen betekende een lange reis die met aanzienlijke ongemakken gepaard ging en die door de onberekenbaarheid van de wind vaak nog werd verlengd. De meeste mensen leefden, werkten en stierven nog steeds op het land. Verdovende middelen waren niet bekend en gezinsplanning evenmin. De riolering liep ook in de elegantere stadscentra meestal open over straat, er was geen elektriciteit, gas voor lampen en verwarming was nog steeds een nieuwigheid. Europa kende een paar instabiele republieken, maar in de meeste landen zaten koningen en keizers stevig op hun troon en naar buiten toe was de wereld in orde. De Indianen jaagden op buffels in de Noord-Amerikaanse prairies; geen blanke had de binnenlanden van Afrika, Zuid-Amerika en Australië nog gezien; Japan en China waren gesloten gemeenschappen. De oude orde was het belangrijkst. Hertogen en prinsen gingen op jacht voor hun plezier en onderdrukten om zich te verrijken. Voor de overgrote meerderheid van de bevolking waren de beslissingen van de centrale regering minder belangrijk dan de stemming van hun landeigenaar. Mannen zonder geld die iets van de wereld wilden zien gingen in het leger, voor vrouwen zonder geld bestond die mogelijkheid niet.

Aan het eind van dat leven was er veel veranderd. Een hele reeks oorlogen had de grenzen van Europa verlegd. Italië en Duitsland hadden een pijnlijk proces van eenwording achter de rug. In Rusland had een revolutie plaatsgevonden die voor miljoenen mensen evenveel hoop als verschrikking bracht. De grote rijken Oostenrijk-Hongarije en Turkije waren ingestort. De verbitterde strijd van de wapenwedloop had geleid tot een adembenemende ontwikkeling van vliegtuigen, onderzeeërs, machinegeweren en ander 'oorlogstuig'. De hebzucht van de koloniale machten had zich een weg gebaand door grote delen van Afrika, Indië en Amerika, en had de meest afgelegen eilanden in de Stille Oceaan bereikt. Generaal Custers laatste gevecht bleek de laatste overwinning van de oorspronkelijke inwoners van Amerika te zijn geweest en troepen scherpschutters uit de oostelijke staten hadden de buffel bijna volledig uitgeroeid. Scott en Amundsen hadden een wedloop naar de Zuidpool achter de rug. De winnende Noor viel eeuwige roem ten deel, terwijl de Britse verliezer in het eeuwige ijs van dit wrede werelddeel achterbleef.

Men kende inmiddels elektriciteit, de grammofoon en de bioscoop. Thomas Crapper had het watercloset uitgevonden en de eerste gebruikers ziek gemaakt en schrik aangejaagd, maar later hoop en gezondheid gebracht. De verbrandingsmotor verdrong het paard in het straatbeeld en de tractor verdreef het op het land. Er werd stedenbouw beoefend. Er kwamen ondergrondse rioleringen en ondergrondse treinen. Er kwamen voorsteden, flats, warenhuizen, miljonairs, stakingen en goedkope kranten, massaproductie en massaconsumptie. Vrouwen kregen kiesrecht. Mannen werden in het leger opgeroepen. Kinderen gingen naar school, of ze het nu leuk vonden of niet. De internationale sport kwam voor

THE MONA LISA ARRIVING AT THE
ÉCOLE DES BEAUX ARTS, PARIS.

DIE ANKUNFT DER MONA LISA IN DER
ÉCOLE DES BEAUX ARTS, PARIS.

DE MONA LISA KOMT IN PARIJS AAN BIJ DE ECOLE DES BEAUX-ARTS.

het eerst sinds de Oudheid tot leven; de volkeren ontmoetten elkaar weer in sportieve strijd. Er kwam een telefoon en een telegraaf. In 1919, toen de kinderen uit 1850 waarschijnlijk oud en der dagen zat waren, staken Alcock en Brown in een Vickers Vimy-dubbeldekker de Atlantische Oceaan over met een snelheid van 160 km per uur, waarna ze juist voor aankomst van de Original Dixieland Jazz Band Europa weer bereikten. De wereld was kleiner geworden. De 20e eeuw was begonnen.

De Europese heerschappij had inmiddels haar hoogtepunt bereikt. In hoog tempo werden de Verenigde Staten van Amerika het rijkste land ter wereld, maar het land was nog steeds in zichzelf gekeerd en voerde een isolationistische politiek van niet-inmenging in buitenlandse aangelegenheden. De Europeanen legden spoor-

wegen aan in Zuid-Amerika en Afrika en ze legden kanalen aan, waardoor zeeën en oceanen werden verbonden. Midden in het oerwoud, aan de bovenloop van de Amazone, bouwden ze zelfs een concertgebouw. Waar ze ook kwamen, de Fransen brachten altijd de Code Napoleon mee en de Engelsen een paar vossen en jachthonden. De Europese havens vulden zich met moderne rijkdommen, met katoen, mangaan, koper, rubber, thee en koffie, vlees en granen. En de Europese musea werden gevuld met de rijkdommen uit het verleden: gongs, tempelbellen, beelden, juwelen, fossielen, amuletten, skeletten en zelfs hele graven. Als tegenprestatie kregen hele continenten kralenkettingen, geweren en bijbels en een taal en cultuur uit de tweede hand.

Miljoenen mensen profiteerden van de vooruitgang, van wetenschap, van nieuwe inzichten, betere behuizing, opvoeding en opleiding. Weliswaar was het leven voor velen nog steeds zwaar, maar minder mensen liepen het risico alles te verliezen in de loterij van het leven. Meer baby's bleven in leven, kinderen werden gezonder. De armen waren iets minder arm en de meeste rijken een beetje minder rijk. Sommige vrouwen waren vrij in hun beroepskeuze. De mensen aten beter, maar ademden slechtere lucht in. De toekomst leek het een en ander in petto te hebben. Op de bladzijden 16 en 17 ziet u een portretgalerij van beroemde −en beruchte− persoonlijkheden uit die periode van 70 jaar.

Tegen het eind van die periode van baanbrekende vernieuwingen, brak in Europa de verschrikkelijkste oorlog uit de geschiedenis uit, een oorlog die niemand had gewild. Toen de wapens werden neergelegd, had het uitgeputte continent zijn heerschappij over de wereld verloren. Duitsland was aangeslagen, verslagen en bankroet. Frankrijk en Groot-Brittannië waren een hele generatie jonge mannen kwijtgeraakt. Rusland stond op het punt de verschrikkingen van de revolutie in te ruilen voor die van de burgeroorlog. Servië, Macedonië en Bosnië waren zelfs van de landkaart verdwenen.

Nadat de president van de Verenigde Staten, Woodrow Wilson, de statuten van het verdrag van Versailles had uitgewerkt, trok hij zijn troepen terug en liet hij Europa over aan zijn lot. Maar de Verenigde Staten hadden door de oorlog zelfvertrouwen gekregen en stonden klaar de rest van de wereld −Europa incluis− te plunderen.

CHARLES DARWIN

GENERAL WILLIAM BOOTH

ADELINA PATTI

KARL MARX

EMPRESS ELISABETH

CHARLES BAUDELAIRE

OSCAR WILDE

CAMILLO CAVOUR

GIOACCHINO ROSSINI

OTTO VON BISMARCK

AUGUST STRINDBERG

QUEEN VICTORIA

GIUSEPPE MAZZINI

FLORENCE NIGHTINGALE

ENRICO CARUSO

RICHARD WAGNER

GEORGE BERNARD SHAW

NAPOLÉON III

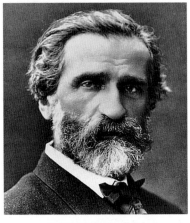

GIUSEPPE VERDI

WINSTON CHURCHILL

EUGÈNE DELACROIX

HARRIET BEECHER STOWE

WILLIAM GLADSTONE

GRIGORI RASPUTIN

2   3

IT was a time of rapid change in country life. Farmworkers and their families left the fields to trudge to the city and seek work in the factories. Steam-driven new machines replaced men and beasts on the land, and the old rhythms of rural life died away or were pushed aside. But itinerant sheep-shearers still found plenty of work in the summer (2); the farmer's wife tended the geese that pecked in the yard (1); and teams of horses or oxen ploughed furrows as straight as the eye of man could dictate (3).

DIE Menschen auf dem Land erlebten eine Zeit der schnellen Veränderungen. Landarbeiter und ihre Familien verließen die Felder und zogen in die Städte, um Arbeit in den Fabriken zu suchen. Dampfbetriebene neue Maschinen ersetzten Menschen und Tiere, und der alte Rhythmus des

Landlebens kam zum Stillstand oder wurde verdrängt. Umherreisende Schafscherer jedoch fanden im Sommer noch immer genügend Arbeit (2); die Frau des Bauern hütete die Gänse, die auf dem Hof pickten (1), und Pferde- und Ochsengespanne pflügten schnurgerade Furchen (3).

HET platteland veranderde in rap tempo. Boeren en hun families trokken naar de steden om werk te zoeken in de fabrieken. De nieuwe stoommachines vervingen mensen en dieren, en het oude ritme van het plattelandsleven werd stilgezet of verdrongen. Maar de rondtrekkende schaapscheerders hadden in de zomer nog steeds voldoende werk (2); de boerin hoedde de ganzen op het erf (1) en ingespannen paarden en ossen trokken kaarsrechte voren (3).

1

2

STEAM traction engines first appeared in the 1860s (2). They were cumbersome, but powerful and reliable for ploughing, harrowing, reaping, threshing. On smaller farms, man still provided much of the power – father and son moved in line to rake the hay

(1). Much of the work on this English turkey farm would have been seasonal (5), and plucking poultry was traditionally a woman's job (3). There was still plenty of wildlife to be stalked and shot (4), and conservation never entered anyone's head.

DAMPFBETRIEBENE Traktoren tauchten zum ersten Mal in den 1860er Jahren auf (2). Sie waren schwer zu manövrieren, aber leistungsstark und verläßlich und konnten für viele Aufgaben eingesetzt werden – zum Pflügen, Eggen, Mähen und Dreschen. Auf kleineren Farmen bewältigte noch immer der Mensch den größten Teil der Arbeit; Vater und

3

4

5

Sohn bewegten sich in einer Reihe und harkten das Heu (1). Ein Großteil der Arbeit auf dieser englischen Truthahnfarm war saisonbedingt (5), und das Rupfen des Geflügels war traditionsgemäß Aufgabe der Frauen (3). Es gab noch immer viele wilde Tiere, auf die man Jagd machen konnte (4), und niemand dachte an Naturschutz.

DOOR stoom aangedreven tractoren verschenen voor het eerst rond 1860 (2). Ze waren moeilijk te manoeuvreren, maar sterk en betrouwbaar en konden voor veel taken worden gebruikt: ploegen, eggen, maaien en dorsen. Op de kleinere boerderijen deden nog steeds mensen het grootste deel van het werk; vader en zoon liepen

achter elkaar en vergaarden het hooi (1). Een groot deel van het werk op deze Engelse kippenfarm was seizoenarbeid (5). Het plukken van het gevogelte was traditioneel vrouwenwerk (3). Er waren nog steeds veel wilde dieren waarop je kon jagen (4); aan dierenbescherming dacht nog niemand.

B Y the second half of the 19th century fruit and vegetable growers used cloches (1) to lengthen the growing season. Regular train services ensured that the crops reached market while still fresh. This changed people's tastes – and in the boom years of the 1860s, 1870s, and 1890s there was more money to spend on food. Scratching a living from the land had become a little less back-breaking (2).

I N der zweiten Hälfte des 19. Jahrhunderts verwendeten Obst- und Gemüsezüchter Glasglocken (1), um die Reifezeit zu verlängern. Regelmäßige Bahntransporte sorgten dafür, daß die Ernte den Markt erreichte, solange sie frisch war. Dieser Umstand hatte Einfluß auf den Geschmack der Menschen, und in der Blütezeit der 60er, 70er und 90er Jahre des 19. Jahrhunderts gab man mehr Geld für Essen aus. Sich seinen Lebensunterhalt auf dem Land zu verdienen war etwas weniger anstrengend geworden (2).

V ANAF de tweede helft van de 19e eeuw gebruikten groente- en fruittelers stolpen om het seizoen te verlengen (1). Regelmatige treinverbindingen zorgden ervoor dat de oogst vers op de markt aankwam. Dat had invloed op de smaak van de mensen. Gedurende de bloeiperiode van de jaren '60, '70 en '90 van de 19e eeuw werd meer geld aan eten uitgegeven. Het was iets minder zwaar geworden om op het land in je levensonderhoud te voorzien (2).

1

THERE were still many parts of Europe where charcoal was used to smelt iron, and in woods and coppices the charcoal burners made their smoking puddings (1), damping down the wet turf that covered the fires and ensured the wood smouldered steadily within, never bursting into flame. But it took nearly 7400 acres (3,000 hectares) of woodland to supply an average-sized furnace with enough charcoal. In flat waterlands, reeds were cut and bundled (2), and stored in reed-ricks to dry and await the coming of thatchers, for thatch was still a cheap and popular roofing material.

IN vielen Teilen Europas wurde noch immer Holzkohle zum Schmelzen von Eisen verwendet, und in den Wäldern bereiteten die Köhler ihren rauchenden Brei (1), indem sie den feuchten Torf, der die Feuer bedeckte, abdämpften und darauf achteten, daß das Holz darunter gleichmäßig verglühte und keine Flammen schlug. Es waren jedoch fast 3000 Hektar Wald erforderlich, um einen Ofen von durchschnittlicher Größe mit genügend Holzkohle zu speisen. In flachen, wasserreichen Gegenden wurde Schilf geschnitten, gebündelt (2) und in Reetschobern zum Trocknen gelagert, bis die Dachdecker kamen, denn Reet war noch immer ein billiges und beliebtes Material zum Decken von Dächern.

IN EEN groot deel van Europa werd nog steeds houtskool gebruikt om ijzer te smelten en in de bossen brandden de houtskoolbranders hun rokende plakken (1). Ze maakten de turf nat en zorgden ervoor dat het hout eronder gelijkmatig verkoolde en niet ontvlamde. Om een ertsoven van gemiddelde omvang te voorzien van voldoende houtskool, was een oppervlak van 3000 ha bos nodig. In vlakke, waterrijke gebieden werd riet gesneden, gebundeld (2) en opgeslagen in riethutten om te drogen tot de dakdekkers kwamen. Riet was nog steeds een geliefd en goedkoop materiaal voor dakbedekking.

2

(*Overleaf*)

THE scene is peaceful enough: a crofter's house on the Shetland Isles. This was the romantic view of rural life in the late 19th century. The reality was less idyllic. Many farmworkers faced redundancy and eviction from their tied cottages. This photograph was probably taken within a few years of the Crofters' War, when police and soldiers fought men and women on these remote Scottish islands.

(*Folgende Seiten*)

DIESE idyllische Szene zeigt das Haus eines Kleinpächters auf den Shetlandinseln. Dies war die romantische Sicht des Landlebens im späten 19. Jahrhundert. Aber die Realität war weniger idyllisch. Viele Bauern sahen sich mit Arbeitslosigkeit und der anschließenden Vertreibung aus ihren gepachteten Hütten konfrontiert. Diese Photographie wurde vermutlich wenige Jahre vor dem »Crofters' War«, dem Krieg der Kleinpächter, aufgenommen, als Polizei und Soldaten gegen die Männer und Frauen auf diesen fernen schottischen Inseln kämpften.

(*blz. 26/27*)

DIT VREDIGE tafereeltje toont het huis van een kleine boer op de Shetland Islands. Zo was de romantische kijk op het boerenleven in de late 19e eeuw. De werkelijkheid was minder idyllisch. Veel boeren werden werkloos en moesten hun gepachte huis verlaten. Deze foto werd waarschijnlijk een paar jaar voor de 'Crofter's War' gemaakt, toen politie en leger werden ingezet tegen de mannen en vrouwen op deze verre Schotse eilanden.

OCCASIONALLY there were moments of rest for those who worked the land – time to lean on the gate and indulge in a little courting, or at least fancying (1). Gleaners (2), however, had to work quickly. Any grain they saved was collected by the local miller, who ground it into flour. But, for all the back-breaking work, long hours and total submission to the landlord's authority, the countryside was still a good place to bring up children (3).

FÜR die Landarbeiter gab es manchmal Momente der Ruhe – Zeit, sich an das Tor zu lehnen und ein wenig zu freien oder zumindest zu flirten (1). Ähren-leserinnen (2) jedoch hatten wenig Zeit zum Verschnaufen. Jedes Korn, das sie retteten, wurde vom Müller gesammelt, der es zu Mehl vermahlte. Aber trotz der vielen Stunden ermüdender Arbeit und der totalen Unterwerfung unter die Autorität des Gutsbesitzers war das Land ein guter Platz, um Kinder großzuziehen (3).

SOMS hadden de boeren rust – tijd om tegen de poort te leunen en een beetje te vrijen of te flirten (1). Arenleessters (2) daarentegen hadden maar weinig tijd om op adem te komen. Elk graantje dat ze meennamen, werd door de molenaar vermalen tot meel. Maar ondanks de vele uren arbeid en de totale onderworpenheid aan de landeigenaar, was het platteland een geschikte plaats om kinderen op te voeden (3).

2

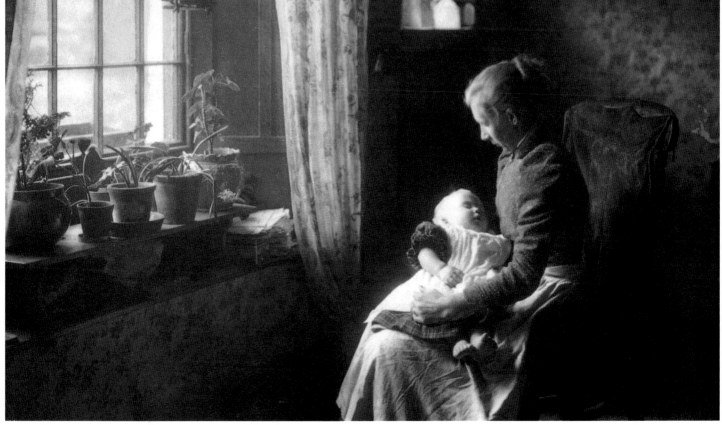

3

3

IMPROVED road and rail transport also led to an increased demand for fresh fish. Ports throughout the world were busy, bustling places, with fleets of boats discharging their catches of herring, sardine, cod, tuna, mackerel, flatfish and all the riches of the sea (1). Fishing was a labour-intensive industry. The old harbour at Scarborough, England (2), employed as many ashore as it did afloat – gutting, cleaning and packing the daily catch. In ports like Blankenberge, Belgium (3), fishermen followed the old routines of repairing the nets and baskets in which they made their catch.

DER verbesserte Straßen- und Schienentransport führte auch zu einer erhöhten Nachfrage nach frischem Fisch. Die Häfen in der ganzen Welt waren geschäftige Orte, wo unzählige Boote ihre Fänge abluden: Heringe, Sardinen, Kabeljau, Thunfisch, Makrelen, Schollen und alle Reichtümer des Meeres (1). Die Fischerei war eine bedeutender Industriezweig. Der alte Hafen von Scarborough in England (2) beschäftigte ebenso viele Menschen auf See wie an Land, um die täglichen Fänge auszunehmen, zu säubern und zu verpacken. In Häfen wie Blankenberge in Belgien (3) folgten die Fischer ihrer alten Gewohnheit und flickten die Netze und Reusen, mit denen sie ihre Fänge machten.

DE betere verbindingen over weg en spoor deden ook de vraag naar verse vis toenemen. In de hele wereld waren havens bedrijvige plaatsen waar ontelbare boten hun vangst afleverden: haring, sardines, kabeljauw, tonijn, makreel, schol en andere rijkdommen uit de zee (1). De visserij werd een belangrijke industrietak. In de oude haven van Scarborough in Engeland (2) werkten evenveel mensen op zee als aan land om de dagelijkse vangst te sorteren, schoon te maken en in te pakken. In havens als Blankenberge in België (3) boeten de vissers hun netten al eeuwen op dezelfde manier.

FOR centuries before these photographs were taken, the people of Copenhagen had hauled a living from the North Sea. Catches were loaded into tanks (1), to keep them fresh until they reached the old port. The fish were then gutted on the quayside, and loaded into boxes or baskets for sale (2, 3). It was good food, but prices were as low as the market could force them, and the men who went to sea and the women who sold what they caught earned barely enough to survive.

BEREITS Jahrhunderte bevor diese Aufnahmen gemacht wurden, hatten die Einwohner von Kopenhagen von der Nordsee gelebt. Die Fänge wurden in Wasserbecken (1) verladen, um sie so bis zur Ankunft im alten Hafen frisch zu halten. Der Fisch wurde dann am Kai aus–

genommen und zum Verkauf in Kisten oder Körbe gefüllt (2, 3). Fisch war ein gutes Nahrungsmittel, aber die Preise waren so niedrig, wie der Markt sie drücken konnte, und die Männer, die zur See fuhren, und die Fischverkäuferinnen verdienten kaum genug, um zu überleben.

AL eeuwen voordat deze foto's werden gemaakt, leefden de inwoners van Kopenhagen van de zee. De vangst werd in waterbassins (1) overgeladen, zodat ze tot de aankomst in de haven vers bleef. In de haven werd de vis gesorteerd en in

kratten en manden te koop aangeboden (2, 3). Vis was gezond, maar de prijzen waren zo laag als de markt ze maar kon drukken, waardoor de vissers en visverkoopsters amper genoeg verdienden om te overleven.

BY the 1870s the process of preserving food by canning was well established, and the entire economic system of food production and trade was never the same again. The salmon rivers of British Columbia, Canada (photographed by Todd in the 1890s) were abundant larders. Hauling 30 lb (15 kg) salmon from the cold, clear, clean water was as easy as shelling peas. Salmon was the staple food of the Indian tribes indigenous to the region.

IN den 1870er Jahren hatte sich die Haltbarmachung von Lebensmitteln in Konserven durchgesetzt und das gesamte System von Nahrungsmittelherstellung und -handel revolutioniert. Die Lachsflüsse von British Columbia in Kanada (in den 1890er Jahren von Todd photographiert) waren übervolle Speisekammern. Fünfzehn Kilogramm Lachs aus dem kalten, klaren

und sauberen Wasser zu fangen war so einfach wie Erbsenschälen. Lachs war das Grundnahrungsmittel der in dieser Region lebenden Indianerstämme.

VANAF 1870 werden levensmiddelen steeds vaker geconserveerd, waardoor het hele systeem van productie en handel in levensmiddelen een revolutie onderging. De zalmrivieren van Brits Columbia in Canada (in de jaren '90 gefotografeerd door Todd) waren overvolle voorraad-schuren. Vijftien kilo zalm uit het koude, heldere water halen was net zo gemak-kelijk als boontjes doppen. Zalm was het belangrijkste voedingsmiddel van de Indianenstammen die hier leefden.

Street Life

IT was always cheaper to sell on the street than to rent a shop. Cities were crowded with all kinds of tinkers, pedlars and wandering traders who had lost their country customers as people moved from the land. Hours were long. 'Why, I can assure you,' said one London street trader, 'there's my missus – she sits at the corner of the street with fruit... she's out from ten in the morning till ten at night.' Earnings were poor for the army of knife-grinders, shrimp-sellers, old-clothes dealers, window-menders, boot-blacks and flower-sellers.

For the old blind beggar, with his tray of almanacs, bootlaces, brushes and pencils (1), life was a desperate struggle, with only his dog for support. 'We must either go to the workhouse or starve. If we go to the workhouse, they'll give us a piece of dry bread and abuse us worse than dogs.'

At the top end of the scale was Cast-Iron Billy (3, overleaf), one of the most famous omnibus drivers in London in the 1870s, portrayed in neat billycock hat and shining shoes in John Thomson's photograph. Near the bottom of the scale was the match-seller (4, overleaf), who relied as much on charity as on custom. The flower-sellers (2) probably had their pitch in the middle of the road to avoid being charged by the police with obstructing the pavement.

1

2

3

4

Es war stets billiger, seine Waren auf der Straße zu verkaufen, als einen Laden zu mieten. Die Städte waren überfüllt mit Kesselflickern, Hausierern und fahrenden Händlern, die ihre Kundschaft auf dem Land verloren hatten, als die Menschen in die Städte zogen. Die Tage waren lang. »Sie können mir glauben«, sagte ein Londoner Straßenhändler, »meine Frau dort drüben sitzt an der Straßenecke und verkauft Obst ... sie ist von morgens um zehn bis abends um zehn draußen.« Die unzähligen Scherenschleifer, Krabbenverkäufer, Altkleiderhändler, Schuhputzer und Blumenverkäufer verdienten wenig.

Für den blinden alten Bettler mit seinem Bauchladen voller Kalender, Schnürsenkel, Bürsten und Bleistifte (1) war das Leben ein bitterer Kampf, in dem ihm nur sein Hund zur Seite stand. »Wir müssen entweder ins Armenhaus oder verhungern. Wenn wir ins Armenhaus gehen, geben sie uns ein Stück trockenes Brot und behandeln uns schlimmer als Hunde.«

Am obersten Ende der sozialen Leiter stand Cast-Iron Billy (3), einer der berühmtesten Omnibusfahrer im London der 1870er Jahre, der in dieser Photographie von John Thomson mit feiner Melone und blankpolierten Schuhen zu sehen ist. Am unteren Ende der Leiter stand die Zündholzverkäuferin (4), die ebensosehr auf Almosen wie auf zahlende Kunden angewiesen war. Die Blumenverkäuferinnen (2) hatten ihren Stand vermutlich auf dem Mittelstreifen der Straße, um eine Geldstrafe wegen Blockierung des Gehsteigs zu vermeiden.

Het was altijd goedkoper je waar op straat aan te bieden dan een winkel te huren. De steden waren vol ketellappers, venters en trekkende handelaars, die hun klandizie op het land waren kwijtgeraakt toen de mensen naar de steden trokken. De dagen waren lang. "Geloof me," zei een Londense straatventer, "mijn vrouw verkoopt groente en ze is van 's ochtends tien tot 's avonds tien buiten." De talloze scharensliepen, garnalenverkopers, lompenhandelaars, schoenpoetsers en bloemenverkoopsters verdienden maar bitter weinig.

Voor de oude blinde bedelaar met zijn kalenders, veters, borstels en potloden (1) was het leven een hard gevecht waarin hij alleen werd gesteund door zijn hond. "We moeten naar het armenhuis of verhongeren. Als we naar het armenhuis gaan, krijgen we een stuk brood en worden we slechter behandeld dan een hond."

Op het bovenste deel van de sociale ladder stond Cast-iron-Billy (3), een van de beroemdste buschauffeurs van Londen, rond 1870 door John Thomson gefotografeerd met bolhoed en glanzend gepoetste schoenen. Bijna helemaal onderaan stond de luciferverkoopster (4), die even afhankelijk was van aalmoezen als van betalende klanten. De bloemenverkoopster (2) had haar handel waarschijnlijk midden op straat om een bekeuring wegens het blokkeren van het trottoir te voorkomen.

INDIA was repeatedly plagued by famine. British officials there took it as a fact of life. But there was always food to be found in luckier parts of the sub-continent. An Indian sweet-seller's shop (1), open to the street, might be plagued with flies, but there were plenty of tempting sweetmeats, biscuits and nuts. In Egypt, shoe-pedlars (2) trudged the dusty streets, their wares slung round their necks.

INDIEN wurde wiederholt von Hungersnöten heimgesucht. Für die britischen Beamten dort gehörte das zum Leben. In den gesegneteren Teilen des Subkontinents jedoch gab es immer etwas zu essen. Der zur Straße hin offene Laden eines indischen Süßwarenverkäufers (1) mochte zwar voller Fliegen sein, aber es gab viele verlockende Leckereien, Kekse und Nüsse. In Ägypten durchstreiften Schuhverkäufer (2) mit ihren um den Hals gehängten Waren die staubigen Straßen.

INDIA werd regelmatig geteisterd door hongersnood. Voor de Britten ter plekke hoorde dat erbij. Maar in de gelukkiger streken van het subcontinent was altijd wel wat te eten. Het kraampje van een Indiase snoepverkoper (1) zit weliswaar onder de vliegen, maar er liggen veel aantrekkelijke lekkernijen, koeken en noten. In Egypte trokken schoenverkopers (2) met hun waar om hun nek gebonden door de stoffige straten.

IN 1853 Commander Perry of the US
Navy sailed into Edo (now Tokyo)
harbour, and Japan's determined isolation
from the rest of the world was rudely
interrupted. A dozen years later, the
Italian-born photographer Felice Beato
recorded scenes of everyday life in a society
that was about to change dramatically.
Japanese shampooers were wealthy,
privileged, and usually blind. They were
wandering workers, advertising their
approach by blowing on bamboo whistles.
They were much in demand to massage
away the pains of rheumatism, headaches,
and the stresses and strains of the body.

IM Jahre 1853 lief Commander Perry von
der US Navy in den Hafen von Edo
(dem heutigen Tokio) ein, und Japans
Isolation vom Rest der Welt wurde jäh
durchbrochen. Zwölf Jahre später hielt der
in Italien geborene Photograph Felice
Beato Szenen aus dem Alltag einer Gesellschaft fest, die im Begriff war, sich radikal
zu verändern. Japanische Haarwäscher
waren reich, privilegiert und meistens
blind. Sie waren Wanderarbeiter und kün-
digten ihre Ankunft in einer Stadt mit
Bambuspfeifen an. Ihre Dienste waren sehr
gefragt, denn sie konnten rheumatische
Schmerzen, Kopfschmerzen und die Ver-
spannungen des Körpers durch Massagen
lindern.

IN 1853 zeilde Commander Perry van de
US Navy de haven van Edo (het huidige
Tokyo) binnen. Er kwam abrupt een einde
aan het isolement van Japan van de rest van
de wereld. Twaalf jaar later legde de Italiaanse fotograaf Felice Beato taferelen vast
uit een maatschappij die op het punt stond
radicaal te veranderen. Japanse haarwassers
waren rijk, hadden privileges en waren
meestal blind. Ze trokken rond en kondigden hun intocht aan op bamboefluiten. Er
was veel vraag naar hun diensten, want ze
verlichtten reumatische pijnen, hoofd-
pijnen en spanningen door middel van
massages.

1

2

3

WHILE some moved from house to house, other traders had permanent shops, open to the street. Lanterns were made of split bamboo cane and thin paper, painted by hand (1). Ya-tai-mise (2) were refreshment stalls, set up at busy street corners, with small charcoal fires over which tea was prepared and a little cooking done. No respectable Japanese patronized these street-traders, who supplied the working coolies. The saki-seller (3) was an itinerant trader providing weak, sweet rice beer, flavoured with mint or salt.

WÄHREND einige japanische Händler von Haus zu Haus zogen, besaßen andere feste, zur Straße hin offene Läden. Laternen wurden aus gespaltenen Bambusrohren und dünnem Papier gefertigt und von Hand bemalt (1). An geschäftigen Straßenecken wurden die Ya-tai-mise (2) aufgestellt, Erfrischungsstände, in denen kleine Holzkohlefeuer brannten, auf denen man Tee und kleine Mahlzeiten zubereitete. Kein angesehener Japaner behandelte diese Straßenhändler, die die Tagelöhner versorgten, mit Herablassung. Der Sakeverkäufer (3) war ebenfalls ein umherziehender Händler, der dünnen, süßen, mit Minze oder Salz aromatisierten Reiswein feilbot.

SOMMIGE Japanse handelaars trokken van huis naar huis, andere hadden open winkels langs de straat. Ze maakten lantaarns van gespleten bamboe en dun, handbeschilderd papier (1). Op drukke straathoeken verschenen Ya-tai-mise (2), kioskjes waar een houtskoolvuur brandde en thee en kleine maaltijden werden geserveerd. Een Japanner met aanzien behandelde die straatventers en dagloners niet met minachting. De sakeverkoper (3) trok ook rond. Hij bood slap, zoet rijstbier aan, op smaak gebracht met zout of munt.

SELLING papers (1) provided a regular, if scant, living. The first cheap mass-circulation newspapers were founded in the 1890s. Toys (2) were a more seasonal trade, and the streets at Christmas were thronged with toy-sellers. In the 1860s eggs used to be suspended in these wire baskets in huge jars of preservative (3).

DER Verkauf von Zeitungen (1) sicherte ein zwar mageres, aber regelmäßiges Einkommen. Die ersten billigen Massen-zeitungen wurden in den 1890er Jahren gegründet. Der Handel mit Spielzeug (2) war dagegen eher ein saisonbedingtes Geschäft, und in der Weihnachtszeit waren die Straßen überfüllt von Spielzeugver-käufern. In den 1860er Jahren war es üblich, Eier in solchen Drahtkörben in große Frischhaltegläser zu hängen (3).

KRANTEN verkopen leverde een klein, maar regelmatig inkomen op (1). De eerste goedkope massakranten kwamen op in de jaren '90. De handel in speelgoed (2) was seizoenafhankelijk; gedurende de kersttijd zag je overal speelgoedverkopers. In de jaren '60 was het gebruikelijk eieren in draadconstructies in grote glazen te bewaren (3).

2

3

1

2

3

4

THE crippled seller of medicines (1) peddled cough preventions, peppermints, Herbal Pills and lozenges. In the 1890s it was the public disinfectors' job to sanitize the streets after an outbreak of smallpox (2). Street musicians (3) relied largely on children for an audience. The signwriter (4) was a Parisian who was befriended by the novelist George Moore. The street chemist (5) did a surprisingly good trade, but there was too much competition for the toy-sellers (6). The dealer in fancy ware (7) claimed: 'Saturday and Monday nights are our best times; when the people are looking through a glass of gin our things seem wonderfully tempting.'

DER verwachsene Arzneiverkäufer (1) hausierte mit Hustenmitteln, Pfefferminze, Kräuterpillen und Pastillen. In den 1890er Jahren bestand die Aufgabe der städtischen Desinfektoren (2) unter anderem darin, die Straßen nach einer Pockenepidemie zu desinfizieren. Das Publikum der Straßenmusiker (3) waren meist Kinder. Der Schildermaler (4) war ein Pariser, befreundet mit dem Romancier George Moore. Der Straßenapotheker (5) machte mit Stärkungsmitteln und Elixieren erstaunlich gute Geschäfte, aber unter den Spielzeugverkäufern war die Konkurrenz einfach zu groß (6). Der Verkäufer von Geschenkartikeln (7) behauptete: »Samstags und montags abends machen wir unsere besten Geschäfte; wenn die Leute durch ein Glas Gin schauen, erscheinen unsere Sachen unheimlich verlockend.«

BIJ de gehandicapte medicijnenverkoper (1) kon je hoestdrankjes, pepermunt, kruidenpillen en pastilles krijgen. De stedelijke desinfector (2) ontsmette in de jaren '90 de straten na een pokken-epidemie. Het publiek van straatmuzikanten (3) bestond meestal uit kinderen. De schilder (4) kwam uit Parijs en was bevriend met de schrijver George Moore. De straatapotheek (5) deed verbluffend goede zaken met versterkende middelen en elixers, maar tussen de speelgoedverkopers (6) was de concurrentie gewoon te groot. De verkoopster (7) van cadeaus beweerde: "Zaterdag en maandagavond doen we de beste zaken. Als de mensen door een glas gin kijken, lijken onze spullen heel aantrekkelijk."

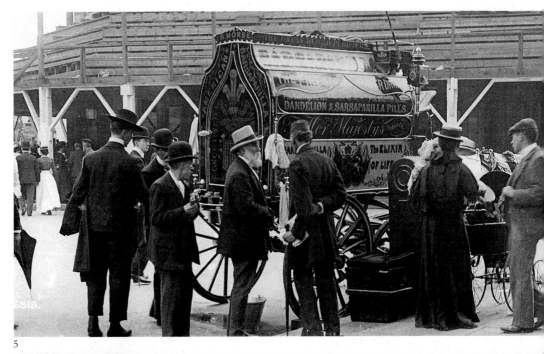

5

6

7

For the knife-grinder (1) trade was regular – meat was tough. By 1912, the motor car would have destroyed much of the whip-minder's trade (2). The cat-and-dog meat man (3) could always attract customers.

Für den Scherenschleifer (1) lief das Geschäft recht gut, denn das Fleisch war meist zäh. Die Existenz der Peitschen-hüterin (2) war um 1912 durch die zunehmende Motorisierung bedroht. Der Fleischer für Hunde und Katzen (3) zog dagegen immer Kunden an.

De scharensliep (1) deed meestal goede zaken, want het vlees was vaak taai. Het werk van deze Londense zweep-bewaarster (2) werd rond 1912 bedreigd door de toenemende motorisatie. De honden- en kattenslager (3) had altijd klanten.

3   2

1

2

3

4

THE Neapolitan lemonade and ice-cream seller (1) had a stall that was both sturdy and ornate – the pride and joy and the living of the entire family, and an impressive contrast to the humble barrow of his London counterpart (2). The shellfish stall holder (3) told the photographer (Thomson): 'Find out a prime thirsty spot, which you know by the number of public houses it supports. Oysters, whelks and liquor go together invariable.' The Japanese fishmonger (4) carried dried or salted salmon and tuna fish tied to his long bamboo pole. In Cairo, the lemonade seller (5) offered refreshing glasses on small brass trays, while his London counterpart (6) sold a mixture of sherbet and water.

DER neapolitanische Limonaden- und Eiscremeverkäufer (1) besaß einen Stand, der nicht nur stabil, sondern auch reich verziert war. Er war der Stolz, die Freude und der Lebensunterhalt der ganzen Familie und stand in beeindruckendem Kontrast zu seinem bescheidenen Londoner Pendant (2). Der Inhaber des Schalentierstandes (3) empfahl dem Photographen (Thomson): »Suchen Sie sich einen Platz, wo die Leute ihren Durst löschen, dort, wo es viele Pubs gibt. Austern, Wellhornschnecken und Alkohol gehören einfach zusammen.« Der japanische Fischhändler (4) trug getrockneten oder gesalzenen Lachs und Thunfisch in Schalen, die an einem langen Bambusstab hingen. In Kairo bot der Limonadenverkäufer (5) erfrischende Getränke auf kleinen Messingtabletts an, während sein Londoner Kollege (6) eine Mischung aus Brause und Wasser verkaufte.

DE Napolitaanse ijs- en limonadeverkoper (1) had een kraam die niet alleen stabiel was, maar tevens rijk versierd. Hij was de trots van de familie die hij onderhield en hij vormde een groot contrast met zijn bescheiden Londense collega (2). De schaaldierverkoper (3) adviseerde de fotograaf (Thomson): "Zoek een plek waar mensen hun dorst lessen, waar veel pubs zijn. Oesters, slakken en alcohol horen gewoon bij elkaar." De Japanse visboer (4) droeg gedroogde, gepekelde tonijn en zalm in schalen aan een bamboestok met zich mee. De limonadeverkoper uit Caïro (5) bood zijn versnapering aan op kleine messing schaaltjes, terwijl zijn Londense collega (6) een mengsel van prik en water verkocht.

5

6

WATER from the well, milk from the cart. All over the world milk was brought to the customer. Fresh, it was claimed, and unadulterated and undiluted. There were always rumours of what could be done with chalk and water, but the real danger came more from the unhygienic circumstances in which cows were milked than from fraudulent practices. Regular customers had their own jugs and measures, filled straight from the churn – in the case of this Welsh supplier (1) – or from jars – in the case of the Argentinian milkman (2).

WASSER aus der Quelle, Milch vom Karren. In der ganzen Welt wurde die Milch zum Kunden gebracht. Frisch mußte sie sein, nicht gepanscht und nicht verdünnt. Es kursierten immer Gerüchte, was man mit Kalk und Wasser alles machen könne, aber die wirkliche Gefahr waren eher die unhygienischen Bedingungen, unter denen die Kühe gemolken wurden, als betrügerische Machenschaften. Stammkunden hatten ihre eigenen Kannen und Meßbecher und füllten diese, wie bei dem walisischen Lieferanten (1), direkt aus der Milchkanne oder, wie bei diesem argentinischen Milchmann, vom Faß (2).

WATER uit de bron, melk van de kar. Overal ter wereld werd melk rondgebracht. De melk moest vers zijn, er mocht niet mee geknoeid zijn en hij mocht niet verdund zijn. Er deden voortdurend geruchten de ronde over wat je kon doen met kalk en water, maar de enige echte bedreiging vormden de onhygiënische toestanden waaronder de koeien werden gemolken, niet het eventuele bedrog. Vaste klanten hadden hun eigen kannen en maatbekers en tapten, zoals bij deze melkman in Wales (1), direct uit de tank, of, zoals bij de Argentijnse melkman, uit een vat (2).

AT the beginning of the 20th century, food shops were better stocked than ever before. The grocer's window (2), the greengrocer's display (1) and the Italian delicatessen (4) all provide evidence of thriving world trade. The cobbler's shop (3) is an oddity. It was the smallest shop in London – 6ft 6in (2m) wide, 5ft (1.60m) high, 2ft (0.6m) deep. The broad-shouldered cobbler could barely stand in it, but the rent was cheap and it gave him a living.

ZU Beginn des 20. Jahrhunderts war das Angebot in den Lebensmittelgeschäften größer als je zuvor. Das Schaufenster des Kaufmanns (2), die Auslage des Obst- und Gemüsehändlers (1) und des italienischen Delikatessengeschäfts (4) liefern den Beweis für einen blühenden Welthandel. Der Laden des Schusters (3) ist eine Besonderheit, denn er war das kleinste Geschäft in ganz London (2 Meter breit, 1,60 Meter hoch und 0,60 Meter tief). Der breitschultrige Schuster konnte kaum darin stehen, aber die Miete war niedrig, und er hatte sein Auskommen.

BEGIN 20e eeuw was het aanbod in levensmiddelenwinkels groter dan ooit tevoren. De etalage van de handelaar (2), de uitstalling van de groente- en fruitzaak (1) en de Italiaanse delicatessewinkel (4) bewijzen dat de handel bloeide. De winkel van de schoenmaker is bijzonder (3): het was de kleinste winkel in heel Londen (2 m breed, 1,60 m hoog en 60 cm diep). De breedgebouwde schoenmaker paste er nauwelijks in, maar de huur was laag en hij kon rondkomen.

2

3

4

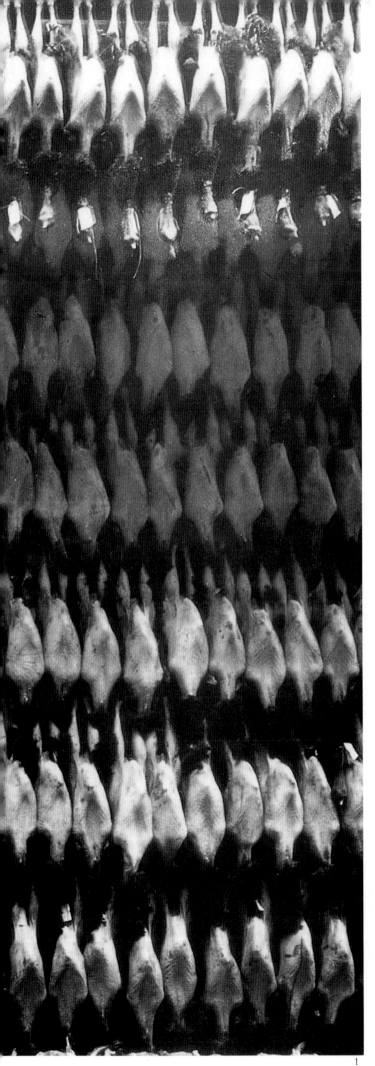

After the pre-war years of plenty, most Europeans had to tighten their belts during the First World War. The governments of the major powers all imposed restrictions and controls. In 1916 the first supplies of meat under municipal control went on sale in Paris (2). Unlike the austere aftermath of the Second World War, once hostilities came to an end, however, supplies returned in plenty to much of Europe – as this poulterer's display of 1919 shows (1).

Nach den goldenen Vorkriegsjahren mußten viele Europäer im Ersten Weltkrieg ihren Gürtel enger schnallen. Die Regierungen der Großmächte verordneten Restriktionen und Kontrollen. Im Jahre 1916 wurden in Paris die ersten Fleischlieferungen unter städtischer Kontrolle verkauft (2). Anders als in den mageren Jahren nach dem Zweiten Weltkrieg, füllten sich nach dem Ende des Ersten Weltkriegs die Läden rasch wieder, wie diese Auslage eines Geflügelhändlers aus dem Jahre 1919 zeigt (1).

Na de gouden vooroorlogse jaren moesten veel Europeanen door de Eerste Wereldoorlog de buikriem aanhalen. De regeringen kondigden maatregelen en controles af. In 1916 werd in Parijs voor het eerst vlees onder stedelijk toezicht verkocht (2). Anders dan na de Tweede Wereldoorlog raakten de winkels na het einde van de Eerste Wereldoorlog weer snel gevuld, zoals blijkt uit deze etalage van een poelier uit 1919 (1).

1

2

3

IN little-known regions, adventurers, explorers and fortune hunters stopped to photograph local markets and buy supplies. In South Africa, many market traders were Indian immigrants (1). In Russian Kirghizia, peasants offered grapes to members of the Tien-Shan Expedition of the 1890s (2). In Tahiti, 50 kg of plantain were painfully hauled to the white man's veranda (3).

IN den weniger bekannten Regionen der Welt machten Abenteurer, Entdecker und Globetrotter halt, um einheimische Märkte zu photographieren und einheimische Waren zu kaufen. Viele der Markthändler in Südafrika waren indische Einwanderer (1). Im russischen Kirgisien boten Bauern den Mitgliedern der Tien-Shan-Expedition in den 1890er Jahren Weintrauben an (2). In Tahiti wurden 50 Kilogramm Bananen mühsam zur Veranda des weißen Mannes geschleppt (3).

IN onbekende streken stopten avonturiers, ontdekkers en wereldreizigers om inheemse markten te fotograferen en inheemse waren te kopen. Veel van de marktkooplui in Zuid-Afrika waren Indiase immigranten (1). In het Russische Kirgizië boden boeren in de jaren '90 de leden van de Tien-Shan-expeditie druiven aan (2). In Tahiti werd moeizaam 50 kilo bananen naar de veranda van de blanke man gesjouwd (3).

1

2

TRADITIONAL markets still flourished in Europe. The cheese-market in Alkmaar, Noord Holland (1), had been set up every Friday from May to October for hundreds of years when this photograph was taken in 1910. Dried fish, as on this stall in a Belgian market (2), had been part of the staple diet of North Europeans for a long time. Catholic restrictions on the eating of meat had made fish a popular substitute on fast days, and had brought prosperity to many great fish merchants over the centuries.

IN Europa florierten noch immer die traditionellen Märkte. Als diese Photographie 1910 aufgenommen wurde, fand der Käsemarkt in Alkmaar, Nord-holland (1), bereits seit Hunderten von Jahren von Mai bis Oktober jeden Freitag statt. Getrockneter Fisch, wie er an diesem Stand auf einem belgischen Markt verkauft

wurde (2), hatte lange Zeit zu den Grundnahrungsmitteln der Nordeuropäer gehört. Restriktionen der katholischen Kirche bezüglich des Verzehrs von Fleisch hatten Fisch zu einem beliebten Ersatz an Fastentagen gemacht und im Laufe der Jahrhunderte vielen Fischhändlern zu großem Reichtum verholfen.

D E traditionele markten in Europa bloeiden nog steeds. Toen deze foto werd gemaakt (1910), werd de kaasmarkt in Alkmaar (1) al eeuwenlang elke vrijdag van mei tot oktober gehouden. De gedroogde vis die hier op een Belgische markt werd verkocht (2), was lange tijd een belangrijk voedingsmiddel van Noord-Europeanen geweest. De katholieke Kerk verbood het eten van vlees op vrijdag, wat van vis een gewilde vervanging had gemaakt op de dagen dat er gevast moest worden en veel vishandelaren welvaart had gebracht.

THE Royal Cafe and Night Lunch (1) was the first open-air car-restaurant in Britain. 'The car-restaurant,' boasted its manager, 'is a place into which a man may safely bring his wife or his sweetheart.' The hotel kitchen (2) was a place of toil and trouble, and sweated labour: 'a stifling, low-ceilinged inferno of a cellar… deafening with oaths and the clanging of pots and pans… In the middle were furnaces, where twelve cooks skipped to and fro, their faces dripping with sweat in spite of their white caps.' But the customer, quietly dining in Baker's Chop House, London (3), would have seen and heard none of this.

DAS Royal Café and Night Lunch (1) war das erste mobile Freiluft-Restaurant in Großbritannien. Das »Wagen-Restaurant«, prahlte sein Manager, »ist ein Ort, an den ein Mann sicher seine Frau oder seine Geliebte führen kann.« Die Hotelküche (2) war ein Ort des Chaos, der Hektik und der schweißtreibenden Arbeit: »Eine stickige, niedrige Kellerhölle mit ohrenbetäubendem Lärm aus Flüchen und dem Scheppern von Töpfen und Pfannen … In der Mitte Öfen, an denen zwölf Köche hantierten, die Gesichter schweiß-überströmt, trotz ihrer weißen Mützen.« Aber der Gast, der in aller Ruhe in Baker's Chop House in London (3) dinierte, sah und hörte von all dem nichts.

HET Royal Café and Night Lunch (1) was het eerste mobiele openluchtrestaurant van Groot-Brittannië. "Naar het 'wagen-restaurant'", schepte de manager op, "kan een man zonder problemen zijn vrouw of maîtresse meenemen." De hotelkeuken (2) was een chaotische plek, waar het hectisch werken was in de hitte: "Een bedompte lage kelder met oorverdovend lawaai: gevloek en gekletter van potten en pannen ... In het midden stonden de fornuizen, waaraan twaalf koks bezig waren, met bezweet gezicht, ondanks hun witte mutsen." Maar de gast die in alle rust dineerde in Baker's Chop House in Londen (3) merkte niets van dat alles.

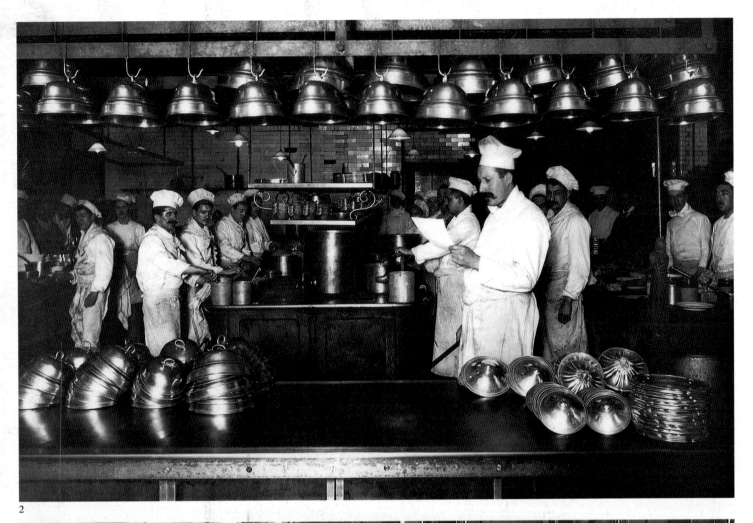

2

3

1

IT was a pleasure to eat where everything was so tidy, the food so well cooked, the waiters so polite, and the coming and departing company so moustached, so frisky, so affable, so fearfully and wonderfully Frenchie!' wrote Mark Twain of his visit to a Paris restaurant in 1866. The Café de la Cascade, in the Bois de Boulogne (1), certainly had an air of calm and order as it awaited custom on a summer day in 1859. Eating out was a feature of 19th-century life, and every hotel, every railway terminus and exhibition hall had its own fully equipped dining room – like this at the London International Exhibition in 1862 (2).

Es war ein Vergnügen, dort zu speisen, wo alles so sauber, das Essen so gut zubereitet, die Kellner so höflich, die kommende und gehende Gesellschaft so schnurrbärtig, so verspielt, so freundlich, so schrecklich und wunderbar französisch war!« schrieb Mark Twain 1866 nach seinem Besuch in einem französischen Restaurant. Im Café de la Cascade im Bois de Boulogne (1) herrschte gewiß eine

2

ruhige und gesittete Atmosphäre, wenn an einem Sommertag des Jahres 1859 die Gäste erwartet wurden. Auswärts zu essen war typisch für das Leben im 19. Jahrhundert, und jedes Hotel, jeder Bahnhof und jedes Museum besaßen einen eigenen, komplett ausgestatteten Speisesaal wie z.B. diesen, den man 1862 auf der Londoner internationalen Ausstellung besuchen konnte (2).

"HET was een genoegen op een plaats te eten waar alles schoon was, het eten goed klaargemaakt, de obers voorkomend en het komende en gaande publiek besnord, gemaakt, vriendelijk, verschrikkelijk en zo vreselijk Frans was!" schreef Mark Twain in 1866 na een bezoek aan een Frans restaurant. In het Café de la Concorde in het Bois de Boulogne (1) heerste een rustige en beschaafde atmosfeer op een zomerdag in 1859. Buitenshuis eten was typisch voor het leven in de 19e eeuw en elk hotel, station en museum bezat een volledig ingericht restaurant, zoals hier tijdens de Wereldtentoonstelling van 1862 in Londen (2).

Industry

IN 1852, a factory inspector reported to the British government: 'I believe the work people never were so well off as they are at present; constant employment, good wages, cheap food, and cheap clothing; many cheap, innocent and elevating amusements brought within their reach... the greater proportion of all the operatives in mills have at length time for some mental improvement, healthful reaction, and enjoyment of their families and friends.'

It was an assertion reiterated often in the next 60 years. The workers had never had it so good, were they black cotton pickers in the American south (1), or mill workers in cotton factories in Europe (2, 3). Shorter hours, improved conditions, better pay – all fought for by the newly legitimized unions – freed most factory hands from the conditions of near-slavery in which their grandparents had toiled.

But life in the average industrial town was still ugly and foul: '... a town of machinery and tall chimneys, out of which interminable serpents of smoke trailed themselves for ever and ever, and never got uncoiled. It had a black canal in it, and a river than ran purple with ill-smelling dye, and vast piles of building... where the piston of a steam engine ran monotonously up and down, like an elephant in a state of melancholy madness' (Charles Dickens).

The workers may never have had it so good – before the end of the century they showed they wanted it a good deal better.

OOM, LANCASHIRE COTTON MILL. 62174 J.V.

3

IM Jahre 1852 berichtete ein Fabrikinspektor der britischen Regierung: »Ich bin der Ansicht, daß es den Arbeitern noch nie so gut ging wie heute; dauerhafte Beschäftigung, gute Löhne, billiges Essen und billige Kleidung, harmlose und erheiternde Unterhaltung stehen ihnen zur Verfügung ..., die meisten der Fabrikarbeiter haben genügend Zeit für geistige Fortbildung, gesunde Körperertüchtigung und vergnügliches Zusammensein mit Freunden und Familie.«

Diese Behauptung wurde in den folgenden sechzig Jahren ständig wiederholt. Die Arbeiter hatten es niemals so gut gehabt, ob es sich nun um schwarze Baumwollpflücker im Süden der Vereinigten Staaten (1) oder um Arbeiter in europäischen Baumwollfabriken (2, 3) handelte. Die von den wieder legitimierten Gewerkschaften erkämpften kürzeren Arbeitszeiten, verbesserten Arbeitsbedingungen und besseren Löhne befreiten die meisten Fabrikarbeiter von Zuständen, die fast an Sklaverei gegrenzt und unter denen ihre Großväter noch gelitten hatten.

Aber das Leben in einer durchschnittlichen Industriestadt war noch immer öde und grau: »... eine Stadt von Maschinen und hohen Schornsteinen, aus denen ohne Unterlaß endlos lange Rauchschlangen stiegen. In ihr wanden sich ein schwarzer Kanal und ein Fluß, in dem rote, stinkende Farbe floß, und es gab große Gebäudeberge ..., in denen der Kolben einer Dampfmaschine monoton auf und ab stampfte, wie ein Elefant im Zustand melancholischen Wahnsinns.« (Charles Dickens)

Den Arbeitern mochte es niemals so gut gegangen sein, aber vor dem Ende des Jahrhunderts machten sie deutlich, daß sie es in der Zukunft noch viel besser haben wollten.

IN 1852 schreef een Britse fabrieksinspecteur: "Ik ben van mening dat arbeiders het nog nooit zo goed hebben gehad als nu; vast werk, goed loon, goedkoop eten en goedkope kleding, onschuldig en opwekkend vermaak ... De meeste fabrieksarbeiders hebben voldoende tijd voor geestelijke ontwikkeling, gezonde lichamelijke oefening en gezellig samenzijn met het gezin en met vrienden."

Dat werd gedurende de volgende zestig jaar steeds weer herhaald: dat arbeiders het nog nooit zo goed hadden gehad, of het nu zwarte katoenplukkers in het zuiden van de Verenigde Staten (1) betrof of arbeiders in een Europese katoenfabriek (2, 3). De door de vakbonden afgedwongen kortere werkdag, de verbeterde arbeidsomstandigheden en hogere lonen bevrijdden de meeste fabrieksarbeiders van de aan slavernij grenzende toestanden waaronder hun grootvaders nog hadden geleden.

Maar het leven in de gemiddelde industriestad was nog steeds somber en grauw: "... een stad met machines en hoge schoorstenen waaruit onophoudelijk lange rookslierten komen. Erdoorheen stroomde een zwart kanaal en een rivier waarin stinkende rode verf dreef, en er waren tegen elkaar gestapelde huizen ... waar de zuigers van machines monotoon heen en weer dreunden, als een olifant in een staat van waanzin." (Charles Dickens)

De arbeiders hadden het dan misschien beter dan ooit tevoren, nog voor het einde van de eeuw maakten ze duidelijk dat ze het nog veel beter wilden hebben.

For all the faults and horrors of industrialization, the 19th century was in love with machines and the vast edifices that housed them. A visit to a factory or workshop was as exciting as a trip to a leisure park may be to us today. An engineering shed, such as this at the Thomas Ironworks, London, in 1867, echoed to the ringing blows of the workmen's hammers, and throbbed with the mighty machinery that had harnessed the power of steam.

Any major construction site – bridge, tunnel, railway, dock or building – could expect a visit from a photographer, and the men and women would pause from their labour and pose for a moment of eternity.

Trotz aller Mißstände und Schrecken der Industrialisierung war man im 19. Jahrhundert vernarrt in Maschinen und in die riesigen Gebäude, in denen sie untergebracht waren. Der Besuch in einer Fabrik oder Werkstatt war ebenso aufregend wie heutzutage ein Ausflug in einen Vergnügungspark. In einer Maschinenhalle wie dieser der Thomas Eisenwerke in London ertönte 1867 das Echo der Hammerschläge der Arbeiter und die Vibration der Maschinen, die die Kraft des Dampfes zügelten.

Jede Großbaustelle, ob Brücke, Tunnel, Eisenbahn, Dock oder Gebäude, war bei Photographen beliebt, und Männer und Frauen unterbrachen ihre Arbeit, um für einen Moment der Ewigkeit zu posieren.

Ondanks alle misstanden en verschrikkingen die de industrialisatie met zich meebracht, was men in de 19e eeuw dol op machines en de reusachtige gebouwen waarin ze waren ondergebracht. Voor rijken was een bezoek aan een fabriek of een werkplaats even opwindend als tegenwoordig een bezoek aan een pretpark. In een machineloods als deze van de Thomas ijzerfabriek in Londen, klonken in 1867 de echo van het gehamer van de arbeiders en de vibraties van de machines die de kracht van de stoom beteugelden.

Elke grote bouwplaats, of het nu een brug, tunnel, spoorweg, dok of gebouw was, was geliefd bij fotografen en de mannen en vrouwen onderbraken hun werk om te poseren voor de eeuwigheid.

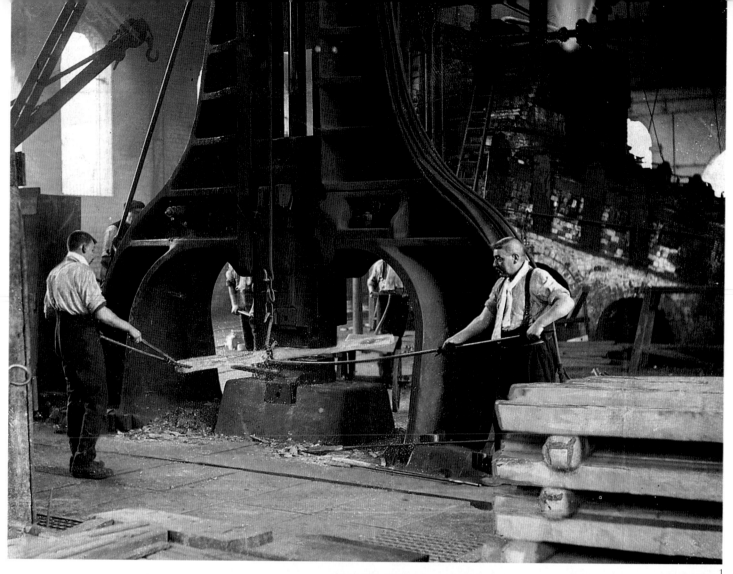

IN the great industrial race it was the United States that eventually emerged the winner. The Bessemer Converter, introduced in 1856, revolutionized steel production, as in the Otis Steel Works in Pittsburgh, USA (1, 2). Krupps of Essen (4) was the biggest works in Europe, and employed over 16,000 people when this photograph was taken in 1870. Harland and Wolff's shipyard in Belfast was hard at work in 1910 on perhaps the most famous liner of all – the *Titanic* (3).

IM großen Wettlauf der Industrialisierung machten schließlich die Vereinigten Staaten das Rennen. Der Bessemer Konverter, 1856 erfunden, revolutionierte die Stahlproduktion, beispielsweise in den Otis Stahlwerken in Pittsburgh, USA (1, 2). Krupp in Essen (4) war die größte Stahlfabrik Europas und beschäftigte über 16 000 Menschen, als diese Photographie im Jahre 1870 aufgenommen wurde. In der Werft von Harland und Wolff in Belfast wurde im Jahre 1910 hart gearbeitet, und zwar am vielleicht berühmtesten Ozeanriesen aller Zeiten, der *Titanic* (3).

DE Verenigde Staten waren de uiteindelijke overwinnaars in de industrialiseringswedloop. De Bessemer Converter, in 1856 geïntroduceerd, zorgde voor een revolutie in de productie van staal, bijvoorbeeld bij de Otis Steel Works in Pittsburgh (1, 2). Krupp in Essen (4) was de grootste staalproducent van Europa en had meer dan zestienduizend mensen in dienst toen deze foto werd gemaakt in 1870. Op de werf van Harland en Wolff in Belfast werd in 1910 hard gewerkt aan de beroemdste oceaanstomer aller tijden: de *Titanic* (3).

3

4

4   5

IT was the first (but not the last) heyday of the multi-millionaire – of Rothschild and Vanderbilt, the great banking houses and the industrial tycoons. John D. Rockefeller (1, in bowler hat; 3), walked the streets of New York, but refused to give to a beggar (2). The Rockefeller family paid to have publication of this picture suppressed. Andrew Carnegie (4 – with white beard) was more generous: he donated $350 million to various good causes. John Pierpont Morgan Snr (5) was once asked how much it cost to run a luxury yacht. 'If you have to ask,' he said, 'you can't afford it.'

ES war die erste (aber nicht letzte) Blütezeit der Multimillionäre, von Rothschild und Vanderbilt, der großen Bankiers und Industriemagnaten. John D. Rockefeller (1, mit Melone; 3) spazierte durch die Straßen New Yorks, verweigerte aber einem Bettler ein Almosen (2). Die Familie Rockefeller zahlte viel Geld, um die Veröffentlichung dieses Photos zu verhindern. Andrew Carnegie (4, mit weißem Bart) war großzügiger: er spendete 350 Millionen Dollar für verschiedene wohltätige Zwecke. John Pierpont Morgan senior (5) wurde einmal gefragt, wieviel es koste, eine Luxusjacht zu unterhalten. »Wenn Sie schon fragen müssen«, antwortete er, »werden Sie es sich wohl nicht leisten können.«

HET was de eerste, maar zeker niet laatste bloeiperiode van de multi-miljonairs, van de Rothschilds en Vanderbilts, van de grote bank- en industriemagnaten. John D. Rockefeller (1 met bolhoed, 3) wandelde door de straten van New York, maar weigerde een bedelaar een aalmoes (2). De familie Rockefeller heeft veel geld betaald om publicatie van die foto te verhinderen. Andrew Carnegie (4 met witte baard) was vrijgeviger: hij betaalde driehonderdvijftig miljoen dollar aan verscheidene goede doelen. Aan John Pierpont Morgan sr. (5) werd ooit gevraagd hoeveel het onderhoud van zijn jacht kostte. "Als u dat moet vragen," zei hij, "kunt u het zich waarschijnlijk toch niet permitteren."

1

NEW machines demanded new skills. The typewriter, patented by C. L. Sholes in 1868, became the means by which women entered the office world, as evidenced by the British House of Commons type-writing staff in 1919 (3). But more traditional industries, like hatting in this Manchester factory (2), also required nimble fingers. It was hard work, poorly paid, and there were many who were forced into prostitution for better pickings. Occasionally, however, young women took to the streets for happier reasons. These English workers from Port Sunlight were setting out to welcome the King and Queen on an official visit in 1914 (1).

NEUE Maschinen erforderten neue Fertigkeiten. Die Schreibmaschine, 1868 von C. L. Sholes patentiert, wurde für Frauen zum Schlüssel zur Bürowelt, wie es die 1919 photographierten Schreibkräfte des britischen Unterhauses zeigen (3). Aber auch traditionellere Industriezweige, wie diese Hutfabrik in Manchester (2), verlangten geschickte Finger. Es war harte, schlecht bezahlte Arbeit, und es gab viele Frauen, die zur Prostitution gezwungen waren, um ihren Lebensunterhalt zu verdienen. Zuweilen gingen die Frauen jedoch auch aus erfreulicheren Gründen auf die Straße. Diese englischen Arbeiterinnen aus Port Sunlight machten sich 1914 auf, um den König und die Königin bei ihrem offiziellen Besuch zu begrüßen (1).

NIEUWE machines vereisten nieuwe vaardigheden. De schrijfmachine, in 1868 door C.L. Sholes gepatenteerd, werd de sleutel voor vrouwen tot de kantoorwereld, zoals de in 1919 gefotografeerde notulisten van het Britse Lagerhuis laten zien (3). Maar ook traditionele bedrijfstakken, zoals deze hoedenfabriek in Manchester (2), vereisten handige vingers. Het was zwaar, slecht betaald werk en veel vrouwen werden tot prostitutie gedwongen om in hun levensonderhoud te voorzien. Soms gingen vrouwen ook om betere redenen de straat op. Deze Engelse werksters uit Port Sunlight begroetten de koning en de koningin tijdens hun officiële bezoek in 1914 (1).

Home and Transport

IN 1865 John Ruskin, the artist and critic, described what he believed was the true nature of the 19th-century home: 'It is a place of Peace; the shelter, not only from all injury, but from all terror, doubt and division...' Many would have agreed – home was a refuge from the turmoil and frenzy of work and the wider world. But home was also a prison – for many women, for the poor, and for anyone unhappy with the stifling conventions of family life.

Home could be anything from a hollow in a mud bank for an evicted Irish family, to the palatial mansion staffed by a hundred servants and stuffed with the plunder of centuries. It could be epitomized by the splendid mantelpiece of a suburban villa (1), or by the opulence of the second-floor salon in Castle Kono-pischt, now in the Czech Republic, one of the retreats of the Archduke Franz Ferdinand (2, see following pages).

Whatever the splendour or the squalor, in most homes more attention was paid to public display than to private comfort. Bedrooms were unheated, plainly furnished, often poorly decorated. The front room or the parlour was the showpiece – crammed with knick-knacks and crowded with furniture, a haven for dust, a nightmare to clean. But then, in a well regulated home, cleaning was someone else's problem. After all, what were servants for?

'Prompt notice,' wrote Mrs Beeton, 'should be taken of the first appearance of slackness, neglect, or any faults in domestic work, so that the servant may know that the mistress is quick to detect the least disorder, and will not pass unsatisfactory work.'

1

DER Künstler und Kritiker John Ruskin beschrieb 1865, was er für das wahre Wesen des Heims des 19. Jahrhunderts hielt: »Es ist ein Ort des Friedens, des Schutzes nicht nur vor Verletzungen, sondern vor allen Schrecken, Zweifeln und Konflikten ...« Dem hätten viele zugestimmt – das Heim bot eine Zuflucht vor dem Chaos und der Hektik der Arbeit und des Lebens. Aber für viele Frauen, für die Armen und für jeden, der sich in den Konventionen der Familie unwohl fühlte, war das Heim auch ein Gefängnis.

Zuhause konnte alles sein, von der Mulde im Moor für eine vertriebene irische Familie bis zum palastartigen Herrenhaus mit hundert Bediensteten, vollgestopft mit Requisiten der Jahrhunderte. Das Heim konnte durch den herrlichen Kaminsims einer Vorortvilla (1) verkörpert werden oder durch einen Salon im zweiten Stock der Burg Konopischt in der heutigen tschechischen Republik, eines der Refugien der Erzherzogs Franz Ferdinand (2, siehe folgende Seiten).

Egal wie prächtig oder wie elend, in den meisten Heimen legte man mehr Wert auf Zurschaustellung als auf privaten Komfort. Die Schlafzimmer waren nicht beheizt, einfach und sparsam eingerichtet. Das Schaustück war das Wohnzimmer oder der Salon. Überladen mit Nippes und Möbeln, glich er einem riesigen Staubfänger, in dem Putzen zum Alptraum wurde. Aber in den besseren Häusern war Putzen das Problem anderer; wozu gab es schließlich Bedienstete?

»Bei den ersten Anzeichen von Nachlässigkeit und jeder Art von Fehlern bei der Hausarbeit ist sofort Meldung zu machen, damit der Bedienstete weiß, daß die Hausherrin die geringste Unordnung schnell entdecken und schlampige Arbeit nicht dulden wird«, schrieb Mrs. Beeton.

DE kunstenaar en criticus John Ruskin beschreef in 1865 wat hij het echte 19e-eeuwse thuis vond: "Een vredig oord, dat niet alleen lijfelijke bescherming biedt, maar ook bescherming tegen dreigingen, twijfels en conflicten ..." Daarmee waren velen het eens – thuis was een toevluchtsoord, weg van de chaos en de jachtigheid van leven en werk. Maar voor veel vrouwen, armen en voor iedereen die zich niet thuis voelde bij de conventies van het gezin, was thuis ook een gevangenis.

Thuis, dat kon alles zijn, van de hut op de hei van een verdreven Ierse familie tot het paleisachtige herenhuis met tientallen bedienden, volgestouwd met de overblijfselen van de eeuwen. Thuis kon worden belichaamd door de prachtige schoorsteenmantel van een villa (1) of door de salon op de tweede etage van de burcht Konopisjte in Tsjechië, vroeger een toevluchtsoord van aartshertog Franz Ferdinand (2, zie volgende bladzijden).

Of het nu prachtig was of ellendig, meestal hechtte men meer waarde aan uiterlijk vertoon dan aan comfort. De slaapkamers waren niet verwarmd, en kaal en spaarzaam ingericht. Het pronkstuk was de woonkamer of salon. Die was overladen met voorwerpen en meubels en leek een snuisterijenwinkel waar schoonmaken een nachtmerrie was. Maar in de betere huishoudens was dat andermans probleem – waarvoor had je anders personeel?

"Bij de eerste tekenen van nalatigheid en van elke fout in het huishoudelijke werk moet meteen melding worden gemaakt, opdat de bediende weet dat mevrouw de kleinste ongerechtigheid snel ontdekt en prutswerk niet duldt", schreef Mrs. Beeton.

For rich and poor alike, the family was the centre of life, and babies and young children were as much worshipped in theory as they were abused in practice. In the photographer's studio, unrealistic 'angels' posed beside sleeping cherubs (1). In the front parlour, the fecundity of the family was paraded with pride (2), in an age which could do little more than condemn family planning. In parks and gardens, babies and their new-fangled folding carriages were put on public display (3).

Für die Reichen wie für die Armen war die Familie der Mittelpunkt des Lebens, und Säuglinge und kleine Kinder wurden theoretisch ebenso verehrt wie sie praktisch mißhandelt wurden. Im Atelier des Photographen posierten unrealistische »Engel« neben schlafenden Cherubinen (1). In einer Zeit, als man kaum etwas anderes tun konnte, als die Familienplanung zu verurteilen, wurde die Fruchtbarkeit der Familie stolz zur Schau gestellt (2). In Parks und Gärten präsentierte man die Kleinen und ihre neumodischen, zusammenklappbaren Kinderwagen der Öffentlichkeit (3).

Voor zowel de rijken als de armen was het gezin het middelpunt van het bestaan. Baby's en kinderen werden in theorie evenzeer aanbeden als ze in de praktijk werden mishandeld. In het atelier van de fotograaf poseerden irreële engelen naast slapende cherubijnen (1). In een tijd dat men nauwelijks iets anders kon dan gezinsplanning veroordelen, werd de vruchtbaarheid van het gezin trots getoond (2). In parken en tuinen werden de kleintjes en hun moderne inklapbare wagentjes aan de buitenwereld getoond (3).

2

D AVID, the great-grandson of Queen Victoria, later Edward VIII and
eventually Duke of Windsor, was just one year old in 1895 (2). Two
of his less fortunate contemporaries, eating ice creams in a London park (3),
would have been lucky if they survived the First World War to become
his subjects. And for the very poor, crippled with rickets in the gloomy
malnutrition of tenement life (1), the outlook was grotesquely bleak.

D AVID, der Urenkel von Königin Victoria, später Edward VIII. und
schließlich Duke of Windsor, war im Jahre 1895 erst ein Jahr alt (2).
Zwei seiner weniger glücklichen Zeitgenossen, die in einem Londoner
Park Eiscreme essen (3), konnten von Glück reden, wenn sie den Ersten
Weltkrieg überlebten, um seine Untertanen zu werden. Und für die
Ärmsten der Armen, die wegen Unterernährung verwachsen waren und
in freudlosen Mietskasernen lebten (1), gab es kaum noch Hoffnung.

D AVID, de achterkleinzoon van koningin Victoria, later Edward VIII
en uiteindelijk hertog van Windsor, was in 1895 pas een jaar oud (2).
Twee minder fortuinlijke leeftijdsgenoten, die in een Londens park een
ijsje eten (3), mogen van geluk spreken als ze de Eerste Wereldoorlog
overleven en Davids onderdanen worden. En voor de armsten der armen,
die door ondervoeding misvormd waren en die in ellendige huurkazernes
woonden, was er nauwelijks hoop (1).

3

WHERE they could, children like these 'mudlarks' on the Yorkshire sands in 1880 (2) snatched moments of play and rest from their day's work. The lad working in a factory in 1908 (1) may have been as young as 12. Further up the social scale, there were many hours to spend on a home-made seesaw (4). And, at the Richmond Regatta of 1917 (3), privileged children twirled their parasols in a life of ease.

JEDE freie Minute nutzten arbeitende Kinder, wie diese »Schmutzfinken« am Strand der Grafschaft Yorkshire im Jahre 1880 (2), um zu spielen oder sich auszuruhen. Der Junge, der 1908 in einer Fabrik arbeitete (1), war wohl kaum älter als zwölf Jahre. Diejenigen, die höher auf der sozialen Leiter standen, verbrachten viele Stunden, auf selbstgezimmerten

Wippen (4). Und bei der Richmond Regatta im Jahre 1917 (3) ließen privilegierte Kinder ihre Sonnenschirme kreisen und genossen ein unbeschwertes Leben.

KINDEREN, zoals deze 'smeerpoetsen' aan het strand van Yorkshire (2) in 1880, gebruikten elke vrije minuut om te spelen of uit te rusten. De jongen, die in 1908 in een fabriek werkte (1), was nauwelijks twaalf. Degenen die hoger op de sociale ladder stonden, brachten uren op zelf getimmerde wippen door (4). De kinderen uit betere kringen lieten hun parasols ronddraaien tijdens de Richmond Regatta in 1917 (3) en genoten van een zorgeloos leventje.

3

4

IT was a great age for messing about in boats, and, consequently, for drowning. Some parents went to ingenious lengths to teach their children how to swim (1). Others preferred to stay at home and have their portrait taken for the family album (2). Cameras became more and more portable, and studies more informal (3). And, early in the 20th century, another wonderful gadget was at hand to amuse and entertain – Thomas Edison's Phonograph, the hi-fi of 1908 (4).

(Previous pages)
A study of childhood innocence – Frank Meadow Sutcliffe's beautiful 'Water Rats', taken at Whitby in Yorkshire, England, some time in the late 1870s.

ES war eine Zeit, in der man herrlich in Booten herumgondeln und folglich auch ertrinken konnte. Einige Eltern scheuten keine Mühen, um ihren Kindern das Schwimmen beizubringen (1). Andere zogen es vor, zu Hause zu bleiben und sich für das Familienalbum porträtieren zu lassen (2). Die Photoapparate wurden immer handlicher und die Aufnahmen immer ungezwungener (3). Und zu Beginn des 20. Jahrhunderts gab es einen weiteren wunderbaren Apparat zur Belustigung und Unterhaltung, Thomas Edisons Phonograph, die Hifi-Anlage des Jahres 1908 (4).

(Vorherige Seiten)
EINE Studie der unschuldigen Kindheit; Frank Meadow Sutcliffes herrliche »Wasserratten«, gegen Ende der 1870er Jahre bei Whitby in Yorkshire, England, aufgenommen.

H ET was een tijd waarin je heerlijk kon ronddobberen in bootjes – en dus ook verdrinken. Sommige ouders was geen moeite te veel om hun kinderen te leren zwemmen (1). Anderen bleven liever thuis en lieten hun portret nemen voor het familiealbum (2). De fotoapparaten werden steeds handzamer en de foto's steeds spontaner (3). Begin 20e eeuw kwam er nog een vermakelijk apparaat: Thomas Edisons fonograaf, hifi uit 1908 (4).

(blz. 88/89)
E EN studie van de onschuldige kindertijd; Frank Meadow Sutcliffes prachtige 'Waterratten', rond 1880 gefotografeerd bij Whitby in Yorkshire, Engeland.

I<small>T</small> was the heyday of the Punch and Judy Show, of the marionette theatre, of puppets and puppetry. Crowds gathered in parks and piazzas to see the traditional children's shows that had delighted their parents and grandparents (1). And, if you had enough pfennigs in your pocket, maybe you could buy a doll from this Berlin stall (2), and produce your own puppet play at home.

E<small>S</small> war die Blütezeit des Kasperletheaters, des Marionetten-theaters, der Puppen und Puppenspiele. In Parks und auf Plätzen versammelten sich die Kinder, um die traditionellen Vorführungen zu sehen, an denen sich bereits ihre Eltern und Großeltern erfreut hatten (1). Und wenn man genügend Pfennige in der Tasche hatte, konnte man an diesem Berliner Stand eine Puppe kaufen (2) und zu Hause sein eigenes Puppenspiel aufführen.

H<small>ET</small> waren de hoogtijdagen van de poppenkast, Jan Klaassen en Katrijn, marionetten en poppentheaters. In parken en op pleinen kwamen kinderen bij elkaar om de traditionele voorstellingen te zien, die ook hun ouders en grootouders al plezier hadden gebracht (1). Als je nog een paar pfennig had, kon je bij deze Berlijnse kraam een pop kopen (2) en thuis je eigen poppenkast spelen.

1

2

4

3

5

TEATIME was part of the domestic ideal
(3 and overleaf), when the husband
returned from the office to hear the daily
report on the family (1, 2). For the working
class, it was the one chance to entertain
guests (4). And it was a chance for a
romantic *tête à tête* (5).

DIE Teestunde war Teil des häuslichen
Ideals (3 und folgende Seiten), wenn
der Herr des Hauses aus dem Büro nach
Hause kam und sich von seiner Frau berichten ließ, was die Familie den Tag über getan
hatte (1, 2). Für die Arbeiterklasse war es
die einzige Möglichkeit, gelegentlich Gäste
einzuladen (4). Und sie bot Gelegenheit
zu einem romantischen Tête-à-tête (5).

DE theetijd maakte deel uit van het huiselijke ideaal (3 en blz. 96/97): de heer
des huizes kwam van kantoor thuis en zijn
vrouw deed verslag over wat het gezin die
dag had gedaan (1, 2). Voor de arbeidersklas-
se was het de kans af en toe eens gasten uit te
nodigen (4). En het was een goede gelegenheid voor een romantisch tête-à-tête (5).

ACROSS Northern Europe and the eastern seaboard of the United States, resorts for the masses were crowded in the summer months. For the price of a cheap rail or charabanc ticket, families could enjoy a day by the sea (1) – an escape from the grim grind of the workplace and the foul smoke of the city. A week in a modest boarding house allowed leisurely enjoyment of the delights of bathing (3) and the promenade (5). Decorum fought decadence (2) under the watchful eye of the bathing machine attendant (4).

IN Nordeuropa und an der Ostküste der Vereinigten Staaten waren die Erholungsorte während der Sommermonate überfüllt. Zum Preis einer billigen Fahrkarte für den Zug oder den offenen Omnibus konnten Familien einen Tag am Meer verbringen (1) und sich vom monotonen Fabrikalltag und von der verpesteten Stadtluft erholen. Ein einwöchiger Aufenthalt in einer bescheidenen Pension bot die Möglichkeit, die Freuden des Badens (3) und Promenierens (5) zu genießen. Unter dem wachsamen Auge der Wärterin der transportablen Umkleidekabinen (4) lagen Anstand und Dekadenz dicht nebeneinander (2).

IN Noord-Europa en aan de Amerikaanse oostkust waren de badplaatsen tijdens de zomer overvol. Met een goedkoop kaartje voor de trein of de open omnibus konden gezinnen een dag aan zee doorbrengen (1) en bijkomen van de monotonie van het werk op de fabriek en van de vervuilde lucht in de stad. Een verblijf van een week in een voordelig pension bood de gelegenheid het plezier van het zwemmen (3) en flaneren (5) te ervaren. Onder het waakzame oog van de oppasster bij het kleedhokje (4) lagen fatsoen en decadentie dicht naast elkaar (2).

1

2

3

4

5

DESPITE the long hours demanded by the factory boss, the master or the mistress, there were Sundays and bank holidays when there was the chance of a day out – a visit to the park, the fair, the circus, the local menagerie, the country-side, friends and relations, the river or the races. Some put on their finest clothes (1). Others wore the uniform of their old age or institution, while they took a refreshing cup of tea (2). And those with a little spare cash to risk on a flutter set off to double it, treble it, or lose all at Goodwood Races (3).

AUCH wenn die Fabrikbesitzer wie der Herr und die Herrin viele Arbeits-stunden von ihren Beschäftigten verlangten, gab es Sonn- und Feiertage, die Gelegenheit zu Ausflügen boten – in den Park, zum Jahrmarkt, zum Zirkus, zum Tierpark, aufs Land, zu Freunden und Verwandten, zum Fluß oder zum Pferderennen. Einige zogen

ihre besten Kleider an (1). Andere trugen ihrem Alter oder ihrer Stellung gemäße Kleidung, während sie sich bei einer Tasse Tee erfrischten (2). Und jene, die ein wenig Geld zum Wetten übrig hatten, machten sich zum Pferderennen nach Goodwood auf, um es zu verdoppeln, zu verdreifachen, oder aber alles zu verlieren (3).

OOK al eisten fabrieksdirecteuren of meneer en mevrouw vele lange uren van hun personeel, op zon- en feestdagen was er de gelegenheid uitstapjes te maken – een boottochtje, naar het park, de jaarmarkt, het circus, het platteland, naar vrienden of familie, naar de rivier of de paardenrennen, sommigen flink opgedoft (1). Anderen droegen kleding die paste bij hun leeftijd of stand, terwijl ze zich laafden aan een kop thee (2). En wie geld had om te wedden, ging naar de paardenrennen op Goodwood om het te verdubbelen of te verdrievoudigen, of alles te verliezen (3).

SCHON in den 1850er Jahren waren Eimer und Schaufel die wichtigsten Werkzeuge für einen Tag an der See (1). Die frische Meerluft konnte jedoch nichts am erschreckenden Zustand der Zähne der meisten Menschen ändern (2). Für manchen gab es gelegentlich Abwechslung durch einen exotischen Gast: Winnipeg, der Elefant, kehrt im Januar 1914 nach Beendigung der Toilette in die Manege zurück (3). Aber wenn die Sonne schien, brauchte man nicht weiter als zur nächsten Wiese zu gehen (4), um tanzen, singen und die Arbeit am nächsten Morgen vergessen zu können.

AL halverwege de 19e eeuw waren emmer en schep onontbeerlijke attributen voor een dagje aan zee (1). De frisse zeelucht kon helaas niets doen aan de deplorabele staat van de gebitten van de meeste mensen (2). Soms was er een exotische gast: Winnipeg de olifant keert in januari 1914 na zijn toilet terug naar de manege (3). Als de zon scheen, hoefde je niet verder te gaan dan de dichtstbijzijnde wei (4) om te kunnen dansen en zingen en het werk tot de volgende ochtend te vergeten.

EVEN as early as the 1850s, a bucket and spade were the essential tools for a day at the seaside (1), although the fresh sea air could do nothing for the appalling state of most people's teeth (2). For some there was the occasional surprise of an exotic visitor – Winnipeg the Elephant returns to the circus ring after completing its toilet in January 1914 (3). But if the sun shone, there was no need to go further than the nearest heath or meadow (4), to dance and sing and forget tomorrow's early start back at work.

3

4

THE French invented the picnic in the mid-18th century. A hundred years later it had become a craze – a symbolic return to the simpler way of life that had existed before the industrial revolution. Some picnics were very private affairs (1), others hearty celebrations of friendship (2). Sometimes they were more formal luncheons – as in this outing to Netley Abbey, Hampshire, in 1900 (4). Best of all was a picnic on the river – the flat punt gently rocking under the willows (3) on the Sunday before Ascot Races, in 1912.

MITTE des 18. Jahrhunderts erfanden die Franzosen das Picknick. Hundert Jahre später kam es groß in Mode – eine symbolische Rückkehr zur einfacheren Lebensart der Zeit vor der industriellen Revolution. Einige Picknicks waren eine sehr private Angelegenheit (1), bei anderen wurde in geselliger Runde gefeiert (2). Manchmal war es ein eher formelles Mittagessen, wie dieser

1

2

Ausflug zur Netley Abbey in Hampshire im Jahre 1900 (4). Am schönsten war wohl das Picknick auf dem Fluß, bei dem die flachen Kähne sanft unter den Weiden schaukelten (3), bevor es im Jahre 1912 zum Pferderennen von Ascot ging.

HALVERWEGE 18e eeuw vonden de Fransen de picknick uit. Honderd jaar later werd het een rage – een symbolische terugkeer naar het eenvoudige leven van voor de industriële revolutie. Soms was zo'n picknick zeer intiem (1), soms werd er in groot gezelschap gefeest (2), soms was het meer een formele lunch, zoals dit uitje naar Netley Abbey in Hampshire in 1900 (4). Het mooiste was toch wel een zondagse picknick op de rivier, met zachtjes dobberende boten onder de wilgen, voor je naar de paardenrennen in Ascot ging in 1912 (3).

3

4

THE rich picnicked at the races (1), at the Bournemouth Aviation Show (2), at the Hurlingham Balloon Contest (3). At Stonehenge in 1877 the party included the Queen's son Prince Leopold (4).

DIE Reichen picknickten während der Pferderennen (1), der Flugschau in Bournemouth (2), beim Fesselballonwett-bewerb von Hurlingham (3). In Stonehenge war 1877 auch der Sohn der Königin, Leopold, mit von der Partie (4).

DE rijken picknickten tijdens de paardenrennen (1), de luchtvaartshow in Bournemouth (2) en het ballonfeest in Hurlingham (3). In Stonehenge (4) was in 1877 ook prins Leopold van de partij.

1

3

4

2

AA-1694

DUST was plentiful. Servants were cheap, which was just as well, for rooms had to be 'dressed', and it must have taken considerable time and effort to maintain the sparkling elegance of Lily Langtry's sitting-room in the 1890s (1). Less cluttered was Dame Nellie Melba's bedroom (2). By the end of the 19th century, tastes had changed, and the unfussy lines of Art Nouveau were in fashion – here typified by this drawing room of Wylie and Lockhead at the Glasgow Exhibition of 1901 (3), and a bedroom by Frank Brangwyn (4).

STAUB in Hülle und Fülle. Die Löhne des Hauspersonals waren zum Glück niedrig, denn die Zimmer mußten »hergerichtet« werden, und in den 1890er Jahren hat es wohl viel Zeit und Mühe gekostet, die funkelnde Eleganz von Lily Langtrys Wohnzimmer (1) zu erhalten. Dame Nellie Melbas Schlafzimmer war weniger vollgestopft (2). Gegen Ende des 19. Jahrhunderts hatte sich der Geschmack verändert, und der schlichte Jugendstil war in Mode, wie dieses Wohnzimmer von Wylie und Lockhead auf der Glasgower Ausstellung von 1901 (3) und ein Schlafzimmer von Frank Brangwyn (4) zeigen.

STOF was overal. Gelukkig verdienden bedienden weinig, want de kamers moesten worden 'gedaan' en in de jaren '90 kostte het waarschijnlijk veel tijd en moeite de glinsterende elegantie van de woonkamer van Lily Langtree (1) te handhaven. De slaapkamer van Dame Nelly Melba was minder volgepropt (2). Tegen de eeuwwisseling veranderde de smaak: de nuchtere Art Nouveau kwam in de mode, zoals blijkt uit een woonkamer van Wylie en Lockhead voor de Glasgow Exhibition in 1901 (3) en een slaapkamer van Frank Brangwyn (4).

3

4

GOTTLIEB Daimler's invention spread rapidly. Like all English motorists, C. S. Rolls (1), driving his first car, an 1896 Peugeot, was preceded by a pedestrian carrying a red flag, for safety's sake. Henry Ford's first car (2) was steered by tiller. Thomas Edison patented an early electric car in the 1890s, the Baker (3). Daimler's son Paul drove one of the earliest four-wheeled cars (4). The designs may have appeared flimsy by modern standards, but at Achères, on 1 May 1899, Jenatzy drove his electric car, 'Jamais Contente', at a speed of over 100 kph (5).

GOTTLIEB Daimlers Erfindung verbreitete sich schnell. Wie vor allen englischen Autofahrern, lief auch vor C. S. Rolls (1), hier in seinem ersten Automobil, einem Peugeot aus dem Jahre 1896, aus Sicherheitsgründen ein Mann mit einer roten Fahne her. Henry Fords erster Wagen (2) wurde mit einer Ruderpinne gesteuert. Thomas Edison ließ in den 1890er Jahren eines der ersten Elektroautos, den Baker (3), patentieren. Daimlers Sohn Paul fuhr eines

der ersten Modelle mit Vierradantrieb (4). Gemessen an heutigen Standards mögen die Karosserien zerbrechlich wirken, aber am 1. Mai 1899 brachte Jenatzy sein Elektroauto »Jamais Contente« bei Achères auf eine Geschwindigkeit von über 100 Stundenkilometern (5).

DE uitvinding van Gottlieb Daimler verspreidde zich snel. Net als voor alle Engelse automobilisten liep ook voor C.S. Rolls (1), hier in zijn eerste auto, een Peugeot uit 1896, uit veiligheidsoverwegingen een man met een rode vlag. Henry Fords eerste auto werd bestuurd door middel van een hefboom (2). In de jaren '90 presenteerde Thomas Edison een van de eerste elektrische auto's, de Baker (3). Daimlers zoon Paul reed in een van de eerste modellen met vierwielaandrijving (4). De carrosserieën maken een tere indruk, maar op 1 mei 1899 haalde Jenatzy met zijn elektrische auto 'Jamais Contente' bij Achères een snelheid van meer dan 100 km per uur (5).

FIRST CAR

1   4

5

MOTORING became a craze. Races and rallies were organized across the world. M. Chauchard's car bustles through Flovenville on the Belgian border in the Paris–Berlin race of 1901 (1). Prince Borghese sits at the wheel of the Itala he drove from Peking to Paris in 1907 (2). Hemery passes the grandstand in the New York Automobile race of 1900 (3). Lorraine Barrow, in pensive mood in the De Dietrich he entered for the Paris–Madrid race of 1903 (4). A Panhard leads the field in the British 1,000 mile (1,600 km) trial in 1900 (5).

DAS Auto erfreute sich zunehmender Beliebtheit. Auf der ganzen Welt wurden Rennen und Rallyes veranstaltet. M. Chauchards Auto sauste 1901 bei der Rallye Paris–Berlin durch Flovenville in Belgien (1). Der Prinz Borghese sitzt am Steuer des Itala, in dem er 1907 von Peking nach Paris fuhr (2). Hemery fährt an den Tribünen des New Yorker Automobilrennens von 1900 vorbei (3). Ein nachdenklicher Lorraine Barrow in dem De Dietrich, mit dem er 1903 die Rallye Paris–Madrid bestritt (4). Ein Panhard liegt beim britischen 1 600-Kilometer-Rennen im Jahre 1900 an der Spitze des Feldes (5).

AUTORIJDEN werd steeds populairder. Overal ter wereld werden races en rally's georganiseerd. De auto van M. Chauchard raasde in 1901 tijdens de rally Parijs–Berlijn door het Belgische Floven-ville (1). Prins Borghese zit achter het stuur van zijn Itala, waarmee hij in 1907 van Peking naar Parijs reed (2). Hemery rijdt langs de tribunes tijdens de New York Automobile Race van 1900 (3). Lorraine Barrow kijkt nadenkend in De Dietrich waarmee hij in 1903 Parijs–Madrid reed (4). Een Panhard gaat aan kop tijdens de Britse 1600-kilometerrace in 1900 (5).

THE very first motor race was held in the United States – from Green Bay to Madison, Wisconsin – in 1878. By the early 20th century cars were streamlined and fast enough to be dangerous. In the Vanderbilt Cup race at Santa Monica, California, in 1914, a photographer caught the moment of drama when a wheel came off Pullen's Mercer as the car went into 'Death Curve' (1). Arthur Macdonald poses in his gleaming Napier (2); W. O. Bentley proudly shows off his record-breaking 12.1hp model in 1914 (3); and Sir Malcolm Campbell Snr puts early versions of the Bluebird through their paces at Brooklands (previous pages and 4) in 1912.

DAS erste Autorennen der Geschichte fand 1878 in den Vereinigten Staaten statt – von Green Bay nach Madison, Wisconsin. Zu Beginn des 20. Jahrhunderts waren die Autos stromlinienförmig und schnell genug, um gefährlich zu sein. Beim Rennen um den Vanderbilt Cup im kalifornischen Santa Monica im Jahre 1914 hielt ein Photograph den dramatischen Augenblick fest, in dem sich ein Rad von Pullens Mercer löste, als der Wagen in die »Todeskurve« einbog (1). Arthur Macdonald posiert in seinem glänzenden Napier (2); ein elegant gekleideter W. O. Bentley präsentiert 1914 stolz sein rekordbrechendes 12,1-PS-Modell (3); und 1912 prüft Sir Malcolm Campbell senior in Brooklands (vorherige Seiten und 4) frühe Modelle des Bluebird auf Herz und Nieren.

2

1 3

De allereerste autorace vond in 1878 plaats in de Verenigde Staten, van Green Bay naar Madison, Wisconsin. Begin 20e eeuw waren de auto's gestroomlijnd en snel genoeg om gevaarlijk te zijn. In 1914 legde een fotograaf tijdens de race om de Vanderbildt Cup in Santa Monica, Californië, het dramatische moment vast dat het wiel van Pullens Mercer losraakt terwijl de auto de 'dodenbocht' ingaat (1). Arthur Macdonald poseert in zijn blinkende Napier (2); een elegant geklede W.O. Bentley presenteert in 1914 trots zijn recordmodel met 12,1 pk (3); in 1912 test Sir Malcolm Campbell sr. in Brooklands (zie blz. 116/117) een vroeg model van de Bluebird zeer grondig (4).

4

By 1913 a Premier motor cycle (1) was powerful enough to carry six people up a steep gradient (2). A year later, A. J. Luce and H. Zenith won three races at Brooklands (3). Harley Davidsons were as powerful and as sought-after then as now – this one is rearing up a steep gradient on a cross-country run (4).

Ein Premier-Motorrad (1) war 1913 leistungsstark genug, um sechs Leute eine steile Steigung hinaufzubefördern (2). Ein Jahr später gewannen A. J. Luce und H. Zenith drei Rennen in Brooklands (3). Harley-Davidson-Motorräder waren ebenso schnell und begehrt wie heute; diese Harley kämpft sich in einem Geländerennen eine Steigung hinauf (4).

Een Premier motorfiets uit 1913 (1) was sterk genoeg om zes mensen tegen een steile helling op te rijden (2). Een jaar later wonnen A.J. Luce en H. Zenith drie races in Brooklands (3). Harley-Davidsons waren even snel en net zo populair als tegenwoordig; deze Harley bokst tijdens een crosscountry tegen een steile helling op (4).

Sport

THE 19th-century bicycle was a comparatively slow developer. It started life as the 'boneshaker', a wheeled hobby-horse with solid tyres, no pedals and no brakes. In the 1840s pedals and pneumatic tyres were added, giving much improved comfort and efficiency. The Penny Farthing (1), with its enormous front wheel, made getting on and off something of a circus trick, but gave a great return in ground covered for each revolution of the pedals fixed to it. With the invention of the safety cycle in the middle of the century, cycling became a craze, a mania. Cycling clubs were formed all over the world. The cycle was used for military purposes, for recreation, even for ceremony – Berlin cyclists take part in an historical pageant for the Gymnastics and Sports Week in the 1900s (2 overleaf).

Quiet rural areas were invaded by weekend tours and daily dashes. At first cycling was considered suitable for men only, but women rapidly caught up. 'Ten years ago,' wrote Jerome K. Jerome in 1900, 'no German woman caring for her reputation, hoping for a husband, would have dared to ride a bicycle; today they spin about the country in their thousands. The old folks shake their heads at them; but the young men, I notice, overtake them, and ride beside them' (*Three Men on a Bummel*).

They were pleasant days for cyclists. The motor car was still something of a noisy freak – rare and unreliable. Road surfaces were adequate, though thorns from hedgerows still produced many a puncture. Lanes smelt of honeysuckle or new-mown hay, there was the sound of birdsong, the skies above were blue and empty. 'One skimmed along,' wrote one early cyclist, 'almost without effort; one coasted downhill and even on the flat when speed had been attained, and later one free-wheeled. One was carefree, death did not lurk at every corner, at every crossing. There was space, there was room, there was freedom. You rang your bell, a musical enough little chime, when you went round a corner and only the very careless pedestrian who had not yet got bicycle-conscious or a yapping dog who had aversions for bicycles, or had been taught to attack them, could do you any damage' (W. MacQueen Pope).

Indeed, the only real danger came from other carefree road users, from other cyclists, or from the groups of children who had not yet learned that the road was not a playground. It was a good time, a gentle time – but Henry Ford and the conveyor belt and the mass-produced motor car were about to bring it all to a swift and noisy and smelly and dangerous end.

1

2

DAS Fahrrad des 19. Jahrhunderts war ein relativer Spätentwickler. Die ersten Modelle waren Klappergestelle, Drahtesel ohne Gummireifen, ohne Pedalen und ohne Bremsen. In den 1840er Jahren stattete man es mit Pedalen und Gummireifen aus und machte es so schneller und bequemer. Durch sein riesiges Vorderrad machte das Hochrad (1, vorherige Seite) das Auf- und Absteigen zu einer Art Zirkusnummer, aber mit jeder Umdrehung der daran befestigten Pedale konnte man sehr viel Boden gutmachen. Mit der Erfindung des Niederrades wurde Radfahren zur großen Mode, beinahe zur Manie. Überall auf der Welt wurden Fahrradclubs gegründet. Das Fahrrad wurde auch für militärische Zwecke genutzt, es diente der Freizeitgestaltung und wurde sogar bei Feierlichkeiten eingesetzt – Berliner Radfahrer nehmen im Jahre 1900 an einem historischen Umzug im Rahmen der Woche der Gymnastik und des Sports teil (2).

Fahrradfahrer störten die Ruhe ländlicher Gegenden nicht nur am Wochenende. Am Anfang war man der Ansicht, Radfahren sei nur für Männer geeignet, aber die Frauen holten schnell auf. »Vor zehn Jahren«, schrieb Jerome K. Jerome 1900, »hätte keine deutsche Frau, die um ihren Ruf besorgt war und auf einen Ehemann hoffte, gewagt, Fahrrad zu fahren; heute schwirren sie zu Tausenden durchs Land. Alte Leute schütteln bei ihrem Anblick den Kopf; aber junge Männer, so konnte ich beobachten, holen sie ein und fahren neben ihnen her.« (aus: *Three Men on a Bummel*)

Es war eine angenehme Zeit für Radfahrer. Das Auto war noch immer ein lärmendes Ungetüm, selten und unzuverlässig. Der Zustand der Straßen war gut, auch wenn die Dornen der Heckenreihen für so manchen platten Reifen sorgten. Auf den Wegen duftete es nach Geißblatt oder frisch gemähtem Gras, die Vögel zwitscherten, und der Himmel war blau und wolkenlos.

»Man glitt fast mühelos dahin«, schrieb einer der ersten Radfahrer, »man rollte spielend den Berg hinab und sogar über ebene Straßen, wenn man die richtige Geschwindigkeit erreicht hatte, und dann fuhr man im freien Lauf dahin. Man war sorglos, der Tod lauerte nicht an jeder Ecke, an jeder Kreuzung. Es gab Platz, es gab Raum, es gab Freiheit. Man klingelte, und es ertönte ein fast musikalisches Glockenspiel, wenn man um eine Ecke fuhr. Nur sehr unvorsichtige Fußgänger, die dem Fahrrad noch nicht genügend Respekt schenkten, oder ein kläffender Hund, der etwas gegen Fahrräder hatte oder dem man beigebracht hatte, sie anzugreifen, konnten einem gefährlich werden.« (W. MacQueen Pope)

Die einzige wirkliche Gefahr waren sorglose Fußgänger, andere Radfahrer oder Gruppen von Kindern, die noch nicht gelernt hatten, daß die Straße kein Spielplatz ist. Es war eine gute Zeit – aber Henry Ford, das Fließband und die Massenfertigung von Autos sollten sie zu einem schnellen, lauten, stickigen und gefährlichen Ende bringen.

DE fiets kwam in de 19e eeuw relatief laat tot ontwikkeling. De eerste modellen waren 'rammelaars', kale frames zonder banden, pedalen en remmen. In de jaren '40 werd hij uitgerust met pedalen en rubberbanden, waardoor hij sneller en comfortabeler werd. Door het enorme voorwiel (1, zie blz. 123) werd het bestijgen van het rijwiel een soort circusnummer, maar met elke draaiing van de eraan bevestigde pedalen kon je heel wat meters afleggen. Na de uitvinding van het lage rijwiel halverwege de 19e eeuw kwam het fietsen in de mode – het werd bijna een manie. Overal ter wereld werden rijwielclubs opgericht. De fiets werd ook voor militaire doeleinden gebruikt, diende als vrijetijdsbesteding en werd zelfs bij plechtigheden ingezet: in 1900 nemen Berlijnse fietsers deel aan een historische uitvoering in het kader van de week van gymnastiek en sport (2).

Niet alleen in het weekend verstoorden fietsers de landelijke rust. Aanvankelijk meende men dat fietsen alleen voor mannen geschikt was, maar de vrouwen haalden hen snel in. "Tien jaar geleden", schreef Jerome K. Jerome, "had niet één Duitse vrouw die zich zorgen maakte om haar naam en een man wilde vinden zich op een fiets gewaagd. Tegenwoordig suizen ze met duizenden tegelijk over straat. Oude mensen schudden bij die aanblik hun hoofd, maar ik zag hoe jonge mannen de vrouwen inhaalden en naast hen gingen fietsen." (Uit: *Three men on a Bummel*).

Het waren gouden tijden voor fietsers. De auto was nog steeds een onbetrouwbaar, zelden voorkomend lawaaiig monster. De staat van de wegen was goed, ook al zorgden doornen voor menige lekke band. Het rook naar kamperfoelie en vers gemaaid gras, de vogels kwetterden en de hemel was blauw en onbewolkt. "Je schoof haast moeiteloos vooruit," schreef een van de eerste wielrijders, "je rolde met speels gemak de berg af en zelfs op vlakke straten moest je alleen de juiste snelheid bereiken en dan reed je ongehinderd rechtuit. Je was onbekommerd, de dood lag niet op elke straathoek op de loer. Er was ruimte, er was vrijheid. Je belde en als je om de hoek ging, klonk een bijna muzikaal klokkenspel. Alleen zeer onvoorzichtige voetgangers, die nog niet genoeg respect hadden voor de fiets, of een blaffende hond, die iets tegen fietsen had of die men had geleerd ze aan te vallen, konden een gevaar betekenen." (W. MacQueen Pope)

Het enige echte gevaar vormden argeloze voetgangers, andere fietsers en kinderen die nog niet hadden geleerd dat de straat geen speelplaats is. Het was een stille tijd – maar Henry Ford, de lopende band en de massaproductie van auto's maakten daar al snel een lawaaiig, stinkend en gevaarlijk einde aan.

(*Overleaf*)
THE remarkable penny-farthing bicycle made its first appearance in the 1880s (2). Its enormous front wheel meant that a single turn of the pedals enabled the cyclist to advance a considerable distance. Cycling clubs were popular (1). Seaside towns were invaded by swarms of healthy young athletes demanding lemonade, tea, coffee, and refreshing sherbet.

(*Folgende Seiten*)
IN den 1880er Jahren tauchte das bemerkenswerte Hochrad auf (2). Durch sein riesiges Vorderrad konnte man durch eine einzige Umdrehung der Pedale eine beträchtliche Wegstrecke zurücklegen. Fahrradclubs waren sehr populär (1). In die Küstenorte fielen Schwärme kräftiger junger Athleten ein und verlangten Limonade, Tee, Kaffee und Brause zur Erfrischung.

(*Blz. 126/127*)
In de jaren '80 verscheen de merkwaardige hoge fiets. Door het enorme voorwiel kon je door een draaiing van het pedaal een behoorlijk stuk afleggen. Wielrijdersclubs waren erg populair. In de badplaatsen kwamen hele zwermen sterke jonge atleten, die limonade, thee en koffie ter verfrissing wilden.

2

Das Fahrrad, das 1884 auf den Markt kam, erlaubte auch Frauen die Freuden des Radfahrens zu genießen und sorgte für eine Revolution in der Damenmode. Die ersten Radfahrerinnen trugen Knickerbocker (1). Madame du Gast (2), eine berühmte französische Rad – und Autofahrerin, bevorzugte ihr *Costume de ballon*. Beide Kostüme waren zum Radfahren weitaus besser geeignet als der traditionelle lange Rock (3).

TOEN de lage fiets in 1884 op de markt kwam, konden ook vrouwen genieten van het rijwiel. Er vond een revolutie in dameskleding plaats. De eerste fietssters droegen kniebroeken (1). Madame du Gast (2), een beroemde Franse fietsster, had een voorkeur voor haar *costume de ballon*. Beide kledingstukken waren veel beter geschikt voor het fietsen dan de traditionele lange rok (3).

2

THE safety cycle arrived in 1884, making it possible for women to enjoy cycling, and leading to a revolution in women's fashion. The first female cyclists wore knickerbockers (1). Madame du Gast (2), a famous French cyclist and motorist, preferred her *costume de ballon*. Both costumes were considerably more practical for cycling than the traditional long skirt (3).

3

GREAT heavyweight boxers: Jim
Jeffries (right) and Tom Sharkey (3);
Jack Johnson (2), the first black World
Heavyweight Champion, here fighting Jess
Willard (1) in 1915.

GROSSE Schwergewichtsboxer: Jim
Jeffries (rechts) und Tom Sharkey (3).
Jack Johnson (2), der erste schwarze
Schwergewichtsweltmeister, hier 1915 in
einem Kampf gegen Jess Willard (1).

DE grote zwaargewicht boksers Jim
Jeffries (rechts) en Tom Sharkey (3).
Jack Johnson (2), de eerste zwarte
wereldkampioen zwaargewicht, hier in
1915 in een gevecht met Jess Willard (1)
op Cuba.

3

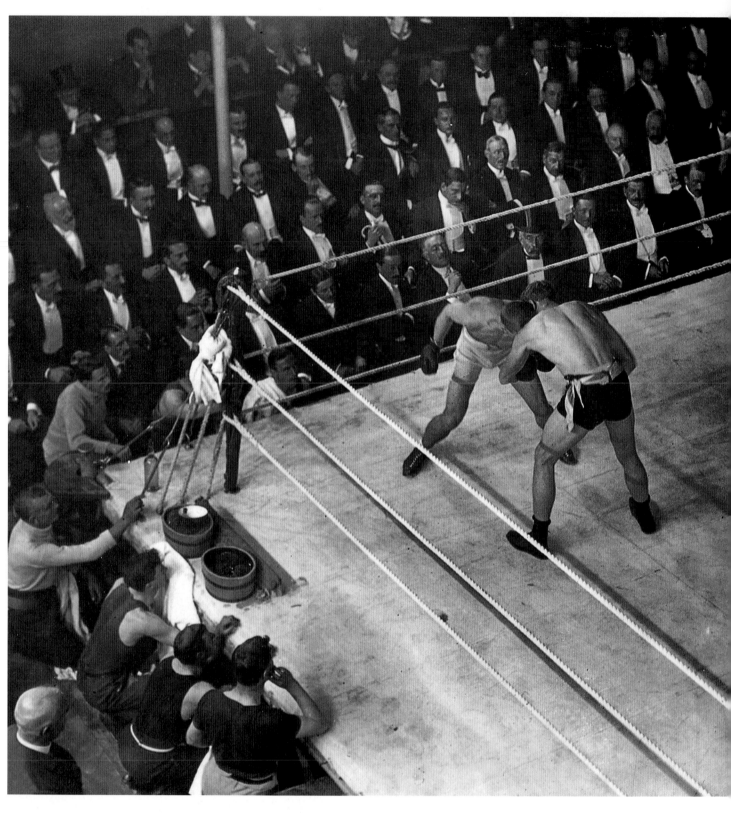

IF not the Sport of Kings, boxing was certainly the sport of gentlemen, given the sartorial elegance of the crowd watching the fight between Bombardier Billy Wells and Georges Carpentier (1) in December 1913. Matt Wells (2) held the World and Empire Welterweight titles 1914-1919. One of the greatest fighters of all was John L. Sullivan (3), the last bare-knuckle heavyweight champion. One of the most elegant was Gentleman Jim Corbett (4), who won the championship from Sullivan in 1892.

BOXEN war zwar nicht der Sport der Könige, aber wohl der der Gentlemen, wenn man nach dem eleganten Aussehen der Zuschauer urteilt, die im Dezember 1913 den Kampf zwischen »Bombardier« Billy Wells und Georges Carpentier (1) sahen. Matt Wells (2) war von 1914 bis 1919 Empire- und Weltmeister im Weltergewicht. Einer der größten Kämpfer von allen war John L. Sullivan (3), der letzte Schwergewichtschampion, der ohne Handschuhe boxte. Einer der elegantesten

war der Gentleman Jim Corbett (4), der Sullivan 1892 den Titel abnahm.

BOKSEN was geen sport van koningen, maar wel voor gentlemen, te oordelen naar de elegante kleding van het publiek dat in december 1913 het gevecht (1) tussen 'Bombardier' Billy Wells (2) en Georges Carpentier bezocht. Carpentier plaats juist een rechtse directe in Wells' ribben. Een van de grootste boksers aller tijden was John L. Sullivan (3), de laatste

zwaargewicht die zonder handschoenen bokste. Jim Corbett (4), die Sullivan in 1892 zijn titel afnam, was een uiterst elegante bokser.

CUP FINALS and international
football matches were first played
in the 1870s. In 1906 vast crowds jolted
their way to Crystal Palace in South
London (2) to see Everton defeat
Newcastle by a goal to nil in the FA
Cup. Five years later Newcastle again
lost by the single goal in a Cup Final,
this time to Bradford City (3, 4).
Tottenham Hotspurs' triumph over
Sheffield United by three goals to

one was said to be one of the best
performances in a Cup Final (1).

POKALENDSPIELE und
internationale Fußballspiele wurden
zum ersten Mal in den 1870er Jahren
ausgetragen. Die Massen strömten 1906
zum Crystal Palace im Süden Londons (2),
um den 1:0-Sieg von Everton über
Newcastle im Spiel um den englischen
Meisterpokal zu sehen. Fünf Jahre später

verlor Newcastle erneut mit 1:0 in
einem Meisterschaftsspiel, diesmal gegen
Bradford City (3, 4). Der 3:0-Triumph
der Tottenham Hotspurs über Sheffield
United gilt als eines der besten Pokal-
Endspiele aller Zeiten (1).

CUPWEDSTRIJDEN en internationale
voetbalwedstrijden werden voor het
eerst rond 1870 gehouden. Het volk liep
uit naar Crystal Palace in Zuid-Londen

(2) om de 1-0 overwinning van Everton op Newcastle in de FA Cup te zien. Vijf jaar later verloor Newcastle weer met 1-0 in een finale, nu tegen Bradford City (3, 4). De 3-0 overwinning van Tottenham Hotspurs op Sheffield United geldt als een van de beste bekerfinales aller tijden (1).

1

PIERRE de Fredi, Baron de Coubertin, inaugurated the modern Olympic Games in 1896. Early Olympic Games included some sports no longer covered (such as cricket) or no longer practised (like the Standing Long Jump, 3). Clothes were generally modest and cumbersome, though swimming trunks were brief, if not symmetrical (2).

The 1908 Marathon ended in high drama. The course had been lengthened by over a mile, at the request of the British Royal family, who wished it to start beneath Princess Mary's bedroom window at Windsor Castle. Towards the end of the race, Dorando Pietri of Italy was first into the stadium, leading by a considerable distance. He stumbled and fell, probably as a result of having to change direction – he had thought he should turn right on to the track, officials pointed to the left. Pietri fell four more times in the next 250 metres, the last time opposite the Royal Box. He struggled to his feet but was helped across the finishing line (1) by, among others, Sir Arthur Conan Doyle (right, in cap). For this, poor Pietri was disqualified, and the gold medal went to an American, Johnny Hayes.

IM Jahre 1896 weihte Pierre de Fredi, Baron de Coubertin, die modernen Olympischen Spiele ein. Bei den frühen Olympischen Spielen gab es Disziplinen, die heute nicht mehr zugelassen (Kricket) oder ausgeübt werden (der Weitsprung aus dem Stand, 3). Die Sportkleidung war meist züchtig und deshalb hinderlich, abgesehen von den knappen, fast symmetrischen Badehosen (2).

Der Marathonlauf bei den Olympischen Spielen von 1908 endete äußerst dramatisch. Die Strecke war auf Bitten des Königshauses um mehr als eine Meile verlängert worden, denn man wünschte, daß der Lauf unter dem Schlafzimmerfenster von Prinzessin Mary in Windsor Castle beginnen sollte. Der Italiener Dorando Pietri lief mit deutlichem Vorsprung als erster ins Stadion ein. Er stolperte und fiel, vermutlich weil er die Richtung wechseln mußte; er hatte geglaubt, er müsse nach rechts laufen, aber die Offiziellen zeigten nach links. Pietri fiel auf den nächsten 250 Metern noch viermal hin, das letzte Mal vor der königlichen Loge. Er rappelte sich wieder hoch, aber über die Ziellinie half ihm unter anderen Sir Arthur Conan Doyle (1, rechts, mit Kappe). Dafür wurde Pietri disqualifiziert, und die Goldmedaille ging an den Amerikaner Johnny Hayes.

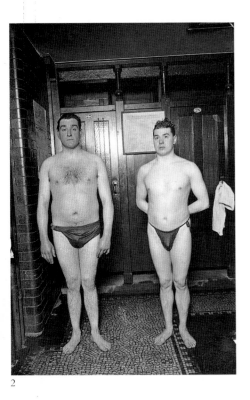

2

IN 1896 opende Pierre de Fredi, baron de Coubertin, de moderne Olympische Spelen. Bij deze vroege Olympische Spelen waren er takken van sport die nu niet meer meedoen (cricket) of niet meer bestaan (verspringen uit stand, 3). Sportkleding was meestal zedelijk en daarom hinderlijk, behalve de kleine, bijna symmetrische zwembroeken (2).

De marathon tijdens de Olympische Spelen van 1908 kreeg een zeer dramatisch slot. Op verzoek van het koningshuis was het parcours met meer dan een mijl verlengd, want men wilde dat de race onder het raam van de kamer van prinses Mary op Windsor Castle zou beginnen. De Italiaan

Dorando Pietri kwam met een duidelijke voorsprong het stadion binnen. Hij struikelde en viel, waarschijnlijk omdat hij van richting moest veranderen; hij dacht dat hij naar rechts moest, maar de officials wezen naar links. Op de volgende 250 meter viel Pietri nog vier keer, de laatste keer voor de koninklijke loge. Hij krabbelde weer op, maar werd door onder anderen Sir Arthur Conan Doyle over de finish geholpen (1, rechts, met pet). Daardoor werd Pietri gediskwalificeerd en ging de gouden medaille naar de Amerikaan John Hayes.

3

F OR women, sports costume appeared designed to maintain modesty and impede performance: one-piece bathing costumes in 1907 (1). Danish women gymnasts at the 1908 Olympics (2). Lady archers, sensibly wrapped against the cold of an English July (3).

S PORTKLEIDUNG für Frauen schien dafür gemacht, den Anstand zu wahren und die Bewegungsfreiheit einzuschränken: einteilige Badeanzüge aus dem Jahre 1907 (1). Die dänischen Gymnastinnen bei der Olympiade von 1908 (2). Weibliche Bogenschützen, gut gegen die Kälte des englischen Juli geschützt (3).

S PORTKLEDING voor vrouwen leek vooral preuts te moeten zijn; dit eendelige badpak uit 1907 (1) hinderde de bewegings-vrijheid. De Deense turnsters bij de Olym-piade van 1908 (2). Vrouwelijke boogschut-ters, goed ingepakt tegen de kou in juli in Engeland (3).

SPORT for women originated in the 'acceptable' sunny afternoon recreations of games such as archery and croquet. Archery was regarded as graceful, and to be able to play croquet was regarded as a social accomplishment. Women were gentle, delicate creatures, and it was wrong that they should do anything that caused them to appear flustered – at that time it was held that horses 'sweat', gentlemen 'perspire' and ladies 'glow'.

But women knew better. They swam, ran, rowed, roller-skated, climbed mountains, played tennis and cricket and golf, and, early in the 20th century, braved a bobsleigh run down the Dorf Dimson run at St Moritz (2). There was always the risk that in taking such exercise they would be branded 'shameless hussies'. Better, it was thought, that women should stick to gentle boating expeditions and picnics – organized by men, of course – and spend their winters sewing indoors, as God doubtless intended. If a woman insisted on winter exercise, then perhaps a little ice-skating was permissible, as in a Berlin park in January 1914 (1), where she could still look 'graceful'.

SPORT für Frauen hatte seinen Ursprung in »akzeptablen« nachmittäglichen Freizeitbeschäftigungen wie Bogenschießen und Krocket. Das Bogenschießen galt als anmutig, und wer Krocket spielen konnte, besaß angeblich gesellschaftliche Gewandtheit. Frauen waren sanfte, zerbrechliche Geschöpfe, denn zu dieser Zeit sagte man, daß Pferde »schwitzen«, Männer »transpirieren« und Frauen »glühen«.

Aber die Frauen waren anderer Ansicht. Sie schwammen, rannten, ruderten, fuhren Rollschuh, kletterten auf Berge, spielten Tennis, Kricket und Golf, und zu Beginn des 20. Jahrhunderts fuhren sie mutig die Rodelstrecke von Dorf Dimson in St. Moritz hinunter (2). Manchmal wurden die Frauen deshalb als »schamlose Gören« beschimpft. Man war der Ansicht, Frauen sollten sich besser auf harmlose, natürlich von Männern organisierte Bootsausflüge oder Picknicks beschränken, und den Winter in der warmen Stube mit Nähen verbringen, so, wie es Gott zweifellos für sie vorgesehen hatte. Wenn eine Frau unbedingt Wintersport treiben wollte, dann vielleicht ein wenig Schlittschuhlaufen, wie in einem Berliner Park im Januar 1914 (1), denn dabei konnte sie immer noch »anmutig« aussehen.

SPORT voor vrouwen kwam voort uit 'acceptabele' middagactiviteiten op een zonnige zomerdag, zoals croquet en boogschieten. Boogschieten gold als elegant en wie croquet kon spelen, bezat ogenschijnlijk maatschappelijke zwier.

Vrouwen waren tere, breekbare schepsels. In die tijd zei men: "Paarden

zweten, mannen transpireren en vrouwen gloeien."

Maar de vrouwen dachten daar anders over. Ze zwommen, renden, roeiden, fietsten, rolschaatsten, beklommen bergen, speelden tennis, cricket en golf en begin 20e eeuw rodelden ze zelfs dapper de berg bij Dorf Dimson in St. Moritz af (2). Soms werden die vrouwen daarom 'onbeschaamde grieten' genoemd. Men was van mening dat vrouwen zich beter konden beperken tot onschuldige, natuurlijk door mannen georganiseerde, boottochtjes en picknicks en de winter konden ze het best doorbrengen met borduren in goed verwarmde kamers, zoals God het onge-twijfeld had voorzien. Wilde een vrouw per se aan wintersport doen, dan kon ze misschien een beetje schaatsen, zoals in dit Berlijnse park in 1914 (1), want daarbij kon je er tenminste nog 'lieflijk' uitzien.

TENNIS for women began in the 1880s. An early champion was Mrs Stevry, here playing in 1908 (1). The Furnival Girls' Rowing Eight about to take to the water in 1907 (2). Shooting was a sport made respectable by royalty, and women were allowed their chance to slaughter wildlife (3). Women first strode the golf links in the 1890s, and were already accomplished players by the time this photograph was taken at Portrush, Ireland, in 1911 (4).

IN den 1880er Jahren begannen die Frauen, Tennis zu spielen. Eine der ersten Meisterinnen war Mrs. Stevry, hier bei einem Match im Jahre 1908 (1). Im Jahre 1907 wird der Achter der Furnival Girls ins Wasser getragen (2). Schießen war ein Sport, den die Mitglieder der königlichen Familie zu Ansehen gebracht hatten,

3

4

und Frauen war es immerhin gestattet, sich am Erlegen von Wild zu versuchen (3). In den 1890er Jahren begannen Frauen den Golfschläger zu schwingen und waren 1911 bereits anerkannte Spielerinnen, als diese Aufnahme im irischen Portrush gemacht wurde (4).

IN de jaren '80 begonnen vrouwen tennis te spelen. Een van de eerste kampioenen was Mrs. Stevry, hier tijdens een wedstrijd in 1908 (1). In 1907 wordt de 'acht' van de Furnival Girls te water gelaten (2). Schieten was een sport waaraan de koninklijke familie aanzien

had verleend. Het was vrouwen wel toegestaan te jagen (3). In de jaren '90 begonnen vrouwen de golfclub te hanteren en in 1911 waren ze al gerespecteerde speelsters, toen deze foto in het Ierse Portrush werd gemaakt (4).

One of the highlights of the English 'season' was Cowes Week, held every August on the Isle of Wight. It was – and still is – part regatta, part ritual, part opportunity for the rich and powerful to show off (2). Crowds gathered (3) to watch the races between the graceful yachts, such as *Navahoe* in the 1890s (1).

Einer der Höhepunkte der englischen »Saison« war die Cowes Week, die jedes Jahr im August auf der Isle of Wight stattfand. Sie war und ist noch immer zum Teil Regatta, zum Teil Ritual und zum Teil eine Gelegenheit für die Reichen und Mächtigen, ihren Wohlstand zu zeigen (2). Menschentrauben bildeten sich (3), um das Rennen der prächtigen Jachten zu sehen, beispielsweise die *Navahoe* in den 1890er Jahren (1).

Een van de hoogtepunten van het Engelse 'seizoen' was de Cowes Week, die jaarlijks in augustus op het eiland Wight werd gehouden. Het was –en is nog steeds– deels een regatta en deels een ritueel dat de rijken en machtigen de gelegenheid biedt hun rijkdom te laten zien (2). De mensen dromden samen (3) om de race tussen de prachtige jachten te zien, zoals de *Navahoe* in de jaren '90 (1).

2

3

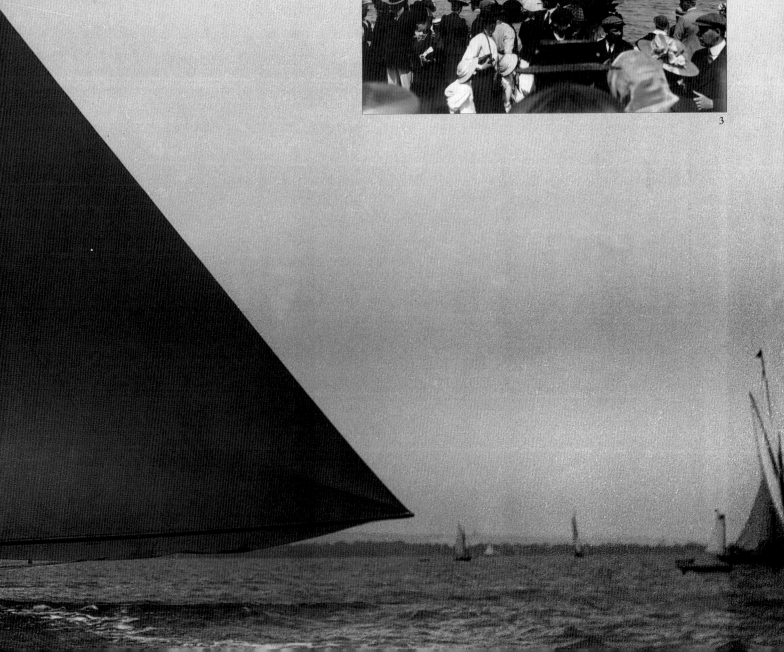

Entertainment

'THERE is a range of imagination in most of us,' wrote Charles Dickens, 'which no amount of steam engines will satisfy; and which The-great-exhibition-of-the-works-of-industry-of-all-nations will probably leave unappeased.'

High and low, rich and poor, at home and abroad – what people wanted was fun. And mass migration to towns and cities created lucrative markets for any showman, impresario or theatrical entrepreneur with a few fancy costumes, a portable stage and a voice loud enough to drum up an audience. Crowds flocked to theatres, music halls, cabarets, concerts in the park, and, later, the new bioscopes and cinemas. Top performers earned fortunes, were courted by kings and princes, commanded adoring devotion. Those at the foot of the bill raced from one venue to another, performing six, seven, eight shows a night, until their throats were hoarse and their feet bled. The show had to go on – somehow, somewhere – though audiences were too often crushed or choked or burnt to death in appalling blazes when gaslit theatres caught fire, or killjoy authorities fought bitter rearguard actions to outlaw the wild abandonment of the Can-Can or the shattering insights of an Ibsen play.

In major cities centres of pleasure evolved – Montmartre, Schwabing, Soho – bohemian quarters frequented by the artistic and the raffish, by socialites, intellectuals and tourists, rambling 'up and down the boulevards without encountering anything more exciting than the representatives of loitering and licensed vice' (Guy de Maupassant, *An Adventure in Paris*). Much popular entertainment sprang from poor country roots – the Neapolitan *canzone*, the Spanish *flamenco*, the Argentinian *tango*, the Wild West show. Some had a veneer of glib sophistication, of city slickness – the music hall, the burlesque theatre, the cabaret. All attracted audiences of all classes: from the nobs, swells and mashers who could afford to turn the pretty heads of chorus girls with champagne suppers, and of leading ladies with a good deal more, to the scruffy hecklers who could scarcely afford the cheapest seats in the house.

Ancient forms of entertainment received new leases of life. P. T. Barnum, the American showman, revived the circus with a mixture of magic and hokum, proving that you could fool most of the people most of the time. Zoos and menageries became more popular than ever before, their exotic exhibits augmented by the plunder of jungle and steppe, veldt and prairie. Travelling fairs brought a diet of sword-swallowing and fire-eating, and the wonders of the bearded lady, the mermaid and Siamese twins to the gullible of town and country alike. Jules Léotard extended the art of tightrope-walking, and gave his name to the figure-hugging garment, while Blondin walked further and higher, even crossing the mighty Niagara Falls.

The musical comedy was invented in the late 19th century, a popular if initially down-market development from the Savoy light operas of Gilbert and Sullivan. The musical revue was the lavish brainchild of Florence Ziegfeld, an American showman with more money than taste. For the discerning, the highbrow, or the plain snooty, there was a constant supply of new operas. Wagner, the boldest composer the world has known, wrote *The Flying Dutchman* in Paris, fled from Dresden, where he had flirted with revolution and had written *Tannhäuser* and *Lohengrin*, and began work on the *Ring* cycle in Switzerland. Famous and forgiven, he returned to Germany, settled in Ludwig II's Bavaria and staged the first full *Ring* at his new Festival Theatre in Bayreuth. In Italy, the no less revolutionary Verdi composed *Rigoletto*, *Il Trovatore*, *La Traviata*, *Otello* and his swansong comedy *Falstaff*. Less revolutionary, but as popular, were the offerings of Puccini: *Manon Lescaut*, *La Bohème*, *Tosca* and *Madame Butterfly*.

Theatres prospered as never before. It was the era of the great actor-managers – Belasco, Terry, Hicks, Beerbohm Tree, Kominarjevskaya – men and women with big dreams and large voices, who toured from town to town with their own companies of actors, scenery, props and costumes, doing flamboyant justice to anything from Shakespeare to Cinderella. It was the age of Ibsen, Strindberg, the young George Bernard Shaw, the precocious Oscar Wilde, Hauptmann and Hofmannsthal, Chekhov, Echegaray, Feydeau, Lopez de Ayala and Tamayo y Baus, Gorky, Hallstrom and dozens of other great playwrights.

Actors became stars, household names, gods and goddesses – the Divine Sarah, Adelaide Ristori, Mrs Patrick Campbell, Lily Langtry, Charles Fechter, Josef Kainz. And there was one actor who became the devil incarnate in his most famous role – John Wilkes Booth, who crashed into a box at the Ford Theatre in Washington DC, to interrupt a performance of Tim Taylor's *Our American Cousin* and assassinate the President of the United States.

Until 1850, the Romantic movement in art, literature and music had imposed restrictions on ballet.

Dancers were expected to look and move like well-drilled sylphs or phantoms. After 1850, costumes became shorter, music more exciting, choreography bolder. Ballet became more athletic and dramatic, fuelled by the music of Delibes, Tchaikovsky and later Stravinsky. Dancers such as Pavlova, Karsavina, Nijinsky, Massine and Isadora Duncan leapt and pirouetted their way into international fame.

Mass education led to a rapidly growing appetite for literature. There was a huge market for the novels of Dickens and Thackeray, Freytag, Zola, the brothers Goncourt, Dumas *père et fils*, Hugo, Henry James and Thomas Hardy. Sir Arthur Conan Doyle created the greatest fictional detective of all time in 1887, when Sherlock Holmes first appeared in *A Study in Scarlet*. Robert Louis Stevenson unleashed *The Strange Case of Dr Jekyll and Mr Hyde* in 1886, and Alice disappeared down the rabbit hole into Wonderland for the first time in 1865.

Finally, it was also the age when the sensuality of Delacroix and the convention of massive historical paintings gave way to the bright purity of the Pre-Raphaelites and the shimmering beauty of the Impressionists. In 1894, Don Jose Ruiz handed his paints and brushes to his son Pablo Picasso, and the world was never quite the same again. And, all the while, the camera captured the world's beauties, its freaks and horrors, its bizarre and wonderful happenings.

Es gibt einen Bereich der Phantasie in den meisten von uns«, schrieb Charles Dickens, »den noch so viele Dampfmaschinen nicht zufriedenstellen können und den Die-große-Ausstellung-der-Industrieprodukte-aller-Nationen vermutlich kaltläßt.«

Von hoher oder niedriger Geburt, arm oder reich, zu Hause oder im Ausland – die Menschen wollten sich amüsieren. Und mit der Abwanderung der Massen in die Großstädte entstanden lukrative Märkte für Schausteller, Impresarios und Theaterbesitzer, die ein paar verrückte Kostüme, eine transportable Bühne und eine Stimme besaßen, die laut genug war, das Publikum neugierig zu machen. Die Menschen strömten in die Theater, Musikhallen, Kabaretts, Konzerte im Park und später in die neuen Bioskope und Lichtspieltheater. Die Stars dieser Veranstaltungen verdienten ein Vermögen, wurden von Königen und Prinzen verehrt und von den Massen bewundert. Die weniger Berühmten eilten von einer Veranstaltung zur nächsten und traten in sechs, sieben oder acht Vorführungen pro Abend auf, bis ihre Kehlen rauh waren und ihre Füße bluteten. Die Show mußte irgendwie und irgendwo weitergehen, obwohl das Publikum nur allzuoft zerquetscht wurde, erstickte oder verbrannte, wenn in mit Gas beleuchteten Theatern Feuer ausbrach. Gefahr ging auch von der Obrigkeit aus, die keinen Spaß verstand und sich in erbitterte Kämpfe stürzte, um den wilden, hemmungslosen Cancan oder die erschütternde Botschaft eines Ibsen-Stückes zu unterbinden.

In den großen Städten entstanden Vergnügungszentren – Montmartre, Schwabing, Soho – Künstlerviertel, die von den Schöngeistern, der Bohème, der feinen Gesellschaft, von Intellektuellen und Touristen aufgesucht wurden, die »die Boulevards entlangschlenderten, ohne auf etwas Aufregenderes zu stoßen als auf die herumstehenden Vertreter und Vertreterinnen des lizensierten Lasters« (Guy de Maupassant, *Une aventure parisienne*). Viele der populären Veranstaltungen hatten ihre Wurzeln in armen, ländlichen Regionen, z.B. die neapolitanische *Canzone*, der spanische *Flamenco*, der argentinische *Tango* oder die Wild-West-Show. Einige wiesen eine gewisse Eleganz und die Gewandtheit der Großstadt auf, wie beispielsweise das Varietétheater und das Kabarett. Sie alle zogen Zuschauer aller Klassen an: von »hohen Tieren« mit Rang und Namen, oder Frauenhelden, die es sich leisten konnten, den schönen Revuegirls den Kopf mit Champagner-Soupers und den der Damen der Gesellschaft mit weit Kostbarerem zu verdrehen, bis zu den verwegenen Schreihälsen, die kaum die billigsten Plätze des Hauses bezahlen konnten.

Frühe Formen des Entertainments erlebten einen neuen Aufschwung. P. T. Barnum, der amerikanische Schausteller, belebte den Zirkus mit einer Mischung aus Zauberei und Hokuspokus und zeigte, daß man die

MATA HARI WAS THE DAUGHTER OF A PROSPEROUS HATTER. HER REAL NAME WAS MARGARETHA GEERTRUIDA ZELLE. HER *DANCE OF THE SEVEN VEILS* WAS A SENSATIONAL SUCCESS, BUT HER CAREER IN ESPIONAGE WASN'T. SHE WAS SHOT AS A SPY IN OCTOBER 1917.

MATA HARI WAR DIE TOCHTER EINES WOHLHABENDEN HUTMACHERS. SIE HIESS EIGENTLICH MARGARETHA GEERTRUIDA ZELLE. IHR *TANZ DER SIEBEN SCHLEIER* WAR EIN SENSATIONELLER ERFOLG, GANZ IM GEGENSATZ ZU IHRER KARRIERE ALS SPIONIN. OB SIE DEN DEUTSCHEN VON NUTZEN GEWESEN IST, BLEIBT UNGEWISS. SIE WURDE IM OKTOBER 1917 ALS SPIONIN ERSCHOSSEN.

MATA HARI WAS DE DOCHTER VAN EEN WELGESTELD HOEDENMAKER EN HEETTE EIGENLIJK MARGARETHA GEERTRUIDA ZELLE. HAAR *DANS MET DE ZEVEN SLUIERS* WAS EEN GROOT SUCCES. MINDER ROEMRIJK VERLIEP HAAR SPIONAGELOOPBAAN, IN OKTOBER WERD ZE GEFUSILLEERD WEGENS SPIONAGEACTIVITEITEN.

meisten Leute fast immer an der Nase herumführen kann. Zoos und Menagerien wurden beliebter als jemals zuvor, und ihre exotischen Ausstellungsstücke vermehrten sich durch die Plünderung der Urwälder, Steppen und Prärien. Fahrende Jahrmärkte zeigten den Leichtgläubigen von Stadt und Land Schwert- und Feuerschlucker, das Wunder der bärtigen Jungfrau, Nixen und siamesische Zwillinge. Jules Léotard perfektionierte die Kunst des Seiltanzes und gab dem figurbetonten Anzug seinen Namen, während sein Kollege Blondin immer weiter und immer höher kletterte und sogar die Niagarafälle überquerte.

Das Musical wurde gegen Ende des 19. Jahrhunderts erfunden, eine populäre, wenn auch anfänglich weniger anspruchsvolle Weiterentwicklung der leichten Opern von Gilbert und Sullivan aus dem Savoy. Die musikalische Revue war der lebhaften Phantasie von Florence Ziegfeld entsprungen, einem amerikanischen Showman

mit mehr Geld als Geschmack. Für die Anspruchsvolleren, die Intellektuellen und die Hochnäsigen gab es ein reichhaltiges Angebot an Opern. Wagner, der kühne Komponist, schrieb den *Fliegenden Holländer* in Paris, floh aus Dresden, wo er mit der Revolution geliebäugelt, den *Tannhäuser* und den *Lohengrin* geschrieben hatte, und begann seine Arbeit am *Ring des Nibelungen* in der Schweiz. Dem berühmten Mann war vergeben worden, und er kehrte nach Deutschland zurück, ließ sich im Bayern Ludwigs II. nieder und führte erstmals den kompletten *Ring* in seinem neuen Bayreuther Festspieltheater auf. In Italien komponierte der nicht weniger revolutionäre Verdi *Rigoletto, Il Trovatore, La Traviata, Otello* und *Falstaff*. Nicht so revolutionär, aber ebenso populär waren die Werke von Puccini: *Manon Lescaut, La Bohème, Tosca* und *Madame Butterfly*.

Die Theater florierten wie niemals zuvor. Es war die Zeit der großen Schauspieler-Manager wie Belasco,

Terry, Hicks, Beerbohm Tree, Kominarjewskaja – Männer und Frauen mit großen Träumen und vollen Stimmen, die mit ihren eigenen Ensembles, Bühnendekorationen und Kostümen von Stadt zu Stadt zogen und alles von Shakespeare bis Cinderella aufführten. Es war die Zeit von Ibsen, Strindberg, dem jungen George Bernard Shaw, dem frühreifen Oscar Wilde, Hauptmann, Hofmannsthal, Tschechow, Echegaray, Feydeau, Lopez de Ayala und Tamayo y Baus, Gorki, Hallstrom und unzähliger anderer großer Dramatiker.

Schauspieler wurden zu Stars, zu Inbegriffen, zu Göttern und Göttinnen – die göttliche Sarah, Adelaide Ristori, Mrs. Patrick Campbell, Lily Langtry, Charles Fechter und Josef Kainz. Und es gab einen Schauspieler, der in seiner berühmtesten Rolle zum Teufel in Person wurde: John Wilkes Booth stürmte bei einer Aufführung von Tim Taylors *Our American Cousin* in eine Loge des Ford Theatres in Washington D. C. und tötete den Präsidenten der Vereinigten Staaten.

Bis 1850 hatte die romantische Bewegung in Kunst, Literatur und Musik dem Ballett Beschränkungen auferlegt. Die Tänzer sollten wie gedrillte Nymphen und Phantome aussehen und sich auch so bewegen. Nach 1850 wurden die Kostüme kürzer, die Musik aufregender und die Choreographie gewagter. Zu den Klängen der Musik von Delibes, Tschaikowsky und später Strawinsky wurde das Ballett athletischer und dramatischer. Tänzer wie Pawlowa, Karsawina, Nijin-sky, Massine und Isadora Duncan bahnten sich mit ihren Sprüngen und Pirouetten den Weg zu internationalem Ruhm.

Ein allen zugängliches Bildungs- und Erziehungswesen führte bald zu einem wachsenden Hunger nach Literatur. Es gab eine große Nachfrage nach den Romanen von Dickens und Thackeray, Freytag, Émile Zola, der Brüder Goncourt, von Vater und Sohn Dumas, Victor Hugo, Henry James und Thomas Hardy. Sir Arthur Conan Doyle schuf 1887 den größten Romandetektiv aller Zeiten: sein Sherlock Holmes trat erstmals in *A Study in Scarlet* auf. Robert Louis Stevenson gab 1886 *The Strange Case of Dr Jekyll and Mr Hyde* heraus, und Alice verschwand zum ersten Mal 1865 durch den Hasenbau ins Wunderland.

Es war auch die Zeit, da die Sinnlichkeit eines Delacroix und die Konventionen der gewaltigen Historiengemälde der strahlenden Reinheit der Präraffaeliten und der glänzenden Schönheit der Impressionisten wichen. Im Jahre 1894 übergab Don José Ruiz Farben und Pinsel seinem Sohn Pablo Picasso, und die Welt war seitdem nicht mehr dieselbe. In dieser Zeit fing der Photoapparat mehr und mehr die Schönheiten der Welt ein, ihre Absonderlichkeiten und Schrecken, ihre bizarren und wunderbaren Begebenheiten.

"Er is een gebied in onze fantasie", schreef Charles Dickens, "dat zelfs door de grootste stoommachines niet bevredigd wordt en dat de 'grote tentoonstelling van industriële producten uit de hele wereld' waarschijnlijk koud laat."

Van hoge of lage komaf, arm of rijk, thuis of op reis, mensen willen zich amuseren. En met de komst van de grote steden kwam er een interessante markt voor kermisklanten, impresario's en theaterexploitanten die in het bezit waren van een paar buitenissige kostuums, een podium en een stem die hard genoeg was om het publiek nieuwsgierig te maken. Mensen kwamen in bosjes naar theaters, cabarets, music-halls, openluchtconcerten en later de nieuwe cinema. De sterren uit dit soort spektakels verdienden een vermogen, werden aanbeden door koningen en prinsen en bewonderd door de massa. De minder beroemden renden van de ene voorstelling naar de andere en traden zes, zeven, acht keer per avond op, tot hun keel rauw was en hun voeten bloedden. De show moest hoe dan ook doorgaan, hoewel het publiek maar al te vaak werd platgedrukt, stikte of verbrandde als er brand uitbrak in de met gaslampen verlichte theaters. Ook het gezag betekende een gevaar, het had geen gevoel voor humor en leverde een verbeten strijd om de onzedelijke cancan of de verpletterende boodschap van een toneelstuk van Ibsen aan banden te leggen.

In de grote steden ontstonden hele amusementswijken: Montmartre, Schwabing, Soho − kunstenaarswijken die werden bezocht door intellectuelen, bohémiens, de society en toeristen. Ze "slenterden langs de boulevards, zonder iets opwindenders tegen te komen dan de rondhangende vertegenwoordigers van de vergunning houdende ondeugd". (Guy de Maupassant, *Une aventure à Paris*). Veel van de populaire shows hadden hun wortels in de arme landelijke streken, bijvoorbeeld het Napolitaanse *canzone* en de Spaanse *flamenco*, de Argentijnse *tango* en de Amerikaanse Wild-West-Show. Sommige shows, zoals de variétés en de cabarets, bezaten iets van grootsteedse verfijning en elegantie. Ze trokken allemaal toeschouwers uit alle standen: van 'hoge heren' van naam via vrouwenveroveraars –die het zich konden permitteren het hoofd van de revuemeisjes op hol te brengen met champagne en soupers en dat van de dames uit de society met veel duurdere spullen– tot de schreeuwlelijken die zelfs de goedkoopste plaats amper konden betalen.

Oudere vormen van vermaak beleefden een nieuwe bloei. P.T. Barnum, de Amerikaanse kunstenmaker, verlevendigde het circus met een mengeling van hocuspocus en tovenarij en toonde aan dat je de meeste mensen bijna altijd voor de gek kunt houden. Dieren-tuinen verheugden zich in een grote populariteit en de exotische pronkstukken namen snel toe, geplunderd uit de oerwouden, steppen en prairies over de hele wereld. Rijdende jaarmarkten toonden de lichtgelovigen uit stad en platteland zwaard- en vuurvreters, het wonder van de maagd met de baard, nixen en Siamese tweelingen. Jules Léotard perfectioneerde de kunst van het koorddansen en verleende zijn naam aan het strak zittende kostuum, terwijl zijn collega Blondin steeds verder en steeds hoger klom en zelfs de Niagara-watervallen overstak.

Eind 19e eeuw werd de musical uitgevonden, een populaire, maar aanvankelijk zeker minder goede variant van de lichte opera's van Gilbert en Sullivan uit het Savoy. De muzikale revue kwam voort uit de levendige fantasie van Florence Ziegfeld, een Amerikaanse entertainer met meer geld dan smaak. Voor de veeleisenden, cultuurliefhebbers en snobs was er een groot aanbod aan opera's. Wagner, de roekeloze componist, schreef *Der fliegende Holländer* in Parijs, vluchtte uit Dresden waar hij met de revolutie had gekoketteerd en *Tannhäuser* en *Lohengrin* had geschreven, en begon aan zijn *Ring des Nibelungen* in Zwitserland. De beroemde kunstenaar had vergiffenis gekregen en keerde naar Duitsland terug, vestigde zich in het Beieren van Ludwig II en voerde zijn complete *Ring* voor het eerst op in zijn nieuwe Bayreuther Festspieltheater. In Italië componeerde de niet minder revolutionair ingestelde Verdi *Rigoletto, Il Trovatore, La Traviata, Otello* en *Fallstaff*. Minder revolutionair, maar even populair waren de werken van Puccini: *Manon Lescaut, La Bohème, Tosca* en *Madama Butterfly*.

Theaters bloeiden als nooit tevoren. Het was de tijd van de grote acteursmanagers, zoals Belasco, Terry, Hicks, Beerbohm, Tree, Kominarevskaja − mannen en vrouwen met grote dromen en volle stemmen die met hun eigen troep, decors en kostuums van stad naar stad trokken en alles speelden, van Shakespeare tot Assepoester. Het was de tijd van Ibsen, Strindberg, de jonge George Bernhard Shaw, de vooral in kunstenaarskringen beroemde, vroegrijpe Oscar Wilde, Hauptmann, Hofmannsthal, Tsjechov, Echegaray, Feydeau, Lopez de Ayala en Tamayo y Baus, Gorki, Hallström en talloze andere grote dramaschrijvers.

Acteurs werden sterren, goden en godinnen − de goddelijke Sarah, Adelaide Ristori, Mrs. Patrick Campbell, Lily Langtree, Charles Fechter en Josef Kainz. Eén acteur werd tijdens zijn beroemdste rol de duivel in persoon: John Wilkes Booth stormde tijdens een uitvoering van Tim Taylors *Our American Cousin* een loge van het Ford Theatre in Washington D.C. binnen en vermoordde de Amerikaanse president.

CIRCUS ACT. CIRCUSES WERE EXTREMELY POPULAR.

DER ZIRKUS WAR ÄUSSERST BELIEBT.

HET CIRCUS WAS BIJZONDER POPULAIR.

Tot 1850 had de romantische beweging in de kunst het ballet beperkingen opgelegd. De dansers moesten eruitzien als gedrilde ninfen en spoken en moesten zich ook zo bewegen. Na 1850 werden de kostuums korter, de muziek spannender en de choreografie gewaagder. Op muziek van Delibes, Tsjaikovski en later Stravinsky werd ballet dynamischer. Dansers als Pavlova, Karsavina, Nijinski, Massine en Isadora Duncan baanden zich met pirouetten en sprongen een weg naar wereldfaam.

Het voor iedereen toegankelijke onderwijs zorgde al snel voor een toenemende vraag naar literatuur. Er was grote belangstelling voor de romans van Dickens, Thackeray, Freytag, Zola, de gebroeders Goncourt, Dumas *père et fils*, Henry James en Thomas Hardy. In 1887 schreef Sir Arthur Conan Doyle de beroemdste detective aller tijden: zijn Sherlock Holmes trad voor het eerst op in *A Study in Scarlet*. Robert Louis Stevenson publiceerde in 1886 *The Strange Case of Dr. Jekyll and Mr. Hyde* en in 1865 kroop Alice voor het eerst door het hazenleger naar Wonderland.

De zinnelijkheid van Delacroix en de conventies van de enorme historieschilderijen maakten plaats voor de stralende puurheid van de prerafaëlieten en de lichte schoonheid van de impressionisten. In 1894 gaf Don José Ruiz zijn zoon Pablo Picasso verf en penseel en de wereld was nooit meer dezelfde. In die tijd legde de camera meer en meer wonderen van onze wereld vast, de vreemde zaken en de verschrikkingen, bizarre en wonderlijke belevenissen.

1

By reputation the most shocking city in the world was Paris, and its decadent focus was Montmartre (1). The daring of *fin-de-siècle* Paris was typified by the Moulin Rouge, home of the infamous, noisy, brash Can-Can (2, 4). Dancers at the Moulin Rouge became celebrities in their own right, their fame spreading through the posters and paintings of Henri de Toulouse-Lautrec (3, with Tremolada, the Director of the Moulin Rouge). Some Can-Can dancers made wealthy marriages. One of the most famous, La Goulue (5), was reduced to opening her own fairground booth as her talents faded.

Paris stand in dem Ruf, die berüchtigste Stadt der Welt zu sein, und das Zentrum ihrer Dekadenz war Montmartre (1). Die Verkörperung des aufregenden Paris des *Fin de siècle* war das Moulin Rouge, die Heimat des berüchtigten, lauten Cancan (2, 4). Die Tänzerinnen des Moulin Rouge wurden zu Berühmtheiten, und ihr Ruhm vermehrte sich durch die Plakate und Gemälde von Henri de Toulouse-Lautrec (3, mit Tremolada, dem Direktor des Moulin Rouge). Einige Cancan-Tänzerinnen heirateten reiche Männer. Eine der berühmtesten, La Goulue (5), war gezwungen, eine Jahrmarktsbude zu eröffnen, als ihr Talent nachließ.

Parijs had de naam de shockerendste stad ter wereld te zijn. Het centrum van decadentie was Montmartre (1). Dé belichaming van het opwindende Parijs van het fin de siècle was de Moulin Rouge, de thuishaven van de beruchte cancan (2, 4). Danseressen uit de Moulin Rouge werden beroemdheden en hun roem werd nog groter door de affiches en schilderijen van Henri de Toulouse-Lautrec (3, met Tremolada, directeur van de Moulin Rouge). Sommige cancandanseressen trouwden met een rijke man. Een van de beroemdste, La Goulue, begon een kraam op een jaarmarkt (5) toen ze ouder werd.

2

3

4

5

2

3

THE Wild West was sufficiently tamed to become a theatrical spectacle. Annie Oakley (2) was a sharpshooter who galloped and fusilladed her way to fame in circus and rodeo. Colonel William S. Cody, better known as Buffalo Bill (1), was an American Army scout, slaughterer of native Americans and buffalo, and the man who killed the Cheyenne leader, Yellow Hair, in single combat and took his scalp. Buck Taylor (3) was the self-styled King of the Cowboys.

DER Wilde Westen war inzwischen so zahm geworden, daß er zum Theaterspektakel ausgeartet war. Annie Oakley (2) war eine Scharfschützin, die durch die Vorführung ihrer Reit- und Schießkünste im Zirkus und im Rodeo zu Berühmtheit gelangte. Colonel William S. Cody, besser bekannt als Buffalo Bill (1), war Kundschafter der amerikanischen Army, Schlächter der amerikanischen Indianer und Büffel und der Mann, der den Häuptling der Cheyenne, Yellow Hair, im Kampf tötete und skalpierte. Buck Taylor (3) war der selbsternannte König der Cowboys.

HET Wilde Westen was inmiddels zo tam geworden dat het tot theaterattractie was afgezakt. Annie Oakley (2) was een scherpschutster die beroemd werd door haar schiet- en rijkunsten in circussen en door de rodeo's die ze opvoerde. Kolonel William S. Cody, beter bekend als Buffalo Bill (1), was verkenner voor het Amerikaanse leger. Hij slachtte Indianen en buffels af en doodde en scalpeerde tijdens een tweegevecht het opperhoofd van de Cheyennes, Yellow Hair. Buck Taylor (3) was de zelfgekroonde koning van de cowboys.

1

2

MANY acrobats – as these in London (3) – performed in the streets, a thin mat marking out their stage on the rough pavement. In Mexico (4) the Strong Señorita and the Clown's Baby Act would have had a softer landing in the sand. The greater the novelty, the bigger the crowd – hundreds of Parisians watched Gaston Mourand dive on his bicycle into the Seine at 'Swan's Island' (1). Perhaps the most famous circus performer of all time, Blondin was photographed by William England crossing Niagara Falls in 1859 (2).

WIE diese Londoner Akrobaten (3) führten viele ihre Kunststücke auf der Straße auf, wobei ihnen eine dünne Matte als Bühne auf dem harten Gehsteig diente. Die starken Señoritas und das kleine Mädchen in Mexiko (4) hatten vermutlich eine weichere Landung im Sand. Je größer die Sensation, desto größer die Zuschauermenge; Hunderte von Parisern sahen zu, wie Gaston Mourand mit seinem Fahrrad in der Nähe der »Schwaneninsel« in die Seine eintauchte (1). Der vielleicht berühmteste Zirkusartist aller Zeiten war Blondin, hier auf einer Photographie von William England beim Überqueren der Niagarafälle im Jahre 1859 (2).

VEEL acrobaten voerden hun kunststukjes op straat op, zoals deze groep in Londen (3). Een dunne mat diende als ondergrond op de harde stoep. De act van de sterke Señorita en het kleine meisje in Mexico (4) eindigde waarschijnlijk zachter in het zand. Hoe sensationeler, hoe meer toeschouwers. Honderden Parijzenaars keken toe hoe Gaston Mourand in de buurt van het 'Zwaneneiland' met zijn fiets de Seine inreed (1). De misschien wel beroemdste circusartiest aller tijden was Blondin, hier op een foto van William England tijdens het oversteken van de Niagara-waterval in 1859 (2).

3

4

1

2

3

4

IT was an era of larger-than-life performances: Sir Henry Irving as Cardinal Wolsey in *Henry VIII* (1); Irene Vanburgh as Gwendolen Fairfax in *The Importance of Being Earnest* (3); Ellen Terry at sixteen in 1863 (2). Lily Langtry was adored by Edward VIII and

Oscar Wilde alike (4), but the darling of them all was the divine Sarah Bernhardt, whether on stage as Izeyl (5), or even Hamlet (6), or with her daughter (8). Her black page (7) had the job of guarding her rooms at the Savoy Hotel and of perfuming her carriage.

Es war eine Zeit faszinierender Auf-führungen: Sir Henry Irving als Kardinal Wolsey in *Henry VIII* (1); Irene Vanburgh als Gwendolen Fairfax in *The Importance of Being Earnest* (3). Ellen Terry 1863 im Alter von sechzehn Jahren (2). Lily Langtry (4) erfreute sich der Bewun-derung von Edward VIII. und Oscar

5

6

7

8

Wilde, aber aller Liebling war die göttliche Sarah Bernhardt, ob auf der Bühne als Izeyl (5) oder sogar als Hamlet (6) oder mit ihrer Tochter (8) im sogenannten wirklichen Leben. Ihr farbiger Diener (7) hatte die Aufgabe, ihre Räume im Savoy Hotel zu bewachen und ihren Wagen zu parfümieren.

Hᴇᴛ was een periode van fascinerende optredens: Sir Henry Irving als Cardinal Wolsey in *Henry VIII* (1); Irene Vanburgh als Gwendolyn Fairfax in *The Importance of Being Earnest* (3). Ellen Terry in 1863 op zestienjarige leeftijd (2). Lily Langtree (4) werd bewonderd door Edward VIII en Oscar Wilde, maar ieders

lieveling was de goddelijke Sarah Bernhardt, of ze nu als Izeyl (5) op het toneel stond of als Hamlet (6), of in het dagelijks leven met haar dochter (8). Haar zwarte bediende (7) had als taak haar kamers in het Savoy Hotel te bewaken en haar rijtuig te parfumeren.

1 2

S IR Herbert Draper Beerbohm Tree was one of the greatest of all actor-managers. He staged lavish and spectacular productions of most of Shakespeare's plays, as well as the first performances of Wilde's *A Woman of No Importance* (1893) and Shaw's *Pygmalion* (1914), in which Tree created the part of Professor Higgins. His most fearsome role was that of Mephis-topheles in Marlowe's *Doctor Faustus* (1). Many of his greatest successes were staged at the Haymarket Theatre (2), though by 1899, when this photograph was taken, Tree had moved to Her Majesty's.

S IR Herbert Draper Beerbohm Tree war einer der berühmtesten Schauspieler-Manager. Er inszenierte spektakuläre Aufführungen der meisten Shakespeare-Stücke sowie die erste Aufführung von Oscar Wildes *A Woman of No Importance* (1893) und Shaws *Pygmalion* (1914), in der Tree

selbst die Rolle des Professor Higgins spielte. Seine furchterregendste Rolle war jedoch die des Mephistopheles in Marlowes *Doctor Faustus* (1). Viele seiner großen Erfolge feierte er im Haymarket Theatre (2). 1899, als diese Aufnahme gemacht wurde, hatte er bereits zum königlichen Theater gewechselt.

Sir Herbert Draper Beerbohm Tree was een van de beroemdste acteursmanagers. Hij ensceneerde spectaculaire voorstellingen van bijna alle Shakespeare-stukken en de première van Oscar Wilde's *A Woman of No Importance* (1893) en Shaws *Pygmalion* (1914), waarin hij zelf de rol van professor

Higgins speelde. Zijn indrukwekkendste rol was die van Mephistopheles in Marlowe's *Doctor Faustus* (1). Zijn grote triomfen vierde hij in het Haymarket Theatre (2). In 1899, toen deze foto werd gemaakt, was hij al verhuisd naar Her Majesty's Theatre.

3

4

IN 1904 the 60-year-old Sarah Bernhardt went to London to play Pelléas opposite Mrs Patrick Campbell's Mélisande (1) – a romantic duo with the combined age of 99 years. Campbell (2) once described her then recent marriage as: 'the deep, deep peace of the double bed after the hurly-burly of the chaise-longue'. Martin Harvey (3), possibly a more likely Pelléas, was another famous actor-manager. William Gillette (4), an American, adapted and took the lead in the first stage production of *Sherlock Holmes*.

IM Jahre 1904 kam die sechzigjährige Sarah Bernhardt nach London, um an der Seite von Mrs. Patrick Campbell als Mélisande den Pelléas zu spielen (1) – ein romantisches Paar, das zusammen 99 Jahre zählte. Mrs. Campbell (2) beschrieb ihre damals noch junge Ehe als »den tiefen, tiefen Frieden des Ehebetts nach der Hektik der Chaiselongue«. Martin Harvey (3), vermutlich ein geeigneterer Pelléas, war ebenfalls ein bekannter Schauspieler-Manager. Der Amerikaner William Gillette (4) adaptierte den *Sherlock Holmes* erstmals für die Bühne und spielte selbst die Hauptrolle.

IN 1904 kwam de zestigjarige Sarah Bernhardt naar Londen om Pelléas te spelen met Mrs. Patrick Campbell als Mélisande (1). Ze vormden een romantisch paar dat samen 99 jaar oud was. Mrs. Campbell (2) beschreef haar huwelijk als "de diepe rust van het echtelijke bed na het gerotzooi op de chaise longue". Martin Harvey (3), misschien beter geschikt als Pelléas, was ook een bekend acteursmanager. De Amerikaan William Gillette (4) bewerkte *Sherlock Holmes* voor het eerst voor toneel. Hij speelde zelf de hoofdrol.

Arts

BALLET had shaken off the restraints and stiff formality of its courtly origins in the early 19th century. Dancing became more ethereal, and yet also more gymnastic, with the focus very much on the female dancer. Emma Pitteri (1) was the most fêted ballerina of the 1860s, though destined to die in squalid obscurity many years later while appearing in a dance hall on the Marseilles dockside.

From the middle of the century to the First World War, ballet employed huge forces. There were spectacular new works, new companies, new choreographers. Delibes, Tchaikovsky and Stravinsky wrote the most famous ballet scores of all time. Fokine, Bolm and Nijinsky brought new athleticism to ballet and restored the role of the male dancer; Duncan eschewed the style of dancing on points epitomized by the classical ballerina (2). It was a far cry from the quaint rigidity of the two dancers photographed by the London Stereoscopic Company in the 1860s (3) to Nijinsky's spectacular leap in *Spectre de la Rose*.

The finest dancing and the finest dancers came from the Russian Imperial School of Ballet in St Petersburg. Graduates toured Europe and the Americas, and found dancing standards considerably lower than those in Russia. Like missionaries of old, they brought their ideals (and, unlike missionaries, their genius) to companies all over the world.

1

ZU Beginn des 19. Jahrhunderts hatte das Ballett die Zurückhaltung und die steife Förmlichkeit seiner höfischen Ursprünge abgelegt. Die Tänze wurden ätherischer, aber gleichzeitig auch akrobatischer, und der männliche Tänzer stand deutlich im Mittelpunkt. Emma Pitteri (1) war die meistgefeierte Ballerina der 1860er Jahre; viele Jahre später sollte sie bei einem Auftritt in einem schäbigen Tanztheater im Hafen von Marseille sterben.

Von der Mitte des 19. Jahrhunderts bis zum Ersten Weltkrieg waren beim Ballett sehr viele Menschen beschäftigt. Es gab spektakuläre neue Werke, neue Truppen, neue Choreographen. Delibes, Tschaikowsky und Strawinsky schrieben die berühmteste Ballettmusik aller Zeiten. Fokine, Bolm und Nijinsky führten neue athletische Bewegungen ein und verliehen der Rolle des männlichen Tänzers ein neues Gesicht; Duncan verabscheute es, wie die klassische Ballerina (2) auf der Spitze zu tanzen. Die seltsame Steifheit der in den 60er Jahren von der London Stereoscopic Company photographierten Tänzer (3) war weit entfernt von Nijinskys spektakulären Sprüngen in *Spectre de la Rose*.

Die besten Tänze und Tänzer kamen aus der Kaiserlichen Russischen Ballettschule in St. Petersburg. Ihre Absolventen gastierten in Europa und Amerika, wo das Ballett ihrer Meinung nach ein weitaus niedrigeres Niveau als in Rußland hatte. Wie Missionare früherer Zeiten vermittelten sie ihre Ideale (und, anders als die Missionare, ihr Genie) den Tänzern in der ganzen Welt.

2

3

AN het begin van de 19e eeuw had het ballet de ingetogenheid en stijfheid van zijn hoofse oorsprong laten varen. De dans werd luchtiger en acrobatischer en de mannelijke danser vormde duidelijk het middelpunt. Emma Pitteri (1) was de beroemdste ballerina uit de jaren '60 van de 19e eeuw. Jaren later zou ze sterven tijdens een optreden in een morsig haventheatertje in Marseille.

Van halverwege de 19e eeuw tot de Eerste Wereldoorlog verdienden enorm veel mensen hun brood met ballet. Er waren spectaculaire nieuwe werken, nieuwe groepen, nieuwe choreografen. Delibes, Tsjaikovski en Stravinsky schreven de beroemdste balletten aller tijden. Fokine, Bolm en Nijinski introduceerden nieuwe acrobatische bewegingen en gaven de rol van de danser een nieuw aanzien. Duncan haatte het als een klassieke ballerina op spitzen danste (2). De opvallende stijfheid van de in de jaren '60 door de London Stereoscopic Society gefotografeerde dansers (3), had weinig te maken met Nijinski's spectaculaire sprongen in *Spectre de la Rose*.

De beste dansen en dansers kwamen van de keizerlijke Russische balletschool in Sint Petersburg. De studenten traden op in heel Europa en Amerika, waar het ballet naar hun mening op een veel lager niveau stond dan in Rusland. Als missionarissen verspreidden ze hun idealen (en, anders dan missionarissen, hun genie) onder dansers over de hele wereld.

Vera Fokina
Michael Fokin
„Scheherazade"

2   3

THE most explosively exciting dance company was Diaghilev's Ballets Russes, formed in 1909 originally as a touring troupe of the Russian Imperial Ballet. It attracted the talents of the finest composers, painters and designers, as well as the leading choreographers and dancers. Those lucky enough to see them in Paris could thrill to Mikhail Fokine and Vera Fokina in Rimsky-Korsakov's *Scheherazade* (1), Adolphe Bolm in the Polovtsian Dances from Borodin's *Prince Igor* (2), and Tamara Karsavina (3), one of the first Russian dancers to be seen in the West.

DAS faszinierendste aller Tanzensembles waren Diaghilews Ballets Russes, die 1909 ursprünglich als Tourneetruppe des Kaiserlichen Russischen Balletts entstanden waren. Sie zogen die besten Komponisten, Maler und Designer sowie führende Choreographen und Tänzer an. Wer das Glück hatte, das Ensemble in Paris zu sehen, konnte sich von Michail Fokine und Vera Fokina in Rimski-Korsakows *Scheherazade* (1), Adolphe Bolm in Borodins *Prinz Igor* (2) und Tamara Karsawina (3), eine der ersten russischen Tänzerinnen, die im Westen auftrat, verzaubern lassen.

HET opwindendste dansensemble was Diaghilevs Ballets Russes, in 1909 opgericht als tourneegezelschap van het keizerlijk Russisch ballet. Het werkte samen met de beste componisten, schilders, ontwerpers en choreografen en had de beste dansers. Wie het geluk had de groep in Parijs te zien, kon zich laten overweldigen door Michail Fokine en Vera Fokina in Rimski-Korsakovs *Scheherazade* (1), door Adolphe Bolm in Borodins *Prins Igor* (2) en door Tamara Karsavina (3), een van de eerste Russische ballerina's die in het Westen optrad.

1

2   3

EADWEARD Muybridge used his series of cameras to capture the flowing movements of the dancer Isadora Duncan (1, 2 and 3). Duncan (6, in later life) founded her own ballet company, inspired by the ancient Greek approach to art. 'I am inspired by the movement of the trees, the waves, the snows,' she wrote, 'by the connection between passion and the storm, between the breeze and gentleness…'. Among her pupils was her sister Erika (4). Duncan was 27 when her portrait was taken in 1905 (5). Her last words, before her long scarf caught in a car wheel in 1927 and broke her neck, were: 'Farewell, my friends. I am going to glory.'

EADWEARD Muybridge verwendete mehrere Kameras, um die fließenden Bewegungen der Tänzerin Isadora Duncan einzufangen (1, 2 und 3). Duncan (6, in reiferem Alter) gründete ihr eigenes Ballettensemble, inspiriert von der Kunstauffassung der alten Griechen. »Ich werde von der Bewegung der Bäume, der Wellen und der Schneeflocken inspiriert«, schrieb sie, »von der Verbindung zwischen der Leidenschaft und dem Sturm, zwischen der Brise und der Sanftheit …« Zu ihren Schülerinnen gehörte ihre Schwester Erika (4). Duncan war 27 Jahre alt, als dieses Portrait im Jahre 1905 aufgenommen wurde (5). Ihre letzten Worte, bevor sich der lange Schal, den sie trug, 1927 in einem Autoreifen verfing und ihr das Genick brach, waren: »Lebt wohl, meine Freunde, ich gehe in die Ewigkeit.«

EADWEARD Muybridge gebruikte een hele batterij camera's om de vloeiende bewegingen van de danseres Isadora Duncan vast te leggen (1, 2, 3). Duncan (6, op latere leeftijd) richtte haar eigen balletgroep op, geïnspireerd op de kunstopvatting van de oude Grieken. "Ik word geïnspireerd door de bewegingen van bomen, golven en sneeuwvlokken," schreef ze, "door de combinatie van de passie en de storm, de bries en de zachtheid …" Een van haar leerlingen was haar zus Erika (4). Op deze foto uit 1905 was Duncan 27 (5). Toen de lange sjaal die ze droeg tussen een wiel van een auto terechtkwam en ze haar nek brak, waren haar laatste woorden: "Vaarwel vrienden, ik ga naar de eeuwigheid."

(Previous pages)

THE American Loie Fuller (1) was described by critics as 'less a dancer than a magician of light', an actress who turned to ballet and made astounding use of pieces of cheesecloth. She created a sensation on her début at the Folies Bergère. Adeline Genée (2) was Danish, enchantingly pretty and adored by audiences the world over. Maud Allen (3) was billed as a 'speciality dancer', and was famous for her reportedly scandalous *Vision of Salome*. There was a wealth of Russian talent (4) which failed to gain international fame but delighted Imperial audiences with technique and artistry of a high order.

(Vorherige Seiten)

IN der Amerikanerin Loie Fuller (1) sahen die Kritiker »weniger eine Tänzerin als eine Zauberin des Lichts«. Sie war ursprünglich Schauspielerin, bevor sie zum Ballett überwechselte und dort erstaunlichen Gebrauch von Baumwollstoff machte. Ihr Debut bei den Folies Bergère machte sie zur Sensation. Die hübsche Dänin Adeline Genée (2) wurde vom Publikum in der ganzen Welt bewundert. Maud Allen (3) wurde als »Spezialtänzerin« bezeichnet und war berühmt für ihre skandalösen Auftritte in *Vision of Salome*. Es gab viele russische Talente (4), die zwar keinen internationalen Ruhm erlangten, jedoch das Publikum der Kaiser- und Königshäuser mit ihrer Technik und ihrer hohen Kunst erfreuten.

(blz. 168/169)

CRITICI zagen de Amerikaanse Loïe Fuller (1) "minder als een danseres dan als een tovenares van het licht". Ze was actrice voor ze de overstap naar het ballet waagde en ze maakte opvallende creaties van katoen. Haar debuut in de Folies Bergères was een sensatie. De knappe Deense Adeline Genée (2) werd in de hele wereld bewonderd. Maud Allen (3) werd geafficheerd als 'speciale danseres' en veroorzaakte een schandaal met haar optredens in *Vision of Salome*. Er waren veel Russische talenten (4) die weliswaar niet internationaal beroemd waren, maar het publiek aan de hoven verstrooiden met hun techniek en kunst.

4

With best love
Miss Duncan.

5

6

1

2

3

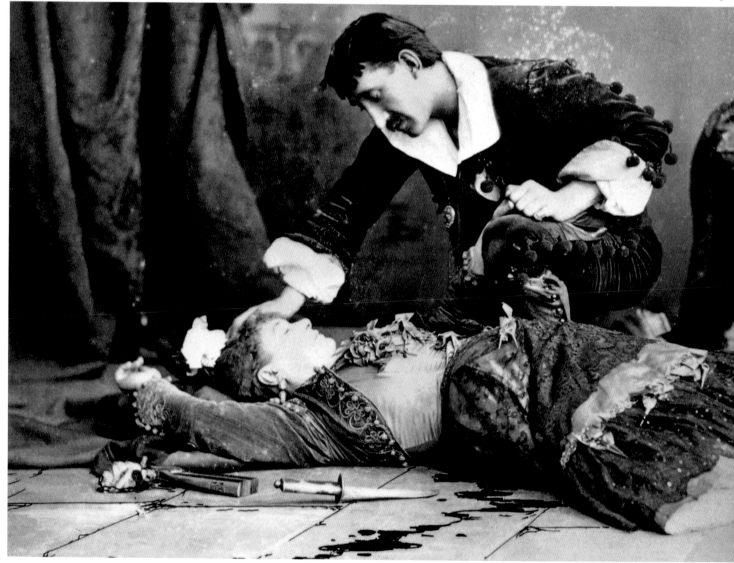

BIZET'S *Carmen* had its première in Paris in 1875. Emmy Soldene was an early Carmen – dead (5), and very much alive and smoking (6). From 1860 to 1905, the most celebrated soprano was Adelina Patti (1) – here as Marguerite in Gounod's *Faust*, with Mario. At the other end of several scales was the Russian baritone Feodor Chaliapin as Prince Igor (3). Enrico Caruso was perhaps the greatest tenor of all time, in his most famous role as Canio in *Pagliacci* (4). Another great soprano, and rival for the part of Marguerite, was Nellie Melba (2).

BIZETS *Carmen* hatte 1875 in Paris Premiere. Emmy Soldene spielte als eine der ersten die Carmen, tot (5) und sehr lebendig rauchend (6). Von 1860 bis 1905 war Adelina Patti (1), hier als Marguerite in Gounods *Faust* mit Mario, der meistgefeierte Sopran. Am anderen Ende der Tonleiter befand sich der russische Bariton Fjodor Schaljapin, hier als Prinz

Igor (3). Enrico Caruso, der wohl größte Tenor aller Zeiten, hier in seiner bekanntesten Rolle als Canio in *Pagliacci* (4). Ein weiterer großer Sopran und Rivalin für die Rolle der Marguerite war Nellie Melba (2).

IN 1875 ging Bizets *Carmen* in première in Parijs. Emmy Soldene was een van de eerste Carmens, dood (5) en uiterst levendig, rokend (6). Van 1860 tot 1905 was Adelina Patti (1) de grootste sopraan, hier als Marguerite in Gounods *Faust* met Mario Patti. Aan het andere uiteinde van de toonladder stond de Russische bas Fjodor Tsjaliapin, hier als prins Igor (3). Enrico Caruso, wellicht de grootste tenor aller tijden, in zijn bekendste rol, Canio in *Pagliacci* (4). Een andere grote sopraan en rivale voor de rol van Marguerite was Nellie Melba (2).

WAGNER'S *Lohengrin* was first produced at Weimar in 1850. A famous (later) tenor in the title role was Carl Langorlb (1). The four operas comprising the *Ring* made their first appearances between 1869 and 1876. Anton van Rooy (2), an 'heroic baritone', and Rudolf Berger (4), a great Siegmund though inclined to be 'dry and wooden', made some of the first ever recordings of Wagner's masterpiece. *Tristan and Isolde* was first produced in Munich in 1865 – Carl Burrian (3) was a strong, if wide-eyed, Tristan. Madame Grandjean (6) was a famous Brünnhilde, and Zdenka Fassbender (5) gave many outstanding Wagner performances. While she was in the middle of singing Isolde, at the Munich Festival in 1911, her husband, Felix Mottl, who was conducting, collapsed and died.

WAGNERS *Lohengrin* wurde 1850 in Weimar uraufgeführt. Ein berühmter (späterer) Tenor in der Titelrolle war Carl Langorlb (1). Die vier Opern, die zusammen den *Ring des Nibelungen* bilden, waren zwischen 1869 und 1876 zum ersten Mal zu sehen. Anton van Rooy (2), ein »heroischer Bariton«, und Rudolf Berger (4), ein großer Siegmund, jedoch mit einer Tendenz, »trocken und hölzern« zu wirken, bestritten einige der ersten Schallplattenaufnahmen von Wagners Meisterwerk. Die Uraufführung von *Tristan und Isolde* fand 1865 in München statt – mit Carl Burrian (3) als starkem, wenn auch erstaunt blickendem Tristan. Madame Grandjean (6) war die berühmte Brünnhilde, und auch Zdenka Fassbender (5) war in vielen herausragenden Wagneraufführungen zu sehen. Während sie bei den Münchner Festspielen im Jahre 1911 die Arie der Isolde sang, brach ihr Mann, Felix Mottl, der das Orchester dirigierte, zusammen und starb.

WAGNERS *Lohengrin* ging in 1850 in Weimar in première. De (later) zeer beroemde tenor in de hoofdrol was Carl Langorlb (1). De vier opera's die samen de *Ring des Nibelungen* vormen, waren voor het eerst te zien tussen 1869 en 1876. Anton van Rooy (2), een 'heldenbariton', en Rudolf Berger (4), een grote Siegmund die echter af en toe een 'droge en stijve' indruk maakte, maakten als een van de eersten plaatopnamen van Wagners meesterwerk. De première van *Tristan en Isolde* vond in 1865 in München plaats, met Carl Burrian (3) als een sterke, zij het verbaasd kijkende Tristan. Madame Grandjean (6) was de beroemde Brünnhilde. Ook Zdenka Fassbender (5) was in veel beroemde Wagner-opvoeringen te zien. Terwijl ze tijdens de Münchener Festspielen in 1911 de aria van Isolde zong, stortte haar man Felix Mottl, die het orkest dirigeerde, in en stierf.

5

6

1

2

MORALISTS complained that they were fighting a battle against 'cheap' literature, and many were shocked by the work of Colette, and her friends Henri Gauthier-Villars and Polaire (1). Victor Hugo (2) shocked some by his politics, as did Leo Tolstoy, Charles Dickens and Émile Zola. Marcel Proust changed the shape of the modern novel. Gerhart Hauptmann wrote plays and novels and won the Nobel Prize for Literature in 1912. George Sand shocked people as much by her lifestyle as by her writing. Mark Twain delighted rather than shocked, but his compatriot, Walt Whitman, disturbed many with his poems that celebrated fertility and sensuality. Thomas Hardy's novels depressed and delighted almost everyone.

MORALISTEN klagten, sie müßten gegen »billige« Literatur ankämpfen, und viele waren schockiert über die Bücher von Colette und die ihrer Freunde Henri Gauthier-Villars und Polaire (1). Victor Hugo (2) schockierte so manchen durch seine politischen Ansichten, ebenso wie Leo Tolstoi, Charles Dickens und Émile Zola. Marcel Proust veränderte die Form des modernen Romans. Gerhart Hauptmann schrieb Theaterstücke und Romane und erhielt 1912 den Nobelpreis für Literatur. George Sand schockierte die Leute ebensosehr durch ihren Lebensstil wie durch ihre Bücher. Mark Twain erfreute eher, als zu schockieren, aber die Gedichte seines Landsmanns Walt Whitman, die Fruchtbarkeit und Sinnlichkeit priesen, fanden viele äußerst beunruhigend. Thomas Hardys Romane deprimierten und erfreuten fast jeden.

MORALISTEN meenden dat ze tegen 'goedkope' literatuur ten strijde moesten trekken. Velen waren geschokt over de boeken van Colette en die van haar vrienden Henri Gautier-Vivars en Polaire (1). Victor Hugo (2) shockeerde met zijn politieke overtuiging, net als Leo Tolstoj (3), Charles Dickens (4) en Emile Zola (5). Marcel Proust (6) veranderde de vorm van de moderne roman. Gerhart Hauptmann (7) schreef toneelstukken en romans en kreeg in 1912 de Nobelprijs voor literatuur. George Sand (8) schokte de wereld zowel met haar boeken als met haar levensstijl. Mark Twain (9) was eerder verblijdend dan schokkend; de gedichten van zijn landgenoot Walt Whitman (10), die vruchtbaarheid en zinnelijkheid bezongen, waren voor velen verontrustend. Thomas Hardy's romans deprimeerden en verblijdden bijna iedereen (11).

(Overleaf)

ART abounded and astounded. John Ruskin wrote, 'Remember that the most beautiful things in the world are the most useless.'

(Folgende Seiten)

DIE Kunst blühte und versetzte in Erstaunen. John Ruskin schrieb: »Denken Sie daran, die schönsten Dinge dieser Welt sind auch die nutzlosesten.«

(blz. 178/179)

DE kunst bloeide en verbaasde. John Ruskin schreef: "Vergeet niet, de mooiste dingen op deze wereld zijn tevens de meest nutteloze."

LEO TOLSTOY

CHARLES DICKENS

ÉMILE ZOLA

MARCEL PROUST

GERHART HAUPTMANN

GEORGE SAND

MARK TWAIN

WALT WHITMAN

THOMAS HARDY

JOHN RUSKIN (*centre*) WITH D. G. ROSSETTI (*right*)

WILLIAM HOLMAN HUNT

AUBREY BEARDSLEY

HENRI DE TOULOUSE-LAUTREC

AUGUSTE RENOIR

CLAUDE MONET

AUGUSTE RODIN

GUSTAVE DORÉ

Empire

By the end of the 19th century, the European powers directly ruled almost half the world's landmass and half the world's population. From Germany, France, Spain, Britain, Portugal, Belgium and the Netherlands thousands of young men and women sailed by steamship to colonies that stretched from New Guinea in the South Pacific to Newfoundland and St Pierre et Miquelon in the North Atlantic. In the entire African continent, only Abyssinia and Liberia retained their independence. Most of the Indian sub-continent was under British rule. In the Far East, Laos, Cambodia and Indo-China belonged to France, and much of Japan and mainland China was under European influence, if not control, as a result of major financial investment. Between 1871 and 1914 the French Empire grew by nearly 4 million square miles and 47 million people, the German Empire by 1 million square miles and 14 million people.

But the greatest Imperial power of them all was Great Britain. In 1897, the year of Queen Victoria's Diamond Jubilee, Britain had the largest empire in the history of the world; vigorous, fertile, hard-working, ordered and exploited. To celebrate the Jubilee, every tenth convict was set free in Hyderabad, a week's free food was distributed to all the poor families in Jamaica. There was free travel on the state railways of Baroda for 24 hours, a Grand Ball in Rangoon, a dinner at the Sultan's Palace in Zanzibar, a performance of the Hallelujah Chorus in Hong Kong. Troops from Canada, South Africa, Australia, India, North Borneo, Cyprus and a dozen other subject states came to London to take part in the Jubilee procession. The *Kreuz Zeitung* in Berlin reported that the British Empire was 'practically unassailable'. The *New York Times* was a little more enthusiastic, declaring: 'We are a part, and a great part, of the Greater Britain which seems so plainly destined to dominate this planet.'

Europe brought the light of Christianity and civilization to heathen and savage swathes of darkness. Drew Gay of the *Daily Telegraph* described the Hindus as 'the worst washed men I ever saw'. 'The only people who have a right to India are the British,' wrote one outraged correspondent. 'The so-called Indians have no right whatsoever.' H. M. Stanley, the man who 'discovered' Dr Livingstone, wrote that the Congo was 'a murderous world, and we feel for the first time that we hate the filthy, vulturous ghouls who inhabit it'. The photographer John Thomson described the Chinese as 'revolting, diseased and filthy objects'. Less brutally, Mary Fitzgibbon, an engineer's wife, concluded that the native Icelanders were 'teachable servants, neat, clean and careful, but have not constitutional strength to endure hard work'.

No races, it seemed, matched the European, for ingenuity, hard work, honesty, invention and guts. When Imperial adventurers got themselves into difficulties and were surrounded by 'murdering native hordes', they shook hands with each other, sang their national anthem, and resolutely faced their own imminent massacre.

The young men and women who served as agents of the European powers in huts and cabins and bungalows and villas from Surinam to Singapore were undeniably brave. They risked their health and their sanity, clustered in expatriot ghettos where only bridge or the piano could relieve the monotony of life. They wrote long letters home, and sent them with their own children back to Europe, back to the 'old country', back to family, friends and the old familiarity. Left alone, they drank, tried to cultivate European-style gardens, and died before their time – to be buried in some parched cemetery or a rough clearing in the thick vegetation, or at sea when only a few weeks away from home.

For all the fine sentiments, the real aim of colonization was, of course, financial gain. The world was sacked by Europe for its metals, rubber, coffee, tea, oil, lumber, gold and diamonds, fruit and fish. White hunters trekked with gun and camera into the bush of East Africa, or the foothills of the Himalayas, or the Argentinian pampas, returning with bales of horn and skins and plenty of tales to tell. Colonies produced vast wealth of many sorts, little of which found its way back to its land of origin. Labour was cheap, and untouched by the impertinent arguments of trade unions back home. So African and Burmese, Cuban and Maori toiled for their white masters, accepting harsh discipline, long hours and the lowest of wages. If they were lucky, they were invited to join the lower ranks of white society – as soldiers, porters, servants, gardeners. If they were unlucky, they were cast aside, with their traditional way of life destroyed. Edmond La Meslée described what was left of aborigine society in Australia when the white man had finished with it: 'Men and women, barely covered in veritable rags and tatters of decomposing woollen blankets, wandered about the camp. In the shelter of the huts, half enveloped in an ancient rag some old hag gnawed away at a kangaroo bone… never had I seen such a degrading spectacle, and I would never have believed that there were human beings capable of living in such a state of nastiness and misery.' Small wonder, perhaps, that a couple of decades later such people would be shot for sport by offspring of the original white settlers.

Chancellor Bismarck of Germany offered a novel solution to the problem of Ireland, Britain's nearest and most troublesome colony. He suggested that the Dutch and the Irish should change places. The industrious Dutch would soon turn Ireland into a thriving country, and the Irish would fail to maintain the dykes, and so be rapidly swept away. The lives of the indigenous populations of the colonies were always held very cheap.

But there was another side. There were those European settlers who fell in love with new worlds and new peoples; who devoted their lives to protecting and preserving traditional ways of life; who brought comfort and understanding, alternative medicine and alternative knowledge; who admired and did not ravage; who cried out, as Florence Nightingale did for the people of India: 'Have we no voice for these voiceless millions?'

GEGEN Ende des 19. Jahrhunderts beherrschten die europäischen Mächte fast die Hälfte der Landmasse und die Hälfte der Weltbevölkerung. Aus Deutschland, Frankreich, Spanien, Großbritannien, Portugal, Belgien und den Niederlanden brachen Männer und Frauen in Dampfschiffen in die Kolonien auf, die sich von Neuguinea im Südpazifik bis nach Neufundland und St. Pierre et Miquelon im Nordatlantik erstreckten. Von den Ländern des afrikanischen Kontinents behielten nur Abessinien und Liberia ihre Unabhängigkeit. Der größte Teil des indischen Subkontinents stand unter britischer Herrschaft. Im Fernen Osten gehörten Laos, Kambodscha und Indochina zu Frankreich, und weite Teile Japans sowie das Kernland Chinas standen als Folge umfangreicher finanzieller Investitionen unter dem Einfluß, wenn nicht der Kontrolle Europas. Zwischen 1871 und 1914 wuchs das französische Reich um fast vier Millionen Quadratmeilen und 47 Millionen Menschen an, das Deutsche Reich um eine Million Quadratmeilen und 14 Millionen Menschen.

Die größte Kolonialmacht jedoch war Großbritannien. Im Jahre 1897, dem Jahr, in dem Königin Victoria ihr 60. Amtsjubiläum feierte, besaß Großbritannien das größte Reich in der Geschichte der Welt; kraftvoll, fruchtbar, hart arbeitend, geordnet und ausgebeutet. Zur Feier des Jubiläums wurde in Hyderabad jeder zehnte Häftling freigelassen; eine Woche lang wurde kostenloses Essen an arme Familien in Jamaika verteilt. Für die Dauer von 24 Stunden konnte man mit der staatlichen Eisenbahn von Baroda umsonst reisen, es gab einen großen Ball in Rangoon, ein Abendessen im Palast des Sultans von Sansibar und eine Aufführung des Halleluja-Chors in Hongkong. Truppen aus Kanada, Südafrika, Australien, Indien, Nord-Borneo, Zypern und einem Dutzend anderer Staaten des Empire kamen nach London, um an den Jubiläumsfeierlichkeiten teilzunehmen. Die Berliner *Kreuz Zeitung* berichtete, das britische Empire sei »praktisch unbezwingbar«. Die *New York Times* zeigte etwas mehr Begeisterung und erklärte: »Wir sind Teil, und zwar ein großer Teil des britischen Empire, dem es so deutlich bestimmt zu sein scheint, den gesamten Planeten zu beherrschen.«

Europa brachte den in Dunkelheit lebenden Heiden und Wilden das Licht des Christentums und der Zivilisation. Drew Gay vom *Daily Telegraph* beschrieb die Hindus als »die schmutzigsten Menschen, die ich je sah«. »Das einzige Volk, das ein Recht auf Indien besitzt, sind die Briten«, schrieb ein aufgebrachter Korrespondent. »Die sogenannten Inder haben nicht das geringste Recht.« H. M. Stanley, der Mann, der Dr. Livingstone »entdeckte«, schrieb, der Kongo sei »eine mörderische Welt, und wir spüren zum ersten Mal, daß wir die schmutzigen, vulgären Ghule hassen, die sie bewohnen«. Der Photograph John Thomson beschrieb die Chinesen als »aufsässige, verseuchte und dreckige Subjekte«. Weniger brutal war das Urteil von Mary Fitzgibbon, der Frau eines Ingenieurs, die zu dem Schluß kam, die Bewohner Islands seien »gelehrige Diener, sauber und umsichtig, aber ohne die nötige körperliche Konstitution für harte Arbeit«.

Keine Rasse, so schien es, konnte sich mit der europäischen messen, wenn es um Genialität, harte Arbeit, Ehrlichkeit, Erfindungsreichtum und Mut ging. Wenn Abenteurer des Empire in Schwierigkeiten gerieten und von »blutrünstigen Eingeborenenhorden« umzingelt waren, gaben sie einander die Hand, sangen ihre Nationalhymne und sahen entschlossen ihrem eigenen Tod ins Auge.

Die jungen Männer und Frauen, die als Vertreter der europäischen Mächte von Surinam bis Singapur in Hütten, Bungalows und Villen lebten, waren zweifelsohne tapfere Menschen. Sie setzten ihre körperliche und geistige Gesundheit aufs Spiel und lebten zusammengedrängt in Ghettos fernab der Heimat, wo nur Bridge und Klavierspiel eine Abwechslung zur Monotonie des Lebens boten. Sie schrieben lange Briefe nach Hause und schickten sie zusammen mit den eigenen Kindern nach Europa, zurück in das alte Land, zurück zu Familie, Freunden und den alten, vertrauten Verhältnissen. Alleingelassen verfielen sie dem Alkohol, versuchten, europäische Gärten anzulegen und starben früh, um auf einem verdorrten Friedhof, einer Lichtung in der üppigen Vegetation oder nur wenige Wochen von der Heimat entfernt auf See beigesetzt zu werden.

Aber trotz all der beschönigenden Worte war das wirkliche Ziel der Kolonisation natürlich finanzielle Bereicherung. Die Welt wurde von den Europäern wegen ihrer Metalle, wegen Kautschuk, Kaffee, Tee, Öl, Holz, Gold und Diamanten, Früchten und Fisch regelrecht geplündert. Weiße Jäger zogen, mit Flinte und Kamera bewaffnet, in den ostafrikanischen Busch, in die Ausläufer des Himalaja oder in die argentinischen Pampas und kehrten mit Bündeln von Hörnern, Häuten und vielen abenteuerlichen Geschichten zurück. Die Kolonien produzierten große Reichtümer aller Art, von denen nur wenige den Weg zurück in ihr Ursprungsland fanden. Arbeitskräfte waren billig und unbeeinflußt von den »unverschämten« Forderungen der heimischen Gewerkschaften. So plagten sich Afrikaner und Burmesen, Kubaner und Maori für ihre weißen Herren, sie akzeptierten strenge Disziplin, lange Arbeitszeiten und niedrigste Löhne. Wenn sie Glück hatten, wurden sie als Soldaten, Pförtner, Diener oder Gärtner in die niedrigeren Ränge der weißen Gesellschaft aufgenommen. Wenn sie aber Pech hatten, wurden sie fallengelassen und fanden ihre traditionellen Lebensformen zerstört. Edmond La Meslée beschrieb, was von der Gesellschaft der australischen Ureinwohner übrigblieb, als der weiße Mann mit ihr fertig war: »Männer und Frauen, nur spärlich bekleidet mit regelrechten Lumpen und Fetzen aus zerfressenen Wolldecken, zogen durch das Lager. Im Schutz der Hütten nagte ein altes Weib, halb eingehüllt in einen alten Teppich, an einem Känguruhknochen … ich habe niemals ein solch erniedrigendes Schauspiel gesehen, und ich hätte niemals geglaubt, daß es Menschen gibt, die es ertragen, in solch abscheulichen und elenden Verhältnissen zu leben.« So verwundert es wohl kaum, daß sich ein paar Jahrzehnte später die Nachkommen der ersten weißen Siedler einen Sport daraus machten, diese Menschen abzuschießen.

Der deutsche Reichskanzler Bismarck schlug eine neuartige Lösung für das Problem Irland, Großbritanniens nächstgelegene und schwierigste Kolonie, vor. Er regte an, die Holländer und die Iren sollten ihre Plätze tauschen. Die fleißigen Holländer würden Irland schnell zu einem aufstrebenden Land machen, und weil die Iren es wohl kaum schaffen würden, die Deiche instandzuhalten, würden sie bald fortgespült werden. Das Leben der einheimischen Bevölkerung der Kolonien galt zu keiner Zeit viel.

Aber es gab auch eine andere Seite. Es gab jene Europäer, die sich in die neue Welt und ihre Menschen verliebten, die ihr Leben dem Schutz und der Bewahrung der traditionellen Lebensformen widmeten, die Trost und Verständnis aufbrachten, alternative Medizin und alternatives Wissen vermittelten, die bewunderten, statt zu plündern, und ihre Stimme erhoben, wie es Florence Nightingale für das indische Volk tat: »Haben wir keine Stimme für diese stummen Millionen?«

TEGEN het eind van de 19e eeuw beheersten de Europese staten bijna de helft van al het land op de wereld en de helft van de wereldbevolking. Vanuit Frankrijk, Spanje, Engeland, Duitsland, Nederland, Portugal en België vertrokken mannen en vrouwen op stoomschepen naar de koloniën, die zich uitstrekten van Nieuw-Guinea in de zuidelijke Stille Oceaan tot Newfoundland, St. Pierre en Miquelon in de noordelijke Atlantische Oceaan. Van de Afrikaanse staten bleven alleen Liberia en Abessinië onafhankelijk. Het grootste deel van het Indiase subcontinent stond onder Engelse heerschappij.

In het verre oosten werden Laos, Cambodja en Indochina geregeerd door Frankrijk en grote delen van Japan en het middelpunt China stonden door grote financiële investeringen onder Europese invloed, zo niet onder Europese controle. Tussen 1871 en 1914 groeide Frankrijk met bijna vier miljoen vierkante km en 47 miljoen mensen, het Duitse Rijk met één miljoen vierkante km en veertien miljoen mensen.

Maar de grootste koloniale macht was Groot-Brittannië. In 1897, het jaar waarin koningin Victoria haar zestigjarige regeringsjubileum vierde, bezat Groot-Brittannië het grootste rijk uit de wereldgeschiedenis, sterk, hardwerkend, ordelijk en uitgebuit. Ter gelegenheid van het jubileum werd in Hyderabad iedere tiende gevangene vrijgelaten; op Jamaica werd een week lang gratis eten uitgedeeld aan arme gezinnen. De staatsspoorweg van Baroda was 24 uur lang gratis, er was een groot bal in Rangoon, een souper in het paleis van de sultan van Zanzibar en een uitvoering van het Hallelujah-koor in Hong Kong. Troepen uit Canada, Zuid-Afrika, Australië, India, Noord-Borneo, Cyprus en een dozijn andere staten die deel uitmaakten van het Britse rijk, kwamen naar Londen om deel te nemen aan de plechtigheden. De Berlijnse *Kreuz Zeitung* schreef dat het Britse Rijk "praktisch onverslaanbaar" was. De *New York Times* was iets enthousiaster en meende: "Wij maken deel uit, en wel een groot deel, van het Britse Rijk, dat zo duidelijk lijkt voorbestemd de hele planeet te beheersen."

Europa wilde de in duisternis levende heidenen en 'wilden' het licht van het christendom en beschaving brengen. Drew Gay van de *Daily Telegraph* beschreef hindoes als "de smerigste mensen die ik ooit heb gezien". "Het enige volk dat recht heeft op India zijn de Britten", schreef een opgewonden correspondent. "De zogenaamde Indiërs hebben niet het minste recht." H.M. Stanley, de man die Livingstone 'ontdekte', schreef dat "de Kongo een moorddadige wereld is en voor het eerst voelen we dat we die smerige, vulgaire wezens die er wonen, haten." De fotograaf John Thompson beschreef Chinezen als "weerbarstige, zieke en smerige subjecten". Minder grof was het oordeel van Mary Fitzgibbon, de vrouw van een ingenieur, die tot de slotsom kwam dat de inwoners van IJsland "leergierige dienaars zijn, schoon en voorzichtig, maar lichamelijk niet geschikt voor zwaar werk".

Geen ras, zo leek het, kon zich meten met het Europese wanneer het ging om scherpzinnigheid, hard werken, eerlijkheid, vindingrijkheid en moed. Wanneer de avonturiers van het Britse Rijk in de problemen kwamen en "waren omsingeld door bloeddorstige horden inboorlingen", gaven ze elkaar een hand, zongen ze het volkslied en zagen ze de dood dapper onder ogen.

De mannen en vrouwen die als vertegenwoordigers van Europese machten van Suriname tot Singapore in hutten, bungalows en villa's woonden, waren ongetwijfeld dappere mensen. Ze zetten hun lichamelijke en geestelijke gezondheid op het spel en leefden bijeen in getto's, ver weg van het vaderland, op een plaats waar alleen bridge en piano spelen afwisseling boden in de monotonie. Ze schreven lange brieven naar huis en stuurden ze met hun eigen kinderen naar Europa, terug naar het oude land, naar familie, vrienden en de oude vertrouwde omstandigheden. Eenzaam als ze waren, raakten ze aan de drank, probeerden Europese tuinen aan te leggen en stierven jong om te worden begraven op een uitgedroogd kerkhof, op een open plek in het oerwoud of, maar enkele weken van huis, op zee.

Maar ondanks alle fraaie woorden was het hoofddoel van de kolonisatie natuurlijk verrijking. De wereld werd door Europa regelrecht geplunderd omwille van metalen, rubber, koffie, thee, olie, hout, goud, diamanten, vruchten en vissen. De blanke jagers trokken met geweer en camera bewapend de Oost-Afrikaanse wildernis binnen, de Himalaya of de Argentijnse pampa's. Ze keerden terug met pakken hoorns en vellen en verhalen over avonturen. De koloniën produceerden enorme rijkdommen, waarvan maar weinig terugvloeide naar het land van oorsprong. Arbeidskrachten waren goedkoop en er waren geen 'schaamteloze' eisen van inheemse vakbonden. En zo beulden de Afrikanen en Birmezen, de Cubanen en de Maori zich af voor hun blanke heer en meester, en accepteerden ze de strenge discipline, lange werkdagen en lage lonen. Als ze geluk hadden, werden ze als soldaat, portier, bediende of tuinman opgenomen in de laagste stand van de blanke maatschappij. Maar als ze pech hadden, werden ze aan hun lot overgelaten terwijl hun traditionele manier van leven was ontwricht. Edmond La Meslée beschreef wat er overbleef van de maatschappij van de Australische aboriginals toen de blanken ermee klaar waren: "Mannen en vrouwen, spaarzaam gekleed in regelrechte lompen en stukken van aangevreten wollen dekens, liepen door het kamp. In een hoek knaagde een oud vrouwtje, gehuld in een oud tapijt, aan een kangoeroebot ... Zo'n vernederend schouwspel heb ik nog nooit gezien en ik had nooit gedacht dat er mensen waren die het konden verdragen onder zulke ellendige en afschuwelijke omstandigheden te leven." Zo bezien is het nauwelijks verwonderlijk dat enkele decennia later de nakomelingen van de blanke kolonisten er een sport van maakten deze mensen neer te schieten.

De Duitse rijkskanselier Bismarck bedacht een moderne oplossing voor het probleem Ierland, de dichtstbij gelegen en moeilijkste kolonie van Engeland. Hij stelde voor dat de Ieren en de Hollanders van plaats zouden wisselen. De vlijtige Hollanders zouden van Ierland snel een modern land maken, terwijl de Ieren er waarschijnlijk niet eens in zouden slagen de dijken heel te houden, zodat ze vanzelf weggespoeld zouden worden. Het leven van een inheemse bewoner van een kolonie was nooit erg veel waard.

Maar er zat ook een andere kant aan de zaak. Er waren Europeanen die verliefd werden op de nieuwe wereld en haar bewoners, die hun leven in dienst stelden van de bescherming van traditionele manieren van leven, die troost en begrip meebrachten, alternatieve geneeswijzen en alternatieve kennis, die bewonderden in plaats van plunderden en die hun stem verhieven, zoals Florence Nightingale voor de Indiërs: "Hebben wij dan geen stem voor die miljoenen zonder stem?"

THE greatest moment in the history of the British Empire was the Diamond Jubilee of Queen Victoria on 22 June 1897. Her message to the world was:' Thank my beloved people. May God bless them.' Colonial troops, and admirers (1); members of the Australian contingent (2); the procession (3); crowds and soldiers (overleaf).

DER größte Augenblick in der Geschichte des britischen Empire war das 60jährige Amtsjubiläum von Königin Victoria am 22. Juni 1897. Ihre Botschaft an die ganze Welt lautete: »Danke, mein geliebtes Volk. Gott möge euch schützen.« Kolonialtruppen und Bewunderer (1), Angehörige der australischen Truppen (2), der Festzug (3), das Volk und Soldaten (folgende Seiten).

HET grootste moment uit de geschiedenis van het Britse Rijk was het zestigjarig regeringsjubileum van koningin Victoria op 22 juni 1897. Haar boodschap voor de hele wereld luidde: "Dank aan mijn geliefde onderdanen, God zegene hen allemaal." Koloniale troepen en hun bewonderaars (1), leden van Australische troepen (2), de optocht (3), het volk en de soldaten (blz. 186/187).

THE Coronation of Edward VII had originally been scheduled for 26 June 1902, but the new King was ill, so arrángements were postponed, and the Coronation feast was given away to the poor – though the caviare and quail were put on ice. The Coronation took place on 9 August (2). 'When the King entered the Abbey, the huge congregation watched anxiously to see if he would falter because of his recent illness. But the King – I learned later that he had been laced into a metal girdle – walked confidently to the throne' (Dorothy Brett, an eyewitness).

Nine years later, the streets of London were once again decorated when Edward's son was crowned George V (3). The King's diary recorded: 'The service in the Abbey was most beautiful, but it was a terrible ordeal...Worked all the afternoon answering telegrams and letters, of which I have had hundreds... May and I showed ourselves again to the people. Bed at 11.45. Rather tired.' He wasn't the only one (1).

Die Krönung von Edward VII. war ursprünglich für den 26. Juni 1902 vorgesehen, aber der neue König war krank, so daß die Feierlichkeiten verschoben werden mußten. Das Festmahl wurde an die Armen verteilt, Kaviar und Wachteln jedoch auf Eis gelegt. Die Krönung fand schließlich am 9. August des Jahres statt (2). »Als der König die Abtei betrat, waren die versammelten Gäste besorgt, daß er wegen seiner Krankheit ins Stocken geraten könnte. Aber der König trug, wie ich später erfuhr, ein metallenes Korsett und schritt zuversichtlich zum

Thron.« (Dorothy Brett, eine Augenzeugin)

Neun Jahre später waren die Straßen von London anläßlich der Krönung von Edwards Sohn, George V., erneut geschmückt (3). Der König schrieb in sein Tagebuch: »Der Gottesdienst in der Abtei war wundervoll, aber es war eine fürchterliche Tortur … Habe den ganzen Nachmittag gearbeitet und Hunderte von Telegrammen und Briefen beantwortet … May und ich zeigten uns noch einmal dem Volk. Zu Bett um 23.45 Uhr. Ziemlich müde.« Er war nicht der einzige (1).

De kroning van Edward VII was gepland op 26 juni 1902, maar hij was ziek, zodat de plechtigheden moesten worden verschoven. Het feestmaal werd verdeeld onder de armen, maar de kaviaar en kwartels werden in de koeling gezet. Uiteindelijk vond de kroning plaats op 9 augustus van datzelfde jaar (2). "Toen de koning de abdij binnenkwam, vreesde de verzamelde menigte dat hij zou wankelen vanwege zijn recente ziekte. Maar de koning droeg –naar ik later hoorde– een metalen korset – en liep zonder haperen naar de troon." (Dorothy Brett, ooggetuige)

Negen jaar later werden de straten van Londen weer versierd, toen Edwards zoon tot George V werd gekroond (3). De koning schreef in zijn dagboek: "De dienst in de abdij was prachtig, maar het was een vreselijke beproeving … Ik ben de hele namiddag bezig geweest met het beantwoorden van telegrammen en brieven, waarvan ik er enkele honderden heb gekregen … May en ik hebben ons weer eens aan het volk vertoond. Naar bed om 11.45, vreselijk moe." Hij was niet de enige (1).

2

IN the 1880s, Lord Salisbury, the Prime Minister,
said of Africa, 'British policy is to drift lazily
downstream, occasionally putting out a boathook.'
Also drifting lazily downstream were the crocodiles
and hippopotamuses hunted by white settlers and
incautious visitors alike (1). T. E. Todd (2)
photographed them on his visit in 1879.

PREMIERMINISTER Lord Salisbury sagte in den
1880er Jahren über Afrika: »Britische Politik
bedeutet, gemächlich flußabwärts zu gleiten und von
Zeit zu Zeit einen Bootshaken auszuwerfen.« Ebenso
gemächlich glitten die Krokodile und Nilpferde flußabwärts, die von weißen Siedlern und waghalsigen
Touristen gejagt wurden (1). T. E. Todd (2) photographierte sie bei seinem Besuch im Jahre 1879.

PREMIER Lord Salisbury zei rond 1880 over Afrika:
"Britse politiek wil zeggen: rustig de rivier
afdrijven en van tijd tot tijd een enterhaak uitgooien."
Even rustig dreven de krokodillen en nijlpaarden
stroomafwaarts. Er werd op gejaagd door kolonisten
en dappere toeristen (1). T.E. Todd (2) maakte foto's
tijdens zijn bezoek in 1879.

1

TODD returned several times to Africa, taking a unique series of photographs. It may appear artificially staged, but this photograph (1) is probably genuine. One of the native bearers or porters attached to the hunting party has climbed a pole to scan the landscape for game. Sadly, the picture of the hunter with a dead rhinoceros (2) is certainly not staged. No tally was ever kept in those days of the number of animals in any species that were left alive – all that mattered was the trophy count.

TODD reiste mehrere Male nach Afrika und machte einzigartige Aufnahmen. Diese Photographie (1) mag gestellt wirken, ist aber vermutlich natürlich. Einer der eingeborenen Träger der Jagdgesellschaft ist an einem Stab hinaufgeklettert, um nach Wild Ausschau zu halten. Leider ist das Bild des Jägers mit dem toten Rhinozeros (2) mit Sicherheit nicht gestellt. Niemand zählte in jenen Tagen die Tiere all der verschiedenen Arten, die am Leben gelassen wurden; worauf es ankam, war einzig die Zahl der Trophäen.

TODD ging verscheidene keren naar Afrika en maakte unieke foto's. Deze foto (1) lijkt geposeerd, maar is het waarschijnlijk niet. Een van de inheemse dragers is in een paal geklommen om naar wild uit te kijken. De foto van de jager met de dode neushoorn is helaas niet geposeerd (2). In die tijd telde niemand het aantal dieren van een soort dat nog leefde; het enige wat telde was het aantal trofeeën.

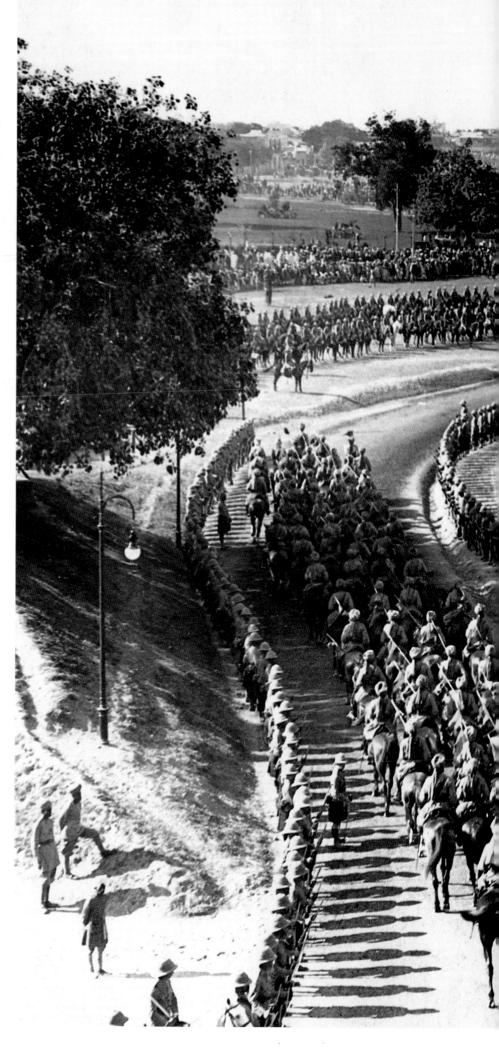

THREE times during the British Raj in India the notables of that vast sub-continent were summoned to Delhi, for an Imperial Durbar, or 'court'. The grandest was the last, in 1911, to celebrate the accession of George V. The King was most impressed: 'The weather was all that could be wished, hot sun, hardly any wind, no clouds... I wore a new crown made for India which cost £60,000 which the Indian Government is going to pay for...' The ceremonies lasted three and a half hours. 'Rather tired,' wrote the King at the end of the day, 'after wearing the crown... it hurt my head, as it is pretty heavy.'

DREIMAL während der britischen Oberherrschaft in Indien wurden die bedeutenden Persönlichkeiten dieses großen Subkontinents zu einem Durbar oder »Hof« des Empires nach Delhi zitiert. Der prächtigste war auch der letzte und fand im Jahre 1911 anläßlich der Thron-besteigung von George V. statt. Der König zeigte sich sehr beeindruckt: »Das Wetter hätte nicht besser sein können, heiße Sonne und kaum Wind, keine Wolken ... Ich trug eine neue, für Indien angefertigte Krone im Wert von £ 60 000, die die indische Regierung zahlen wird...« Die Zeremonie dauerte dreieinhalb Stunden. »Ziemlich müde«, schrieb der König am Ende des Tages, »vom Tragen der Krone ... sie drückte auf meinen Kopf, denn sie ist sehr schwer.«

GEDURENDE de Britse overheersing van India werden de notabelen van het grote subcontinent drie keer naar Delhi geroepen om aanwezig te zijn bij een durbar, of 'hoffeest'. Het mooiste feest was ter gelegenheid van de kroning van George V. De koning was zeer onder de indruk: "Het weer had niet beter kunnen zijn, hete zon en nauwelijks wind, geen wolken ... Ik droeg een nieuwe, voor India gemaakte kroon van £60.000, die de Indiase regering betaalt ... De ceremonie duurde drieëneenhalf uur. "Vrij moe", schreef de koning aan het eind van de dag, "door het dragen van de kroon, die drukte op mijn hoofd, want hij is nogal zwaar."

1

2

3

DURING the Durbar celebrations the itinerary included the customary tiger hunt (1) – the wholesale and much vaunted slaughter of what was then considered a ferocious predator rather than, as now, an endangered species. Less violent was the picnic that refreshed the men of the royal party (2) – George V is nearest the camera, on the left of the table. At the Durbar itself, King George and Queen Mary were attended by a clutch of young Indian princes (3).

WÄHREND der Durbar-Feiern fand auch die traditionelle Tigerjagd (1) statt, das vielgepriesene Abschlachten eines Tieres, das man damals als bösartiges Raubtier sah, und nicht, wie heute, als Vertreter einer gefährdeten Spezies. Weniger gewaltsam war das Picknick zur Erfrischung der königlichen Gesellschaft (2). George V. sitzt vorne links am Tisch. Beim Durbar selbst warteten King George und Queen Mary junge indische Prinzen auf (3).

TIJDENS een durbarviering vond ook de traditionele tijgerjacht plaats (1), het veelbezongen afslachten van een dier dat toen werd gezien als een wreed roofdier en niet, zoals tegenwoordig, een lid van een bedreigde diersoort. Minder gewelddadig was de picknick voor het koninklijk gezelschap (2). George V zit linksvoor aan tafel. Bij de durbar zelf werden koning George en koningin Mary verzorgd door een groep jonge Indische prinsen (3).

WHEREVER the British went, they took with them their love of the ideal English garden, even though someone else had to tend it. In India (1), the climate lacked the gentle co-operation of European weather, but rhododendrons and azaleas flourished almost as weeds in the northern provinces. The British also imported many plants to India, among them quinine, rubber and eucalyptus, the scent of whose leaves was thought to prevent malaria.

It took 17 days for a letter to reach India from England, so news from home was precious (2), if a little out of date – a moment of sentimental reflection while one's feet were tended to in the cool of the veranda.

WO immer es die Briten hinzog, brachten sie ihre Vorliebe für den idealen Englischen Garten mit, auch wenn jemand anders ihn pflegen mußte. In Indien (1) war das Klima nicht so mild wie in Europa, aber Rhododendron und Azaleen vermehrten sich in den nördlichen Provinzen beinahe wie Unkraut. Die Briten importierten auch viele Pflanzen nach Indien, darunter Chinin, Kautschuk und Eukalyptus, dessen Blätter mit ihrem Duft angeblich die Malaria verhindern sollten.

Ein Brief von England nach Indien brauchte siebzehn Tage, und Nachrichten der Heimat waren kostbar (2), wenn auch ein wenig veraltet. Das Lesen eines Briefes war meist ein Moment sentimentaler Erinnerungen, während man sich auf der kühlen Veranda die Füße pflegen ließ.

WAAR de Britten zich ook vestigden, ze namen hun voorliefde voor een traditionele Engelse tuin mee, ook al moest hij worden verzorgd door iemand anders. In India (1) was het klimaat niet zo mild als in Europa, maar rodondendrons en azalea's groeiden in Noord-India bijna als onkruid. De Engelsen importeerden ook veel planten in India, zoals de kinine-, rubber- en eucalyptusboom. De laatste zou met zijn geurende bladeren malaria voorkomen.

Een brief van Engeland naar India deed er zeventien dagen over en nieuws uit het vaderland was een kostbaar goed (2), ook al was het verouderd. Het lezen van een brief was meestal een moment van sentimentele herinnering. Ondertussen liet men op de koele veranda zijn voeten doen.

COLONIAL conversation was frustratingly limited. Social life was restrictive – a round of dances and amateur theatricals, of race meetings and tennis parties. The group photographed with a pet leopard in 1906 in Secunderabad, a provincial town a few miles north of Hyderabad, look typically bored (1). The trophies on wall and floor (2) indicate that almost any beast was considered fair prey. When all else failed, the British turned to pig-sticking, hare hunting, and arranging fights between captured jackals and their own dogs. The tennis party in honour of Major and Mrs Beale (3) was a much tamer affair.

3

IN den Kolonien gab es nur wenig
Gesprächsstoff. Das gesellschaftliche
Leben beschränkte sich auf Tanztees und
Laientheater, Pferderennen und Tennis-
matches. Die Gruppe, die 1906 mit einem
zahmen Leoparden in Secunderabad,
einer Provinzstadt nördlich von Hyderabad, photographiert wurde, sieht
entsprechend gelangweilt aus (1). Die
Trophäen an den Wänden und auf dem
Boden (2) weisen darauf hin, daß man
fast jedes Tier als lohnenswerte Beute
betrachtete. Wenn alles nichts mehr half,
vertrieben sich die Briten die Zeit mit

Wildschweinjagden, Windhundrennen
und Kämpfen zwischen gefangenen
Schakalen und eigenen Hunden. Das
Tennisspiel zu Ehren von Major und
Mrs. Beale (3) war eine weitaus zahmere
Angelegenheit.

GESPREKSONDERWERPEN waren
schaars in de koloniën. Het
maatschappelijk leven beperkte zich tot
ballet, amateurtoneel, paardenrennen en
tennis. De groep die in 1906 met een tam
luipaard werd gefotografeerd in
Secunderabad, een provinciestad ten

noorden van Hyderabad, ziet er dan ook
nogal verveeld uit (1). De trofeeën op de
grond en aan de muur (2) bewijzen dat
bijna elk dier werd gezien als een buit die
de moeite waard was. Als er helemaal niets
meer te doen was, doodden de Britten de
tijd met het jagen op wilde zwijnen,
hielden ze windhondenrennen of
gevechten tussen gevangen jakhalzen en
hun eigen honden. De tenniswedstrijd ter
ere van majoor en mevrouw Beale (3) was
een veel beschaafdere bezigheid.

THERE were over 600 states in India ruled, not directly by the British, but by princes, nabobs, and maharajahs (1). These rulers had submitted peacefully to the Raj (3), rather than making the mistake of choosing to fight. Though their power was cramped, they were 'radiant with jewels… on their turbans and their very shoes, glistened diamonds, emeralds, rubies and pearls.' The Maharajah Holkar of Indore was indeed weighed down with wealth when photographed in 1887 (5), as was the Maharajah of Sahaha in 1916 (2). The Maharajah of Jodhpur (4) may have appeared more warlike, but lived co-operatively enough under British administration.

IN Indien gab es über 600 Staaten, die nicht direkt von den Briten, sondern von Prinzen, Nabobs und Maharadschas (1) regiert wurden. Dies waren die Herrscher, die sich ohne Widerstand der britischen Oberherrschaft (3) unterworfen hatten, statt den Fehler zu begehen, sich gegen sie aufzulehnen. Ihre Macht wurde einge-schränkt, aber sie blieben »geschmückt mit Juwelen … an ihren Turbanen und selbst an ihren Schuhen, überall funkelten Diaman-ten, Smaragde, Rubinen und Perlen«. Der Maharadscha Holkar von Indore war wirk-lich mit Schmuck behangen, als er 1887 photographiert wurde (5), ebenso wie der Maharadscha von Sahaha im Jahre 1916 (2). Der Maharadscha von Jodhpur (4) mag zwar kriegerisch ausgesehen haben, aber auch er kooperierte mit der britischen Administration.

INDIA bestond uit meer dan zeshonderd staatjes, die niet direct door de Britten, maar door prinsen, nabobs en maharadja's werden geregeerd (1). Zij waren de heersers die zich zonder verzet aan de Britse heerschappij hadden onderworpen (3) in plaats van de fout te maken in opstand te komen. Hun macht was beperkt, maar ze bleven "getooid met juwelen … aan hun tulbanden en zelfs aan hun schoenen, overal fonkelden de diamanten, smaragden, robijnen en parels". Maharadja Holkar uit Indore was letterlijk met juwelen behangen toen hij in 1887 poseerde (5), net als de maharadja van Sahaha in 1916 (2). De maharadja van Jodhpur (4) mag er dan wel oorlogszuchtig uitzien, ook hij werkte samen met het Britse bestuur.

2

3

4

5

SLOWLY and cautiously, religious toleration was creeping across the world. No one could see evil in a group of old men leaning against a wall, as in the case of these elderly Jews at the Wailing Wall in Jerusalem. Protestants and Catholics began to allow each other the right to hold high office, to become members of government, to gain important posts in military and civil service. Christians and Jews began to trust each other. Hindus and Moslems lived in comparative peace in India.

Perhaps a reason for all this was that new enemies of religion and faith had emerged: Darwinism, free-thinking, Marxism. In industrial societies, churchgoing decreased dramatically.

ALLMÄHLICH und behutsam setzte sich religiöse Toleranz in der Welt durch. Niemand konnte etwas Böses in einer Gruppe alter Männer sehen, die sich an eine Mauer lehen, wie in dieser Aufnahme älterer Juden an der Klagemauer in Jerusalem. Protestanten und Katholiken begannen, einander das Recht zu gewähren, hohe Ämter zu bekleiden, Mitglieder der Regierung zu werden und wichtige Positionen im militärischen und öffentlichen Dienst zu bekleiden. Christen und Juden vertrauten sich allmählich, und in Indien lebten Hindus und Moslems relativ friedlich zusammen.

Der Grund für all diese Entwicklungen lag auch darin, daß neue Feinde der Religion und des Glaubens aufgetaucht waren: Darwinismus, Freidenkertum und Marxismus. In den Industrieländern gingen immer weniger Menschen zum Gottesdienst.

LANGZAAM maar zeker groeide de religieuze tolerantie in de wereld. Niemand zag kwaad in een groep mannen die tegen een muur leunen, zoals deze oude foto van joden bij de Klaagmuur in Jeruzalem. Protestanten en katholieken stonden elkaar toe hoge posities te bekleden, in de regering te zitten en belangrijke plaatsen in het leger en het bestuursapparaat te bezetten. Christenen en joden begonnen elkaar meer te vertrouwen en in India leefden hindoes en moslims relatief vreedzaam naast elkaar.

De reden voor die ontwikkeling lag ook in de opkomst van de nieuwe vijanden van de religie: darwinisme, vrijdenkerij en marxisme. In de geïndustrialiseerde landen gingen steeds minder mensen naar de kerk.

WISDOM and holiness were still almost synonymous with old age. The camera respectfully recorded a Samaritan High Priest, displaying the Pentateuch Roll said to have been written by Eleazar (1); three aged Jews reflecting beneath a fig tree (2); and a Georgian Jew wearing a phylactery on his forehead (3).

WEISHEIT und Heiligkeit waren noch immer nahezu gleichbedeutend mit hohem Alter. Respektvoll nahm die Kamera einen Samariter-Priester auf, der die angeblich von Eleazar verfaßte Pentateuch-Rolle hält (1); drei alte Juden in Andacht unter einem Feigenbaum (2) und ein georgischer Jude mit einem Phylakterion auf der Stirn (3).

WIJSHEID en heiligheid waren nog steeds verbonden met ouderdom. Vol respect legde de fotograaf een Samaritaanpriester vast die de Pentateuchrol ophoudt die door Eliazar zou zijn geschreven (1). Drie oude joden contempleren onder een vijgenboom (2). Een Georgische jood met een fylacterion op zijn voorhoofd (3).

1

2

3

1

MARK Twain was impressed by the whirling Dervishes he came across in Constantinople in 1869. To induce a trance-like state, 'they spun on the left foot, and kept themselves going by passing the right rapidly before it and digging it against the floor. Most of them spun around 40 times in a minute, and one averaged about 61 times to the minute, and kept it up for 25 minutes... They made no noise of any kind, and most of them tilted their heads back and closed their eyes, entranced with a sort of devotional ecstasy... Sick persons came and lay down... and the patriarch walked upon their bodies. He was supposed to cure their diseases by trampling upon their breasts or backs or standing on the backs of their necks.'

MARK Twain zeigte sich beeindruckt von den wirbelnden Derwischen, die er 1869 in Konstantinopel sah. Um einen tranceartigen Zustand zu erreichen, »drehten sie sich auf dem linken Fuß, wobei sie sich schnell mit dem rechten Fuß abstießen. Die meisten von ihnen drehten sich vierzigmal in der Minute, und einer brachte es für die Dauer von fast einer halben Stunde sogar auf 61 Umdrehungen pro Minute ... Sie machten keinerlei Geräusche, und die meisten warfen ihre Köpfe zurück, schlossen die Augen und brachten sich in einen Zustand hinge-bungsvoller Ekstase ... Kranke Menschen kamen und legten sich auf den Boden ... und der Älteste der Derwische ging über ihre Körper. Er sollte sie von ihren Krank-heiten heilen, indem er ihnen auf die Brust oder auf den Rücken sprang oder sich auf ihren Nacken stellte.«

MARK Twain was onder de indruk van de wervelende derwisjen die hij in 1869 in Constatinopel zag. Om in een soort trance te geraken, "draaiden ze rond op hun linkervoet, waarbij ze zich hard afzetten met hun rechtervoet. De meesten draaiden veertig keer per minuut en een van hen haalde zelfs bijna een halfuur lang 61 omwentelingen ... Ze maakten geen geluid en de meesten wierpen hun hoofd in hun nek, sloten hun ogen en brachten zichzelf in een toestand van extase ... Er kwamen zieke mensen die op de grond gingen liggen en de oudste derwisj ging over hun lichaam heen. Hij moest hen genezen van hun ziekte door op hun rug of borst te springen of op hun nek te gaan staan."

THE wandering mendicants known as fakirs were to be found all over India. They were common to many religions, practising several forms of self-mortification – lying on beds of nails, walking over hot coals. Fakirs took vows of poverty, and poverty originally meant 'need of God'. The origin of the word *fakir* comes from a saying of Muhammad: 'al-faqr-fakhri', meaning 'poverty is my pride'.

DIE als Fakire bekannten wandernden Bettelmönche der verschiedensten Religionen konnte man in ganz Indien antreffen. Sie praktizierten viele Formen der Selbstkasteiung, legten sich auf Nagelbetten oder liefen über glühende Kohlen. Fakire legten Armutsgelübde ab, denn Armut bedeutete ursprünglich »Notwendigkeit Gottes«. Das Wort *Fakir* entstammt einem Ausspruch Mohammeds: »al-faqr-fakhri«, was soviel heißt wie »Armut ist mein Stolz«.

DE rondreizende bedelmonniken van verschillende religies die bekend staan als fakirs, waren in heel India te zien. Ze oefenden vele vormen van zelfkastijding uit, gingen op spijkerbedden liggen of liepen over hete kolen. Fakirs legden een gelofte van armoe af, want armoede betekende oorspronkelijk 'noodzaak van God'. Het woord 'fakir' is afkomstig van een uitspraak van Mohammed: "al-faqr-fakhri", "armoede is mijn trots".

As the enquiring Europeans toured the world, they found cultures and ceremonies which had remained unchanged for centuries. In Ceylon, Buddhist monks and worshippers gathered at Anoy for the exposition of the Buddha's tooth (1). In China, elaborate paper horses were constructed when someone died (2). The horse was then burnt at the funeral, to provide a safe journey for the deceased's spirit to the next world. In Japan, Kamu-So Buddhist priests placed baskets over their heads while playing sacred music on their bamboo flutes (3).

Als die forschenden Europäer die Welt bereisten, fanden sie Kulturen und Rituale vor, die seit Jahrhunderten unverändert waren. In Anoy auf Ceylon versammelten sich buddhistische Mönche und Gläubige, um den Zahn des Buddha zu sehen (1). Wenn in China jemand starb, baute man kunstvolle Papierpferde (2), die bei der Beerdigung verbrannt wurden, um dem Geist des Toten eine sichere Reise in die nächste Welt zu ermöglichen. In Japan stülpten sich buddhistische Kamu-So-Priester Körbe über den Kopf und spielten auf ihren Bambusflöten heilige Lieder (3).

Toen Europese onderzoekers de wereld rondreisden, vonden ze culturen en rituelen die al eeuwen dezelfde waren. In Anoy op Ceylon kwamen boeddhistische monniken en gelovigen bijeen om de tand van Boeddha te zien (1). In China werden papieren

3

paarden gemaakt wanneer iemand stierf (2). Dat paard werd dan tijdens de begrafenis verbrand om de geest een goede reis naar het hiernamaals te bieden. In Japan zetten Kamu-So priesters manden op hun hoofd terwijl ze heilige muziek op bamboefluiten maakten (3).

NEARER home, the Fratelli della Misericordia (1) were a radical spiritual branch of the Franciscan Order, originally strongly anti-clerical, and regarded by some as heretics. Like the nuns of Biarritz (2), they kept their faces well hidden from camera and public. The monks of St Bernard in Switzerland (3) were more outgoing – the pose here seems to suggest an early all-male version of *The Sound of Music*.

IN heimatlichen Gefilden gab es die Fratelli della Misericordia (1), ein radikaler spiritueller Zweig des Franziskanerordens, der ursprünglich äußerst antiklerikal war und von manchen als ketzerisch betrachtet wurde. Wie die Nonnen von Biarritz (2) verhüllten sie ihre Gesichter vor der Kamera und der Öffentlichkeit. Die Mönche von St. Bernhard (3) in der Schweiz waren der Welt mehr zugewandt; diese Pose hier erinnert an eine frühe, rein männliche Version von *Meine Lieder, meine Träume*.

DICHTER bij huis waren de Fratelli della Misericordia (1), een radicale tak van de franciscanen, die van oorsprong zeer anticlericaal waren en die door sommigen als ketters werden beschouwd. Net als de nonnen in Biarritz (2) bedekten ze hun gezicht voor de camera en de openbaarheid. De monniken van St.-Bernhard in Zwitserland (3) stonden wel open voor de wereld; de pose hier doet denken aan een vroege mannelijke versie van *The Sound of Music*.

1

IN 1858 Bernadette Soubirous and her sister reported their vision of the Virgin Mary in a cave near Lourdes. Within a few years it had become a major shrine and Lourdes itself had become a pilgrim centre (1). If the people didn't come to God, however, in 1911 the Motor Mission Van brought God to the people (2). But the Catholic Church still had a firm hold on the souls of many in Europe, and a religious procession (3) was sure to bring out the crowds.

IM Jahre 1858 berichteten Bernadette Soubirous und ihre Schwester, in einer Grotte in der Nähe von Lourdes sei ihnen die Jungfrau Maria erschienen. Innerhalb weniger Jahre war die Grotte zum Schrein und Lourdes zu einem Wallfahrtsort geworden (1). Wenn die Menschen im Jahre 1911 jedoch nicht zu Gott kamen, brachte der Missionswagen Gott zu den Menschen (2). Aber die katholische Kirche hatte noch immer großen Einfluß auf das Seelenleben vieler Europäer, und eine religiöse Prozession (3) lockte die Menschen in Scharen auf die Straße.

IN 1858 vertelden Bernadette Soubirous en haar zus dat de Maagd Maria aan hen was verschenen in een grot in de buurt van Lourdes. Binnen een paar jaar was de grot een altaar en Lourdes een bedevaartplaats. Als in 1911 de mensen niet naar God kwamen, bracht een missierijtuig God naar de mensen. De Katholieke Kerk had nog steeds grote invloed op het geestelijk leven van veel Europeanen en een religieuze processie bracht grote groepen mensen op de been.

2

THE Christian Church came under
increasing criticism: 'The poor man is
made to feel that he is a poor man, the rich
is reminded that he is rich, in the great
majority of our churches and chapels,'
wrote one correspondent in 1849. But
most Europeans (and many others) still
wanted the Church to baptize their
newborn, and expected to be given a
Christian funeral at the end of their lives.
And the Church still had a virtual
monopoly of the right to join couples in
holy matrimony, even if some marriages
were conducted in strange places. In 1914,
this floating barge in Berlin (1) was not
only a church, it also provided a room and
all essentials for the wedding breakfast (2).

DIE christliche Kirche wurde immer
heftiger kritisiert. »In den meisten
unserer Kirchen und Kapellen sorgt man
dafür, daß der arme Mann sich auch fühlt
wie ein armer Mann, und der Reiche wird
daran erinnert, daß er reich ist«, schrieb ein
Korrespondent im Jahre 1849. Aber die
meisten Europäer (und viele andere)
wollten von der Kirche noch immer ihre
Kinder taufen lassen und erwarteten am
Ende ihres Lebens eine christliche Beerdigung. Zudem besaß die Kirche mehr oder
weniger das Monopol, junge Paare im
heiligen Stand der Ehe zu vereinen, auch
wenn manche Hochzeiten an seltsamen
Orten stattfanden. Dieses Berliner Haus-
boot (1) diente im Jahre 1914 nicht nur als
Kirche, sondern auch als Gasthaus für die
Hochzeitsfeier (2).

ER kwam steeds meer kritiek op de
christelijke Kerk. "In de meeste kerken
en kapellen zorgt men ervoor dat een arme
man zich ook voelt als een arme man en
wordt de rijke eraan herinnerd dat hij rijk
is", schreef een correspondent in 1849.
Maar de meeste Europeanen (en anderen)
wilden hun kinderen nog steeds door de
Kerk laten dopen en verwachtten aan het
eind van hun leven een christelijke
begrafenis. Bovendien had de Kerk min of
meer het monopolie jonge paren in de
echt te verbinden, ook al vonden
huwelijken soms plaats op vreemde
plekken. Deze woonboot in Berlijn (1)
diende in 1904 niet alleen als kerk maar
tevens als feestzaal voor het huwelijk (2).

1

2

For the wealthy middle classes, a wedding was a great affair, an opportunity to parade in finery, pose for the cameras (1 and 3), and invite the famous. When the Reverend Frederick Manners Stopford married Florence Augusta Saunders in London on 8 June 1857 (2), the great railway engineer Isambard Kingdom Brunel was among the guests. The bride's father was the first General Secretary of Brunel's Great Western Railway.

Für die reichen Angehörigen der Mittelklasse war eine Hochzeit eine große Sache, die Gelegenheit bot, Eleganz zur Schau zu stellen, für die Kameras zu posieren (1, 3) und Berühmtheiten einzuladen. Als der Reverend Frederick Manners Stopford am 8. Juni 1857 in London Florence Augusta Saunders heiratete (2), befand sich der bedeutende Eisenbahningenieur Isambard Kingdom Brunel unter den Hochzeitsgästen. Der Vater der Braut war erster Generalsekretär von Brunels Great Western Railway.

Voor de rijke middenklasse was een huwelijk een belangrijke gelegenheid om elegantie en verfijning tentoon te spreiden, voor de camera te poseren (1, 3) en beroemdheden uit te nodigen. Toen Frederick Manners Stopford op 8 juni 1857 in Londen met Florence Augusta Saunders trouwde (2), was de bekende spoorwegingenieur Isambard Kingdom Brunel een van de gasten. De vader van de bruid was de eerste secretaris van Brunels Great Western Railway.

3

FEW European weddings could rival those of more exotic cultures in the lavishness of costume and decoration. This Arab procession in Cairo could almost be a scene from *Kismet*. Hired musicians preceded the bridal party to the house of the bridegroom. The European writer of the caption to this photograph described the camels as being 'decked in gaudy trappings'.

WENN es um prachtvolle Kostüme und Dekorationen ging, konnten nur wenige europäische Hochzeiten mit denen exotischerer Kulturen mithalten. Diese arabische Prozession in Kairo mutet an wie eine Szene aus *Kismet*. Gemietete Musikanten geleiteten die Braut und ihre Gesellschaft zum Haus des Bräutigams. Der europäische Verfasser der Unterschrift zu dieser Photographie beschrieb die Kamele als »in leuchtend bunten Schmuck gehüllt«.

WANNEER het ging om prachtige kostuums en versieringen, konden maar weinig Europese bruiloften zich meten met die in exotische culturen. Deze Arabische processie in Caïro doet denken aan een tafereel uit *Kismet*. Muzikanten begeleidden de bruid en haar gevolg naar het huis van de bruidegom. De auteur van het bijschrift omschreef de kamelen als "gehuld in bont schitterende sieraden".

UNTIL the 19th century, the Grand Tour of Europe and the Near East had been a privilege enjoyed only by the rich, an adventure for the bold or desperate. But by 1850 tourism had become a well established industry in Europe. Mark Twain sailed from New York in 1867 with a party of American tourists, to visit Paris, Heidelberg, Rome, Constantinople and the Holy Land. At the end of his tour he wrote: 'I have no fault to find with the manner in which our excursion was conducted. It would be well if such an excursion could be gotten up every year and the system regularly inaugurated.' A fellow American writer, Henry James, was less complimentary about the average British tourist – such as these at Athens in 1860. 'They are always and everywhere the same,' he wrote, 'carrying with them in their costume and physiognomy, that indefinable expression of not considering anything out of England worth making, physically or morally, a toilet for.' William Howard Russell, a newspaper correspondent, disliked all tourists: 'They fill hotels inconveniently, they crowd sites which ought to be approached in reverential silence… The very haggling and bargaining which accompany their ways makes one feel uncomfortable.'

BIS zum 19. Jahrhundert war die »Grand Tour« durch Europa und in den Nahen Osten ein Privileg der Reichen, ein Abenteuer für Mutige und Verzweifelte. Aber um 1850 war der Tourismus in Europa zu einem etablierten Industriezweig geworden. Mark Twain bestieg 1867 zusammen mit anderen amerikanischen Touristen in New York ein Schiff und besuchte Paris, Heidelberg, Rom, Konstantinopel und das Heilige Land. Am Ende seiner Reise schrieb er: »Ich habe nichts auszusetzen an der Art, wie unsere Exkursion geführt wurde. Es wäre schön, wenn eine solche Reise jedes Jahr veranstaltet und das System zur festen Einrichtung würde.« Ein amerikanischer Schriftstellerkollege, Henry James, war weniger gut auf englische Touristen, wie diese 1860 in Athen, zu sprechen: »Sie sind immer und überall gleich…und tragen in ihrer Kleidung und ihrer Physiognomie diesen undefinierbaren Ausdruck, daß es außerhalb von England nichts gibt, das es wert wäre, sich körperlich oder moralisch herzurichten.« William Howard Russell, ein Zeitungskorrespondent, verabscheute alle Touristen: »Sie füllen rücksichtslos die Hotels, scharen sich um Sehenswürdig-keiten, denen man sich in respektvoller Stille nähern sollte … Durch ihr ständiges Handeln und Feilschen fühlt man sich äußerst unbehaglich.«

(*blz. 224/225*)

Tot de 19e eeuw was de 'Grand tour' door Europa en het Nabije Oosten een privilege voor rijken, een avontuur voor waaghalzen en vertwijfelden. Maar rond 1850 was het toerisme in Europa een gevestigde tak van industrie geworden. Mark Twain ging in 1867 samen met andere Amerikaanse toeristen in New York aan boord van een schip en bezocht Parijs, Heidelberg, Rome, Constantinopel en het Heilige Land. Aan het eind van zijn reis schreef hij: "Ik heb niets aan te merken op de manier waarop onze reis werd georganiseerd. Het zou mooi zijn als zoiets elk jaar zou worden georganiseerd en het systeem een vast gebruik werd." Zijn Amerikaanse collega-schrijver Henry James was in 1860 minder te spreken over Engelse toeristen, zoals hier in Athene: "Ze zijn altijd en overal hetzelfde ... en dragen in kleding en fysionomie die ondefinieerbare uitdrukking met zich mee dat er buiten Engeland niets is waarvoor je je lichamelijk of geestelijk zou moeten inspannen." William Howard Russell, correspondent voor de krant, haatte toeristen: "Ze bezetten de hotels, scharen zich rond bezienswaardigheden die je met respect zou moeten benaderen en je voelt je zeer onprettig door hun voortdurende gehandel en gesjacher."

2

It took Mark Twain an hour and a quarter to climb up the rough narrow trail over the old lava bed from Annunziata to the summit of Mount Vesuvius. Other tourists, like these in 1880 (1), had the services of local porters. 'They crowd you, infest you, swarm about you, and sweat and smell offensively, and look sneaky and mean and obsequious.' At the summit Twain recorded: 'Some of the boys thrust long strips of paper down into the holes and set them on fire, and so achieved the glory of lighting their cigars by the flames of Vesuvius.' Others cooked eggs.

At Luxor (2) tourists could enjoy the wonders of the Temple of Karnak, picnic in the Valley of the Kings, or inhale the putrefying stink that arose from pits of imperfectly preserved mummies.

Mark Twain brauchte eineinviertel Stunden, um über den rauhen, schmalen Pfad des Lavabetts von Annunziata zum Gipfel des Vesuv zu gelangen. Andere Touristen, wie diese im Jahre 1880 (1), nahmen die Dienste einheimischer Träger in Anspruch. »Sie umzingeln einen, fallen über einen her, schwirren um einen herum, sie schwitzen und stinken fürchterlich und sehen verschlagen, böse und unterwürfig aus.« Auf dem Gipfel notierte Twain: »Einige der Jungen warfen lange Papierstreifen in Löcher und steckten sie in Brand, so daß sie ruhmreich behaupten konnten, ihre Zigarren mit den Flammen des Vesuv angezündet zu haben.« Andere kochten Eier.

In Luxor (2) konnten sich Touristen am Wunder des Karnak-Tempels erfreuen, im Tal der Könige picknicken oder den Verwesungsgestank einatmen, der schlecht konservierten Mumien entströmte.

Mark Twain had vijf kwartier nodig om over het oneffen, smalle pad over de lava van Annunziata naar de top van de Vesuvius te komen. Andere toeristen, zoals deze uit 1880 (1), maakten gebruik van de diensten van inheemse dragers. "Ze omsingelen je, dringen aan, draaien om je heen, zweten en stinken verschrikkelijk en ze zien er boosaardig, verslagen en onderdanig uit." Op de top noteerde Mark Twain: "Een paar jongens gooiden lange stroken papier in de gaten en lieten ze in brand vliegen, zodat ze konden vertellen dat ze hun sigaar met de vlammen van de Vesuvius hadden aangestoken." Anderen kookten eieren.

In Luxor (2) konden toeristen zich vergapen aan het wonder van de tempel van Karnak, picknicken in de woestijn of de rottingsgeur ruiken die uit de slecht geconserveerde mummies kwam.

THE Ubiquitous Tourist. English
visitors to the Cascata di Caserta, 1860
(1). All aboard the Obersabsberg Express
(2). A mixed party go mountaineering in
1865 (3). The interior of the bath house,
Hotel del Monte, San Francisco (4).

DER allgegenwärtige Tourist: englische
Besucher der Kaskaden von Caserta
im Jahre 1860 (1). An Bord des Obersabsberg Express (2). Eine gemischte Gesellschaft beim Bergsteigen im Jahre 1865 (3).
Das Innere eines Badehauses – Hotel del
Monte, San Francisco (4).

D E alomtegenwoordige toerist. Engelse
bezoekers bij de watervallen van
Caserta in 1860 (1). Aan boord van de
Oberabsberg Express (2). Een gemengd
gezelschap bij het bergbeklimmen in 1865
(3). Het interieur van een badhuis, Hotel
del Monte, San Francisco (4).

For some Europeans, travel was more a matter of economic necessity. Europe could be a cruel place, and the New World really did seem to offer freedom from want, fear and oppression. For emigrants, the first sight of the United States or Canada (2) held out a promise that sadly wasn't always fulfilled. And for all immigrants to the United States – such as this Jewish family from England (1) – there was the ordeal of inspection and possible rejection on Ellis Island.

Für einige Europäer war das Reisen eher eine wirtschaftliche Notwendigkeit. Europa konnte grausam sein, und die neue Welt schien Freiheit von Not, Angst und Unterdrückung zu verheißen. Für Emigranten war der erste Anblick der Vereinigten Staaten oder von Kanada (2) ein Versprechen, das leider nicht immer erfüllt wurde. Und auf alle, die wie diese jüdische Familie aus England in die Vereinigten Staaten von Amerika ein-wanderten (1), warteten die Tortur der Untersuchung und die mögliche Einreise-verweigerung auf Ellis Island.

Voor sommige Europeanen was op reis gaan een economische noodzaak. Europa kon vreselijk zijn en de Nieuwe Wereld leek vrij te zijn van gebreken, onderdrukking en angst. Voor emigranten behelsde de eerste aanblik van de Verenigde Staten of Canada (2) een belofte die niet altijd uitkwam. En op iedereen die emigreerde naar de Verenigde Staten –zoals deze joodse familie uit Engeland (1)– wachtte de kwelling van het onderzoek en de mogelijke afwijzing op Ellis Island.

2

ELLIS Island wasn't just a place of educational tests, physical examinations and disinfectant baths. Immigrants occasionally had the chance to celebrate the culture they brought with them – this Ukrainian concert took place in 1916 (1). But bureaucracy was strict – all arrivals were labelled – and there was an overall atmosphere of a cattle market about many of the proceedings (2). The journey itself was long and hard – thousands of miles across Europe to the coast, and then the wait for a boat (3). It took these Norwegian immigrants up to two weeks to sail across the Atlantic in 1870 (4).

3

4

ELLIS Island war nicht nur ein Ort für Schulprüfungen, ärztliche Untersuchungen und Desinfektionsbäder. Gelegentlich hatten Immigranten die Möglichkeit, die Kultur zu feiern, die sie mitgebracht hatten – dieses ukrainische Konzert fand im Jahre 1916 statt (1). Aber die Bürokratie war streng. Alle Ankömmlinge wurden registriert, und bei vielen Prozeduren herrschte die Atmosphäre eines Viehmarktes (2). Die Reise selbst war lang und strapaziös; Tausende von Kilometern mußten durch Europa bis zur Küste zurückgelegt werden, bevor das Warten auf ein Schiff begann (3). Diese norwegischen Immigranten brauchten 1870 fast zwei Wochen, um den Atlantik zu überqueren (4).

OP Ellis Island werd het opleidingsniveau getest, het lichaam onderzocht en moest men een desinfecterend bad nemen. Soms konden immigranten er de cultuur die ze meebrachten, uitoefenen – dit concert van Oekraïeners vond plaats in 1916 (1). Ellis Island was streng bureaucratisch –alle aankomsten kregen een nummer– en de procedure leek nog het meest op een veemarkt (2). De reis zelf was zwaar en lang – duizenden kilometers door Europa naar de kust en dan wachten op een boot (3). Deze Noorse immigranten deden er in 1870 twee weken over om de Atlantische Oceaan over te steken (4).

IN 1887, a police reporter for the New York *Daily Tribune* took some of the earliest flashlight photographs, to record the lives and hard times of refugees from Europe. His name was Jacob Riis, and he was himself from Denmark. His most lasting work was the series of hundreds of pictures he took in the slums of New York. The pictures were lost for nearly 60 years, but were rediscovered in 1947 and presented to the Museum of the City of New York. Describing the children saluting the flag and repeating the oath of allegiance at the Mott Street Industrial School, Riis wrote: 'No one can hear it and doubt that the children mean every word and will not be apt to forget that lesson soon.'

IM Jahre 1887 machte ein Polizeireporter der New Yorker *Daily Tribune* einige der ersten Blitzlichtaufnahmen und photographierte das harte Leben europäischer Flüchtlinge. Er hieß Jacob Riis und war selbst ein Immigrant, aus Dänemark. Seine beeindruckendste Arbeit waren die vielen hundert Photographien, die er in den Slums von New York gemacht hatte. Die Bilder waren fast sechzig Jahre lang verschollen, sie tauchten 1947 jedoch wieder auf und wurden dem Museum der Stadt New York übergeben. Über die Kinder, die vor der Flagge salutieren und den Treueeid in der Erziehungsanstalt für verwahrloste Kinder in der Mott Street sprechen, schrieb Riis: »Niemand, der es hört, kann daran zweifeln, daß diese Kinder jedes Wort, das sie sagen, ernst meinen und diese Lektion so bald nicht vergessen werden.«

IN 1887 maakte Jacob Riis, Deens immigrant en politiereporter van de *Daily Tribune* in New York, een van de eerste flitsopnamen toen hij het harde bestaan van de Europese immigranten fotografeerde. De honderden foto's die hij in de slums van New York had gemaakt, zijn erg indrukwekkend. De foto's doken in 1947 weer op nadat ze zestig jaar vermist waren en werden geschonken aan het museum van de stad New York. Over de kinderen die voor de vlag salueren en de eed van trouw afleggen in het opvoedingsgesticht voor verwaarloosde kinderen in Mott Street, schreef Riis: "Niemand die het heeft gehoord, kan eraan twijfelen dat de kinderen elk woord meenden en dat ze hun les niet zo snel zullen vergeten."

1

RIIS captioned the picture of the poor Jewish cobbler (1): 'Ready for the Sabbath Eve in a coal-cellar...The Board of Health has ordered the family out... but it will require the steady vigilance of the police for many months to make sure that the cellar is not again used for a living room. Then it will be turned into a coal cellar or a shoe-shop by a cobbler of old boots, and the sanitary police in their midnight tours will find it a bedroom for mayhaps half a dozen lodgers, all of whom "happened in", as the tenant will swear the next day, and fell asleep here.' The family of Jewish tailors (2) fared better – at least they were working above ground.

ZUM Bild des armen jüdischen Schusters (1) schrieb Riis: »Fertig für den Abend des Sabbat im Kohlenkeller ... Das Gesundheitsamt hat die Familie ausgewiesen ... aber es wird vieler Monate der ständigen Überwachung durch die Polizei bedürfen, um sicherzustellen, daß der Keller nicht wieder als Wohnraum genutzt wird. Dann wird daraus ein Kohlenkeller oder das Geschäft eines

2

Flickschusters, und die Gesundheitspolizei wird auf ihren nächtlichen Kontrollgängen darin ein Schlafzimmer für etwa ein halbes Dutzend Untermieter vorfinden, die alle ›zufällig vorbeigekommen‹ und dort eingeschlafen sind, wie der Hauptmieter am nächsten Tag beteuern wird.« Der Familie des jüdischen Schneiders (2) erging es besser, zumindest arbeitete sie nicht unter der Erde.

Bij deze foto van een arme joodse schoenmaker (1) schreef Riis: "Klaar voor een sabbat in de kolenkelder ... De gezondheidsdienst heeft de familie uitgezet, maar de politie zal de kelder vele maanden continu in de gaten moeten houden om te voorkomen dat hij weer als woonruimte in bezit zal worden genomen. Dan wordt het een kolenkelder of de werkplaats van een schoenmaker, en de gezondheidsdienst zal

bij zijn nachtelijke controle een slaapkamer met ongeveer een half dozijn onderhuurders vinden die 'allemaal toevallig langskwamen' en in slaap gevallen zijn, zoals de hoofdhuurder de volgende dag zal bezweren." De familie van de joodse kleermaker had het beter (2)– zij hoefden in elk geval niet onder de grond te werken.

For some, western Europe was itself a new world. Chinatown (1 and 2) had long been a thriving community in London when these photographs were taken in 1911. Following the abortive revolution of 1905 in Russia, many political refugees fled to the West. In Paris, this group established their own Russian newspaper (3).

Für einige war Europa selbst eine neue Welt. Chinatown in London (1, 2) war bereits seit langer Zeit eine wachsende Gemeinde gewesen, als diese Photos im Jahre 1911 aufgenommen wurden. Nach der gescheiterten Russischen Revolution von 1905 kamen viele politische Flüchtlinge in den Westen. In Paris gründete diese Gruppe ihre eigene russische Zeitung (3).

1 2

VOOR anderen was Europa zelf een
nieuwe wereld. Chinatown in Londen
(1, 2) groeide al geruime tijd toen deze
foto's in 1911 werden gemaakt. Na de
mislukte Russische revolutie van 1905
kwamen veel politieke vluchtelingen naar
het Westen. In Parijs richtte een groep haar
eigen Russische krant op (3).

3

Peoples

For centuries, the advance of European civilization had posed a major threat to the indigenous people of many parts of the world. In the 16th century, Spanish conquistadores under Cortés had not only conquered Mexico, but had completely destroyed the Aztec culture they found there. The Aztecs believed that, for their society to continue, the sun and the earth had to be nourished with human blood and human hearts. In the heyday of their empire, the Aztecs had sacrificed 10,000 victims a year to appease their principal god, Huitzilopochtli. By the time this photograph was taken (1), some 350 years later, the Aztec couple in it were among the last survivors of this warlike race that had once been the most powerful in Central America. Their numbers had dwindled to a pitiful few.

For, wherever they went, the Europeans brought with them a mixture of blessings and curses. They abolished slavery in Africa but plundered most of the continent for its raw materials and cheap labour. They abolished Thuggee in India, where for hundreds of years travellers had feared this secret society of stranglers – but denied the citizens of India any say in their own government.They helped put an end to the time-honoured system of binding a young girl's feet in China, but greatly increased the trade in and consumption of opium, so that millions became addicts.

In some cases the blessings are hard to discern. Australian aborigines had lived contentedly for thousands of years, before settlers and farmers brought fever, greed and an inexhaustible supply of cheap alcohol. For centuries, the Plains Indians of North America had prospered as nomadic hunters over millions of square miles. They were proud people who respected the earth and even the buffalo that they killed for food, clothing, tools and shelter. Within a few decades of the coming of the white man they had been driven into reservations, slaughtered in their thousands and weakened by disease. In the 1880s George Augustus Sala saw once great warriors begging at railroad stations. 'The white post-traders sell them poisonous whisky and cheat them in every conceivable manner, while the white squatters crowd them out by stealing the land assigned for Indian occupancy by the United States.' The inhabitants of Tasmania were rounded up en masse and shipped off to tiny Flinders Island by British government agents. 'When they saw from shipboard the splendid country which they were promised,' wrote an eye-witness of this appalling genocide, 'they betrayed the greatest agitation, gazing with strained eyes at the sterile shore, uttering melancholy moans, and, with arms hanging beside them, trembling with convulsive feeling. The winds were violent and cold, the rain and sleet were penetrating and miserable... and this added to their foreboding that they were taken there to die.' Many died from chest and stomach complaints. Most died from homesickness. Not one survived.

But wherever they went, the Europeans also took their cameras and their notebooks, and maybe we should be grateful that they recorded the very people, places and cultures that they were about to destroy. In 1874 Viscountess Avonmore saw – from the safety of a train – 'a number of Indians on the war-path, dressed in all the glory of feathers, skins and scarlet blankets, leading their horses in single file over a frozen stream.' The same year the explorer John Forrest faced the terror of an aborigine attack in Australia: 'I saw from fifty to sixty natives running towards the camp, all plumed up and armed with spears and shields... One advanced to meet me and stood twenty yards off; I made friendly signs; he did not appear very hostile. All at once the whole number made a rush towards us, yelling and shouting with their spears shipped...' Forrest survived to tell the tale.

Among the most inflexible Christian interlopers were the Afrikaaners of South Africa. Theirs was a harsh, unforgiving God, who they believed approved their treatment of Hottentot and Bushman, whom they almost completely exterminated. Not for them the mealy-mouthed British insistence that black and white were equal before the law. More than any other group of European descent, the Boers of South Africa em-bodied the deafness and blindness of colonization and commerce to the values of other societies and cultures.

The problem was, of course, that Europeans saw themselves as superior to all other people, and therefore had a right to be in charge of the world. They had more advanced industries, weapons, ideas, commercial know-how, and public health. They were more inventive, better governed, better educated. And, above all, Europe was the workshop of Christianity, the faith that could save the heathen hordes from eternal damnation, whether they wanted it or not.

It was a two-way process. Europeans gained new markets and bigger dividends on their shares: everyone else gained the chance of life everlasting. It was God's will. The working millions of Africa, India, Asia had

1

not come under European management 'merely that we might draw an annual profit from them, but that we might diffuse among [these] inhabitants the light and the benign influence of the truth, the blessings of well-regulated society, the improvements and comforts of active industry.'

The tragedy was that these noble sentiments arose from an utter disregard for the older civilizations that were being swept aside. The people of Hindustan were 'lamentably degenerate and base'. The Africans were 'cannibal butchers'. The Chinese were 'revolting, diseased and filthy objects'. So it was small wonder that the Bushman and the Tasmanian disappeared, and the Sioux and the Cheyenne were herded into reservations. As for the Aztecs – well, they hadn't even managed to invent the wheel; they simply passed away, and only their language remained.

JAHRHUNDERTELANG hatte der Fortschritt der europäischen Zivilisation eine große Bedrohung für die Ureinwohner vieler Länder dieser Erde bedeutet. Im 16. Jahrhundert hatten die spanischen Conquistadores unter Cortéz nicht nur Mexiko erobert, sondern auch die aztekische Kultur, die sie dort vorfanden, völlig zerstört. Die Azteken glaubten, zur Erhaltung ihrer Gesellschaft die Sonne und die Erde mit menschlichem Blut und menschlichen Herzen speisen zu müssen. In der Blütezeit ihres Reiches hatten sie jährlich 10 000 Menschenopfer dargebracht, um ihren Hauptgott Huitzilopochtli zufriedenzustellen. Zu der Zeit, als obenstehende Aufnahme (1) gemacht wurde, etwa 350 Jahre später, gehörte das abgebildete aztekische Paar zu den letzten Überlebenden dieses kriegerischen Volkes, einst das mächtigste in Zentralamerika.

Denn wo die Europäer auch hinkamen, brachten sie eine Mischung aus Segnungen und Flüchen mit. Sie schafften zwar die Sklaverei in Afrika ab, beuteten aber fast den gesamten Kontinent wegen seiner Boden-schätze und billigen Arbeitskräfte aus. In Indien beseitigten sie die Thug, eine Raubmörderbande, die Reisende seit Hunderten von Jahren gefürchtet hatten, verweigerten den Bürgern von Indien aber jedes Mitspracherecht in ihrer eigenen Regierung. In China trugen sie zwar zur Beendigung des althergebrachten Brauchs bei, die Füße junger Mädchen zusammenzuschnüren, sie förderten aber auch Handel und Konsum von Opium, so daß Millionen von Menschen süchtig wurden. Der Photograph John Thomson beschrieb die Freuden einer eleganten Opiumhöhle in den 1870er Jahren: »… mit Mädchen, die sich stets bereithalten, einige, um die Pfeife vorzubereiten und mit Opium zu stopfen, andere, um süße Lieder zu singen, und den Schlafenden in das Reich der Träume zu geleiten.«

In einigen Fällen sind die Segnungen nur schwer auszumachen. Australische Aborigines hatten Tausende von Jahren zufrieden gelebt, bevor Siedler und Farmer das Fieber, Habgier und unerschöpfliche Vorräte billigen Alkohols brachten. Jahrhundertelang hatten die Indianer der nordamerikanischen Prärie als jagende Nomaden ein Gebiet von Millionen Quadratkilometern bevölkert. Sie waren stolze Menschen, die nicht nur die Erde respektierten, sondern auch den Büffel, den sie töteten, um Essen, Kleidung, Werkzeuge und Zelte von ihm herzustellen. Innerhalb weniger Jahrzehnte nach der Ankunft des weißen Mannes waren sie in Reservate getrieben, zu Tausenden abgeschlachtet und durch Krankheiten geschwächt worden. In den 1880er Jahren sah George Augustus Sala einst große Krieger, die auf Bahnhöfen bettelten. »Die weißen Händler verkaufen ihnen schädlichen Whisky und machen sich auf jede nur erdenkliche Art über sie lustig, während die illegalen weißen Siedler sie von dem Land verdrängen, das ihnen von den Vereinigten Staaten zugewiesen wurde.« Die Bewohner von Tasmanien wurden in Massen zusammengetrieben und von britischen Regierungsvertretern auf das winzige Flinders Island verschifft. »Als sie von Bord des Schiffes aus das ›herrliche‹ Land sahen, das man ihnen versprochen hatte«, schrieb ein Augenzeuge dieses entsetzlichen Völkermords, »zeigten sie große Aufregung, starrten mit aufgerissenen Augen auf die karge Küste und stießen melancholische Seufzer aus; ihre Arme hingen kraftlos herab, und sie wurden von Krämpfen geschüttelt. Der Wind war rauh und kalt, Regen und Graupelschauer durchnäßten sie bis auf die Haut … und ihre Vorahnung, daß man sie zum Sterben hierhergebracht hatte, wurde bestätigt.« Viele starben an inneren Krankheiten, die meisten jedoch an Heimweh. Nicht ein einziger überlebte.

Aber wohin die Europäer auch reisten, sie nahmen ihre Kameras und Notizbücher mit, und vielleicht sollten wir dankbar dafür sein, daß sie Berichte über die Menschen, Orte und Kulturen verfaßten, die sie dann zerstören sollten. Im Jahre 1874 sah die Viscountess Avonmore vom sicheren Eisenbahnabteil aus »einige Indianer auf dem Kriegspfad, die prächtige Federn, Häute und rote Decken trugen und ihre Pferde in einer Reihe über einen zugefrorenen Fluß führten«. Im selben Jahr erlebte der Forscher John Forrest in Australien die Schrecken eines Angriffs der Aborigines: »Ich sah zwischen fünfzig und sechzig Eingeborene auf das Lager zurennen, alle mit Federn geschmückt und mit Speeren und Schilden bewaffnet … Einer lief auf mich zu und blieb etwa zwanzig Meter vor mir stehen; ich machte ihm freundschaftliche Zeichen; er machte keinen sehr feindseligen Eindruck. Plötzlich rannten alle auf uns zu, schrien und schleuderten ihre Speere …« Forrest überlebte, um die Geschichte zu erzählen.

Zu den verbohrtesten christlichen Eindringlingen gehörten die Afrikaaner in Südafrika. Ihr Gott galt als streng und unversöhnlich, und sie waren überzeugt, er billige ihre Behandlung der Hottentotten und Buschmänner, die sie fast vollständig auslöschten. Die heuchlerische Behauptung der Briten, der schwarze und der weiße Mann seien vor dem Gesetz gleich, galt für sie nicht. Mehr als jede andere Gruppe von Europäern verkörperten die Buren Südafrikas die Taubheit und Blindheit von Kolonisation und Kommerz für die Werte anderer Gesellschaften und Kulturen.

Das Problem bestand natürlich darin, daß die Europäer glaubten, allen anderen Völkern überlegen zu sein, und daher das Recht und die Pflicht zu besitzen, die Verantwortung für die Welt zu übernehmen. Sie verfügten über besser entwickelte Industrien, bessere Waffen und Erfindungen, besseres kommerzielles Know-how und ein besseres Gesundheitswesen. Auch ihre Kultur war weiter entwickelt, was sie jedoch nicht daran hinderte, den Rest der Welt seiner Kunstschätze zu berauben. Die Europäer waren erfindungsreicher, besser regiert sowie besser erzogen und ausgebildet. Vor allem war Europa die Heimat des Christentums, jenes Glaubens, der die heidnischen Horden vor ewiger Verdammnis bewahren konnte, ob sie es nun wollten oder nicht.

Es war ein Prozeß des Gebens und Nehmens: Europäer erschlossen neue Märkte und erzielten höhere Dividenden auf ihre Aktien, während alle anderen die Aussicht auf das ewige Leben erhielten. Es war Gottes Wille. Die Millionen arbeitender Menschen in Afrika, Indien und Asien unterstanden der europäischen Verwaltung nicht »nur, damit wir einen jährlichen Gewinn durch sie erzielen, sondern damit wir unter diesen Einwohnern das Licht und das Gute der Wahrheit, die Segnungen einer gut organisierten Gesellschaft und die Annehmlichkeiten einer aktiven Industrie verbreiten können«.

Das Tragische war, daß diese ehrenwerten Absichten einer krassen Mißachtung der älteren Zivilisationen entsprangen, die verdrängt wurden. Die Menschen aus Hindustan waren »beklagenswert degeneriert und niederträchtig«. Die Afrikaner waren »kannibalistische Metzger«. Die Chinesen waren »aufsässige, verseuchte und dreckige Subjekte«. In den Augen eines britischen Premierministers waren selbst die Iren »wild, gefährlich, faul, unzuverlässig und abergläubisch«.

Kein Wunder also, daß der Buschmann und der Tasmane verschwanden und die Sioux und Cheyenne in Reservate getrieben wurden. Was die Azteken betraf, so hatten sie es ja noch nicht einmal geschafft, das Rad zu erfinden; sie verschwanden einfach, und nur ihre Sprache blieb übrig.

EEUWENLANG was de Europese vooruitgang een grote bedreiging voor de oorspronkelijke bewoners van vele landen. In de 16e eeuw hadden de Spaanse conquistadores onder Cortéz niet alleen Mexico veroverd, maar ook de Azteekse cultuur die ze daar aantroffen verwoest. De Azteken meenden dat ze de zon en de aarde menselijk bloed en menselijke harten moesten offeren om hun maatschappij in stand te houden. Gedurende de bloeiperiode van hun rijk offerden ze jaarlijks tienduizend mensen om hun hoofdgod Huitzilopochtli mild te stemmen. Toen de foto (zie blz. 241) werd gemaakt, zo'n 350 jaar later, was dit paar een van de weinige overlevenden van het oorlogszuchtige volk dat ooit het machtigste was in Midden-Amerika.

Waar de Europeanen ook kwamen, ze brachten altijd een mengeling van zegeningen en rampen mee. Ze schaften de slavernij in Afrika weliswaar af, maar buitten het continent uit vanwege zijn bodemschatten en goedkope arbeidskrachten. In India schaften ze de Thuggee af, de sekte van de Wurgers, waarvoor reizigers eeuwenlang angst hadden gehad, maar ze weigerden de Indiërs elke medezeggenschap in de regering van hun eigen land. In China droegen ze wel bij aan de afschaffing van het oude gebruik om de voeten van meisjes in te snoeren, maar ze bevorderden de handel in en het gebruik van opium, waardoor miljoenen mensen verslaafd raakten. De fotograaf John Thomson beschreef in 1870 de geneugten van een elegante opiumkit: "(...) met meisjes die steeds klaarstaan, sommigen om de pijp klaar te maken, anderen om liederen te zingen en de slapende naar dromenland te begeleiden."

In sommige gevallen zijn de zegeningen maar moeilijk te herkennen. Australische aboriginals hadden duizenden jaren tevreden geleefd, tot kolonisten en boeren de koorts, hebzucht en onuitputtelijke voorraden goedkope alcohol brachten. Eeuwenlang hadden de Indianen van Noord-Amerika als jagende nomaden een gebied van miljoenen vierkante kilometers bewoond. Het waren trotse mensen die niet alleen de aarde respecteerden, maar ook de buffel, die ze doodden om voedsel, kleding, gereedschap en tenten van te maken. Binnen een paar decennia na aankomst van de blanken werden ze in reservaten gestopt, bij duizenden afgeslacht en verzwakt door ziektes. Rond 1880 zag George Augustus Sala voormalige grote krijgers bedelen op de stations. "De blanke handelaars verkochten hun vergiftigde whisky en bedrogen hen op alle mogelijke manieren, terwijl de blanke bezetters de grond inpikten, die door de regering van de Verenigde Staten was bedoeld voor bewoning door Indianen." De bewoners van Tasmanië werden door de Britse regering bijeengedreven en gedeporteerd naar Flinders Island. "Toen ze vanaf de boot het schitterende land zagen dat hen was beloofd," schreef een ooggetuige van deze gruwelijke genocide, "werden ze zeer opgewonden. Ze staarden naar de kale kust en weeklaagden, hun armen langs hun lichaam, ten prooi aan krampen. De wind was hard en koud, de natte sneeuw doorweekte hen tot op het bot en hun voorgevoel dat ze hiernaartoe waren gebracht om te sterven, werd bevestigd." Velen stierven aan maag- en longaandoeningen, maar de meesten aan heimwee. Niet een van hen overleefde.

Waarheen de Europeanen ook reisden, ze namen hun camera's en aantekenboekjes mee en we mogen nog dankbaar zijn dat ze schreven over mensen, plaatsen en culturen die ze vervolgens vernietigden. In 1874 zag burggravin Avonmore −veilig in haar treincoupé gezeten− "een aantal Indianen op oorlogspad, versierd met prachtige veren, vellen en rode dekens, die hun paarden in een rij over een bevroren rivier leidden". In hetzelfde jaar beleefde de onderzoeker John Forrest in Australië de verschrikkingen van een aanval van aboriginals: "Ik zag vijftig tot zestig inboorlingen op het kamp toekomen, getooid met veren en bewapend met speren en schilden ... Eentje liep op me af en bleef op zo'n twintig meter voor me staan; ik maakte een vriendelijk gebaar naar hem, hij maakte geen erg

vijandige indruk. Plotseling stormden ze allemaal op ons af en slingerden hun speren ..." Forrest overleefde en kon de geschiedenis navertellen.

De meest rechtlijnige christelijke indringers waren de Afrikaners in Zuid-Afrika. Hun god was streng en onverzoenlijk en ze waren ervan overtuigd dat hij goedkeurde hoe ze de hottentotten en bosjesmannen behandelden, die ze nagenoeg uitroeiden. De huichelachtige bewering van de Engelsen dat voor de wet blank en zwart gelijk waren, gold voor hen niet. Meer dan welke andere groep Europeanen dan ook, belichaamden de Boeren in Zuid-Afrika de doofheid en blindheid van kolonisatie en commercie voor de waarde van andere maatschappijen en culturen.

Het probleem was natuurlijk dat de Europeanen dachten verheven te zijn boven alle andere volkeren en vandaar het recht en de plicht te hebben de verantwoordelijkheid voor de wereld te nemen: ze hadden een verder ontwikkelde industrie, betere wapens en andere uitvindingen, meer commercieel inzicht en een ontwikkelder gezondheidszorg. Ook hun cultuur was verder ontwikkeld, wat hen er echter niet van weerhield de rest van de wereld van zijn kunstschatten te beroven. Europeanen waren vindingrijker, beter opgevoed en opgeleid. En Europa was vooral de bakermat van het christendom, het geloof dat alle heidense horden kon vrijwaren van eeuwige verdoemenis.

Het was een proces van geven en nemen: Europeanen ontsloten nieuwe markten en kregen meer dividend op hun aandelen terwijl de anderen uitzicht hadden op het Eeuwige Leven. Het was Gods wil. De miljoenen Afrikanen, Indiërs en Aziaten werkten niet alleen onder Europese heerschappij "opdat wij winst op hen maken, maar ook opdat we onder deze inwoners het licht en het goede van de waarheid, de zegeningen van een goed georganiseerde maatschappij en de aangename gevolgen van een actieve industrie kunnen verspreiden".

Het tragische was dat al die goede bedoelingen voortkwamen uit grote minachting voor de oudere beschavingen, die werden verdrongen. De mensen uit Hindoestan waren "vreselijk gedegenereerd en achterbaks", Afrikanen waren "kannibalistische slagers". De Chinezen waren "opstandige, zieke en smerige subjecten". In de ogen van een Engelse premier waren zelfs de Ieren "wild, gevaarlijk, lui, onbetrouwbaar en bijgelovig".

Geen wonder dat de bosjesman en de Tasmaan werden uitgeroeid en de Sioux en Cheyenne naar reservaten werden verdreven. En wat de Azteken betreft: ach, die hadden nog niet eens het wiel uitgevonden; ze verdwenen gewoon, alleen hun taal bleef over.

'Not one Chinaman in ten thousand knows anything about the foreigner,' reported the (European) Chief Inspector of the Chinese Customs Service in the late 19th century. 'Not one Chinaman in a hundred thousand knows anything about foreign inventions and discoveries; and not one in a million acknowledges any superiority in either the condition or the appliances of the West.' These Manchu families followed the old teachings of Confucius, which stressed the responsibilities of parents to children, and the duties of children to parents.

Nicht einer von zehntausend Chinesen weiß etwas über Fremde«, berichtete der (europäische) Oberinspektor des chinesischen Zollwesens Ende des 19. Jahrhunderts. »Nicht einer von hunderttausend Chinesen weiß irgend etwas über ausländische Erfindungen und Entdeckungen, und nicht einer von einer Million erkennt die Überlegenheit westlicher Verhältnisse und Errungenschaften an.« Diese Familien aus der Mandschurei folgten den alten Lehren des Konfuzius, der die Verantwortung der Eltern für ihre Kinder und die Pflichten der Kinder gegenüber ihren Eltern betonte.

Nog niet een op de tienduizend Chinezen weet iets over het buitenland", schreef de (Europese) inspecteur van de Chinese Douane aan het eind van de 19e eeuw. "Nog niet een Chinees op honderdduizend weet iets over buitenlandse uitvindingen en ontdekkingen en nog niet een op de miljoen erkent de superioriteit van westerse omstandigheden en verworvenheden." De families uit Mantsjoerije volgden de oude leer van Confucius waarin de verantwoordelijkheid van de ouders voor hun kinderen en die van de kinderen voor hun ouders werd benadrukt.

THE Sioux, the Pawnee and the Blackfoot were the great tribes of the American Plains. Learning from the first European settlers, they became great horsemen, and used horses to drag teepee poles and hides. But the transcontinental railroad of 1869 cut the buffalo grazing land in two, and the white hunters that travelled on it reduced the numbers of buffalo to a few hundred. The Plains Indians fought long and hard to preserve their way of life – but the end came at Wounded Knee in 1890.

DIE Sioux, die Pawnee und die Blackfoot waren die größten Indianerstämme der amerikanischen Prärie. Sie lernten von den europäischen Siedlern und wurden hervorragende Reiter; sie nutzten die Pferde, um Pfähle und Häute für ihre Zelte zu transportieren. Aber 1869 wurde das Weide-

land der Büffel durch die transkontinentale Eisenbahn geteilt, und die weißen Jäger, die mit ihr reisten, reduzierten die Zahl der Büffel auf ein paar Hundert. Die Indianer kämpften lange und erbittert um den Erhalt ihrer Lebensweise, aber ihr Ende kam 1890 mit der Schlacht bei Wounded Knee.

DE Sioux, de Pawnee en de Blackfoot waren de grootste Indianenstammen op de Amerikaanse prairie. Ze leerden van de Europese kolonisten paardrijden en werden uitstekende ruiters; ze gebruikten paarden om palen en vellen (2) voor hun tenten te vervoeren. Maar in 1869 werd het land van

de buffels in tweeën gedeeld door de spoorlijn en de blanke jagers reduceerden het aantal buffels tot een paar honderd. De Indianen vochten lang en verbeten voor het behoud van hun manier van leven, maar hun einde kwam in 1890 met de slag bij Wounded Knee.

THE Indian wars ended: the chiefs lived on. Geronimo (1) ended his days on an Apache reservation. The Shoshone (3 and 4) stayed in Utah, and were westernized for the camera by the Mormons (2). These Fraser River Indians in British Columbia (5) had to scratch for the poorest of livings. The Blackfoot stayed on the Plains, but fighting days were over for this warrior (6), and for Red Cloud and American Horse (7). By 1891 'The Home of Mrs American Horse' (8) in South Dakota had a forlorn look to it, although it had once been a chief's lodge.

DIE Indianerkriege waren zu Ende, aber die Häuptlinge lebten weiter. Geronimo (1) verbrachte seine letzten Tage in einem Apachenreservat. Die Shoshonen (3, 4) blieben in Utah und wurden von Mormonen für die Kamera westlich zurechtgemacht (2). Diese Indianer vom Fraser River in British Columbia (5) mußten um ihren kargen

5

6

7

8

Lebensunterhalt kämpfen. Die Blackfoot blieben in der Prärie, aber für diesen Krieger (6), für Red Cloud und American Horse (7) waren die Tage des Kampfes vorbei. »The Home of Mrs American Horse« (8) in South Dakota sah 1891 heruntergekommen und verlassen aus, obwohl es einst Wohnsitz eines Häuptlings gewesen war.

DE oorlogen met de Indianen waren ten einde, maar de opperhoofden leefden verder. Geronimo (1) bracht zijn laatste dagen in aan Apache-reservaat door. De Shoshonen (3, 4) bleven in Utah en werden door de mormonen westers uitgedost voor de camera (2). Deze Indianen uit Fraser River in British Columbia (5) moesten vechten om hun

karige bestaan. De Blackfoot bleven op de prairie, maar voor de krijgers (6), voor Red Cloud en American Horse (7) waren de dagen van strijd voorbij. 'The Home of Mrs. American Horse' (8) in South Dakota zag er in 1891 verwaarloosd en verlaten uit, hoewel het ooit de woning van een opperhoofd was geweest.

UNTIL 1871, the Maoris (1) were
frequently at war with the British,
though they were more likely to shoot
each other in wars of blood-vengeance
than to kill white settlers. The Ashanti (2)
were also an aggressive people. 'If power is
for sale,' ran one of their proverbs, 'sell
your mother to buy it – you can always
buy her back again.' Life was more relaxed
in Freetown (3), capital of Sierra Leone
on the West Africa coast, and a haven for
thousands of freed slaves. It was a town
of 'civilization, Christianity and the
cultivation of the soil.'

BIS zum Jahre 1871 führten die Maori
(1) häufig Krieg gegen die Briten,
obwohl es wahrscheinlicher war, daß
sie sich gegenseitig in Blutfehden
erschossen, als weiße Siedler zu töten.
Die Ashanti (2) waren ebenfalls ein
aggressives Volk. »Wenn man Macht
kaufen kann«, so lautete eines ihrer
Sprichwörter, »dann verkauf deine

Mutter, um sie dir zu kaufen, du kannst deine Mutter ja jederzeit zurückkaufen.« Entspanntere Verhältnisse herrschten in Freetown (3), der Hauptstadt von Sierra Leone an der afrikanischen Westküste, einem Zufluchtsort für Tausende befreite Sklaven. Es war eine Stadt der »Zivilisation, des Christentums und der Kultivierung des Bodens«.

Tot 1871 voerden de Maori's (1) regelmatig oorlog met de Britten, hoewel ze vaker elkaar in veten doodschoten dan blanke kolonisten. De Ashanti (2) waren ook agressief. Een van hun gezegden luidt: "Als je macht kunt kopen, verkoop dan je moeder om macht te kopen – je kunt haar immers altijd terugkopen." Minder gespannen ging het er in Freetown aan toe (3), de hoofdstad van Sierra Leone aan de Afrikaanse westkust, een toevluchtsoord voor duizenden bevrijde slaven. Het was een stad van "beschaving, christendom en grondbewerking".

EUROPEANS were interested in Chile for two reasons: nitrates and manganese. For the inhabitants of a run-down street (1) the best that life could offer was a ticket to sail a few thousand miles up the Pacific coast to California. Life was better on Bermuda (2), a coaling station for the ubiquitous British fleet, blessed with its own Constituent Assembly and a railway line – although the island is only twenty miles long. The black workers who lived in log huts at Thomasville, Georgia, in the USA (3), were also near a railway – the Florida and Western Railroad – but they had little occasion to use it on the wages they were paid.

DIE Europäer waren an Chile aus zwei Gründen interessiert: Nitrate und Mangan. Für die Bewohner eines Slums (1) war das Beste, was ihm das Leben bieten konnte, eine Schiffspassage einige Tausend Meilen die Pazifikküste hinauf nach Kalifornien. Auf Bermuda (2) war das Leben besser; dort befand sich ein Kohlenlager der allgegenwärtigen britischen Flotte, die über

eine eigene konstituierende Versammlung und eine Eisenbahnlinie verfügte, obwohl die Insel nur 32 Kilometer lang ist. Die schwarzen Arbeiter, die in Holzhütten in Thomasville, Georgia, USA, lebten (3), waren auch in der Nähe einer Eisenbahn, der Florida and Western Railroad, aber angesichts ihrer niedrigen Löhne hatten sie kaum Gelegenheit, sie zu benutzen.

Europeanen waren om twee redenen in Chili geïnteresseerd: vanwege de nitraten en het mangaan. Voor bewoners van de sloppenwijken (1) was het beste dat het leven te bieden had een overtocht met de boot, een paar duizend mijl naar het noorden, naar Californië. Op Bermuda (2) was het leven beter; daar was een kolenreservoir van de alomtegenwoordige

Britse vloot die over een eigen constitutionele vergadering en een eigen spoorlijn beschikte, hoewel het eiland maar twintig mijl lang is. De zwarte arbeiders die in houten hutten in Thomasville, Georgia, woonden (3), woonden dicht bij een spoorlijn, de Florida and Western Railroad, maar door hun lage lonen konden ze er geen gebruik van maken.

THE Psalms proclaimed that 'the earth is the Lord's and the fulness thereof'. But the Lord clearly intended most of the fruits of the earth to end up in Europe – whether rubber, tea, or coal. Man, mule and ox-cart carried tons of these and many other fruits to the nearest port, where local and international traders jostled for space – as here in Calcutta.

IN den Psalmen steht geschrieben: »Die Erde in all ihrer Fülle ist das Werk des Herrn.« Aber ob Kautschuk oder Kohle, der Herr hatte die meisten Früchte der Erde eindeutig für Europa bestimmt. Mensch, Lastesel und Ochsenkarren brachten Tonnen von diesen und anderen Früchten zum nächstgelegenen Hafen, wo sich, wie hier in Kalkutta, einheimische und internationale Händler tummelten.

IN de psalmen staat geschreven: "De aarde in al haar heerlijkheid is het werk van de Heer", maar of het nu om kolen of rubber ging, de Heer had de meeste voortbrengselen van de aarde blijkbaar voor Europa bestemd. Mens, lastdieren en karren brachten tonnen van deze en andere producten naar de dichtstbijzijnde haven, waar, zoals hier in Calcutta, binnen- en buitenlandse handelaars rondhingen.

Aviation and Railways

THE world was turned upside down by changes in transport during the latter half of the 19th century. Bus rides across cities, train journeys across continents, voyages by steamship across oceans – all were faster, cheaper, safer, more reliable. The Duke of Wellington had grumpily declared that he saw no reason to suppose that steam trains 'would ever force themselves into general use', but His Grace was profoundly wrong. By 1850 there were 1870 miles (3,000 km) of railway in France, 3,735 miles (6,000 km) in Germany and 6,621 miles (10,500 km) in Britain. There were railways in North America, China, Japan, India, Africa, and Australia. Along the sea lanes of the world steamships huffed and puffed their prosperous way transporting hundreds of thousands of tons of pig-iron – the basic ingredient of any railway system.

There were underground railways (the first in 1865), electric railways (the first main line service in 1895), rack-and-pinion mountain railways (Thomas Cook owned the funicular up Mount Vesuvius), and luxury railways (the *Orient Express* was inaugurated on 4 October 1883). In 1891 Tsar Alexander gave the go-ahead for the Trans Siberian Railway to the Tsarevich in bold and imperious words:

'Your Imperial Highness!
Having given the order to build a continuous line of railway across Siberia... I entrust you to declare My will, upon your entering the Russian dominions after your inspection of the foreign countries of the East.'

And, so there should be no doubt as to the route of this 4,000-mile (6,400 km) undertaking, the Tsar drew a straight line right across the said dominions. Dostoyevsky hated railways. Dickens loved them.

In 1852 Henry Giffard, a French engineer, built an airship driven by a screw-propelled steam engine. It was a success, chugging along at only some five miles (eight km) an hour but staying up in the sky. But this was not enough for the German pioneer Otto Lilienthal. He had spent years studying the principles of flight, watching birds to see how they used air currents and how their wings controlled their speed, their ascent and descent. In 1889 he published *Bird Flight as a Basis of Aviation*. Two years later he built a glider with two wings made from cotton twill stretched over a willow framework (1). By running and leaping from a platform 20 ft (6 m) high, Lilienthal was able to glide for 25 yards (25 m). In 1896 he built a more solid glider (2), with two sets of wings and better controls, allowing him more time in the air, but that same year he was killed in a gliding accident at Stollen.

Others took up where Lilienthal left off. An Englishman, Percy Pilcher, built a glider with an undercarriage, and was experimenting with a powered machine when he, too, was killed. The following year (1900) the American Wright brothers began gliding at Kitty Hawk, North Carolina. They streamlined the gliding process by lying along the lower wing, instead of dangling their bodies from the framework as Lilienthal had done. By 1901 they were able to make flights of some 200 yards. From then on, progress was ridiculously rapid, spurred by much competition and the obvious military advantages to be gained from mastery of the skies.

Within a few years Alcock and Brown flew almost two thousand miles non-stop, at an average speed of 117 mph (184 kph), to cross the Atlantic.

Life was never the same again.

1

DIE Welt wurde durch die Veränderungen im Transportwesen, die sich in der zweiten Hälfte des 19. Jahrhunderts vollzogen, auf den Kopf gestellt. Busfahrten durch Städte, Zugreisen durch Kontinente, Überquerungen von Ozeanen mit dem Dampfschiff – alles war schneller, billiger, sicherer und zuverlässiger geworden. Der Duke of Wellington hatte mürrisch erklärt, er sehe keinen Grund zu der Annahme, daß Dampflokomotiven »sich jemals durchsetzen werden«, aber Seine Hoheit irrte gewaltig. Im Jahre 1850 zogen sich 3 000 Kilometer Gleise durch Frankreich, 6 000 Kilometer durch Deutschland und 10 500 Kilometer durch Großbritannien. Es gab Eisenbahnen in Nordamerika, China, Japan, Indien, Afrika und Australien. Auf den Seewegen der Welt fuhren rauchende Dampfschiffe und transportierten Hundert-tausende Tonnen Roheisen – Grundbestandteil eines jeden Eisenbahnnetzes.

Es gab Untergrundbahnen (die erste im Jahre 1865), elektrische Eisenbahnen (die erste Hauptstrecke wurde 1895 in Betrieb genommen), Zahnradbahnen (Thomas Cook gehörte die Seilbahn, die zum Vesuv hinauf-führte) und Luxuseisenbahnen (der *Orient Express* wurde am 4. Oktober 1883 eingeweiht). Im Jahre 1891 gab Zar Alexander dem Zarewitsch grünes Licht für die Transsibirische Eisenbahn – mit den kraftvollen und gebieterischen Worten:

»Eure Kaiserliche Hoheit!
Ich habe den Befehl gegeben, eine Eisenbahnstrecke durch Sibirien zu bauen ... und ich beauftrage Sie, nach der Inspektion der fremden Länder des Ostens beim Betreten der russischen Herrschaftsgebiete meinen Willen zu verkünden!«

Und damit es keinen Zweifel über die Route des 6 400 Kilometer langen Unternehmens gab, zog der Zar eine gerade Linie durch die besagten Gebiete. Dosto-jewski haßte die Eisenbahn. Dickens liebte sie.

Im Jahre 1852 konstruierte der französische Inge-nieur Henry Giffard ein Luftschiff, das mit einem dampfgetriebenen Schraubenpropeller angetrieben wur-de. Ein voller Erfolg: Zwar tuckerte es nur mit acht Stundenkilometern dahin, es blieb aber in der Luft. Für den deutschen Luftfahrtpionier Otto Lilienthal war das jedoch nicht genug. Er hatte jahrelang die Gesetze des Fluges durch Beobachtung der Vögel studiert, um herauszufinden, wie diese die Luftströme nutzten und mit ihren Flügeln Geschwindigkeit, Auf- und Abstieg steuerten. Im Jahre 1889 veröffentlichte er die Schrift *Der Vogelflug als Grundlage der Fliegekunst*. Zwei Jahre später baute er einen Gleiter mit zwei Flügeln aus Baumwollköper, der über einen Rahmen aus Weiden-holz gespannt war (1). Nach Anlauf und dem Sprung von einer sechs Meter hohen Plattform konnte Lilienthal 25 Meter weit gleiten. 1896 baute er einen stabileren Gleiter (2) mit zwei Flügelpaaren und ver-besserter Steuerung, die es ihm ermöglichte, länger in der Luft zu bleiben, aber noch im selben Jahr ver-unglückte er tödlich mit dem Gleiter bei Stollen.

Andere setzten fort, was Lilienthal begonnen hatte. Der Engländer Percy Pilcher konstruierte einen Gleiter mit Fahrgestell und experimentierte mit Antriebs-maschinen, bis auch er ums Leben kam. Im darauf-folgenden Jahr (1900) begannen die amerikanischen Gebrüder Wright in Kitty Hawk, North Carolina, mit ihren Gleitexperimenten. Sie machten den Gleitvor-gang stromlinienförmig, indem sie sich auf den unteren Flügel legten, anstatt sich, wie Lilienthal, an den Rahmen des Gleiters zu hängen. Im Jahre 1901 konn-ten sie etwa 200 Meter weit fliegen. Seitdem wurden in kürzester Zeit große Fortschritte gemacht, gefördert durch die Konkurrenz und die offensichtlichen militä-rischen Vorteile, die man durch die Beherrschung der Lüfte gewinnen konnte.

Nur wenige Jahre später überquerten Alcock und Brown mit einer durchschnittlichen Geschwindigkeit von 184 Stundenkilometern den Atlantik im Nonstop-flug.

Das Leben sollte nun nicht mehr dasselbe sein.

De veranderingen in het transport in de tweede helft van de 19e eeuw zetten de wereld op zijn kop. Bussen reden door de steden, treinen doorkruisten de continenten, oceanen werden per stoomboot overgestoken, alles was sneller, goedkoper, beter en betrouwbaarder geworden. De Duke of Wellington had ooit gemopperd dat hij geen reden zag waarom de stoomtrein een blijvertje zou worden, maar hij vergiste zich enorm. In 1850 had Frankrijk 3000 km spoorweg, Duitsland 6000 en Groot-Brittannië 10.500. Er waren spoorwegen in Amerika, China, Japan, India, Afrika en Australië. Over de wereldzeeën voeren stoomschepen die honderdduizenden tonnen ijzererts vervoerden – de grondstof voor elk spoorwegnet.

Er waren metrolijnen (de eerste in 1865), elektrische spoorwegen (het eerste grote traject werd in 1895 in gebruik genomen), tandradbanen (Thomas Cook was eigenaar van de kabelbaan die de Vesuvius opging) en luxetreinen (De Orient Express werd op 4 oktober 1883 ingewijd). In 1891 gaf tsaar Alexander zijn zoon groen licht voor de Transsiberische spoorlijn, met de gebiedende woorden:

"Uwe keizerlijke hoogheid! Ik heb bevolen een spoorweg aan te leggen door Siberië ... en ik geef u de opdracht mijn wensen bekend te maken bij het betreden van de Russische domeinen, nadat u de vreemde landen in het oosten hebt geïnspecteerd."

En opdat er geen twijfel zou ontstaan over de te volgen route van 6400 km, trok de tsaar een rechte lijn door de genoemde gebieden. Dostojewski had een hekel aan de spoorweg, Dickens was er dol op.

In 1852 construeerde de Franse ingenieur Henry Giffard een luchtschip dat werd aangedreven door een schroefpropeller op stoom. Het was een groot succes: hij tufte niet alleen met zo'n acht km/u vooruit, hij bleef ook in de lucht. Maar voor de Duitse luchtvaartpionier Otto Lilienthal was dat lang niet genoeg. Hij had jaren de wetten van het vliegen bij vogels bestudeerd om erachter te komen hoe die luchtstromingen gebruikten en met hun vleugels de snelheid en het stijgen en dalen regelden. In 1889 publiceerde hij zijn boek *Der Vogelflug als Grundlage der Fliegekunst*. Twee jaar later bouwde hij een glijvlieger met twee katoenen vleugels op een frame van wilgentakken (zie blz. 256). Na een aanloop en een sprong van een plateau van zes meter hoog, zweefde Lilienthal 25 meter. In 1896 bouwde hij een stabielere glijvlieger (zie blz. 257) met twee paar vleugels en een betere stuurinrichting, waardoor hij langer in de lucht kon blijven. Datzelfde jaar verongelukte hij tijdens een vlucht bij Stollen.

Anderen bouwden voort op wat Lilienthal in gang had gezet. De Engelsman Percy Pilcher bouwde een glijvlieger met onderstel en experimenteerde met aandrijvingen, tot ook hij verongelukte. Een jaar later (1900) begonnen de gebroeders Wright in Kitty Hawk, North Carolina, met hun glijvluchtexperimenten. Ze stroomlijnden het glijproces door op de onderste vleugels te gaan liggen, in plaats van aan het frame te hangen, zoals Lilienthal deed. In 1901 konden ze ongeveer 200 meter ver vliegen. Vanaf dat moment werd er grote vooruitgang geboekt, door de grote concurrentie en de duidelijke militaire voordelen van het beheersen van het luchtruim.

Slechts een paar jaar later staken Alcock en Brown met een gemiddelde snelheid van 184 km/u zonder tussenstop de Atlantische Oceaan over.

Vanaf dat moment was het leven nooit meer hetzelfde.

THE French took to aviation like eagles to the air. In the great tradition of the Montgolfier Brothers, they were experimenting with vertical take-off planes in 1907 – Paul Cornu's prototype got a metre and a half off the ground before his brother threw himself on it, fearful that it was going out of control. On 13 January 1908, Henri Farman flew for 88 seconds at a height of 25 metres and a speed of 24 miles per hour (39 kph). Another early enthusiast was the Comte d'Ecquevilly, whose plane, seen here, seemed designed in honour of Chinese lanterns.

DIE Franzosen begeisterten sich für die Luftfahrt wie der Adler für die Lüfte. In der großen Tradition der Gebrüder Montgolfier experimentierten sie 1907 mit Flugzeugen, die senkrecht starteten. Paul Cornus Prototyp erhob sich 1,50 Meter über den Boden, bevor sein Bruder sich darauf warf, weil er befürchtete, das Flugzeug könne außer Kontrolle geraten. Am 13. Januar 1908 flog Henri Farman mit einer Geschwindigkeit von 39 Stundenkilometern 88 Sekunden lang in einer Höhe von 25 Metern. Ein weiterer früher Enthusiast war der Comte d'Ecquevilly, dessen hier abgebildetes Flugzeug von chinesischen Laternen inspiriert zu sein schien.

DE Fransen waren enthousiast over de luchtvaart als vogels over het vliegen. In de traditie van de gebroeders Montgolfier experimenteerden ze in 1907 met vliegtuigen die loodrecht opstegen. Het prototype van Paul Cornus steeg anderhalve meter op, toen zijn broer zich erop wierp omdat hij vreesde dat het vliegtuig niet meer in de hand was te houden. Op 13 januari 1908 vloog Henri Farman 88 seconden lang met een snelheid van 39 km/u op een hoogte van 25 meter. Een andere vroege voorvechter was graaf d'Ecquevilley. Zijn vliegtuig lijkt geïnspireerd door Chinese lampionnen.

IN 1909 a Blériot monoplane (1) flew across the Channel in 37 minutes. Wilbur Wright in 1908 (2): his brother Orville had made the first ever powered flight in an aeroplane. Tommy Sopwith (3). Alcock and Brown's historic Atlantic flight came to an abrupt end in Ireland on 15 June 1919 (4): their Vickers Vimy grounded.

IM Jahre 1909 überflog ein Blériot-Eindecker (1) den Ärmelkanal in 37 Minuten. Wilbur Wright (1908, 2): Sein Bruder Orville steuerte das erste Flugzeug mit Antriebsmaschine. Tommy Sopwith (3). Der historische Atlantikflug von Alcock und Brown kam am 15. Juni 1919 zu einem abrupten Ende (4): Ihre Vickers Vimy erhielt Startverbot.

IN 1909 vloog een Blériot (1) in 37 minuten over het Kanaal. Wilbur Wright in 1908 (2): zijn broer Orville bestuurde het eerste vliegtuig met motoraandrijving. Tommy Sopwith (3). De historische Atlantische vlucht van Alcock en Brown kwam op 15 juni 1919 abrupt aan zijn eind (4): hun Vickers Vimy kreeg geen toestemming op te stijgen.

3

4

1

2

THE early days of flying belonged to
the amateur (1). Princess Ludwig of
Löwenstein-Wertheim learnt to fly in a
dual-control biplane (2). Three men were
needed to keep a plane steady once the
engine had been started at the Army
aeroplane testing ground in 1912 (3).

DIE frühen Tage der Fliegerei gehörten
dem Amateur (1). Die Gemahlin
des Prinzen Ludwig von Löwenstein-Wertheim lernte in einem Doppeldecker mit
Doppelsteuerung fliegen (2). Bei den Flug-
zeugtests der britischen Armee (3) brauchte
es 1912 drei Männer, um das Flugzeug
am Boden zu halten, sobald der Motor
gestartet war.

DE begintijd van de luchtvaart was het
domein van amateurs (1). Prinses
Ludwig von Löwenstein-Wertheim leerde
vliegen in een dubbeldekker met dubbele
bediening (2). Bij het testen van de
vliegtuigen van de Britse marine (3) waren
drie mannen nodig om het vliegtuig aan de
grond te houden zodra de motor was
gestart.

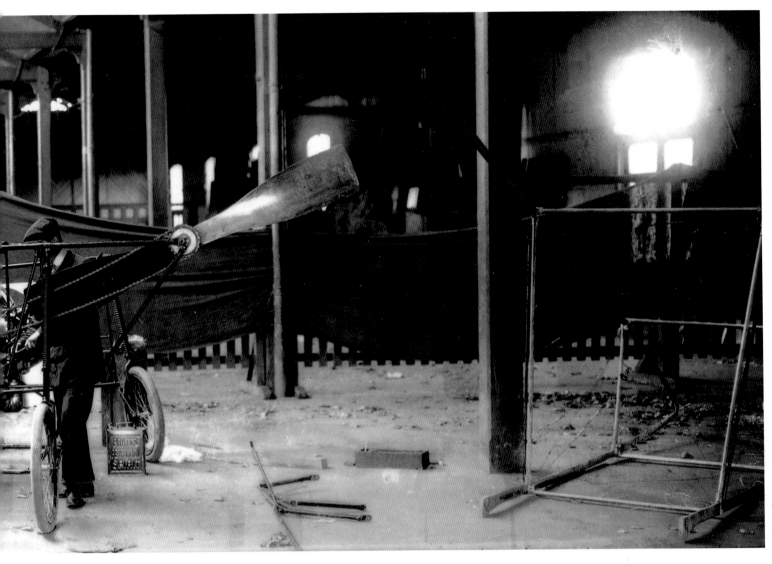

EARLY machines were frail, which made some of them unreliable, but at least meant that a minimum of damage was done when they fluttered from the sky, out of control. The roof of this house at Palmers Green, London, needed only a few slates replaced after a monoplane crashed into it in December 1912 (1). Pilots were often less fortunate. When a Wright Brothers plane crash-landed at Fort Meyer, Virginia, in September 1908, Orville Wright was injured and his co-pilot, Lieutenant Selfridge, was killed (2).

DIE ersten Maschinen waren zerbrech-lich und unberechenbar. Deshalb richteten sie auch nur wenig Schaden an, wenn sie außer Kontrolle gerieten und vom Himmel fielen. Beim Dach dieses Hauses in Palmers Green, London, mußten nur ein paar Pfannen erneuert werden, nachdem im Dezember 1912 ein Flugzeug hineingestürzt war (1). Die Piloten hatten oft weniger Glück. Als ein Flugzeug der Gebrüder Wright im September 1908 in Fort Meyer, Virginia, eine Bruchlandung machen mußte, wurde Orville Wright verletzt und sein Kopilot, Lieutenant Selfridge, getötet (2).

DE eerste vliegtuigen waren teer en onberekenbaar. Daarom richtten ze ook maar weinig schade aan wanneer ze onbestuurbaar werden en uit de lucht duikelden. Op dit dak in Palmers Green, Londen, hoefden maar een paar pannen te worden vernieuwd nadat er in december 1912 een vliegtuig op was neergestort (1). De piloten kwamen er vaak minder goed van af. Toen een vliegtuig van de gebroeders Wright in 1908 in Fort Meyer, Virginia, neerstortte, raakte Orville Wright gewond en zijn copiloot, luitenant Selfridge, werd gedood (2).

AIRSHIPS lacked the manoeuvrability of planes, but were believed to be more reliable, and could carry heavier loads. The Stanley Spencer airship, which made its first flight across London in 1902 (1), appears a direct descendant of the hot-air balloons of the Montgolfier Brothers, a hundred and twenty years earlier. But airships needed vast supplies of gas, such as these cylinders for the British R34 in 1919 (2), and even airships were not totally safe. L2, one of the earliest Zeppelins, crashed near Berlin in October 1913 (3).

LUFTSCHIFFE besaßen nicht die Manövrierfähigkeit von Flugzeugen, aber sie wurden für zuverlässiger gehalten und konnten größere Lasten transportieren. Das Luftschiff von Stanley Spencer, das 1902 seinen ersten Flug über London machte (1), war ein direkter Nachfahre des 120 Jahre zuvor entwickelten Heißluft-ballons der Gebrüder Montgolfier. Aber Luftschiffe brauchten große Mengen Gas, wie diese Zylinder für das britische R34 im Jahre 1919 zeigen (2), und selbst sie waren nicht vollkommen sicher. Der L2, einer der ersten Zeppeline, verunglückte im Oktober 1913 in der Nähe von Berlin (3).

LUCHTSCHEPEN waren minder wendbaar dan vliegtuigen, maar men vond ze veel betrouwbaarder en ze konden grotere vrachten vervoeren. Het luchtschip van Stanley Spencer, dat in 1902 een vlucht boven Londen maakte (1), was een directe afstammeling van de heteluchtballons van de gebroeders Montgolfier. Maar luchtschepen hadden enorme hoeveelheden gas nodig, bijvoorbeeld deze cilinders voor de Britse R34 in 1919 (2). Bovendien waren ze toch niet helemaal veilig. De L2, een van de eerste zeppelins, verongelukte in oktober 1913 in de buurt van Berlijn (3).

1

2

3

DURING the siege of Paris in 1870, balloons took off each week with official despatches and news of conditions in the city. The most famous flight was that of Gambetta, on a mission to raise a provincial army (1). Massed balloons at Hurlingham in 1908 (2); at the Northern games in 1909 (3); the Berlin Balloon Society's meeting in 1908 (4).

WÄHREND der Belagerung von Paris im Jahre 1870 stiegen in der französischen Hauptstadt regelmäßig Ballons mit offiziellen Depeschen und Berichten über die Zustände in der Stadt in die Höhe. Der berühmteste Flug war der von Gambetta (1), dessen Mission darin bestand, eine Provinzarmee aufzustellen. Eine Ansammlung von Ballons 1908 in Hurlingham (2); 1909 bei den Nordischen Spielen (3); das Treffen der Berliner Ballongesellschaft 1908 (4).

TIJDENS de belegering van Parijs in 1870 stuurden de Fransen regelmatig luchtballons met officiële stukken en verslagen over de toestand in de stad de lucht in. De beroemdste vlucht was die van Gambetta (1), wiens missie het was een leger in de provincie op te zetten. Een verzameling ballonnen in Hurlingham in 1908 (2), in 1909 bij de Noordelijke Spelen (3), een bijeenkomst van de Berliner Ballongesellschaft in 1908 (4).

As far back as 1828, Goethe had told his friend Eckermann that Germany would one day be united – its good highways and future railways would make sure of that. Twelve years later, Treitschke wrote: 'It is the railways which first dragged the nation from its economic stagnation.' One machine that helped do the dragging was Kopernicus, a mighty iron monster of 1858 (1). Less impressive but more ingenious was the first electric train, made by Werner Siemens in 1879 (2). The world's first underground railway, between Paddington and the City of London, opened on 24 May 1862: Gladstone was on board (3). In 1860, this locomotive had to be hauled by road from the nearest railhead to its Welsh branch line (4).

BEREITS 1828 hatte Goethe seinem Freund Eckermann gesagt, es bestehe kein Zweifel daran, daß Deutschland eines Tages vereint sein werde, seine guten Straßen und zukünftigen Eisenbahnen würden dafür sorgen. Zwölf Jahre später schrieb Treitschke: »Es war die Eisenbahn, die die Nation aus ihrer wirtschaftlichen Stagnation gezogen hat.« Eine Maschine, die dabei half, war Kopernicus, ein mächtiges eisernes Monster aus dem Jahre 1858 (1). Weniger beeindruckend, aber genialer war die erste Elektrolok von Werner Siemens von 1879 (2). Die erste Untergrundbahn der Welt fuhr zwischen Paddington und London City; sie wurde am 24. Mai 1862 eingeweiht. Gladstone war an Bord (3). Im Jahre 1860 mußte diese Lokomotive auf der Straße zum nächstgelegenen Gleisende des walisischen Schienennetzes gezogen werden (4).

3

4

A L in 1828 zei Goethe tegen zijn vriend Eckermann dat hij er niet aan twijfelde dat Duitsland ooit verenigd zou worden. De goede wegen en toekomstige spoorlijnen zouden daarvoor zorgen. Twaalf jaar later schreef Treitschke: "Het was de spoorweg die de natie uit haar economische stagnatie heeft gehaald." Een machine die daarbij hielp, was Kopernicus, een enorm ijzeren monster uit 1858 (1). Minder imposant maar genialer was de eerste elektrische locomotief van Werner Siemens uit 1879 (2). De eerste metro ter wereld reed tussen Paddington en de City of London; hij werd in gebruik genomen op 24 mei 1862. Gladstone zat erin (3). Deze locomotief moest in 1860 naar het dichtstbijzijnde eindpunt van het spoornet van Wales worden gesleept (4).

THE most famous railways were those that straddled entire continents. Some countries owed their integrity to such lines. British Columbia refused to join the Dominion of Canada until a transcontinental line had been promised – the Canadian Pacific. Its forerunner was the Great Western Railway of Canada (1), photographed in 1859. In the early days, speeds were slower on North American railroads than European ones, so coaches and carriages had to provide a higher standard of comfort for passengers.

The dream of Cecil Rhodes and fellow empire-builders was a trans-African railway running from Cairo to the Cape of Good Hope, entirely in British hands. One leg of the route was completed with the line from Salisbury to Umtali in 1909 (2). But Cairo was a further 3,200 miles (5,000 km) away.

DIE berühmtesten Eisenbahnen waren jene, die ganze Kontinente durchquerten. Einige Länder verdankten solchen Eisenbahnnetzen ihre Einheit. British Columbia weigerte sich so lange, dem Dominion Kanada beizutreten, bis man eine transkontinentale Eisenbahn versprach, die Canadian Pacific. Ihr Vorläufer war die Great Western Railway of Canada (1), aufgenommen im Jahre 1859. In früheren Zeiten war die Reisegeschwindigkeit nordamerikanischer Eisenbahnen langsamer als die europäischer,

1

so daß die Waggons und Abteile den Passagieren mehr Komfort bieten mußten.

Der Traum von Cecil Rhodes und anderer Begründer des Empire war eine transafrikanische Eisenbahn, die von Kairo bis zum Kap der Guten Hoffnung fahren und völlig in britischer Hand sein sollte. Ein Teil der Route wurde 1909 mit der Verbindung von Salisbury nach Umtali fertiggestellt (2). Aber Kairo war noch weitere 5 000 Kilometer entfernt.

2

D E beroemdste spoorlijnen waren de lijnen die een heel continent doorkruisten. Sommige landen hadden hun eenheid aan zo'n spoorlijn te danken. British Columbia weigerde toe te treden tot het Canada, tot men het een continentale spoorlijn beloofde, de Canadian Pacific. Een voorloper was de Great Western Railway of Canada (1), een foto uit 1859. Vroeger reden de Noord-Amerikaanse treinen langzamer dan de Europese, zodat de coupés comfortabeler moesten zijn.

De droom van Cecil Rhodes en andere grondleggers van het Britse Rijk was een trans-Afrikaanse spoorlijn, die van Caïro naar Kaap de Goede Hoop moest lopen en helemaal in Britse handen moest zijn. Met de lijn tussen Salisbury naar Umtali werd in 1909 een deel van de route voltooid (2). Maar naar Caïro was het nog 5000 km.

1

AT 9.30 am on 7 November 1885, the Honourable D. A. Smith drove in the silver spike that marked the completion of the Canadian Pacific Railroad, from the eastern seaboard to Vancouver (1). Third-class passengers on the CPR in 1885 were supplied with sleeping cars (2), an early form of the European couchette. Twenty-six years earlier, first-class passengers had more luxurious sleeping accommodation (3), but sleeping facilities for the men who built the railroads were primitive. These tents were for the engineers of the CPR, at the summit of the Selkirk Mountains in British Columbia (4). For a slightly more comfortable night, there were the liquors, cigars and beds available at Ed Lawler's Hotel – if the harp didn't keep you awake all night (5).

AM 7. November 1885 um 9.30 Uhr schlug D. A. Smith den silbernen Nagel ein, der die Fertigstellung der Canadian Pacific Railroad von der Ostküste nach Vancouver markierte (1). Passagiere der dritten Klasse der CPR konnten 1885 in solchen Liegewagen (2), einer frühen Form der europäischen *Couchettes*, fahren. Sechsundzwanzig Jahre zuvor hatten die Passagiere der ersten Klasse luxuriösere Schlafmöglich-

keiten (3), aber die Schlafplätze der Gleisarbeiter waren primitiv. Die Ingenieure der CPR waren in diesen Zelten auf dem Gipfel der Selkirk Mountains in British Columbia untergebracht (4). Für eine bequemere Nacht gab es in Ed Lawlers Hotel alkoholische Getränke, Zigarren und Betten, falls die Harfenklänge einem nicht den Schlaf raubten (5).

Op 7 november 1885 om 9.30 uur sloeg D.A. Smith de zilveren spijker die de voltooiing van de Canadian Pacific Railroad van de oostkust naar Vancouver markeerde (1). Passagiers derdeklas van de CPR konden in 1885 reizen in slaapwagens, een voorloper van de Europese *couchettes* (2). In 1859 hadden de eersteklas passagiers luxueuzere slaap-

gelegenheid (3), maar de slaapplaatsen van de spoorwegwerkers waren primitief. De ingenieurs van de CPR sliepen in deze tenten boven op de Selkirk Mountains in British Columbia (4). Voor een wat comfortabeler overnachting waren er in Ed Lawlers Hotel alcohol, sigaren en bedden – als de harp je tenminste niet uit de slaap hield (5).

Niagara Suspension bridge

THE engineering feats of the early railway builders were among the greatest of the age. The suspension bridge of the 1850s over the Niagara had a boxed-in roadway beneath the railroad line (1). Lethbridge Viaduct, Alberta, Canada, was a single-line track across an intricate series of metal supports (2). Many viaducts were originally built of timber trestles, later replaced by metal, as in the case of the Dale Creek bridge in Wyoming (3). The 'cowcatchers' fixed to the front of Canadian and American locomotives (4) really were to remove cows that had wandered on to the line, but were more often needed to shunt fallen timber or other obstacles.

DIE Konstruktionsleistungen der ersten Eisenbahningenieure gehörten zu den größten ihrer Zeit. Unter den Eisenbahngleisen der Hängebrücke über die Niagarafälle, die in den 1850er Jahren gebaut wurde, verlief ein weiteres Gleis (1). Der Lethbridge Viadukt in Alberta, Kanada, mit seiner komplizierten Anordnung von Metallträgern, konnte nur eingleisig befahren werden (2). Viele Viadukte waren ursprünglich auf Holzträgern gebaut, die später durch Metall ersetzt wurden, wie im Falle der Dale Creek Bridge in Wyoming (3). Der »Kuhfänger« am vorderen Teil kanadischer und amerikanischer Lokomotiven (4) sollte tatsächlich Kühe von den Gleisen vertreiben, wurde jedoch häufiger benötigt, um umgestürzte Baumstämme oder andere Hindernisse aus dem Weg zu räumen.

D E constructies van spoorwegingenieurs behoorden tot de
grootste prestaties in hun tijd. Onder de rails van de hangbrug
over de Niagara-watervallen, die in de jaren '50 van de 19e eeuw
werd gebouwd, liep nog een spoor (1). Het Lethbridge-viaduct in
Alberta, Canada, met zijn ingewikkelde systeem van metalen
draagconstructies, had maar één spoor (2). Veel viaducten waren
oorspronkelijk gebouwd op houten constructies, die later werden
vervangen door staal, zoals bij de Dale Creek Bridge in Wyoming
(3). De 'koeienvanger' voor op locomotieven (4) diende er
inderdaad voor om koeien van de rails te jagen, maar werd vaker
gebruikt om bomen en andere hindernissen uit de weg te ruimen.

IN September 1908 crowds gathered to watch the aftermath of a crash on the Berlin Overhead Railway (1). In India there were plenty of crashes (2, 3). One of the most famous disasters in railway history was in Scotland, the Great Tay Bridge Disaster of 1879. The locomotive, recovered from the river bed, survived surprisingly well (4).The tragedy was celebrated in the poetic gem of William McGonagall:

Beautiful Railway Bridge of the Silv'ry Tay!
Alas! I am very sorry to say
That ninety lives have been taken away
On the last Sabbath day of 1879
Which will be remembered for a very long time.

IM September 1908 liefen die Menschen zusammen, um sich die Folgen eines Unfalls der Berliner Hochbahn anzusehen (1). In Indien gab es viele Unfälle (2, 3). Einer der spektakulärsten Unfälle in der Geschichte der Eisenbahn ereignete sich in Schottland, das Great Tay Bridge Desaster von 1879. Die Tragödie wurde in dem Gedicht von William McGonagall verewigt (oben). Die Lokomotive wurde aus dem Fluß geborgen; sie war in einem erstaunlich guten Zustand (4).

IN september 1908 liep het volk uit om de gevolgen van een ongeluk met de Berliner Hochbahn te bekijken (1). Ook in India waren er veel ongelukken (2, 3). Een van de spectaculairste ongelukken in de geschiedenis van de spoorwegen was het Schotse Great Tay Bridge Disaster in 1879. De tragedie werd door William McGonagall vereeuwigd in een gedicht (zie boven). De locomotief werd in opvallend goede staat uit de rivier gehaald (4).

2

3

4

Science and Transport

ON 1 November 1895, while experimenting with cathode rays, Wilhelm Konrad Röntgen (1) accidentally stumbled across the greatest discovery of the 1890s: the X-ray – a source of light that penetrated flesh but not bone, as the hand of Albert Köllicher bore testimony (2).

It was a typical 19th-century advance, the product of one man (or one woman) working alone in a laboratory, painfully edging his or her way towards new knowledge that we take for granted today, but that changed the lives of ordinary people beyond all recognition: Pasteur and fermentation, Curie and radiation, Lister and antiseptics, Liston and anaesthetics, Bell and the telephone, Parsons and the steam turbine, Benz and the internal combustion engine, Marconi and the telegraph, Edison and electric light.

Public health improved immeasurably. Sewage was no longer pumped raw into the nearest river. Hospitals became places of healing, no longer the hell-holes in which death was likely – even preferable to the mutilated life that formerly had so often resulted. Homes were safer, better built, more comfortable. Buildings were stronger – Monier developed reinforced concrete in 1867. A revolution took place in communication. Journeys that had taken weeks took days. News – good and bad – which had taken days to reach its destination on the other side of the world could be sent thousands of miles in a matter of minutes, thanks to the telegraph.

On the ocean, sail gave way to steam. Paddle steamers plied the Mississippi, ploughed their way across the Atlantic (with library, musical instruments and all luxuries on board); bustled across the North Sea, the Black Sea, the Mediterranean and the Channel. People began to take to the sea for pleasure – a totally novel concept. Just like X-rays.

BEI seinem Experimentieren mit Kathodenstrahlen machte Wilhelm Konrad Röntgen (1) am 1. November 1895 zufällig die größte Entdeckung des Jahrzehnts: der Röntgenstrahl, eine Lichtquelle, die durch den Körper, aber nicht durch die Knochen drang, wie die Hand von Albert Köllicher zeigte (2).

Es war eine für das 19. Jahrhundert typische Errungenschaft: das Produkt eines einzigen Mannes (oder einer Frau), der oder die alleine in einem Labor arbeitete und sich mühsam zu neuen Erkenntnissen vortastete, die wir heute als selbstverständlich erachten, das Leben der Menschen damals jedoch entscheidend veränderten – Pasteur und die Fermentation, Curie und die Strahlen, Lister und das Antiseptikum, Liston und die Anästhesie, Bell und das Telephon, Parsons und die Dampfturbine, Benz und der Verbrennungsmotor, Marconi und der Telegraph, Edison und das elektrische Licht.

Die öffentliche Gesundheitsvorsorge verbesserte sich enorm: Abwässer wurden nicht mehr ungefiltert in den nächstgelegenen Fluß gepumpt. Krankenhäuser wurden zu Orten der Heilung und blieben nicht länger jene gräßlichen Anstalten, in denen der Tod regierte und sogar dem elenden Leben vorzuziehen war, das zu früheren Zeiten nach der Behandlung auf einen wartete. Wohnhäuser waren sicherer, besser konstruiert und bequemer, große Gebäude stabiler; Monier entwickelte im Jahre 1867 den verstärkten Beton. Im Kommunikationswesen vollzog sich eine technische Revolution. Reisen, für die man früher Wochen gebraucht hatte, dauerten jetzt nur wenige Tage. Gute und schlechte Nachrichten, die bis dahin Tage gebraucht hatten, bevor sie ihren Bestimmungsort irgendwo am anderen Ende der Welt erreichten, konnten dank des Telegraphen in wenigen Minuten über eine Distanz von bis zu mehreren tausend Meilen übermittelt werden.

Auf den Meeren wichen die Segel dem Dampf. Raddampfer

1

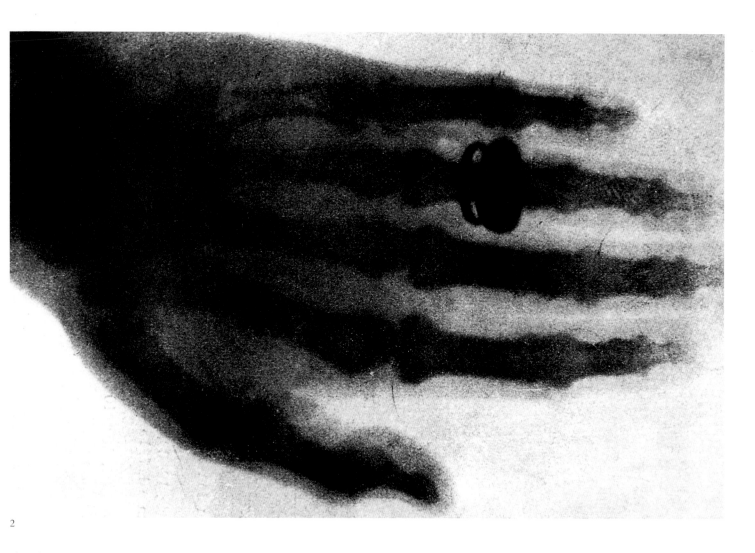

2

durchpflügten den Mississippi, bahnten sich ihren Weg über den Atlantik (mit Bibliotheken, Musikinstrumenten und aller Art von Luxus an Bord) und eilten über die Nordsee, das Schwarze Meer, das Mittelmeer und den Ärmelkanal. Die Menschen begannen, aus Vergnügen zur See zu fahren – ein ebenso neues Phänomen wie die Röntgenstrahlen.

Tijdens experimenten met kathodestralen deed Wilhelm Konrad Röntgen (1) op 1 november 1895 toevallig de grootste ontdekking van het decennium: de röntgenstraal, een lichtbron die wel door het lichaam maar niet door het bot dringt, zoals blijkt uit de hand van Albert Köllicher (2).

Het was een typische 19e-eeuwse uitvinding: het resultaat van een enkele man (of vrouw) die eenzaam in zijn laboratorium ploeterde en zich moeizaam nieuwe inzichten eigen maakte die voor ons vanzelfsprekend zijn, maar die het leven ingrijpend veranderden. Pasteur en de fermentatie, Curie en de straling, Lister en het antisepticum, Liston en de anesthesie, Bell en de telefoon, Parsons en de stoomturbine, Benz en de verbrandingsmotor, Marconi en de radio, Edison en het elektrische licht.

De gezondheidszorg ontwikkelde zich enorm snel: afvalwater werd niet langer ongefilterd in de dichtstbijzijnde rivier geloosd. Ziekenhuizen werden plaatsen waar men genas; het waren niet langer gruwelijke instellingen waar de dood huishield, die te verkiezen was boven het ellendige leven dat vroeger na een behandeling op je wachtte. Woningen waren beter, veiliger en comfortabeler, grote gebouwen stabieler. Monier kwam in 1867 met het gewapend beton. In de communicatie vond een technische revolutie plaats. Reizen die vroeger weken in beslag namen, duurden nu een paar dagen. Goed en slecht nieuws dat er dagen over had gedaan de plaats van bestemming aan de andere kant van de wereld te bereiken, kon dankzij de telegraaf binnen enkele minuten duizenden kilometers ver worden verstuurd.

Op de oceanen vervingen stoomschepen de zeilschepen. Raderboten pendelden over de Mississippi, doorkliefden de Atlantische Oceaan en krioelden in de Middellandse Zee. Sommige boten hadden zelfs complete bibliotheken aan boord. Het fenomeen 'pleziervaart' was al even nieuw als de röntgenstralen.

IN 1876 the telephone was invented by Alexander Graham Bell (2 – seated at desk), a Scotsman who had emigrated to the United States five years earlier. Bell was greatly interested in oral communication (and lack of it – he devoted much of his life to the education of deaf-mutes). The first telephone service between London and Paris was opened in 1891. At first, telephones were used almost entirely for commercial purposes, and by 1900 there were enough in use to warrant large switchboards, like this of the National Telephone Company (3). The early hand-crank set (1) was used at the Hull Exchange – the only local-authority-owned service in Britain.

IM Jahre 1876 erfand der Schotte Alexander Graham Bell (2, am Tisch sitzend), der fünf Jahre zuvor in die Vereinigten Staaten emigriert war, das Telephon. Bell war sehr an mündlicher Kommunikation interessiert (und an ihrem Fehlen; er widmete viele Jahre seines Lebens der Arbeit mit Taubstummen). Die erste Telephonverbindung zwischen London und Paris wurde 1891 in Betrieb genommen. Zunächst wurde das Telephon fast ausschließlich für kommerzielle Zwecke genutzt, aber bereits im Jahre 1900 gab es so viele Anschlüsse, daß große Schaltzentralen erforderlich waren, wie die der National Telephone Company (3). Das frühe Telephon mit Handkurbel (1) wurde bei der Börse in Hull verwendet, der einzigen Telephongesellschaft in Großbritannien, die sich im Besitz einer Gemeinde befindet.

IN 1876 vond de Schot Alexander Graham Bell (2, aan tafel), die vijf jaar eerder naar de Verenigde Staten was geëmigreerd, de telefoon uit. Bell had grote belangstelling voor mondelinge communicatie (en aan het ontbreken ervan; hij werkte jarenlang met doofstommen). De eerste telefoonverbinding tussen Parijs en Londen werd in 1891 in bedrijf gesteld. Aanvankelijk werd de telefoon alleen gebruikt voor commerciële doeleinden, maar in 1900 waren er al zo veel aansluitingen dat schakelcentrales noodzakelijk werden, zoals deze van de National Telephone Company (3). De vroege telefoon met de zwengel (1) werd in Hull op de beurs gebruikt – de enige telefoondienst in Engeland die eigendom was van een gemeente.

2

3

3   4

1   2

Horse-drawn buses were still being used in Vienna in 1904 (1), and in London in 1911 (4). Outside Europe, heavy freight was carried on mule trains – Denver, Colorado, in 1870 (2). In Europe, the smart trap was the forerunner of the family car (3). In city centres, traffic moved as slowly as it does now – London Bridge was congested daily in the 1890s (5). With a little decoration, such as a painting of a battle, the family cart could become a vehicle of individual beauty – though six people might have been a tough load for one horse in Palermo (6). The London Hansom cab (7) was such as Sherlock Holmes would have hailed when he and Dr Watson went sleuthing.

Pferdebusse gab es noch 1904 in Wien (1) und 1911 in London (4). Außerhalb Europas wurden schwere Frachten mit von Maultieren gezogenen Planwagen-Konvois befördert, wie hier 1870 in Denver, Colorado (2). In Europa war der flotte zweirädrige Pferdewagen der Vorläufer des Familienautos (3). Der Verkehr in den Stadtzentren bewegte sich so schnell oder so langsam wie heute – die London Bridge war in den 1890er Jahren täglich verstopft (5). Durch ein wenig Verzierung, beispielsweise mit einem Schlachtengemälde, konnte man aus dem Familienwagen ein Gefährt von individueller Schönheit machen – obwohl sechs Personen vielleicht eine etwas schwere Last für dieses Pferd in Palermo waren (6). Der Londoner Hansom (7) war ein Einspänner, wie ihn Sherlock Holmes benutzt haben mag, wenn er zusammen mit Dr. Watson seine Nachforschungen anstellte.

Door paarden getrokken omnibussen waren er in 1904 nog in Wenen (1) en in 1911 in Londen (4). Buiten Europa werden grote vrachten vervoerd in door muilezels getrokken konvooien, zoals hier in Denver, Colorado (2). In Europa was het rijtuig op twee wielen de voorloper van de gezinsauto (3). Het verkeer in het centrum was even snel of langzaam als tegenwoordig – London Bridge was ook een eeuw geleden dagelijks verstopt (5). Door een versiering, bijvoorbeeld een schilderij van een veldslag, kon je van je rijtuig een vervoermiddel met individueel karakter maken – hoewel zes mensen misschien net iets te veel waren voor dit paard in Palermo (6). De Londense Hansom (7) was een eenspanner en werd wellicht ook gebruikt door Sherlock Holmes wanneer hij met Dr. Watson op onderzoek ging.

5

6

7

FEW sensations evoke an image of 19th-century city life more strongly than the sound of horses' hooves rattling over cobblestones (1). Vast stables were needed on the outskirts of Berlin, Madrid, Rome, Paris and other capitals to supply the tens of thousands of horses needed to pull public conveyances. A popular London cab was the Growler (2), first put in service in 1865. Fifty years later, horse-drawn traffic was in decline, but this smart little zebra was still trotting along London streets (3).

Es gibt nur wenige Geräusche, die stärker an das Stadtleben im 19. Jahrhundert erinnern als das Geklapper von Pferdehufen auf Kopfsteinpflaster (1). Am Stadtrand von Berlin, Madrid, Rom, Paris und anderen Metropolen befanden sich große Ställe, um die vielen tausend Pferde unterzubringen, die man für den öffent-

2

1 3

lichen Verkehr benötigte. Ein beliebter Londoner Wagen war der Growler (2), der erstmals 1865 eingesetzt wurde. Fünfzig Jahre später verschwanden die Pferdewagen allmählich von den Straßen, aber dieses flinke kleine Zebra trottete noch immer durch London (3).

ER zijn maar weinig geluiden die sterker aan het 19e-eeuwse stadsleven doen denken dan hoefgetrappel op straatstenen (2). Aan de rand van Berlijn, Madrid, Rome, Parijs en andere metropolen, stonden grote stallen voor de paarden die het openbaar vervoer trokken. Een populaire wagen in Londen was de Growler (1), die in 1865 voor het eerst werd gebruikt. Vijftig jaar later verdwenen de rijtuigen geleidelijk uit het straatbeeld, maar die kleine, dappere zebra trippelde nog steeds door Londen (3).

HET was een kort en dramatisch bestaan: in 1910 begon men op de scheepswerf van Harland and Wolff in Belfast (1) aan de bouw van de 46.000 ton zware *Titanic*, de trots van de White Star Line. Captain Smith (2) leidde de eerste tocht over de Atlantische Oceaan. Begin 1912 werd de *Titanic* voor een proefvaart de haven uitgesleept (3). Het was een enorm, fantastisch, machtig, luxueus schip dat, meende men, niet kon zinken.

IT was a short and sad life. In 1910 work began at Harland and Wolff's shipyard in Belfast (1) on the mighty 46,000-ton *Titanic*, the pride of the White Star Line. Captain Smith (2) was appointed captain for her maiden voyage across the Atlantic. The *Titanic* was towed out for her sea trials early in 1912 (3). She was huge, superb, powerful, luxurious, and, so it was said, unsinkable.

ES war ein kurzes und trostloses Leben: 1910 begann auf der Schiffswerft von Harland und Wolff in Belfast (1) die Arbeit an der 46 000 Tonnen schweren *Titanic*, dem Stolz der White Star Line. Kapitän Smith (2) erhielt das Kommando für die Jungfernfahrt über den Atlantik. Die *Titanic* wurde zu Beginn des Jahres 1912 zur Erprobung ihrer Seetüchtigkeit aus dem Hafen geschleppt (3). Sie war gewaltig, großartig, kraftvoll, luxuriös und, so behauptete man, unsinkbar.

3

(Overleaf)

IT was a proud but empty boast. On 12 April 1912, on that maiden voyage, the *Titanic* hit an iceberg in the North Atlantic and sank with the loss of 1513 lives out of the 2224 on board. There were not enough lifeboats (1). Other ships were said to have ignored *Titanic*'s calls for help. Understandably, many panicked. When the survivors reached safety, they were dazed and bewildered by their ordeal (2). Relatives who greeted them were more obviously emotional (3). The disaster shocked Britain and the United States, and men, women and children contributed to the appeal fund set up to aid the families of those who had drowned (5). Survivors became short-term celebrities – crowds queued for their autographs (4).

(Folgende Seiten)

DER Stolz war groß, aber nicht berechtigt. Am 12. April 1912 rammte die *Titanic* auf ihrer Jungfernfahrt einen Eisberg im Nordatlantik und ging mit 1513 der 2224 Passagiere unter. Es gab nicht genügend Rettungsboote (1). Andere Schiffe hatten angeblich die Hilferufe der *Titanic* ignoriert. Verständlicherweise gerieten viele Passagiere in Panik. Als sich die Überlebenden in Sicherheit befanden, waren sie von den schrecklichen Erlebnissen benommen und wie gelähmt (2). Ihre Angehörigen, die auf sie warteten, zeigten mehr Emotionen (3). Die Katastrophe schockierte Großbritannien und die Vereinigten Staaten, und Männer, Frauen und Kinder spendeten für den Hilfsfonds, der den Familien der Ertrunkenen zugute kommen sollte (5). Die Überlebenden waren für kurze Zeit Berühmtheiten, und ihre Autogramme sehr begehrt (4).

3

4

5

DE trots was groot, maar niet terecht. Op 12 april 1912, tijdens zijn eerste tocht, ramde de *Titanic* een ijsberg in de noordelijke Atlantische Oceaan en verging met 1513 van de 2224 passagiers. Er waren niet genoeg reddingssloepen (1). Andere schepen hadden de noodsignalen van de *Titanic* genegeerd. Begrijpelijkerwijs raakten veel passagiers in paniek. Toen de overlevenden in veiligheid waren gebracht, waren ze sprakeloos van schrik (2). De familieleden die hen opwachtten toonden meer emoties (3). De ramp was een schok voor Groot-Brittannië en de Verenigde Staten en mannen, vrouwen en kinderen gaven voor het hulpfonds voor de families van de slachtoffers (5). Korte tijd waren de overlevenden beroemdheden. Hun handtekeningen waren veelgevraagd (4).

LANE discipline was a thing unknown in the early days of motoring (1). The volume of commercial road transport grew rapidly – this US mail truck (2) was a far cry from the Pony Express of a generation or two earlier. Rehearsals began for an airmail service at Hendon, near London, in 1911. The plane was named *Valkyrie* (4). Horse buses disappeared for ever – they could not compete with the power and increasing reliability of motorbuses (3).

IN den ersten Tagen des Autoverkehrs war eine disziplinierte Fahrweise noch unbekannt (1). Der kommerzielle Transport auf den Straßen wuchs schnell an – dieses amerikanische Postauto (2) hatte mit dem Ponyexpress früherer Generationen nichts mehr zu tun. In Hendon in der Nähe von

3

4

London begann man 1911 mit der Erprobung eines Luftpostdienstes. Das Flugzeug hieß *Valkyrie* (4). Pferdebusse verschwanden für immer aus dem Straßenbild, denn sie konnten mit der Leistung und der zunehmenden Sicherheit der Motorbusse nicht konkurrieren (3).

Iɴ de begintijd van de auto was een beheerste rijstijl nog onbekend (1). Het commerciële wegtransport groeide snel – deze Amerikaanse postwagen (2) heeft niets meer gemeen met de Pony Express van eerdere generaties. In Hendon, bij Londen, experimenteerde men in 1911 met luchtpostdiensten met vliegtuig Valkyrie (4). Door paarden getrokken bussen verdwenen uit het straatbeeld, ze konden niet concurreren met de mogelijkheden en veiligheid van de motorbussen (3).

THE charabanc (3) was one of the most popular motor vehicles for a day out. It was noisy, a little slow, and open to the elements, but with its raked seats it gave everyone on board a good view of whatever troubles or delights lay ahead. Bolder motorists dressed for longer journeys. In 1903 Madame Lockart and her daughter set off from Notre Dame in Paris (2). They were bound for St Petersburg, over 1,800 miles (3,000 km) away.

Motor cars, buses and charabancs brought a new lease of life to the old coaching inns. Enthusiasts off to the Blackpool Motor Races in 1906 in the Serpollet bus paused for refreshment at the Cock Hotel, Stratford (1).

DER Charabanc (3) war eines der beliebtesten Motorfahrzeuge für einen Ausflug ins Grüne. Er war zwar laut, ein wenig langsam und offen, aber mit seinen ansteigenden Sitzen bot er allen Passagieren an Bord einen guten Ausblick auf all die Schrecken und Freuden, die auf sie zukamen. Kühnere Autofahrer unternahmen längere Fahrten. Im Jahre 1903 starteten Madame Lockart und ihre Toch-

ter von Notre Dame in Paris (2). Ihr Ziel war das 3.000 Kilometer entfernte St. Petersburg.

Autos, Busse und Charabancs brachten den alten Rasthäusern neuen Aufschwung. Anhänger des Motorsports, die 1906 in diesem Serpollet-Bus auf dem Weg zum Autorennen in Blackpool waren, machten im Cock Hotel in Stratford Rast, um sich zu erfrischen (1).

DE janplezier (3) was een van de populairste motorrijtuigen voor uitstapjes naar het land. Hij maakte weliswaar veel lawaai en was een beetje traag en open, maar met zijn oplopende stoelen bood hij alle passagiers een goed uitzicht op de spannende dingen die hen tegemoetkwamen. Dappere automobilisten ondernamen langere tochten. In 1903 vertrok Madame

Lockart met haar dochter bij de Notre Dame in Parijs (2). Hun doel was Sint Petersburg, 3000 km verderop.

Auto's, bussen en janpleziers deden de oude herbergen floreren. Liefhebbers van motorsport die met een Serpollet-bus op weg waren naar de races in Blackpool, maakten een tussenstop in het Cock Hotel in Stratford (1).

Social Unrest

For some, the world was beginning to spin a little too fast. The established order found itself giddy, perplexed, outraged as new ideas threatened to take over. Darwin's theories challenged the literal truth of the Old Testament story of the Creation. Freud suggested that all men and women possessed dark unexplored regions of the subconscious far more terrifying than anywhere that Livingstone or Stanley had visited. Marx informed the workers that they had nothing to lose but their chains, and a whole world to gain – however fast it was spinning.

Trade unions were becoming more vociferous, encouraging people to demand better pay, better protection, better conditions, shorter hours. The suffragists were demanding votes for women. Married women had the impertinence to suggest that they should have the right to own property. The unemployed were demanding work and shattering the windows of the rich to show the strength of their feeling. Nationalists in Africa and India were demanding independence, or at least a say in how they were governed.

There was a disturbing amount of talk about 'rights' – to education, to better housing, to better medical care. There was open discussion of such heresies as birth control, homosexuality, free love, republicanism, atheism, socialism, anarchy. Students were questioning their teachers, servants arguing with their masters. Children, it was said, were disobeying their parents.

What had happened? A hundred years later it may be impossible to tell, but the words of a German worker early in the 20th century may hold a clue: 'I got to know a shoemaker called Schröder... Later he went to America... he gave me some newspapers to read and I read a bit before I was bored, and then I got more and more interested... They described the misery of the workers and how they depended on the capitalists and landlords in a way that was so lively and true to nature that it really amazed me. It was as though my eyes had been closed before. Damn it, what they wrote in those papers was *the truth*. All my life up to that day was proof of it.'

People's lives were undergoing a faster and more profound change than at any other time in history. They lived in different places in different conditions under different rules from those that had ordered the lives of generations before. The rhythm of rural life had been broken. When they trudged to the cities, seeking work, they were transported to another world. And one of the first things they wanted to do in this new world was to try to understand it, to make sense of it. A sleeping curiosity had been awakened. People looked about them – saw, compared, contrasted, drew conclusions. 'Only connect,' wrote the novelist E. M. Forster in 1910, 'and the beast and the monk, robbed of the isolation that is life to either, will die.'

Many may have drawn the wrong conclusions, but many made the right connections. Ideas poured forth in plays, books, newspapers, even paintings and cartoons – about the subjugation of woman to man; about the right of the Church to have a monopoly on morality; about equality before the law; about the tyranny of privilege; about the power of the masses.

No new idea can exist without threatening someone, and there was an almighty backlash. The established order sent its army and its police force to the front line. Revolutionaries were bundled away, to exile if they were lucky. Suffragettes were bound and forcibly fed. Socialists were hunted down. Homosexuals were imprisoned. Nationalists were whipped, and their ideas temporarily stifled.

But the old system of unquestioning obedience to orders was on its way out. It had one last grossly triumphant chance to show what it was capable of – in the slaughter of the First World War.

1

THE VICTIM OF AN ANCIENT ANTI-SEMITISM: ALFRED DREYFUS (1). AN INTERNATIONAL RESPONSE TO BRITISH PERSECUTION OF SUFFRAGETTES (2).

DAS OPFER EINES URALTEN ANTISEMITISMUS: ALFRED DREYFUS (1). EINE INTERNATIONALE ANTWORT AUF DIE VERFOLGUNG DER SUFFRAGETTEN IN GROSSBRITANNIEN (2).

ANTISEMITISME, ALFRED DREYFUS (1). HET INTERNATIONALE ANTWOORD OP DE VERVOLGING VAN DE BRITSE SUFFRAGETTES.

FÜR einige drehte sich die Welt ein wenig zu schnell. Die etablierte Ordnung geriet ins Wanken, war verwirrt und zum Teil schockiert, als neue Ideen sich durchzusetzen drohten. Darwins Theorien stellten die Wahrheit der Schöpfungsgeschichte des Alten Testaments in Frage. Freud behauptete, der Mensch berge dunkle, unentdeckte Bereiche des Unterbewußten in sich, die weitaus erschreckender seien als all die Orte, die Livingstone oder Stanley besucht hatten. Marx sagte den Arbeitern, daß sie außer ihren Ketten nichts zu verlieren und eine ganze Welt zu gewinnen hätten – so schnell sie sich auch drehen mochte.

Die Gewerkschaften wurden immer energischer und ermutigten die Menschen, höhere Löhne, besseren Schutz, bessere Bedingungen und kürzere Arbeitszeiten zu fordern. Die Suffragetten verlangten das Wahlrecht für Frauen. Verheiratete Frauen besaßen die Unver-

schämtheit, das Recht auf eigenen Besitz einzufordern. Die Arbeitslosen wollten Arbeit und warfen die Fenster der Reichen ein, um ihren Gefühlen Nachdruck zu verleihen. Nationalisten in Afrika und Indien forderten die Unabhängigkeit, oder zumindest ein Mitspracherecht in Regierungsfragen.

Überall gab es Diskussionen um »Rechte« auf Erziehung und Ausbildung, auf bessere Wohnungen, bessere medizinische Versorgung. Man diskutierte offen über solche Ketzereien wie Geburtenkontrolle, Homosexualität, freie Liebe, Republikanismus, Atheismus, Sozialismus und Anarchie. Studenten zweifelten ihre Professoren an, Diener stritten sich mit ihren Herren, und Kinder gehorchten ihren Eltern nicht mehr.

Was war passiert? Hundert Jahre später ist es vielleicht nicht mehr möglich, darauf eine Antwort zu finden, aber die Worte eines deutschen Arbeiters vom Beginn des 20. Jahrhunderts könnten einen Hinweis enthalten: »Ich lernte einen Schuhmacher namens Schröder kennen … Er ging später nach Amerika … er gab mir ein paar Zeitungen zu lesen, und ich las ein bißchen darin, bevor sie mich langweilten, aber dann interessierten sie mich immer mehr … Sie be-schrieben das Elend der Arbeiter und ihre Abhängigkeit von den Kapitalisten und Grundbesitzern auf eine so lebendige und wirklichkeitsnahe Art, daß es mich völlig erstaunte. Es war, als hätte ich meine Augen vorher geschlossen gehabt. Verdammt, was sie in diesen Zeitungen schrieben, war *die Wahrheit*. Mein ganzes Leben bis zu diesem Tag war der Beweis dafür.«

Das Leben der Menschen veränderte sich schneller und grundlegender als zu jeder anderen Zeit in der Geschichte. Sie lebten an anderen Orten, unter anderen Bedingungen und anderen Gesetzen als denen, die das Leben früherer Generationen bestimmt hatten. Der Rhythmus des Landlebens war zerstört. Als die Menschen in die Städte zogen, um Arbeit zu suchen, wurden sie in eine andere Welt katapultiert. Und vor allem wollten sie diese neue Welt verstehen, ihr einen Sinn geben. Eine schlafende Neugier war geweckt worden. Die Menschen sahen sich um, erkannten, verglichen, unterschieden, zogen Schlüsse. »Sobald man Verbindungen herstellt«, schrieb der Romancier E. M. Forster 1910, »werden das Tier und der Mönch ihrer Isolation, die für beide das Leben bedeutet, beraubt und sterben.«

Sehr viele haben die falschen Schlüsse gezogen, aber viele haben die richtigen Verbindungen hergestellt. Theaterstücke, Bücher, Zeitungen und sogar Gemälde und Karikaturen steckten voller Ideen − über die Unterwerfung der Frau durch den Mann, über das Recht der Kirche auf ein Monopol in Fragen der Moral, über die Gleichheit vor dem Gesetz, über die Tyrannei der Privilegien, über die Macht der Massen.

Es gab keine neuen Ideen, die nicht die bestehende Ordnung bedrohen würden, und es kam zu einer heftigen Gegenreaktion. Das etablierte System schickte seine Armee und seine Polizei an die Front. Revolutionäre ließ man verschwinden − ins Exil, wenn sie Glück hatten. Suffragetten wurden gefesselt und zwangsernährt, Sozialisten wurden gejagt, Homosexuelle verhaftet. Nationalisten peitschte man aus und machte sie vorübergehend mundtot.

Aber das alte System des blinden Gehorsams gegenüber der Obrigkeit verschwand allmählich. Es hatte eine letzte, schrecklich triumphale Chance zu zeigen, wozu es fähig war − im Gemetzel des Ersten Weltkriegs.

V OOR sommigen veranderde de wereld te snel. De gevestigde orde wankelde, men was verward en geschokt door de nieuwe ideeën die post leken te vatten. Darwins theorie zette de theorie van het scheppingsverhaal uit het Oude Testament op losse schroeven. Freud beweerde dat er in de mens diepe en duistere plaatsen in het onderbewuste bestonden die veel afschuwelijker waren dan de plekken die Livingstone of Stanley hadden ontdekt. Marx zei tegen de arbeiders dat ze niets te verliezen hadden behalve hun ketenen en dat ze een hele wereld konden winnen, hoe snel die ook veranderde.

De vakbonden werden steeds feller en riepen de mensen op te strijden voor hogere lonen, betere bescherming, betere omstandigheden en kortere werkweken. De suffragettes eisten stemrecht voor vrouwen. Getrouwde vrouwen eisten het recht op eigendom. Werklozen wilden werk en gooiden de ramen bij de rijken in om hun eisen kracht bij te zetten. Nationalisten in Afrika en India eisten onafhankelijkheid en in ieder geval medezeggenschap in het bestuur.

Overal ontstonden discussies over 'rechten'; op opvoeding en opleiding, op betere huizen en betere gezondheidszorg. Er werd gediscussieerd over geboorteregeling, homoseksualiteit, vrije liefde, atheïsme, socialisme en anarchisme. Studenten trokken hun professoren in twijfel, bedienden ruzieden met hun werkgevers, kinderen gehoorzaamden hun ouders niet meer.

Wat was er gebeurd? Honderd jaar later kunnen we die vraag misschien niet meer beantwoorden, maar de woorden van een Duitse arbeider aan het begin van de 20e eeuw werpt er een licht op: "Ik leerde een schoenmaker kennen die Schröder heette … Later ging hij naar Amerika … Hij liet me een paar kranten lezen en ik las er een beetje in tot het me zou vervelen, maar het interesseerde me meer en meer … Ze beschreven de ellende waarin arbeiders leven, hun afhankelijkheid van kapitalisten en grootgrondbezitters, zo levendig en waarheidsgetrouw dat ik verbijsterd was. Het was alsof ik met mijn ogen dicht had geleefd. Verdomme, wat ze in die kranten schreven, was waar. Mijn hele leven tot aan die dag was er het bewijs van."

Het leven van de mensen veranderde sneller en ingrijpender dan ooit tevoren. Ze leefden op andere plaatsen en onder andere voorwaarden en wetten dan die, die het leven van de voorgaande generaties hadden bepaald. Het ritme van het leven op het platteland was verstoord. Wanneer de mensen naar de stad trokken om werk te zoeken, werden ze in een andere wereld geworpen. En maar wat graag wilden ze die wereld begrijpen, haar betekenis verlenen. Een sluimerende nieuwsgierigheid was ontwaakt. De mens keek om zich heen, vergeleek en trok conclusies. "Zodra je verbindingen legt," schreef de auteur E.M. Forster, "worden dier en monnik beroofd van de afzondering die voor hen van levensbelang is en sterven ze."

Velen trokken de verkeerde conclusies, maar velen legden de juiste verbindingen. Toneelstukken, boeken, kranten en zelfs schilderijen en karikaturen zaten vol ideeën – over de onderdrukking van de vrouw door de man, over het recht van de Kerk op een monopolie in morele kwesties, over de gelijkheid voor de wet, over de tirannie van de geprivilegieerden, over de macht van de massa's.

De nieuwe ideeën bedreigden de bestaande macht en er ontstond een heftige tegenreactie. De gevestigde orde stuurde haar politie en leger erop uit. De revolutionairen verdwenen – in ballingschap, als ze geluk hadden. De suffragettes werden vastgebonden en onder dwang gevoed, er werd gejaagd op socialisten, en homoseksuelen werden gearresteerd. Nationalisten kregen zweepslagen en werden voorlopig monddood gemaakt.

Maar de oude houding van blinde gehoorzaamheid aan het gezag begon te verdwijnen. Het kreeg een laatste gruwelijke kans te laten zien waartoe het in staat was – in de slachtpartij van de Eerste Wereldoorlog.

(*Overleaf*)

THE Dreyfus Affair lasted twelve years, and almost brought about the collapse of France. The Jewish Dreyfus (1 – sixth from left in top row) graduated from the Polytechnic in Paris in 1891 and entered the French General Army Staff. He was wrongly accused of selling military secrets to Germany, and became the centre of a war of words between royalists, militarists and Catholics on one side, and republicans, socialists and anti-clerics on the other. Dreyfus was found guilty and sent to Devil's Island, but his case was reopened in Rennes in 1899. Members of the court (2) were divided in opinion. Journalists flocked to the town for the retrial (3), among them Bernard Lazare, who had long campaigned on Dreyfus's behalf (4 – centre). Colonel Picquart (5 – left) was one of the few Army officers who backed Dreyfus. Even after the retrial had established Dreyfus's innocence, the Army turned their backs on him (6), for the verdict was 'guilty – with extenuating circumstances'.

(*Folgende Seiten*)

DIE Dreyfus-Affäre dauerte zwölf Jahre und führte fast zum Niedergang Frankreichs. Der Jude Alfred Dreyfus (1, sechster von links in der obersten Reihe) absolvierte 1891 die Technische Hochschule in Paris und trat in den Generalstab der französischen Armee ein. Die zu Unrecht erhobene Beschuldigung, er habe militärische Geheimnisse an die Deutschen verkauft, lieferte den Anlaß für erbitterte Auseinandersetzungen zwischen Royalisten, Militaristen und Katholiken auf der einen, und Republikanern, Sozialisten und Antiklerikalen auf der anderen Seite. Dreyfus wurde schuldig gesprochen und auf die Teufelsinsel verbannt, aber sein Verfahren wurde 1899 in Rennes wiederaufgenommen. Das Gericht (2) teilte sich in zwei Lager. Journalisten strömten in die Stadt, um über das Wiederaufnahmeverfahren zu berichten (3), unter ihnen Bernard Lazare, der sich lange für Dreyfus eingesetzt hatte (4, Mitte). Colonel Picquart (5, links) war einer der wenigen Armeeoffiziere, die Dreyfus unterstützten. Selbst nachdem im Wiederaufnahmeverfahren die Unschuld von Dreyfus bewiesen worden war, wandte sich die Armee von ihm ab (6), denn das Urteil lautete »schuldig – mit mildernden Umständen«.

1

2

D E Dreyfus-affaire duurde twaalf jaar en leidde bijna tot de ondergang van Frankrijk. De jood Alfred Dreyfus (1, zesde van links, bovenste rij) slaagde in 1891 voor de technische hogeschool in Parijs en nam dienst in de generale staf van het Franse leger. De valse beschuldiging dat hij militaire geheimen aan de Duitsers zou hebben verkocht, leidde tot een verbitterde confrontatie tussen royalisten, militaristen en katholieken aan de ene kant en republikeinen, socialisten en anticlericalen aan de andere. Dreyfus werd schuldig bevonden en verbannen naar Duivelseiland, maar zijn zaak werd in 1899 opnieuw aanhangig gemaakt in Rennes. De rechtbank (2) raakte verdeeld in twee kampen. Journalisten overstroomden de stad om de heropende zaak te verslaan (3); onder hen Bernard Lazare, die zich lang voor Dreyfus had ingezet (4). Kolonel Picquart (5, links) was een van de weinige legerofficieren die Dreyfus steunden. Zelfs nadat in hoger beroep Dreyfus' onschuld was bewezen, keerde het leger zich van hem af (6), want het oordeel luidde: 'schuldig met verzachtende omstandigheden'.

3

4

5

6

1

2

THE Women's Suffrage Movement began in 1865 in Manchester, and was largely limited to Britain and North America (1). It sprang from, and appealed largely to, the middle classes – though there were plenty of active members of the aristocracy, such as Lady Emmeline Pethwick-Lawrence (2). The militant Women's Social and Political Union (WSPU) was formed in 1903 by Emmeline Pankhurst. It used arson and bombing as weapons in its campaign to get Votes for Women. In quieter moments, Emmeline's daughter Sylvia, also an activist, painted the Women's Social Defence League shop-front in 1912 (3).

DIE Suffragetten-Bewegung entstand 1865 in Manchester und blieb weit-gehend auf Großbritannien und Nord-amerika beschränkt (1). Sie war von Frauen aus der Mittelklasse ins Leben gerufen worden und zielte auch überwiegend auf diese ab, aber es gab auch zahlreiche aktive Mitglieder aus der Aristokratie, darunter Lady Emmeline Pethwick-Lawrence (2). Die militante Women's Social and Political Union (WSPU), 1903 von Emmeline Pankhurst gegründet, setzte in ihrem Kampf für das Frauenwahlrecht auch Brandstiftung und Bomben ein. In ruhigeren Zeiten, 1912, bemalte Emmelines Tochter Sylvia, ebenfalls eine Aktivistin, die Fassade des Büros der Women's Social Defence League (3).

DE suffragettebeweging ontstond in 1865 in Manchester en bleef grotendeels beperkt tot Groot-Brittannië en Noord-Amerika (1). Ze was ontstaan uit vrouwen uit de middenklasse en richtte zich grotendeels op hen, maar er waren ook veel actieve leden die tot de aristocratie behoorden, waaronder Lady Emmeline Pethwick-Lawrence (2). De militante Women's Social and Political Union werd opgericht in 1903 en zette in haar strijd voor vrouwenkiesrecht ook brandstichting en bommen in. In rustiger tijden in 1912 beschilderde Sylvia Pankhurst de gevel van het kantoor van de Women's Social Defence League (3).

THERE were many men and women who decried the actions of the suffragettes – there still are. But most were shocked at the death of Emily Davison, who threw herself in front of

the King's horse in the 1913 Derby (1). The campaign of direct action also included window smashing (3) and setting fire to the churches of unsympathetic ministers (2).

DIE Aktionen der Suffragetten wurden und werden noch immer von vielen Frauen und Männern verurteilt. Trotzdem waren die meisten über den Tod Emily Davisons schockiert, die sich beim Derby

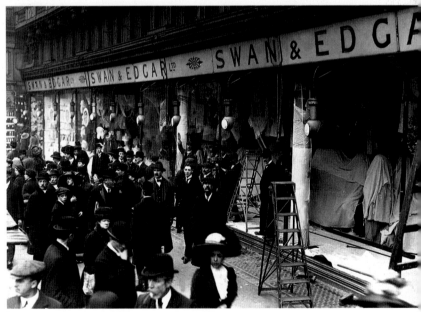

2

1 3

1913 vor das Pferd des Königs warf (1).
Die Kampagne direkter Aktionen umfaßte
auch das Einwerfen von Fensterscheiben (3)
und das Anzünden der Kirchen verständnis-
loser Priester (2).

DE acties van de suffragettes werden
–en worden– door velen veroordeeld.
Niettemin waren de meesten geschokt
over de dood van Emily Davidson, die zich
tijdens de Derby van 1913 voor het paard

van de koning wierp (1). De campagne
behelsde ook het ingooien van ramen (2) en
het in brand steken van kerken van priesters
die tegen de vooruitgang waren (3).

O ne of the suffragettes' most effective moves was to chain themselves to the railings of Buckingham Palace (1, 3). The founder of the WSPU, Emmeline Pankhurst (2), and many others were arrested on this occasion (4).

E INE der wirksamsten Aktionen der Suffragetten bestand darin, sich an das Gitter vor dem Buckingham Palace anzuketten (1, 3). Die Gründerin der WSPU, Emmeline Pankhurst (2), und viele andere wurden bei dieser Gelegenheit verhaftet (4).

E EN van de effectiefste acties van de suffragettes was dat ze zich vastketenden aan het hek van Buckingham Palace (1, 3). De oprichtster van de WSPU, Emmeline Pankhurst (2), en vele anderen werden daarbij gearresteerd (4).

THE International Council of Women (1); women strikers outside a Millwall factory in 1914 (2); suffragettes dressed as the Abbesses who had attended Ancient English Parliaments (3); New York suffragettes with posters for a lecture by Sylvia Pankhurst (4).

DER International Council of Women (1); streikende Frauen 1914 vor einer Fabrik in Millwall (2); Suffragetten, gekleidet wie die Äbtissinnen, die an Sitzungen früher englischer Parlamente teilgenommen hatten (3); New Yorker Frauenrechtlerinnen mit Plakaten, die einen Vortrag von Sylvia Pankhurst ankündigten (4).

DE International Council of Women (1), stakende vrouwen in 1914 voor een fabriek in Millwall (2), suffragettes verkleed als abdissen zoals die hadden deelgenomen aan zittingen van vroegere Engelse parlementen (3), New-Yorkse strijdsters voor rechten van vrouwen met affiches waarop een lezing door Sylvia Pankhurst staat aangekondigd (4).

STRIKES in the coal industry were seen as threats to the economic well-being of much of the world, which relied on coal for most of its industrial energy. But conditions in mines were appalling. Safety standards were heartlessly low. Pay was barely adequate, and was sometimes cut. When coal production was halted, domestic users could make do with wood (1); miners occupied power houses in South Wales (2); women and children scavenged for bits of coal from the slagheaps that surrounded the closed mines (3).

STREIKS im Kohlebergbau galten als Gefährdung des wirtschaftlichen Wohlergehens weiter Teile der Welt, die auf Kohle als Energiequelle für die meisten Industriezweige angewiesen waren.

Aber die Arbeitsbedingungen in den Gruben waren geradezu entsetzlich, die Sicherheitsstandards erschreckend schlecht. Die Löhne waren alles andere als ange-messen und wurden manchmal sogar noch

gekürzt. Wenn die Kohleförderung zum Stillstand kam, konnte man in privaten Haushalten noch immer mit Holz heizen (1). Bergarbeiter besetzten Kraftwerke in Südwales (2). Frauen und Kinder sammelten Kohlestückchen von den Schlackenhalden vor den geschlossenen Gruben (3).

Mijnstakingen waren werelwijd bedreigend voor de economie, die grotendeels draaide op kolen als energiebron. De arbeidsomstandigheden in de mijnen waren afschuwelijk, de veiligheid liet zwaar te wensen over en de lonen waren alles behalve redelijk en werden soms nog gekort. Als de kolenwinning stil lag, kon men thuis altijd op hout stoken (1). Mijnbouwers bezetten krachtcentrales in Zuid-Wales (2). Vrouwen en kinderen verzamelen stukjes steenkool op de slakkenbergen bij de gesloten mijnen (3).

1

UNREST was not confined to the industrial front. The rumblings of revolution in Russia had shocked and inspired the rest of the world in equal parts. To poor people in rich countries socialism brought hope. To rich people in rich countries it brought fear. 'Revolution in Boston nipped in the bud' was the caption to this photograph in 1919 (1). Presumably, once these few dozen books had been destroyed all would be safe for the onward march of capitalism. In Paris in 1911 students clashed with police outside the Faculty of Justice (2, 3).

DIE Unruhen beschränkten sich aber nicht nur auf die Industrie. Die Erschütterungen der Revolution in Ruß–land hatten den Rest der Welt ebenso schockiert wie inspiriert. Für die armen Menschen der reichen Länder brachte der Sozialismus Hoffnung. Für die reichen Menschen der reichen Länder brachte er Angst. »Revolution in Boston im Keim erstickt«, lautete 1919 die Bildzeile zu dieser Photographie (1). Wenn diese Bücher erst einmal verbrannt waren, würde dem Vormarsch des Kapitalismus vermutlich nichts mehr im Wege stehen. In Paris lieferten sich Studenten 1911 vor der Juristischen Fakultät Kämpfe mit der Polizei (2, 3).

DE onrust beperkte zich niet tot de industrie. De Russische revolutie had de rest van de wereld geschokt of geïnspireerd. Voor de arme mensen in de rijke landen betekende het socialisme hoop. Voor de rijken in de rijke landen betekende het angst. "Revolutie in Boston in de kiem gesmoord", luidde het onderschrift bij deze foto (1) in 1919. Als deze boeken eenmaal verbrand waren, kon niets de opmars van het kapitalisme nog in de weg staan. In Parijs raakten de studenten van de juridische faculteit in 1911 slaags met de politie (2, 3).

2

3

1

2

THROUGHOUT Europe, the most powerful workers were the dockers, miners and railway workers. The Great Railway Strike of 1919 in Britain was triggered by the threat of a reduction in wages. Office workers fought to get on trams as alternative transport (1). Where trains did run, seats were scarce and passengers sat wherever they could (2). 'Blacklegs' provoked fights in the streets (3). Supplies were brought in by road. The food depot in London's Hyde Park was guarded by troops (4) – but the strike was successful.

IN ganz Europa waren Dockarbeiter, Bergarbeiter und Eisenbahner die wichtigsten und daher mächtigsten Arbeiter. Der große Eisenbahnerstreik in Großbritannien wurde 1919 durch die Ankündigung von Lohnkürzungen aus-gelöst. Büroangestellte aus der Mittel-schicht erkämpften sich einen Platz in der Straßenbahn (1). Dort, wo die Züge fuhren, waren Sitzplätze rar, und die

Passagiere setzten sich hin, wo sie konnten
(2). Streikbrecher provozierten Kämpfe auf
den Straßen (3). Lieferungen wurden über
die Straßen transportiert. Das Lebensmittel-
depot im Londoner Hyde Park wurde von
Truppen bewacht (4) – aber der Streik war
erfolgreich.

I N heel Europa waren dokwerkers,
mijnwerkers en spoorwegwerkers de
machtigste arbeiders. De grote spoorstaking
in 1919 in Groot-Brittannië werd
veroorzaakt door de aankondiging van
loonsverlaging. Kantoorklerken uit de
middenklasse vochten om een plaatsje in de
tram (1). Daar waar treinen reden, was een
zitplaats een zeldzaamheid en passagiers
gingen zitten waar het maar kon (2).
Stakingbrekers provoceerden gevechten op
straat (3). Bestellingen werden via de weg
verzorgd. Het levensmiddelendepot in Hyde
Park in Londen werd bewaakt door het
leger (4) – maar de staking had succes.

1

WOMEN left the prison of home or service in increasing numbers. As far as possible, the male establishment kept them from positions of power or authority, but they were prepared to allow women the more menial or less prestigious jobs available. Some became blacksmiths (1), others coal heavers (2).

IMMER mehr Frauen brachen aus dem Gefängnis ihres Heims oder ihrer Stellung aus. Das männliche Establishment schloß Frauen so weit wie möglich von Machtpositionen aus, aber man war bereit, ihnen die niedrigeren und weniger prestigeträchtigen Arbeiten zu überlassen. Einige wurden Schmied (1), andere lieferten Kohle aus (2).

STEEDS meer vrouwen bevrijdden zich van het juk van hun huishouden of een dienstbetrekking. Het mannelijke establishment weerde vrouwen uit machtsposities, maar was bereid de plaatsen met minder aanzien aan hen over te laten. Sommigen werden smid (1), anderen brachten kolen rond (2).

2

THE First World War deprived labour markets of millions of fighting men, and women were encouraged and ordered to take on many new roles. The Women's Volunteer Reserve ran their own garages and motor workshops (1). Women worked in armament factories in France (2) and all over Europe. The First Aid Yeomanry were forerunners of women's army corps (3). And women found themselves once again working in collieries (4).

DER Erste Weltkrieg beraubte den Arbeitsmarkt vieler kämpfender Männer, und Frauen wurden ermutigt und aufgefordert, viele neue Rollen anzunehmen. Die freiwillige Frauenreserve, Women's Volunteer Reserve, betrieb eigene Garagen und Autowerkstätten (1). In Frankreich (2) und in ganz Europa arbeiteten Frauen in Rüstungsfabriken. Die First Aid Yeomanry war eine Vorläuferin des ersten weiblichen Armeekorps (3). Und erneut arbeiteten Frauen in Bergwerken (4).

1

2

D<small>E</small> Eerste Wereldoorlog beroofde de arbeidsmarkt van veel mannen; vrouwen werden aangemoedigd hun plaats in te nemen. De vrijwillige vrouwenreserve, Women's Volunteer Reserve, had eigen garages en werkplaatsen (1). In Frankrijk (2) en heel Europa werkten vrouwen in wapenfabrieken. De First Aid Yeomanry was de voorloper van het eerste vrouwelijke legerkorps (3). En opnieuw werkten vrouwen in de mijnen (4).

3

4

Tage lang abwehren. Die Hauptpost von Belfast brannte aus (3) und Teile der Sackville Street sahen aus, als seien sie bombardiert worden (4).

DE eerste decennia van de 20e eeuw voerde de Britse regering serieuze onderhandelingen over de onafhankelijkheid van Ierland. De Unionisten, onder de bekwame, om niet te zeggen listige leiding van Sir Edward Carson, probeerden dat te verhinderen. Ze zetten gewapende troepen in, de Ulster Volunteer Force, en voerden actie tegen het zelfbestuur, Home Rule.

BY the 20th century, British governments were seriously negotiating independence for Ireland. Under the skilled, not to say cunning, leadership of Sir Edward Carson, the Unionists sought to prevent this. They raised the armed Ulster Volunteer Force and organized massive rallies against Home Rule, such as this in 1912, when Carson and others led a parade to Belfast's City Hall (1). Four years later, the Irish Volunteers – who supported Irish independence – rose in open rebellion against the British. They barricaded the Dublin streets (2), took possession of key buildings and held out against British troops for four days. The General Post Office was gutted (3), and parts of Sackville Street looked as though they had been bombed (4).

IN den ersten Jahrzehnten des 20. Jahrhunderts verhandelten britische Regierungen ernsthaft über die Unabhängigkeit Irlands. Unter der fähigen, um nicht zu sagen listigen Führung von Sir Edward Carson versuchten die Unionisten, dies zu verhindern. Sie stellten bewaffnete Truppen auf, die Ulster Volunteer Force, und organisierten Kundgebungen gegen die Selbstbestimmung, die Home Rule, beispielsweise die 1912 von Carson angeführte Demonstration zum Belfaster Rathaus (1). Vier Jahre später erhoben sich die Irish Volunteers, die die irische Unabhängigkeit unterstützten, in offener Rebellion gegen die Briten. Sie errichteten Barrikaden in den Straßen von Dublin (2), besetzten wichtige Gebäude und konnten die Angriffe der britischen Truppen vier

Hier de door Carson geleide optocht naar het stadhuis van Belfast in 1912 (1). Vier jaar later kwamen de Irish Volunteers, die de Ierse onafhankelijkheid steunden, openlijk in opstand tegen de Britten. Ze richtten barricaden op in de straten van Dublin (2) en bezetten de belangrijkste gebouwen. Ze hielden vier dagen stand tegen het Britse leger. Het hoofdpostkantoor van Belfast brandde uit (3) en delen van Sackville Street zagen eruit alsof ze waren gebombardeerd (4).

3

Conflict

War broke out between Russia and Turkey in 1853. France and Britain sided with Turkey, and sent armies to the Crimea. It was nearly 40 years since there had been a major European war, and the generals of both sides were a little rusty. Lord Raglan (1 – on left, in fancy pith helmet), Commander-in-Chief of the British troops, had an unfortunate habit of referring to the enemy as 'the French', a hangover from his last campaign, against Bonaparte. Quite what the French Commander-in-Chief, General Pélissier (1 – on right), thought of this is not recorded.

The Crimean War was the first to be covered by reporters – William Howard Russell (2) was war correspondent of *The Times*. People at home learnt of the appalling blunders made by those in charge. One consignment of woollen underwear, sent to keep troops warm in temperatures that were sometimes 30° below zero, had been made for children under ten.

Inefficiency apart, it was a war of traditional bravado and heroism, run on old-fashioned lines – a war in which cavalry charged artillery, infantries clashed in thick fog, and the *vivandière* revictualled the troops (3).

IM Jahre 1853 brach zwischen Rußland und der Türkei Krieg aus. Frankreich und Großbritannien unterstützten die Türkei und schickten Armeen an die Krim. Der letzte große Krieg in Europa lag fast vierzig Jahre zurück, und die Generäle waren ein wenig aus der Übung. Lord Raglan (1, links, mit Tropenhelm), Oberkommandeur der britischen Truppen, hatte die unselige Angewohnheit, den Feind als »der Franzose« zu bezeichnen, wie in seinem letzten Feldzug gegen Bonaparte. Was der französische General Pélissier (1, rechts) davon hielt, ist nicht überliefert.

Der Krimkrieg war der erste, über den Kriegsberichterstatter schrieben. W. H. Russell (2) war Korrespondent der Times. Die Menschen zu Hause erfuhren von den Fehlern, die den Verantwortlichen unterliefen. Eine Sendung wollener Unterwäsche, die die Truppen bei Temperaturen von unter minus dreißig Grad warmhalten sollte, war für Kinder unter zehn Jahren gemacht.

Von den Fehlern abgesehen, war es ein Krieg des traditionellen Heldentums, der mit altmodischen Strategien geführt wurde; ein Krieg, in dem die Kavallerie die Artillerie angriff, Infanterien in dichtem Nebel zusammenstießen und die Marketenderin die Truppen mit Proviant versorgte, wohin sie auch gingen (3).

IN 1853 brak er een oorlog uit tussen Rusland en Turkije. Frankrijk en Engeland steunden Turkije en stuurden legers naar de Krim. De laatste grote oorlog in Europa was bijna veertig jaar geleden en de generaals waren niet erg geoefend. Lord Raglan (1, links, met tropenhelm), opperbevelhebber van de Britse troepen, had de vervelende gewoonte de vijand als 'de fransoos' aan te duiden, zoals in zijn laatste veldtocht tegen Napoleon. Wat de Franse generaal Pélissier daarvan vond (1, rechts), weten we niet.

De Krimoorlog was de eerste oorlog die door journalisten werd verslagen. W.H. Russell (2) was correspondent voor de Times. De mensen thuis lazen over de fouten die de bevelhebbers maakten. Een zending wollen ondergoed dat de soldaten warm moest houden bij temperaturen van -30 °C, was gemaakt voor kinderen van tien.

Afgezien van de fouten was het een ouderwetse oorlog van traditioneel heldendom, gevoerd met achterhaalde strategieën. Een oorlog waarbij de cavalerie de artillerie aanviel, de infanterie in dichte mist verdwaalde en de marketentster de troepen van proviand voorzag, waar ze ook heen gingen (3).

THE French and British base was at
Balaclava (1). Into this small harbour
poured powder, shot, cannonballs, siege
weapons, food, clothing, huts, blankets and
boots. The war centred around the siege
of the Russian stronghold, Sebastopol. Life
in the trenches was boring rather than
dangerous (2). Life inside the Redan, the
inner fortress of Sebastopol, was more
exciting, especially once the French and
British had realized the futility of the siege
and turned instead to a direct assault. The
Russians left little behind (3).

3

DER Stützpunkt der Briten und
Franzosen befand sich in Balaclava (1).
In diesen kleinen Hafen wurden Schieß-
pulver, Kanonenkugeln, Belagerungswaffen,
Lebensmittel, Kleidung, Zelte, Decken
und Stiefel gebracht. Der Krieg konzen-
trierte sich auf die Belagerung des russischen
Stützpunktes Sebastopol. Das Leben in
den Schützengräben war eher langweilig
als gefährlich (2). In Redan, der Festung im
Inneren von Sebastopol, war es aufregen-

der, besonders als die Franzosen und Briten
die Sinnlosigkeit der Belagerung erkannt
hatten und zum direkten Angriff über-
gingen. Die Russen ließen nur wenig
zurück (3).

DE basis van de Britten en Fransen was
Balaclava (1). Buskruit, kanonskogels,
wapens, levensmiddelen, kleding, tenten,
dekens en laarzen werden naar de kleine
haven verscheept. De oorlog

concentreerde zich op de belegering van het
Russische steunpunt Sebastopol. Het leven
in de loopgraven was eerder saai dan
gevaarlijk (2). In Redan, de vesting midden
in Sebastopol, was het spannender, vooral
toen de Fransen en Britten de zinloosheid
van de belegering inzagen en overgingen tot
een rechtstreekse aanval. De Russen lieten
maar weinig achter (3).

IN 1857, during Ramadan, five English people were murdered in the fortress palace of the Moghul Emperor. It was the start of the Indian Mutiny, a cruel war, with atrocities committed by both sides. During

Sir Colin Campbell's relief of Lucknow, 2,000 rebel sepoys were killed (1). Mutineers (2) were brave but ill-led. Hodson's Horse was a mixed troop of British and Indian officers (3).

WÄHREND des Ramadan im Jahre 1857 wurden fünf Engländer im Palast des Moguls umgebracht. Es war der Beginn des indischen Aufstands, eines brutalen Krieges, der von beiden Seiten mit der gleichen Grausamkeit geführt wurde. Während der Befreiung der Garnison

Lucknow durch Sir Colin Campbell wurden 2000 rebellische Sepoys, eingeborene Soldaten der britischen Armee in Indien, getötet (1). Aufständische (2) waren zwar tapfer, aber schlecht organisiert. Hodson's Horse war eine aus Briten und Indern zusammengesetzte Truppe (3).

TIJDENS de ramadan van 1857 werden vijf Britten vermoord in het paleis van de moghul. Dat was het begin van de Indiase opstand, een gruwelijke oorlog waarin beide partijen even wreed waren. Tijdens het ontzet van het garnizoen Lucknow door Sir Colin Campbell werden tweeduizend opstandige sepoy, inheemse soldaten van het Britse leger, gedood (1). De opstandelingen (2) waren weliswaar moedig, maar slecht georganiseerd. Hodson's Horse was een legeronderdeel dat bestond uit Britten en Indiërs (3).

1

2   3

THE War Between the States was the first truly modern war. It was also the bloodiest conflict in American history. More Americans died in the Civil War than in all the nation's other wars put together. For four years, from 1861 to 1865, father fought son, brother fought brother, and the land east of the Mississippi was torn apart. The

issues were a bull-headed mixture of political, economic and moral factors. For the South, secession from the Union was almost inevitable once Abraham Lincoln (1) had been inaugurated as President (3). The champion of the South was General Robert E. Lee (2 – seated centre), brave in battle, gentlemanly in defeat.

DER Amerikanische Bürgerkrieg war der erste wirklich moderne Krieg und zudem der blutigste Konflikt in der amerikanischen Geschichte. Es starben mehr Amerikaner als in den gesamten übrigen Kriegen, die das Land führte. Vier Jahre lang, von 1861 bis 1865, kämpfte Vater gegen Sohn, Bruder gegen Bruder, und das Land östlich des Mississippi wurde zerrissen.

Der Anlaß war eine starrköpfige Mischung aus politischen, wirtschaftlichen und moralischen Faktoren. Für den Süden war die Abspaltung vom Bund fast unvermeidlich, nachdem Abraham Lincoln (1) das Amt des Präsidenten angetreten hatte (3). Der Held des Südens war General Robert E. Lee (2, Mitte), tapfer in der Schlacht und ein Gentleman in der Niederlage.

DE Amerikaanse Burgeroorlog was de eerste echt moderne oorlog en tegelijk het bloedigste conflict uit de Amerikaanse geschiedenis. Er kwamen meer Amerikanen in om dan in alle andere oorlogen die Amerika gevoerd had. Vier jaar lang, van 1861 tot 1865, vocht vader tegen zoon, broer tegen broer en het land ten oosten van de Mississippi werd

verscheurd. De aanleiding was een combinatie van politieke, economische en morele factoren. Voor het Zuiden was afsplitsing van de statenbond bijna onvermijdelijk nadat Abraham Lincoln (1) president was geworden (3). De held van het Zuiden was generaal Robert E. Lee (2, midden), dapper in de strijd en gentleman na verlies.

1

2

MANY nations sent observers to the American Civil War, to study the killing power of modern weapons. Among them was Count Zeppelin from Germany (1, second from right). One of the largest of the new weapons was the giant mortar, 'Dictator' (2), used by the North at the beginning of 1865. The battles were bloody, and casualties on both sides were heavy. One of the worst was Chancellorsville in May 1863 – here a black soldier tends a wounded comrade (3). It was largely a war of attacks by infantrymen (4) on positions defended by artillery, such as Battery A, Fourth US Artillery, Robertson's Brigade (5).

VIELE Nationen sandten Beobachter in den Amerikanischen Bürgerkrieg, um die tödliche Wirkung moderner Waffen zu studieren. Unter ihnen war auch der deutsche Graf Zeppelin (1, zweiter von rechts). Eine der größten neuen Waffen war der gigantische Minenwerfer »Dictator« (2), den die Nordstaaten zu Beginn des Jahres 1865 einsetzten. Die Kämpfe waren blutig und die Verluste auf beiden Seiten

3

4

immens. Eine der schlimmsten Schlachten war die von Chancellorsville im Mai 1863 – hier kümmert sich ein schwarzer Soldat um einen verwundeten Kameraden (3). Dieser Krieg wurde überwiegend mit Angriffen der Infanterie (4) aus Stellungen geführt, die von der Artillerie gedeckt waren, beispielsweise von Robertsons Brigade der vierten US-Artillerie (5).

VEEL landen stuurden waarnemers naar de Amerikaanse Burgeroorlog om de dodelijke werking van moderne wapens te bestuderen. Onder hen ook de Duitse graaf Zeppelin (1, tweede van rechts). Een van de grootste nieuwe wapens was de mijnen-werper 'Dictator' (2), die de noordelijke staten begin 1865 inzetten. De gevechten waren bloedig en de verliezen aan beide

zijden gigantisch. Een van de zwaarste veldslagen was die bij Chancellorsville in mei 1863 – hier bekommert een zwarte soldaat zich om een gewonde kameraad (3). De oorlog werd voornamelijk gevoerd met aanvallen van de infanterie vanuit stellingen (4) die werden gedekt door de artillerie, bijvoorbeeld de Robertson-brigade van de Vierde US-artillerie (5).

5

IN many ways the American Civil War was a direct forerunner of the First World War. These defensive positions at Fort Sedgewick 1865 in (1) bear a strong resemblance to the trenches on the Western Front 50 years later. The South was finally pounded into surrender in April 1865, after its capital, Richmond, Virginia (3), and many other cities had been razed to the ground. Exactly one week after Lee's surrender at Appomattox, Lincoln was assassinated. There was no mercy for the conspirators responsible. John Wilkes Booth died in a shoot-out with Federal troops. Mrs Surratt and three other conspirators were hanged (2).

1

2

3

IN vieler Hinsicht war der Amerikanische Bürgerkrieg ein direkter Vorläufer des Ersten Weltkriegs. Die Verteidigungsstellungen in Fort Sedgewick 1865 (1) hatten große Ähnlichkeit mit den Schützengräben an der Westfront fünfzig Jahre später. Der Süden wurde schließlich im April 1865 zur Aufgabe gezwungen, nachdem seine Hauptstadt Richmond in Virginia (3) und viele andere Städte dem Erdboden gleichgemacht worden waren. Genau eine Woche nach Lees Kapitulation bei Appomattox wurde Lincoln durch ein Attentat getötet. Für die Verschwörer gab es keine Gnade. John Wilkes Booth starb in einer Schießerei mit den föderalistischen Truppen. Mrs. Surratt und drei andere Verschwörer wurden gehängt (2).

IN velerlei opzichten was de Amerikaanse Burgeroorlog een voorloper van de Eerste Wereldoorlog. De verdedigende stellingen in Fort Sedgewick in 1865 (1) leken sterk op de loopgraven aan het westelijke front vijftig jaar later. Het Zuiden werd in april 1865 gedwongen tot overgave, nadat de hoofdstad Richmond in Virginia (3) en vele andere steden met de grond gelijk waren gemaakt. Een week na de capitulatie van Lee bij Appomattox werd Lincoln gedood bij een aanslag. Voor de samenzweerders bestond er geen genade. John Wilkes Booth kwam om bij een schietpartij met de federalistische troepen. Mrs. Surrat en drie andere samenzweerders werden opgehangen (2).

THE Franco-Prussian war was swift and deadly. It was also a war of massive armies and big battles.

For Prussia it was a brilliant success. For the rest of the German Confederation it was proof that unity under Prussian leadership was sound policy. For France it was a humiliating defeat, sowing the seeds of the bitter harvest of the First World War. The trap was laid by the German Chancellor, Bismarck. On 2 June 1870 news reached France that the Spanish throne had been offered to Prince Leopold of Hohenzollern, a relative of the Prussian King. It was unthinkable for France to face potentially hostile regimes on two fronts. The Emperor Napoleon III insisted that Leopold's candidature be withdrawn. It was. But Napoleon went further, and demanded an undertaking that the candidature would never be renewed. Wilhelm of Prussia refused to discuss this with the French Ambassador in Berlin. Bismarck subtly changed the wording of the telegram informing the French Emperor of this sad state of affairs, giving the impression that

the French Ambassador had been summarily dismissed. France declared war.

From then on, in the words of a French commander, the French Army was in a chamber pot, 'about to be shitted upon'. Prussian victories at Woerth, Gravelotte and Sedan, where vast numbers of French artillery pieces were captured (2), led to ignominious French retreat, with worse to follow. 'There was something in the air, a subtle and mysterious emanation, strange and intolerable, which hung about the streets like a smell — the smell of invasion. It filled the houses and the public places, gave to the food an unfamiliar taste, and made people feel as though they were in a distant land among dangerous and barbaric tribes' (Guy de Maupassant, *Boule de Suif*).

They were not barbaric, but they were efficient — Crown Prince Friedrich Wilhelm, Chief of the Prussian Southern Army, with his General Staff at their headquarters, 'Les Ombrages', 13 January 1871, less than two weeks before the surrender of Paris (1).

DER Deutsch-Französische Krieg war kurz und tödlich, ein Krieg der gewaltigen Armeen und großen Schlachten.

Für Preußen war es ein glänzender Erfolg, für den Rest des Deutschen Bundes dagegen der Beweis, daß eine Einheit unter preußischer Führung eine vernünftige Politik war. Für Frankreich bedeutete es eine demütigende Niederlage und die Saat für die bittere Ernte des Ersten Weltkriegs. Die Falle hatte der deutsche Kanzler Bismarck gelegt. Am 2. Juni 1870 traf in Frankreich die Nachricht von der spanischen Thronkandidatur des Prinzen Leopold von Hohenzollern ein, einem Verwandten des preußischen Königs. Für Frankreich war es undenkbar, an zwei Grenzen mit potentiell feindlichen Regimes konfrontiert zu werden. Kaiser Napoleon III. verlangte den Verzicht Leopolds auf die Thronkandidatur. So kam es. Aber Napoleon ging weiter und verlangte die Garantie, daß die Kandidatur nicht erneuert würde. Kaiser Wilhelm weigerte sich, darüber mit dem französischen Botschafter in Berlin zu verhandeln. Bismarck nahm eine subtile Änderung des Wortlauts des Telegramms vor, in dem der französische Kaiser über den traurigen Stand der Verhandlungen informiert wurde, und vermittelte den Eindruck, der französische Botschafter

2

sei abgewiesen worden. Daraufhin erklärte Frankreich den Krieg.

Um mit den Worten eines französischen Kommandanten zu sprechen, befand sich die französische Armee von nun an in einem Nachttopf, »kurz davor, vollgeschissen zu werden«. Preußische Siege bei Woerth, Gravelotte und Sedan, bei denen große Mengen französischer Angriffswaffen erobert wurden (2), führten zu einem schmachvollen Rückzug der Franzosen, dem Schlimmeres folgen sollte. »Es lag etwas in der Luft. Eine subtile und mysteriöse Atmosphäre, seltsam und unerträglich, hing wie ein Geruch über den Straßen – der Geruch der Invasion. Er erfüllte die Häuser und die öffentlichen Plätze, verlieh dem Essen einen fremden Geschmack und gab den Menschen das Gefühl, sich in einem fernen Land unter gefährlichen und barbarischen Stämmen zu befinden.« (Guy de Maupassant, *Boule de Suif*)

Sie waren nicht barbarisch, sondern effizient. Kronprinz Friedrich Wilhelm, Oberbefehlshaber der preußischen Armee im Süden, mit seinem Generalstab im Hauptquartier »Les Ombrages« am 13. Januar 1871, weniger als zwei Wochen vor der Kapitulation von Paris (1).

DE Duits-Franse oorlog was kort en dodelijk, een oorlog van enorme legers en grote veldslagen.

Voor Pruisen was het een eclatant succes en voor de rest van de Duitse bond het bewijs dat eenheid onder Pruisische leiding een goede zaak was. Voor Frankrijk was het een nederlaag die het bittere zaad van de Eerste Wereldoorlog zaaide. De val was opgezet door de Duitse kanselier Bismarck. Op 2 juni 1870 kreeg Frankrijk het bericht dat prins Leopold von Hohenzollern, familie van de Pruisische koning, kandidaat was voor de Spaanse troon. Voor Frankrijk was het ondenkbaar aan twee grenzen met een potentiële vijand van doen te hebben en Napoleon III eiste dat Leopold zich terugtrok. Dat gebeurde ook. Napoleon ging verder en eiste dat de kandidatuur niet werd vernieuwd. Keizer Wilhelm weigerde daarover te onderhandelen met de Franse ambassadeur in Berlijn. Bismarck veranderde de tekst van het telegram dat de Franse keizer moest informeren over de treurige stand van zaken enigszins, zodat het de indruk wekte dat de Franse ambassadeur zou zijn afgewezen. Daarop verklaarde Frankrijk Duitsland de oorlog.

Volgens een Franse legercommandant bevond het Franse leger zich vanaf dat moment op een pot die "op het punt stond te worden volgescheten". Pruisische overwinningen bij Woerth, Gravelotte en Sedan, waarbij grote aantallen Franse wapens buit werden gemaakt (2), leidden tot een smadelijke terugtrekking van de Fransen, maar het zou nog erger worden. "Er hing iets in de lucht. Een subtiele en mysterieuze sfeer, vreemd en onverdraaglijk, hing als een geur in de straten – de geur van invasie. Het vulde de huizen en de pleinen, gaf het eten een vreemde smaak en de mensen het gevoel zich in een vreemd land tussen vreemde en barbaarse stammen te bevinden." (Guy de Maupassant, *Boule de Suif*)

Ze waren niet barbaars, maar efficiënt. Kroonprins Wilhelm Friedrich (1): opperbevelhebber van het Pruisische leger in het zuiden, met zijn generale staf in het hoofdkwartier 'Les Ombrages' op 13 januari 1871, minder dan twee weken voor de capitulatie van Parijs.

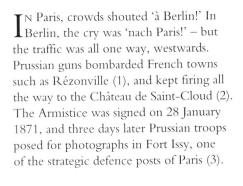

1

2

3

IN Paris, crowds shouted 'à Berlin!' In Berlin, the cry was 'nach Paris!' – but the traffic was all one way, westwards. Prussian guns bombarded French towns such as Rézonville (1), and kept firing all the way to the Château de Saint-Cloud (2). The Armistice was signed on 28 January 1871, and three days later Prussian troops posed for photographs in Fort Issy, one of the strategic defence posts of Paris (3).

IN Paris schrie die Menge »à Berlin!«. In Berlin rief sie »nach Paris!« – aber die Reise führte nur in eine Richtung, nach Westen. Preußische Kanonen bombardierten französische Städte wie Rézonville (1) und schossen sich den Weg nach Château de Saint-Cloud frei (2). Das Waffenstillstandsabkommen wurde am 28. Januar 1871 unterzeichnet, und drei Tage später ließen sich preußische Soldaten in Fort Issy photographieren, einem der strategischen Verteidigungsposten in Paris (3).

IN Parijs schreeuwde men 'à Berlin!'. In Berlijn schreeuwde de massa 'nach Paris!'. Maar het was eenrichtingsverkeer, naar het westen. Pruisische kanonnen bombardeerden steden als Rézonville (1) en schoten zich een weg naar het Château de Saint-Cloud (2). De wapenstilstand werd ondertekend op 28 januari 1871 en drie dagen later lieten Pruisische soldaten zich fotograferen in Fort Issy, een van de strategische verdedigingsposten van Parijs (3).

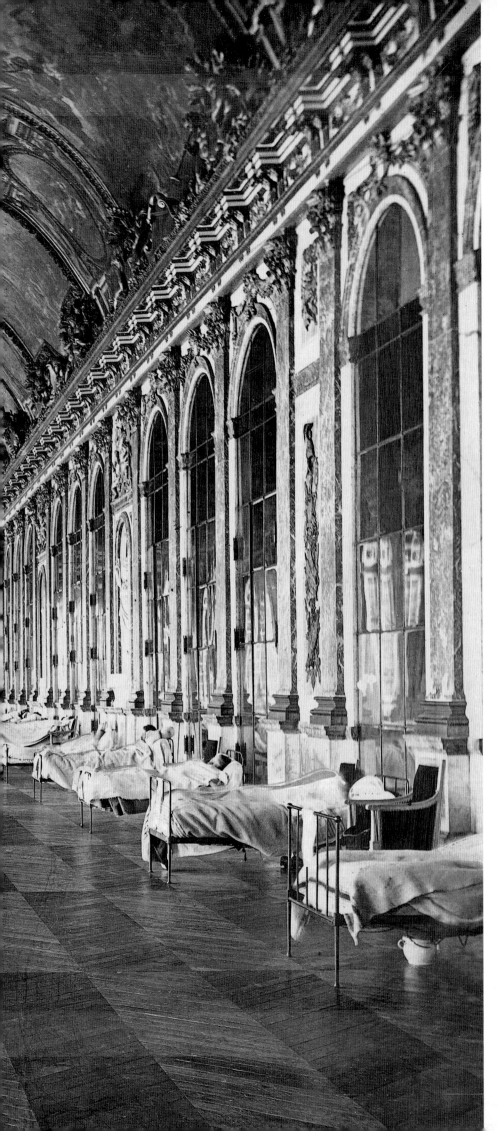

THE German occupation of France, 1870-71: the Gallery of Mirrors, Versailles, converted into a German hospital during the Franco-Prussian War.

DIE deutsche Besatzung Frankreichs, 1870 bis 1871: Der Spiegelsaal in Versailles diente den Deutschen während des Deutsch-Französischen Krieges als Hospital.

DE Duitse bezetting van Frankrijk, 1870–1871: de Duitsers gebruikten de spiegelzaal in Versailles tijdens de Frans-Duitse oorlog als veldhospitaal.

1

THE Prussians found it easier to defeat
the French Emperor than the French
people. In late September 1870, Paris was
completely encircled, but the city held out
for four months. The people were reduced
to eating sparrows, rats, dogs, cats and all
the animals in the zoo. It was said that only
the French genius for cooking could make
the elephants palatable. Pigeons were
spared – they were needed to take Nadar's
micro-photos out of the city.

After the siege came the Commune.
On 18 March 1871, the red banner flew
over Paris. Barricades were raised by the
Communards and the National Guard in
the Place Vendôme (1), and by opposing
government troops (2). French ingenuity
resulted in mobile barricades (3), which
could be rushed from one part of the city
to another, wherever the action was
hottest.

FÜR die Preußen war es leichter, den
französischen Kaiser zu besiegen als das
französische Volk. Paris war gegen Ende
September 1870 vollständig umzingelt,
aber die Stadt konnte sich vier Monate lang
halten. Die Menschen waren gezwungen,
Spatzen, Ratten, Hunde, Katzen und
alle Tiere aus dem Zoo zu essen. Es hieß,
nur das französische Kochgenie habe es
geschafft, die Elefanten genießbar zu
machen. Tauben blieben verschont, denn
sie wurden benötigt, um Nadars Mikro-
filme aus der Stadt herauszubringen.

Der Belagerung folgte der Aufstand der
Pariser Kommune. Am 18. März 1871
wehte das rote Banner über Paris. Auf der
Place Vendôme (1) wurden sowohl von
Kommunarden und Nationalgardisten als
auch von gegnerischen Regierungstruppen
Barrikaden errichtet (2). Französischer
Erfindungsreichtum brachte mobile Barri-
kaden (3) hervor, die schnell von einem
Kampfschauplatz der Stadt zum anderen
transportiert werden konnten.

2

3

HET was voor de Duitsers makkelijker de Franse keizer te verslaan dan het Franse volk. September 1870 was Parijs geheel omsingeld, maar de stad bood vier maanden weerstand. Men moest mussen, katten, honden en de dieren uit de dierentuin opeten. Men zei dat alleen de geniale Franse keuken een olifant eetbaar had kunnen maken. Dit lot is duiven bespaard gebleven, want duiven waren nodig om Nadars microfilms de stad uit te smokkelen.

Na de belegering volgde de opstand van de Commune van Parijs. Op 18 maart 1871 wapperde de rode vlag boven Parijs. Op de Place Vendôme (1) wierpen zowel de communards en de nationale garde als de troepen van de vijand barricaden op (2). De Franse vindingrijkheid bedacht mobiele barricaden (3) die snel van het ene conflict in de stad naar het andere konden worden gebracht.

THE rising lasted only two months, but the fighting was fierce. 'All were shrieking like wild beasts… a breath of madness seemed to have passed over this mob,' wrote the Mayor of Montmartre, where batteries of guns were posted (4). The cobbles were torn from the streets on the Quai Pelletier (1), and the Ministry of Finance (3) and other government buildings were totally destroyed. Perhaps the most symbolic event was the ritual destruction of the Column of Napoleon I in the Place Vendôme (2).

1

DER Aufstand dauerte nur zwei Monate, aber die Kämpfe waren erbittert. »Alle schrien wie wilde Tiere … der Atem des Wahnsinns schien über den Mob hinweggeweht zu sein«, schrieb der Bürgermeister von Montmartre, wo Kanonen postiert waren (4). Die Pflastersteine waren aus den Straßen des Quai Pelletier (1) herausgerissen worden, und das Finanzministerium (3) sowie andere Regierungsgebäude wurden vollkommen zerstört. Das wohl symbolträchtigste Ereignis war die rituelle Zerstörung der Säule Napoleons I. auf der Place Vendôme (2).

2 3

D^E opstand duurde maar twee maanden, maar de gevechten waren fel. "Iedereen schreeuwde als wilde beesten ... de menigte leek te zijn aangeraakt door de adem van de waanzin", schreef de burgemeester van Montmartre, waar kanonnen stonden opgesteld (4). De straatstenen waren uit de Quai Pelletier (1) gehaald en het Ministerie van Financiën (3) en andere regeringsgebouwen werden totaal verwoest. De meest symbolische gebeurtenis was waarschijnlijk het rituele vernielen van de zuil van Napoleon I op de Place Vendôme (2).

For over 80 years the British had ruled South Africa, with ever-increasing friction between them and the Boer descendants (1) of the Dutch settlers in Transvaal and the Orange Free State. In 1899 British avarice provoked a second war with the Boers, and for two months half a million troops of the greatest Imperial power in the world (3) were being contained and besieged by 40,000 guerrillas – while those whose land it had once been scratched for a living, or slaved to bring the white man diamonds from the Big Hole at Kimberley, a mile round at the top and over 200 metres deep (2).

Die seit über achtzig Jahren bestehende Herrschaft der Briten in Südafrika wurde überschattet von immer größeren Spannungen mit den Buren (1), Nachfahren niederländischer Siedler in Transvaal und im Oranje-Freistaat. In Jahre 1899 führte die britische Habgier zu einem zweiten Krieg mit den Buren, und zwei Monate lang wurde eine halbe Million Soldaten der größten imperialen Macht der Welt (3) von 40 000 Guerillas in Schach gehalten und belagert – während jene, denen das Land einst gehört hatte, ums Überleben kämpften oder als Sklaven für den weißen Mann im Big Hole bei Kimberley über 200 Meter tief nach Diamanten gruben (2).

De heerschappij van de Britten in Zuid-Afrika, die al meer dan tachtig jaar bestond, kwam steeds meer onder druk te staan van de Boeren (1), nazaten van Nederlandse kolonisten in Transvaal en Oranje-Vrijstaat. In 1899 leidde Britse hebzucht tot een tweede oorlog met de Boeren en twee maanden lang werd een half miljoen soldaten van het grootste imperium ter wereld (3) belegerd en in de tang gehouden door veertigduizend rebellen – terwijl degenen van wie het land eigenlijk was, streden om te overleven of als slaven in de Big Hole in Kimberley meer dan 200 m diep naar diamanten groeven voor de blanken (2).

2

3

THOUGH outnumbered and outgunned, the Boers knew how to use their terrain, and throughout 1899 the British suffered a series of embarrassing defeats – at Nicholson's Nek, Ladysmith, Stormberg, Magersfontein and Colenso.

Boer morale was high, recalling victories of the war of 1881 – 'don't forget Majuba Boys' was scratched on the wall of a Boer homestead (1). But Britain summoned up fresh resources and appointed new generals. Boer sieges of Ladysmith and Mafeking

were raised, and a combined force of English and Imperial troops defeated the Boers at the battle of Spion Kop, where Canadians drove the Boers at bayonet point from the kopje (2).

machten neue Reserven mobil und setzten neue Generäle ein. Die von den Buren besetzten Städte Ladysmith und Mafeking wurden zurückerobert, und eine Armee aus britischen Soldaten und Truppen des Empire besiegte die Buren in der Schlacht von Spion Kop, wo Kanadier die Buren mit Bajonetten vom Hügel vertrieben (2).

DE Boeren waren slechter bewapend en in de minderheid, maar ze wisten gebruik te maken van het terrein en bezorgden de Britten in 1899 een reeks gevoelige nederlagen, bijvoorbeeld bij Nicholson's Nek, Ladysmith, Stormberg, Magersfontein en Colenso. Het moreel van de Boeren was enorm; ze herinnerden zich de overwinning van de Engelsen in 1881 nog – 'Denk aan de Majuba Boys' stond op de muur van een Boerenhuis (1). Maar de Britten haalden nieuwe troepen en stelden nieuwe generaals aan. De steden Ladysmith en Mafeking die door de Boeren bezet waren, werden heroverd en een leger met troepen uit het Britse Rijk versloeg de Boeren in de slag bij Spion Kop, waar Canadezen de Boeren met bajonetten verjoegen (2).

OBWOHL sie zahlenmäßig unterlegen waren und weniger Waffen besaßen, wußten die Buren ihr Terrain zu nutzen und fügten 1899 den Briten eine Reihe schmachvoller Niederlagen zu, beispielsweise bei Nicholson's Nek, Ladysmith, Stormberg, Magersfontein und Colenso. Die Kampfmoral der Buren war enorm, denn sie erinnerten sich an die Siege über die Briten im Krieg von 1881 – »Denkt an Majuba Boys« war in die Wand eines Buren-Hauses gekratzt (1). Aber die Briten

To the reports from South Africa of war correspondents such as Rudyard Kipling, Winston Churchill and Conan Doyle were added the pictures of many war artists, and at least one great photographer – Reinhold Thiele – whose photographs of troops training, marching, resting (3) and recuperating were reprinted in the *London Daily Graphic*. The realism of pictures of British wounded lying in the filth of a wagon house (1) contrasted starkly with propaganda studies taken in a military hospital many miles from the actual fighting (2). But in general it was still the war artists, rather than the photographers, who recorded the battles, and there was no suggestion in their drawings that the British were suffering heavy defeats.

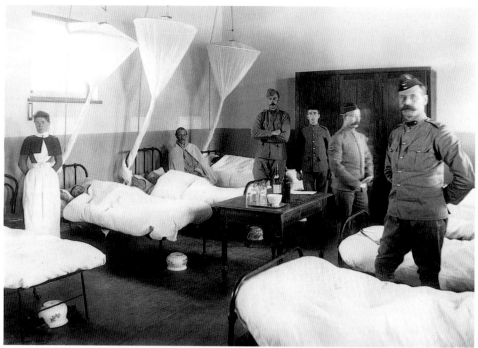

Schmutz eines Schuppens (1) stand in starkem Kontrast zu den Propagandaaufnahmen, die in einem Militärhospital viele Meilen von den Kampfschauplätzen entfernt gemacht wurden (2). Aber im allgemeinen waren es noch immer die Kriegszeichner, und nicht die Photographen, die die Schlachten dokumentierten, und in ihren Zeichnungen gab es keinen Hinweis darauf, daß die Briten große Verluste erlitten hatten.

DE verslagen over de oorlog in Zuid-Afrika door correspondenten als Rudyard Kipling, Winston Churchill en Conan Doyle gingen vergezeld van werken van oorlogstekenaars en van ten minste een belangrijke fotograaf, Reinhold Thiele, wiens foto's van exercerende, marcherende en rustende (3) soldaten werden afgedrukt in de *London Daily Graphic*. Het realisme van afbeeldingen van Britse soldaten in een vuile schuur (1) stond in scherp contrast met de propagandafoto's die werden gemaakt in een militair hospitaal, mijlenver van het front (2). Maar in het algemeen waren het nog steeds tekenaars en niet de fotografen die de veldslagen documenteerden en in hun tekeningen werd er niet naar verwezen dat de Britten grote verliezen leden.

THE monarchs of Europe were one big, though not happy, family in the years leading up to the First World War. The Kaiserin Friedrich (2 – with her son, later Kaiser Wilhelm II) was Vicky, the eldest daughter of Queen Victoria. An unlikely friendship: Winston Churchill with Wilhelm II at the German Army manoeuvres of 1909 (1). An unlikely *entente*: Edward VII with Wilhelm II during a visit to Germany in 1910 (3). More in touch with popular feeling: John Bull of England attempts to swallow the German Navy, a float at the Mainz Carnival of February 1912 (4).

DIE Monarchen Europas bildeten in den Jahren vor dem Ersten Weltkrieg eine große, aber nicht sehr glückliche Familie. Die Kaiserin (2, hier mit ihrem Sohn, dem späteren Kaiser Wilhelm II.), war Vicky, die älteste Tochter von Königin Victoria. Eine unwahrscheinliche Freundschaft: Winston Churchill mit Wilhelm II. beim deutschen Armeemanöver 1909 (1). Eine unwahrscheinliche Entente: Edward VII. mit Wilhelm II. während eines Besuchs in Deutschland im Jahre 1910 (3). Näher am Volk: John Bull aus England versucht die Deutsche Flotte zu verschlucken – ein Wagen im Mainzer Karnevalszug, Februar 1912 (4).

DE koningen van Europa vormden voor de Eerste Wereldoorlog een grote, maar niet erg gelukkige familie. Keizerin Friedrich (2, hier met haar oudste zoon, de latere Kaiser Wilhelm II) was Vicky, de oudste dochter van koningin Victoria. Een onwaarschijnlijke vriendschap: Winston Churchill met Wilhelm II bij Duitse legeroefeningen in 1909 (1). Een onwaarschijnlijke ontspanning: Edward VII met Wilhelm II tijdens een bezoek aan Duitsland in 1910 (3). Dichter bij het volk: de Engelse John Bull probeert de Duitse marine op te slokken – een praalwagen in de carnavalsoptocht van Mainz, februari 1912 (4).

1

KINGS, emperors, princes and dukes arrived and departed during the 19th century – Queen Victoria went on for ever (3). She was mother or grandmother to most of the royal families of Europe, a matriarchal figure who was never afraid to admonish those whose subjects trembled beneath them. In 1857 her beloved husband, Albert of Saxe-Coburg-Gotha, was made Prince Consort. She was heartbroken when he died in 1861, the year of this photograph (1). It was said that, although she lived a further 40 years, she never loved another – though it was also said that John Brown (2, on left, with Princess Louise, centre) was more to Her Majesty than a mere personal servant.

DAS 19. Jahrhundert sah viele Könige, Kaiser, Prinzen und Herzöge, aber Königin Victoria schien sie alle zu überleben (3). Sie war die Mutter oder Großmutter der meisten königlichen Familien Europas, eine matriarchalische Figur, die niemals davor zurückschreckte, jene zu ermahnen, deren Untertanen unter ihnen litten. 1857 ernannte sie ihren geliebten Mann Albert von Sachsen-Coburg-Gotha zum Prinzgemahl. Unter seinem Tod im Jahre 1861, in dem diese Aufnahme entstand (1), litt sie sehr. Man sagte, sie habe in den vierzig Jahren, die sie ihn überlebte, nie wieder einen anderen geliebt – aber man sagte auch, John Brown (2, links, mit Prinzessin Louise) sei für Ihre Majestät mehr gewesen als nur ein persönlicher Diener.

DE 19e eeuw kende vele koningen, keizers, prinsen en hertogen. Koningin Victoria leek ze allemaal te overleven (3). Ze was de moeder of grootmoeder van de meeste koninklijke families in Europa, een matriarchale figuur die er niet voor terugdeinsde degenen die hun onderdanen lieten lijden ter verantwoording te roepen. In 1857 benoemde ze haar man Albert von Sachsen-Coburg-Gotha tot prins-gemaal. Ze leed zeer onder zijn dood in 1861 (1). Ze zei dat ze gedurende de veertig jaar dat ze hem overleefde, nooit meer van een andere man had gehouden – maar men vertelde ook dat John Brown (2, links, met prinses Louise) meer voor haar was dan alleen haar persoonlijke bediende.

1

THE Boxer Rising of 1900 was directed against foreign influence in China, and championed the traditional Chinese way of life. There was some support for the insurgents from the Imperial Court and from members of the army, among them cadets at Tientsin (1), but the lead was taken by the Fist-Fighters for Justice and Unity, part of the ancient Buddhist secret society known as the White Lotus. Western powers joined forces to crush the rising: German cavalry occupied the centre of Peking (2).

DER Boxeraufstand von 1900 richtete sich gegen fremde Einflüsse in China und kämpfte für den Erhalt der traditionellen chinesischen Lebensart. Die Aufständischen wurden zum Teil vom kaiserlichen Hof und von Mitgliedern der Armee unterstützt, darunter Kadetten aus Tientsin (1). Die Führung übernahmen aber die »Faust-Rebellen« der Vereinigung für Recht und Eintracht, Teil der alten buddhistischen Geheimgesellschaft, die als Weißer Lotus bekannt war. Die Westmächte entsandten Truppen, um den Aufstand niederzuschlagen: Die deutsche Kavallerie besetzte das Zentrum von Peking (2).

DE bokseropstand in China was gericht tegen vreemde invloeden en vocht voor het behoud van de Chinese manier van leven. De opstandelingen werden voor een deel gesteund door het keizerlijke hof en delen van het leger, waaronder de cadetten uit Tientsin (1). De leiding was in handen van de 'vuistvechters' van de 'Vereniging voor Recht en Eenheid', deel van de oude geheime boeddhistische sekte die 'Witte Lotus' werd genoemd. De westerse landen stuurden troepen om de opstand neer te slaan: Duitse cavalerie bezette het centrum van Peking (2).

THE Boxers also wished to put an end to Christian influence in China, such as that of the Roman Catholic priest, Pater Schen – here accompanied by two Roman Catholic soldiers (1). In a rare example of international co-operation, German, British, French, Italian, American and Russian forces combined to defeat the Boxers (2). The rising was centred around Peking, where the Chien Men Gate (3) and the British Legation (4) were both attacked.

3

LEST WE FORGET

4

(*Vorherige Seiten*)

DIE Boxer wollten auch dem christlichen Einfluß in China ein Ende machen, wie dem des katholischen Priesters, Pater Schen, der hier von zwei römisch-katholischen Soldaten begleitet wird (1). In einem seltenen Beispiel internationaler Kooperation schlossen sich deutsche, britische, französische, italienische, amerikanische und russische Streitkräfte zusammen, um die Boxer zu bekämpfen (2). Das Zentrum des Aufstands war Peking, wo das Chien-Men-Tor (3) und die Britische Vertretung (4) unter Beschuß genommen wurden.

(*blz. 358/359*)

DE boksers wilden ook een eind maken aan de christelijke invloed in China, zoals die van de katholieke priester pater Tsjen, hier begeleid door twee katholieke soldaten (1). Een schaars voorbeeld van internationale samenwerking: Duitse, Britse, Franse, Italiaanse, Amerikaanse en Russische strijdkrachten sloten zich aaneen om de boksers te bestrijden (2). Centrum van de opstand was Peking, waar de Chien-Men-poort (3) en het Britse consulaat (4) onder vuur werden genomen.

THE funeral of the aged, but feared, Dowager Empress Tz'u-hsi took place in 1908. Born in 1835, she had ruled with a rod of iron since the death of her husband Hsien-feng in 1861. Greedy and unprincipled, she was a powerful figure in a country where women were traditionally subservient, but ultimately she made no positive contribution to China.

DIE alte, aber gefürchtete Kaiserwitwe Tz'u-Hsi wurde 1908 zu Grabe getragen. Sie war 1835 zur Welt gekommen und hatte das Land seit dem Tod ihres Gemahls, Kaiser Hsien-Feng, im Jahre 1861 mit eiserner Hand regiert. Habgierig und skrupellos, war sie eine mächtige Figur in einem Land, in dem Frauen traditionsgemäß unterwürfig waren, aber letztlich tat sie nichts Positives für China.

TZ'U-HSI, de oude maar gevreesde weduwe van de keizer, stierf in 1908. Ze was geboren in 1835 en had het land sinds de dood van haar man, keizer Hsien-Feng, in 1861 geleid met ijzeren hand. Ze was hebzuchtig en zonder scrupules, een machtige figuur in een land waar vrouwen traditioneel onderdanig waren, maar ook zij deed uiteindelijk niets goeds voor China.

1

2   3

ELEVEN years after the Boxer rising, a more serious revolution took place in China. Following the death of the Dowager Empress, the Manchu dynasty lost much of its authority in southern China. Imperial officials fled from Tientsin (1) early in 1912, when followers of Sun Yat-sen raised the army of nationalism, republicanism and socialism (a mild form of agrarian reform). Reprisals were swift, and executions summary (2 and 3), but the Empire fell.

ELF Jahre nach dem Boxeraufstand fand in China eine größere Revolution statt. Nach dem Tod der Kaiserwitwe verlor die Mandschu-Dynastie viel von ihrer Autorität in Südchina. Beamte des Hofes flohen zu Beginn des Jahres 1912 aus Tientsin (1), als Anhänger von Sun Yat-Sen eine nationalistische, republikanische und sozialistische Armee aufstellten (eine milde Form der Agrarreform). Vergeltungsmaßnahmen folgten prompt: Hinrichtungen wurden im Schnellverfahren vorgenommen (2, 3), aber das Kaiserreich fiel.

ELF jaar na de bokseropstand vond in China een grotere revolutie plaats. Na de dood van de weduwe van de keizer verloor de Mantsjoe-dynastie aan autoriteit in het zuiden van China. Ambtenaren vluchtten begin 1912 uit Tientsin (1), toen aanhangers van Sun Yat-sen een nationalistisch, republikeins en socialistisch leger opzetten (een milde vorm van agrarische hervormingen). Al snel volgden vergeldingsacties: terechtstellingen na snelrecht (2, 3), maar uiteindelijk viel het keizerrijk toch.

World War I

IN 1909 the Italian futurist F. T. Marinetti wrote: 'We will glorify war – the world's only hygiene – militarism, patriotism, the destructive gesture of freedom-bringers, beautiful ideas worth dying for, and scorn for woman.'

Everyone had wondered when the great conflict was coming, but all professed surprise when it broke out. Many had looked forward to the day: 'In the life of camps and under fire,' wrote one French student, 'we shall experience the supreme expansion of the French force that lies within us.' A cartoon in the British humorous magazine *Punch* in 1909 depicted three cavalry officers discussing the Great War. The caption read:

MAJOR: It's pretty certain we shall have to fight 'em in the next few years.
SUBALTERN: Well, let's hope it comes between the polo and the huntin'.

There were old scores to settle, old rivalries to renew – between France and Germany, Russia and Austria. There were new weapons to be tried, fleets to be matched against each other. A whole new generation of generals needed to be put through their old paces on the battlefield. There were plans, timetables, mobilization orders ready to be put into effect.

But no one wanted it, and no one was prepared to take responsibility for it. Indeed, we shall never know exactly what caused the First World War, for each of the combatants had a different theory. These theories have one thing in common – all nations protested that what they did, they did out of self-defence.

There is, however, general agreement on what precipitated the headlong dash into war. On 28 June 1914, the Archduke Franz-Ferdinand, heir to the great Austro-Hungarian Empire, and his wife visited Sarajevo. They arrived by train and toured the city in an open motor car (1). They were given a mixed reception. Roses were presented, but bombs were thrown. The Archduke decided enough was enough, and headed back to the railway station. But the car took a different route, and made a wrong turning into a cul de sac. The street was narrow. The car stopped to turn round. A Bosnian student named Gavrilo Princip, one of several who had been armed by the Intelligence Bureau of the Serbian General Staff, found himself opposite the man he had sworn to assassinate. He leapt on to the running board of the car and fired his pistol at point-blank range. The Archduke and his wife were both killed.

A month later Austro-Hungary declared war on Serbia. Russia declared war on Austro-Hungary. On 1 August Germany declared war on Russia, and two days later on France. On 4 August Britain declared war on Germany. The cast was almost fully assembled. Turkey joined in 1914, Italy in May 1915. The United States waited until April 1917.

And when that terrible war finally arrived, it was greeted with wild acclaim. 'Now God be thanked who had matched us with His hour, and caught our youth and wakened us from sleeping,' wrote the English poet Rupert Brooke. Enthusiastic crowds gathered in London, Paris, Vienna and on the Unter den Linden in Berlin on the day war was declared. Young men flocked to join the army. Their elders had other priorities – crowds also gathered outside this Berlin bank eager to draw out their savings (overleaf). As in every war, everyone expected to win, and most believed it would all be over by Christmas.

It was not. Four years and three months later the last shots were fired on the Western Front. Millions had been killed, many millions wounded, mutilated, maddened. No army had gained any ground, save a corner of north-eastern France still in German hands. An hour before the Armistice came into force, Canadian troops entered Mons, the site of the first battle of the war in 1914.

Whole empires disappeared, new nations emerged. The German Kaiser abdicated and fled to Holland. The Russian Tsar and most of his family were assassinated. An era ended. Europe was never the same again.

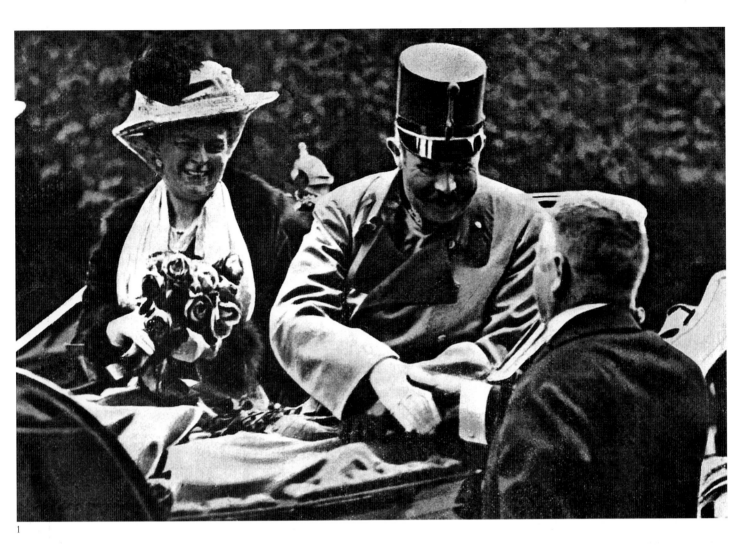

1

DER italienische Futurist F. T. Marinetti schrieb 1909: »Wir werden den Krieg verherrlichen – diese einzige Hygiene der Welt – Militarismus, Patriotismus, die destruktive Geste der Friedensbringer, wunderschöne Ideen, für die es sich lohnt, zu sterben, und Verachtung für die Frau.«

Jedermann hatte sich gefragt, wann es zum großen Konflikt kommen würde, aber alle waren überrascht, als er dann wirklich ausbrach. Viele hatten sich auf den Tag gefreut: »Beim Leben in Lagern und unter Beschuß«, schrieb ein französischer Student, »werden wir die absolute Ausbreitung der französischen Kraft erfahren, die in uns schlummert.« In einer Karikatur des britischen Satiremagazins *Punch* wurden 1909 drei Kavallerieoffiziere dargestellt, die über den großen Krieg diskutierten. Die Bildunterschrift lautete:

MAJOR: Es ist ziemlich sicher, daß wir in den nächsten paar Jahren gegen sie kämpfen müssen.
UNTERGEBENER: Nun, hoffen wir, daß es zwischen Polo und Jagd stattfindet.

Zwischen Frankreich und Deutschland und zwischen Rußland und Österreich gab es alte Rechnungen zu begleichen und alte Rivalitäten zu erneuern. Neue Waffen mußten getestet werden und Flotten mußten gegeneinander antreten. Eine völlig neue Generation von Generälen wurde auf dem Schlachtfeld auf Herz und Nieren geprüft. Es gab Strategien, Zeitpläne und Mobilmachungsbefehle, die jederzeit in die Tat umgesetzt werden konnten.

Aber das wollte niemand, und niemand war bereit, die Verantwortung zu übernehmen. Wir werden die genauen Gründe, die zum Ausbruch des Ersten Weltkriegs führten, wohl niemals erfahren, denn alle Beteiligten hatten eine andere Theorie. Diese Theorien haben jedoch eines gemeinsam: Alle Nationen gaben vor, einzig und allein aus Gründen der Selbstverteidigung gehandelt zu haben.

Über die Ursache des überstürzten Eintritts in den Krieg herrscht jedoch allgemein Einigkeit. Am 28. Juni 1914 besuchten Erzherzog Franz Ferdinand, Thronfolger des großen österreichisch-ungarischen Reiches, und seine Frau Sarajevo. Sie kamen mit dem Zug an und fuhren in einem offenen Automobil durch die Stadt (1). Man bereitete ihnen einen gemischten Empfang. Rosen wurden überreicht, und Bomben wurden geworfen. Der Erzherzog eilte zurück zum Bahnhof.

Aber der Wagen nahm eine andere Route und bog in eine enge Sackgasse ein, wo er anhielt, um zu wenden. Ein bosnischer Student namens Gavrilo Princip, einer der vielen, die vom Geheimdienst des serbischen Generalstabs mit Waffen versorgt worden waren, fand sich plötzlich dem Mann gegenüber, den er geschworen hatte, umzubringen. Er sprang auf das Trittbrett des Autos und feuerte seine Pistole aus kürzester Distanz ab. Der Erzherzog und seine Frau waren sofort tot.

Einen Monat später erklärte Österreich-Ungarn Serbien den Krieg. Rußland erklärte Österreich-Ungarn den Krieg. Am 1. August erklärte Deutschland Rußland den Krieg und zwei Tage später auch Frankreich. Am 4. August erklärte Großbritannien Deutschland den Krieg. Die Teilnehmer waren fast komplett. Die Türkei kam 1914, Italien im Mai 1915 dazu. Die Vereinigten Staaten warteten bis zum April 1917.

Als dieser schreckliche Krieg endlich ausbrach, wurde er stürmisch willkommen geheißen. »Nun danken wir Gott, der uns mit Seiner Stunde gesegnet, unsere Jugend genommen und uns aus dem Schlaf erweckt hat«, schrieb der englische Dichter Rupert Brooke. Am Tag der Kriegserklärung versammelten sich begeisterte Menschenmengen in London, Paris, Wien und Unter den Linden in Berlin. Tausende junger Männer traten freiwillig in die Armee ein. Ihre älteren Zeitgenossen hatten andere Prioritäten; Menschenmengen versammelten sich auch vor dieser Berliner Bank, um ihre Ersparnisse abzuheben (2). Wie in jedem Krieg zeigten sich alle siegessicher, und die meisten glaubten, alles werde bis Weihnachten vorbei sein.

Aber das war nicht der Fall. Vier Jahre und drei Monate später fielen an der Westfront die letzten Schüsse. Millionen von Menschen kamen ums Leben, viele Millionen waren verwundet, verstümmelt oder wahnsinnig geworden. Keine der Armeen hatte Boden gewonnen, außer einer Ecke im Nordosten Frankreichs, die sich noch immer in deutscher Hand befand. Eine Stunde vor Inkrafttreten des Waffenstillstands trafen kanadische Truppen in Mons ein, dem Schauplatz der ersten Schlacht des Krieges im Jahre 1914.

Ganze Reiche verschwanden, und neue Nationen entstanden. Der deutsche Kaiser dankte ab und ging in die Niederlande. Der russische Zar und die meisten seiner Angehörigen wurden ermordet. Eine Ära ging zu Ende. Das alte Europa gehörte der Vergangenheit an.

IN 1909 schreef de Italiaanse futurist F.T. Marinetti: "We zullen de oorlog verheerlijken —de enige hygiëne ter wereld— militarisme, patriottisme, de destructieve gebaren van de vredesboodschapper, prachtige ideeën waarvoor het waard is te sterven, en minachting voor de vrouw."

Iedereen had zich afgevraagd wanneer de grote oorlog zou uitbarsten en iedereen was verbaasd toen hij echt uitbrak. Velen hadden naar die dag uitgezien: "Het leven in de barakken en onder vuur", schreef een Franse student, "zal ons de volle Franse kracht doen voelen die in ons sluimert." In een karikatuur in het Engelse tijdschrift *Punch* werden in 1909 drie cavalerie-officieren afgebeeld die over de grote oorlog discussieerden. Het onderschrift luidde:

MAJOOR: Het is vrijwel zeker dat we de komende paar jaar tegen hen moeten vechten.
ONDERGESCHIKTE: Laten we hopen dat het tussen het polo- en het jachtseizoen valt.

Frankrijk en Duitsland, Rusland en Oostenrijk hadden nog een rekening te vereffenen. Nieuwe wapens moesten worden uitgeprobeerd en de vloten moesten tegen elkaar in het strijdperk treden. Op het slagveld stond een geheel nieuwe generatie generaals klaar. Er was een strategie, en een tijdsplan en mobilisatiebevelen lagen klaar om uitgevoerd te worden.

Maar niemand wilde dat en niemand was bereid de verantwoordelijkheid op zich te nemen. De exacte redenen voor het uitbreken van de Eerste Wereldoorlog zullen we wel nooit te weten komen, want alle betrokkenen hadden een andere theorie. Al die theorieën hebben één ding gemeen: alle landen zeiden enkel uit zelfverdediging te hebben gereageerd.

Maar over de oorzaak voor het plotselinge begin van de oorlog lijkt iedereen het eens. Op 28 juni 1914 brachten Franz-Ferdinand, kroonprins van het grote Oostenrijks-Hongaarse Rijk, en zijn vrouw een bezoek aan Sarajevo. Ze arriveerden per trein en reden in een open auto door de stad (zie blz. 365). Ze kregen een gemengd onthaal, er werden rozen en bommen gegooid. De aartshertog haastte zich terug naar het station. Maar de auto nam een andere route en reed een nauwe doodlopende straat in, waar hij stopte om te keren. De Bosnische student Gavrilo Princip, een van de velen die door de geheime dienst van de Servische generale staf van wapens waren voorzien, stond plotseling tegenover de man die hij had gezworen te zullen

2

vermoorden. Hij stapte op de treeplank van de auto en vuurde zijn pistool van zeer dichtbij af. De aartshertog en zijn vrouw waren op slag dood.

Een maand later verklaarde Oostenrijk-Hongarije Servië de oorlog. Rusland verklaarde de oorlog aan Oostenrijk-Hongarije. Op 1 augustus verklaarde Duitsland de oorlog aan Rusland en twee dagen later ook aan Frankrijk. Op 4 augustus verklaarde Engeland de oorlog aan Duitsland. De deelnemers waren bijna compleet. Turkije kwam er nog bij in 1914, Italië in mei 1915. De Verenigde Staten wachtten tot april 1917.

Toen de verschrikkelijke oorlog eindelijk uitbrak, werd hij enthousiast verwelkomd. "Laten we God danken dat hij ons met zijn uur heeft gezegend, onze jeugd heeft ontnomen en ons uit onze slaap heeft gewekt", schreef de Engelse dichter Rupert Brooke. Op de dag van de oorlogsverklaringen verzamelden zich enthousiaste menigten in Parijs, Londen, Wenen en Berlijn. Duizenden jonge mannen namen vrijwillig dienst. Hun oudere landgenoten hadden andere belangen: een grote mensenmassa verzamelde zich voor een bank in Berlijn (2) om zijn geld van de bank af te halen. Net als in elke oorlog was iedereen overtuigd van de overwinning en de meesten meenden dat het voor Kerstmis allemaal achter de rug zou zijn.

Maar dat was het niet. Vier jaar en drie maanden later vielen aan het westelijke front de laatste schoten. Miljoenen mensen waren omgekomen, vele miljoenen waren gewond, verminkt of waanzinnig. Geen van de legers had terrein gewonnen, behalve een klein stukje in het noordoosten van Frankrijk dat nog steeds in Duitse handen was. Een uur voor de wapenstilstand arriveerden Canadese troepen in Mons, het schouwtoneel van de eerste veldslag van de oorlog in 1914.

Hele rijken verdwenen en nieuwe staten ontstonden. De Duitse keizer trad af en vluchtte naar Nederland. Het was het einde van een tijdperk. Europa zou nooit meer hetzelfde zijn.

AT first it was a war of movement. German armies marched westward, passing through Belgium to strike at Paris. Belgian refugees trundled their most precious belongings ahead of the invading troops (1). In the east, Austrian troops mobilized, and officers bade farewell to wives and sweethearts at railheads (2). Within a few days they, too, were on the march (3), heading east to meet the vast Russian army as it headed west. The killing had begun.

ANFANGS zeichnete sich der Krieg durch große Mobilität aus. Deutsche Armeen marschierten westwärts und durchquerten Belgien, um Paris anzugreifen. Belgische Flüchtlinge brachten sich vor den einfallenden Truppen in Sicherheit (1). Im Osten machten österreichische

Truppen mobil, und Offiziere sagten an den Bahnhöfen ihren Frauen Lebewohl (2). Innerhalb weniger Tage befanden auch sie sich auf dem Marsch nach Osten (3), um auf die nach Westen vorrückende russische Armee zu treffen. Das Töten hatte begonnen.

IN het begin werd de oorlog gekenmerkt door een enorme mobiliteit. Duitse legers marcheerden naar het westen en doorkruisten België om Parijs aan te vallen. Belgische vluchtelingen brachten hun waardevolle bezittingen in veiligheid voor de binnenvallende legers (1). In het oosten mobiliseerden de Oostenrijkse troepen en officieren namen op de stations afscheid van hun vrouw (2). Binnen enkele dagen marcheerden ook zij (3), naar het oosten, de oprukkende Russische legers tegemoet. Het moorden was begonnen.

1

IN the east, the first casualty was Serbia. Austrian and Bulgarian troops inflicted a series of defeats on the Serbian army, which was in retreat by the summer of 1915 (1). As on the Western Front, the war soon became bogged down into one of attrition. Spotter planes, machine guns, artillery and, later, tanks put an end to the old supremacy of cavalry on the battlefield. The Bulgarian trenches on the Macedonian front (2) were every bit as uncomfortable as those in Flanders. After a prolonged spell in them, soldiers could sleep anywhere (3).

IM Osten wurde zuerst Serbien besiegt. Nach einer Reihe vernichtender Niederlagen durch österreichische und bulgarische Truppen trat die serbische Armee im Sommer 1915 den Rückzug an (1). Wie bereits an der Westfront kam es auch hier zu einem Zermürbungskrieg. Aufklärungsflugzeuge, Maschinengewehre, Artillerie und später Panzer machten der alten Vormachtstellung der Kavallerie auf dem Schlachtfeld ein Ende. Die bulgarischen Schützengräben an der mazedonischen Front (2) waren genauso unbequem wie die in Flandern. Nachdem sie viele Stunden darin verbracht hatten, konnten die Soldaten überall schlafen (3).

IN het oosten werd eerst Servië verslagen. Na een reeks vernietigende nederlagen tegen Oostenrijkse en Bulgaarse troepen, trok het Servische leger zich in de zomer van 1915 terug (1). Net als in het westen kwam het hier tot een uitputtingsslag. Verkenningsvliegtuigen, machinegeweren, artillerie en later pantsers maakten een einde aan de suprematie van de cavalerie op het slagveld. De Bulgaarse loopgraven aan het front in Macedonië (2) waren even oncomfortabel als die in Vlaanderen. Nadat ze er vele uren in hadden doorgebracht, konden de soldaten overal slapen (3).

2

3

OF all the nations involved, Germany was perhaps the best prepared. God's blessing was sought at the Dom (cathedral) in Berlin (1). Kaiser Wilhelm II (2, centre) had enough sense to leave German strategy in the hands of Generals Ludendorff (2, left) and Hindenburg (2, right). Young Germans were trained in the arts of war, including the maintenance of planes (3). And on the Ruhr, the weapons of war were forged in vast furnaces (4).

VON allen beteiligten Nationen war Deutschland wahrscheinlich am besten vorbereitet. Im Berliner Dom (1) beteten die Menschen um Gottes Segen. Kaiser Wilhelm II. (2, Mitte) war so vernünftig, die deutsche Strategie den Generälen Ludendorff (2, links) und Hindenburg (2, rechts) zu überlassen.

Jungen Deutschen wurde die Kriegskunst
beigebracht, einschließlich der Wartung
von Flugzeugen (3). Und an der Ruhr
wurden die Waffen in der Hitze riesiger
Hochöfen geschmiedet (4).

V AN alle landen was Duitsland
waarschijnlijk het best voorbereid. In
de Dom van Berlijn (1) baden de mensen
om Gods zegen. Keizer Wilhelm II (2,
midden) was verstandig genoeg om de
Duitse strategie over te laten aan de
generaals Ludendorf (2, links) en
Hindenburg (2, rechts). Jonge Duitsers
werden onderricht in de krijgskunst,
inclusief het onderhoud aan vliegtuigen
(3). Aan de Ruhr werden wapens gesmeed
in de reusachtige hoogovens (4).

1

2

A German officer leads his platoon through a cloud of phosgene gas in an attack on British trenches (previous pages). By March 1916, German troops were stuck in the muddy trenches of Flanders, which crawled with rats. This was just one night's catch (1). A luckier catch were these captured British tanks – the one secret weapon possessed by the British (2). In the ruins of Béthune, German prisoners were made to repair the roads (3). A wounded Senegalese soldier is carried by a German nurse (4).

EIN deutscher Offizier führt in einem Angriff auf britische Schützengräben seine Einheit durch eine Wolke aus dem Giftgas Phosgen (vorherige Seiten). Im März 1916 saßen deutsche Truppen zusammen mit Ratten in den schlammigen Gräben von Flandern fest. Dies war nur der Fang einer Nacht (1). Ein besserer Fang waren diese britischen Panzer, die Geheimwaffe der Briten (2). In den Ruinen von Béthune mußten deutsche Gefangene die Straßen ausbessern (3). Ein verwundeter senegalesischer Soldat wird von einem deutschen Pfleger getragen (4).

EEN Duitse officier loodst zijn troep door een wolk van fosforgas bij een aanval van de Britse stellingen (blz. 374/375). In maart 1916 zaten Duitse troepen samen met ratten vast in de modder van de Vlaamse loopgraven. Dit was de vangst van één nacht (1). Een betere vangst waren deze Britse pantsers, het Engelse geheime wapen (2). In de ruïnes van Béthune moesten Duitse krijgsgevangenen de straten herstellen (3). Een gewonde Senegalese soldaat wordt gedragen door een Duitse hospik (4).

3

4

THE war at sea was mostly a contest between submarine and merchant ship, or merchant ship and mine (1). Sailors on board the German U35 and U42 must have been relieved when they surfaced within sight of land in the Mediterranean (2). One of the most notorious episodes was the sinking of the *Lusitania*, which was almost certainly carrying war supplies as well as passengers and was thus a legitimate target. Shocked survivors were brought ashore at Queenstown, Ireland (3). Victims were buried in mass graves (4).

DER Seekrieg bestand größtenteils aus Auseinandersetzungen zwischen U-Booten und Handelsschiffen, oder zwischen Handelsschiffen und Minen (1). Matrosen an Bord der deutschen U35 und U42 müssen aufgeatmet haben, als sie beim Auftauchen aus dem Mittelmeer Land sahen (2). Eine der berüchtigtsten Episoden des Krieges war der Untergang der *Lusitania*, ein Passagierschiff, das mit großer Wahrscheinlichkeit auch Kriegs-gerät transportierte und daher ein legitimes Angriffsziel war. Die entsetzten Über-lebenden wurden bei Queenstown in Irland an Land gebracht (3), die Opfer in Massengräbern beigesetzt (4).

DE oorlog op zee bestond voor een groot deel uit schermutselingen tussen onderzeeërs en koopvaardijschepen, of tussen koopvaardijschepen en mijnen (1). Matrozen aan boord van de Duitse U35 en U42 moeten opgelucht adem hebben gehaald toen ze bij het opduiken uit de Middellandse Zee land zagen (2). Een van de beruchtste episoden uit de oorlog was de ondergang van de *Lusitania*, een passagiersschip dat waarschijnlijk ook oorlogsmaterieel verscheepte en daarom een gewettigd doelwit was. De onthutste overlevenden werden in het Ierse Queenstown aan land gebracht (3), de slachtoffers werden in massagraven begraven (4).

FOUR years of shot and shell on the Western Front reduced Flanders to a nightmare landscape of water-filled shell holes. Many men went mad. Most shrugged their packs on to their shoulders and did what they were told – crouching in dug-outs while artillery shells rained down, waiting to go 'over the top'. A file of men from the East Yorkshire Regiment, near Frezenburg, 5 September 1917.

VIER Jahre Gewehr- und Granatenfeuer an der Westfront machten Flandern zu einer alptraumhaften Landschaft, durch-zogen von wassergefüllten Bombentrichtern und Schlammgruben. Viele Männer wurden verrückt. Die meisten luden sich ihren Tornister auf die Schultern und taten, was

ihnen befohlen wurde; sie krochen durch Schützengräben, während es Granaten reg-nete, und warteten darauf, »aufzutauchen« und die relative Sicherheit des Lebens unter der Erde zu verlassen, um über Niemands-land ins Mündungsfeuer der Maschinengewehre zu laufen. Wenn sie überlebten, marschierten sie zurück zu den Reservegräben, wie diese Männer des East Yorkshire Regiments am 5. September 1917 in der Nähe von Frezenburg, denn man hatte keinen Boden gewonnen.

VIER jaar geweer- en granaatvuur maakten van Vlaanderen een spooklandschap met overal bomkraters en modderkuilen. Veel mannen draaiden door. De meesten deden wat hun werd opgedragen. Ze kropen door de loopgraaf terwijl het granaten regende en wachtten tot ze konden 'opduiken' om de relatieve veiligheid van het leven onder de grond te verlaten en door het niemandsland tegen het geweervuur van de vijand in te lopen. Als ze overleefden, marcheerden ze terug naar de reserveloopgraven – zonder terreinwinst, zoals deze mannen van het East Yorkshire Regiment op 5 september 1917 in de buurt van Frezenburg.

1

SOME died thousands of miles from home –
Canadian troops of the 16th Machine Gun
Company at Passchendaele, 1917 (1); US 23rd
Infantry in action in the Argonne (2). Others died on
their native soil, many of the French at Verdun (3).

EINIGE starben Tausende von Kilometern fern der
Heimat. Eingegrabene kanadische Soldaten der
16. Machine Gun Company bei Passchendaele Ridge,
1917 (1); die 23. US-Infanterie in Aktion in der
Argonne (2). Andere starben auf heimatlichem Boden,
viele Franzosen bei Verdun (3).

SOMMIGEN stierven duizenden kilometers van huis.
Ingegraven soldaten van de 16e Machine Gun
Company bij Passchendaele, 1917 (1), de 23e US-
infanterie in de Argonne (2). Anderen stierven op
vaderlandse bodem, zoals veel Fransen bij Verdun (3).

TROOPS often moved up the line towards death (2) and the enemy in greater comfort than they returned – British troops are carried on gun limbers past what was left of Polderhoek during the Battle of Ypres (1).

DER Vormarsch der Truppen auf Tod (2) und Feind war oft bequemer als der Rückzug; britische Truppen fahren auf Geschützwagen an dem vorüber, was von Polderhoek nach der Schlacht von Ypres übriggeblieben war (1).

DE opmars van de troepen richting vijand en dood (2) was vaak comfortabeler dan de terugtocht. Britse troepen worden vervoerd langs wat ooit Polderhoek was, na de slag bij Ieper (1).

2

1

TRENCH life for French officers had a few civilized touches (1). But for others clothing had to be regularly inspected for unwelcome visitors (2).

The following pages show French trenches in 1916 (left) and the devastation wrought by German machine guns in the Italian trenches at Cividale (right).

SOGAR in den Schützengräben gelang es französischen Offizieren, dem Leben etwas Zivilisiertes zu verleihen (1). Andere hingegen mußten die Kleidung regelmäßig nach unwillkommenen Gästen durchsuchen (2).

Die folgenden Seiten zeigen einen französischen Schützengraben im Jahre 1916 (links) und die Verwüstung durch deutsche Maschinengewehre in einem italienischen Schützengraben bei Cividale (rechts).

ZELFS in de loopgraven slaagden Franse officieren erin het leven enige beschaving te verlenen (1). Bij anderen moest de kleding regelmatig worden onderzocht op ongewenste gasten (2).

Blz. 388: een Franse loopgraaf in 1916. Blz. 389: Duitse machinegeweren hebben een ravage veroorzaakt in een Italiaanse loopgraaf bij Cividale.

2

5773

THE Tsar's great war machine had rolled westwards in the autumn of 1914. It was immense, but poorly equipped and incompetently led, and streams of wounded poured back into Russia after defeats by both German and Austrian armies. Some were lucky enough to get a ride on a wagon – Russian wounded enter Lemberg (now L'vov) (1) – or an ambulance (2). As the Russians retreated, the Germans advanced (3).

DIE große Kriegsmaschine des Zaren war im Herbst 1914 nach Westen gerollt. Sie war zwar riesig, aber schlecht ausgerüstet und inkompetent geführt, und unzählige Verwundete strömten nach Niederlagen gegen die deutsche und die österreichische Armee zurück nach Ruß-land. Einige, wie diese russischen Verwun-deten bei der Ankunft in Lemberg, dem heutigen Lwow (1), hatten das Glück, auf einem Karren oder in einem Lazarettwagen mitgenommen zu werden (2). Als sich die Russen zurückzogen, rückten die Deutschen vor (3).

IN de herfst van 1914 was de oorlogsmachinerie van de tsaar naar het westen gerold. Het leger was enorm groot, maar slecht uitgerust en slecht geleid, en talloze gewonden gingen na nederlagen tegen de Duitse en Oostenrijkse legers terug naar Rusland. Sommigen, zoals deze Russische gewonde bij aankomst in Lemberg (tegenwoordig Lvov) (1), hadden het geluk mee te worden genomen op een kar of een lazaretwagen (2). Toen de Russen zich terugtrokken, rukten de Duitsers op (3).

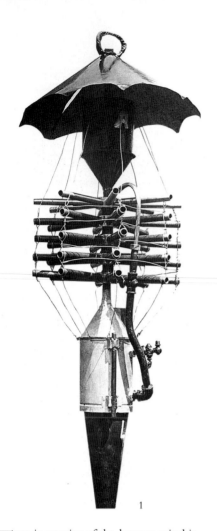

THE ingenuity of the human mind is always well to the fore in any war. One of the problems in the First World War was that of lighting a battlefield after dark. The days of chivalry – when battles ceased at dusk – were long gone, and there was always the fear of a surprise night attack. This flare was fired into the air above No-Man's-Land, where it ignited, and then fluttered slowly down under its parachute, throwing light on the ground below (1). Working parties of British troops wore breastplates of armour to protect them from stray bullets (2). German troops mounted large guns on canal barges in Belgium to transport them more easily to the battlefield (3). Tanks used in the war were descendants of this early caterpillar-track farm machine of 1902, first used in eastern England (4).

DER menschliche Geist vollbringt in jedem Krieg Höchstleistungen. Eines der Probleme im Ersten Weltkrieg bestand darin, ein Schlachtfeld nach Einbruch der Dunkelheit zu beleuchten. Die Tage der Ritter im Mittelalter, als Schlachten in der Abenddämmerung endeten, lagen lange zurück, und es herrschte immer die Angst vor einem nächtlichen Überraschungsangriff. Diese Leuchtrakete wurde über Niemandsland in die Luft geschossen, wo sie sich entzündete, und dann langsam an einem Fallschirm herabsank und dabei das darunterliegende Gebiet beleuchtete (1). Arbeitstrupps der britischen Armee trugen gepanzerte Brustplatten, um sich vor verirrten Kugeln zu schützen (2). In Belgien luden deutsche Soldaten große Kanonen auf Schleppkähne, um sie einfacher zum Schlachtfeld transportieren zu können (3). Die im Krieg eingesetzten Panzer waren Abkömmlinge dieses landwirtschaftlichen Raupenfahrzeugs aus dem Jahre 1902, das zuerst auf Farmen im Osten Englands verwendet wurde (4).

OORLOG maakt de menselijke geest altijd uiterst vindingrijk. Een van de problemen in de Eerste Wereldoorlog was hoe het slagveld te verlichten na het invallen van de duisternis. De dagen van de Middeleeuwen, toen veldslagen eindigden als de schemering inviel, waren lang vervlogen en er bestond steeds meer angst voor een nachtelijke verrassingsaanval. Deze lichtraket werd boven niemandsland afgevuurd, waar hij ontbrandde en langzaam aan een parachute naar beneden zweefde en het eronder gelegen terrein verlichtte (1). Onderhoudstroepen van het Britse leger droegen metalen platen voor hun borst ter bescherming tegen verdwaalde kogels (2). In België laadden Duitse soldaten grote kanonnen op trekschuiten om ze gemakkelijker naar het slagveld te kunnen transporteren (3). De pantservoertuigen die in de oorlog werden gebruikt, stamden af van de rupsvoertuigen uit de landbouw die voor het eerst in 1902 in het oosten van Engeland werden gebruikt (4).

3

4

THE poem *The Last Laugh* by Wilfred Owen, provides a poignant commentary on the horror of war as seen in these pictures (1 and 2).

'O Jesus Christ! I'm hit,' he said; and died.
Whether he vainly cursed, or prayed indeed,
The Bullets chirped – In vain! vain! vain!
Machine guns chuckled, – Tut-tut! Tut-tut!
And the Big Gun guffawed.

It was a war of words as well as weapons, and a war of information. All armies feared and loathed spies, and punishment was swift and terrible for anyone convicted, rightly or wrongly, of espionage. The caption on the post reads: 'Spy – traitor to his country' (3). The graffiti painted on this French gate marks the house as the home of a traitor (4) – what happened to the occupant, we can only guess.

4

3

DAS Gedicht *The Last Laugh* von
Wilfred Owen kommentiert ergreifend
den Schrecken des Krieges auf diesen
Bildern (1 und 2).

*»Oh, mein Gott! Ich bin getroffen«, sagte er
und starb.*
Ob er vergeblich fluchte, oder tatsächlich betete,
Die Kugeln zwitscherten – umsonst, umsonst!
Maschinengewehre kicherten – Tut-tut! Tut-tut!
Und die große Kanone lachte schallend.

Es war ein Krieg der Worte, der Waffen
und der Informationen. Alle Armeen
fürchteten und haßten die Spione, und
jeden, der zu Recht oder zu Unrecht der
Spionage angeklagt wurde, ereilte eine
schnelle und schreckliche Strafe. Auf der
Karte an diesem Pfahl ist zu lesen: »Spion,
Vaterlandsverräter« (3). Die Aufschriften
auf diesem französischen Tor brandmarken
das Haus als das eines Verräters (4) – was
mit seinem Bewohner geschah, läßt sich
nur vermuten.

HET gedicht *The Last Laugh* van
Wilfred Owen beschrijft de
verschrikkingen van de oorlog aangrijpend
(1, 2):

*"Oh, mijn god, ik ben geraakt", zei hij en
stierf*
Of hij vergeefs vloekte of daadwerkelijk bad,
De kogels floten – helaas, helaas
En machinegeweren lachten – tut-tut, tut-tut
En het grote kanon lachte galmend.

Het was een oorlog van woorden, wapens
en informatie. Alle legers vreesden en
haatten spionnen en iedereen die terecht of
onterecht van spionage werd beschuldigd,
kreeg snel een zware straf. Op de kaart aan
deze paal staat 'Spion, landverrader' (3). De
opschriften op deze Franse poort duiden
aan dat hier een verrader woont (4) – we
kunnen slechts gissen naar wat er met de
bewoners is gebeurd.

BALLOONS had one main function in the war – as observation posts. Some were of bizarre design, as this Serbian military balloon (1). Maybe the enemy died of laughter. Life in an observation balloon was uncomfortable and exposed. There was always the danger that it would drift within range of enemy guns – this German observer leaps from his gondola after his balloon has been hit (2 – note the primitive parachute). It took a whole team of mechanics to help inflate a balloon with gas (3). Zeppelins had a different use. They were powerful enough to carry a load of bombs from Germany to London, and produce panic in the streets. Not all returned, however. Crowds turned out to see the wreckage of a Zeppelin that crashed at Potters Bar on 2 October 1916 (4).

BALLONS dienten im Krieg hauptsächlich als Beobachtungsposten. Einige hatten eine bizarre Form, beispielsweise dieser serbische Militärballon (1). Vielleicht lachte sich der Feind ja tot. Das Leben in einem Observationsballon war unbequem und gefährlich. Es konnte immer passieren, daß der Ballon in die Schußlinie des Feindes abdriftete; dieser deutsche Späher springt aus der Gondel, nachdem sein Ballon getroffen wurde (2, man beachte den primitiven Fallschirm). Es bedurfte eines ganzen Teams von Mechanikern, um den Ballon mit Gas aufzupumpen (3). Zeppeline wurden für andere Zwecke eingesetzt. Sie waren stark genug, um eine Ladung Bomben von Deutschland nach London zu befördern und für Panik in den Straßen zu sorgen. Aber nicht alle kamen zurück. Die Menschen liefen zusammen, um das Wrack eines Zeppelins zu sehen, der am 2. Oktober 1916 bei Potters Bar abgestürzt war (4).

BALLONNEN dienden in de Eerste Wereldoorlog voornamelijk als uitkijkpost. Soms hadden ze een bizarre vorm, zoals deze Servische militaire ballon (1). Misschien lachte de vijand zich dood. Het leven in een observatieballon was ongemakkelijk en gevaarlijk. De ballon kon het schootsveld van de vijand binnendrijven. Deze Duitse verkenner springt uit zijn ballon nadat die getroffen is (2, let op de primitieve parachute). Er was een heel team nodig om de ballon met gas te vullen (3). Zeppelins werden voor andere doelen gebruikt. Ze waren sterk genoeg om een lading bommen van Duitsland naar Londen te vervoeren en zorgden voor paniek in de straten. Maar ze kwamen niet allemaal terug. Het volk liep uit om het wrak van een zeppelin te zien die was neergestort op 2 oktober 1916 bij Potters Bar (4).

2

3

4

S UCH glamour as there was in the First World War came from the war in the air. A new hero was born – the 'air-ace'. Their names were not always household words, for those in command did what they could to keep the names of Ball, Richthofen, and Roland Garros out of the newspapers. There were also those who regarded the single-combat duels between these brave young men as reminiscent of the days of chivalry – though one British airman spat out, on hearing that Richthofen had been shot down and killed: 'I hope he roasted all the way down'. But to the earthbound, the courage and audacity of the men who flew the fragile biplanes – such as this Vickers bomber (2) – became legendary. And they looked so good in propaganda films (1).

1

B ESONDERS die Auseinandersetzungen in der Luft verliehen dem Ersten Weltkrieg seine Brisanz. Ein neuer Heldentypus wurde geboren, das »Luft-As«. Die Namen Ball, Richthofen und Roland Garros waren jedoch nicht immer ein Begriff, denn die Befehlshabenden taten alles, um sie aus den Zeitungen herauszuhalten. Manch einer fühlte sich durch die Luftduelle dieser tapferen jungen Männer an die Tage des Rittertums erinnert, obwohl ein britischer Pilot ausspuckte, als er hörte, daß Richthofen abgeschossen worden war: »Ich hoffe, er hat den ganzen Weg nach unten geschmort.« Aber bei den Menschen am Boden wurden diese mutigen und verwegenen Männer, die fragile Doppeldecker wie den Vickers-Bomber (2) flogen, zu Legenden. Und sie sahen so gut aus in den Propagandafilmen (1).

A LS de Eerste Wereldoorlog al glans had, kwam dat vooral door de luchtgevechten. Er werd een nieuw type held geboren, de 'air-ace'. De namen Ball, Richthofen en Roland Garros waren niet altijd een begrip, want de bevelhebbers deden hun best ze uit de krant te houden. Sommigen werden door de luchtduels tussen dappere jonge mannen herinnerd aan de dagen van het ridderdom, hoewel een Britse piloot op de grond spuugde toen hij hoorde dat Richthofen was afgeschoten en zei: "Ik hoop dat hij de hele weg naar beneden heeft gebrand". Maar op de grond werden de dappere kerels die in kwetsbare dubbeldekkers als de Vickers-bommenwerper (1) vlogen, legenden. En in propagandafilms leken ze erg knap (2).

2

ITALY entered the war on the side of France and Britain on 23 May 1915. For two years there was stalemate between Italian and Austrian troops. The Bersaglieri, or rifle battalions, were clearly ready for a war of movement, whether on bicycle (1) or foot (2). An Italian column trudges slowly up the Rurtor Glacier (3). Eventually, the stalemate was broken by a massive victory for German and Austrian troops at Caporetto in October 1917.

ITALIEN verbündete sich mit Frankreich und Großbritannien und trat am 23. Mai 1915 in den Krieg ein. Zwei Jahre lang herrschte eine Pattsituation zwischen der italienischen und der österreichischen Armee, obwohl die italienischen Bersaglieri oder Scharfschützentruppen eindeutig zu einem mobilen Krieg bereit waren, sei es auf dem Fahrrad (1) oder zu Fuß (2). Eine italienische Kolonne zieht langsam den Rurtor-Gletscher hinauf (3). Im Oktober 1917 wurde die Pattsituation durch einen entscheidenden Sieg deutscher und österreichischer Truppen bei Caporetto beendet.

ITALIE sloot een verbond met Frankrijk en Engeland en nam vanaf 23 mei 1915 deel aan de oorlog. Er heerste twee jaar lang een patstelling tussen de Italiaanse en Oostenrijkse legers, hoewel de Bersaglieri, militaire jagers, klaar waren voor een mobiele oorlog, per fiets (1) of te voet (2). Een Italiaanse kolonne trekt langzaam de Rurtor-gletsjer op (3). In oktober 1917 werd de patstelling doorbroken door een beslissende overwinning van de Duitse en Oostenrijkse troepen bij Caporetto.

1

2

3

LAST into the war were the Americans, who did everything with style and panache, whether fraternizing (2), or displaying cavalry skills of limited use in modern warfare (1). They were young and brave and tough, if sentimentally attached to their pets (3).

ALS letzte traten die Amerikaner in den Krieg ein, und sie taten alles mit Stil und Verve, sei es die Verbrüderung mit den Einheimischen (2) oder die Vorführung von Kavallerie-Kunststücken, für die in moderner Kriegsführung allerdings wenig Bedarf herrschte (1). Sie waren jung, tapfer und hart, mit einem Herz für Tiere (3).

DE Amerikanen mengden zich als laatsten in de oorlog en deden alles met stijl, of het nu de verbroedering met de inheemsen betrof (2) of een demonstratie van cavaleriehoogstandjes, waaraan in een moderne oorlog overigens weinig behoefte was (1). Ze waren jong, dapper en hard, en hadden een zwak voor dieren (3).

THOUGH late into the war, the Americans played a vital role in communications: a semaphore unit of the U.S. Army (4). Sir Douglas Haig, Commander-in-Chief of the British troops, prayed: 'Give me victory, O Lord, before the Americans arrive', but without their help, defeat would have been a distinct possibility. When the final push came, American gunners were in the thick of it (1). American nurses were near enough to the front lines to need gas masks (2), and American cinematographers filmed the Big Parade for the folks back home (3).

OBWOHL sie erst spät in den Krieg eintraten, spielten die Amerikaner eine entscheidende Rolle für die Kommunikation: ein Semaphor der amerikanischen Armee (4). Sir Douglas Haig, Oberbefehlshaber der britischen Truppen, betete: »Schenk' mir den Sieg, O Herr, bevor die Amerikaner kommen«, aber ohne ihre Hilfe wäre eine Niederlage unausweichlich gewesen. Als die letzte Offensive gestartet wurde, kämpften die Amerikaner mittendrin (1). Amerikanische Krankenschwestern waren so nah an der Front, daß sie Gasmasken tragen mußten (2); amerikanische Kameramänner filmten die große Schlacht für die Menschen in der Heimat (3).

HOEWEL ze pas laat aan de oorlog deelnamen, speelden de Amerikanen een beslissende rol in de communicatie (4). Sir Douglas Haig, opperbevelhebber van de Britse troepen, bad: "Breng me de zegen, Heer, voor de Amerikanen komen." Maar zonder hun hulp was een nederlaag onvermijdelijk geweest. Bij het laatste offensief vochten de Amerikanen mee (1). Amerikaanse verpleegsters werkten zo dicht bij het front dat ze gasmaskers moesten dragen (2). Amerikaanse cameramannen filmden de grote veldslag voor de mensen thuis (3).

4

3

IN September 1918, Lord Northcliffe, an English newspaper tycoon, had prophesied: 'None of us will live to see the end of the war'. But on the eleventh hour of the eleventh day of the eleventh month of that year, the guns finally stopped. Some 14 million people had died – an average of 9,000 every day since the war began. Troops were bewildered; there was no fraternization and little cheering in the trenches. But among those at home there was widespread jubilation. Crowds thronged the boulevards of Paris (2) and the streets of London (3). Couples made love in public, an affirmation of new life after four years of death. There followed a great deal of bickering among the victors, but the Peace Treaty was finally signed at the Palace of Versailles in June 1919. Allied officers stood on chairs and tables to witness the signing (1). Peace was a great relief. The Treaty was a disaster.

IM September 1918 hatte der englische Zeitungsverleger Lord Northcliffe prophezeit: »Niemand von uns wird das Ende des Krieges erleben.« Aber zur elften Stunde des elften Tages im elften Monat jenes Jahres schwiegen die Waffen endlich. Etwa vierzehn Millionen Menschen waren getötet worden – im Durchschnitt 9 000 pro Tag seit Kriegsbeginn. Die Soldaten waren verwirrt; es gab keine Verbrüderung und wenig Jubel in den Schützengräben. Aber bei den Menschen zu Hause war die Freude grenzenlos. Sie liefen in Scharen über die Pariser Boulevards (2) und durch die Straßen von London (3). Paare küßten sich in der Öffentlichkeit – ein Ausbruch neuen Lebenswillens nach vier Jahren des Tötens. Die Siegermächte waren sich lange nicht einig, aber schließlich wurde der Friedensvertrag im Juni 1919 im Schloß von Versailles unterzeichnet. Alliierte Offiziere standen auf Stühlen und Tischen, um Zeuge der Unterzeichnung zu werden (1). Der Frieden war eine große Erleichterung. Der Vertrag aber war eine Katastrophe.

IN september 1918 voorspelde de Engelse krantenuitgever Lord Northcliffe: "Niemand van ons zal het eind van de oorlog meemaken." Maar om elf uur op de elfde dag van de elfde maand zwegen de wapens. Ongeveer veertien miljoen mensen waren dood – gemiddeld negenhonderd per dag sinds het begin van de oorlog. De soldaten waren in de war, er was weinig verbroedering en vreugde in de loopgraven. Maar aan het thuisfront was de vreugde grenzeloos. Men zwierf in groepen door de Parijse boulevards (2) en de straten van Londen (3). Paren kusten elkaar in het openbaar – een uitbarsting van levensvreugde na vier jaar moorden. De overwinnaars werden het lang niet eens, maar ten slotte werd het vredesverdrag in juni 1919 getekend in Versailles. Geallieerde officiers stonden op tafels en stoelen om getuige te kunnen zijn van de ondertekening (1). De vrede was een grote opluchting, maar het vredesverdrag was een ramp.

GERMANY had suffered appalling
hardship during the war. The Imperial
German Navy had made it difficult for
Britain, France and Russia to obtain all the
supplies they needed, but had been unable
to bring any supplies at all to Germany. By
1917 there were queues for food in most
German cities (3). Berlin schoolgirls helped
clear snow from the streets (2). And even
after the war, in December 1918, street
kitchens were needed to supply children
with a barely adequate diet (1).

DEUTSCHLAND hatte während des
Krieges große Not gelitten. Die
Kaiserliche Marine hatte es Großbritannien,
Frankreich und Rußland zwar schwer-
gemacht, auf dem Seeweg Vorräte und
Waffen zu transportieren, sie war aber
nicht in der Lage gewesen, Deutschland
zu versorgen. In den meisten deutschen
Städten standen die Menschen 1917 bei der
Verteilung von Lebensmitteln Schlange (3).
Berliner Schulmädchen schippten Schnee
(2). Und selbst nach dem Krieg, im Dezem-
ber 1918, gab es in den Suppenküchen
nicht gerade reichhaltige Kost für Kinder (1).

DUITSLAND had tijdens de oorlog zwaar
geleden. De keizerlijke marine had
het Groot-Brittannië, Frankrijk en Rusland
weliswaar moeilijk gemaakt hun troepen
over zee te verzorgen, maar was er zelf niet
in geslaagd Duitsland te bevoorraden. In de
meeste Duitse steden stonden de mensen in
1917 in de rij voor voedsel (3). Berlijnse
schoolmeisjes ruimden sneeuw (2). Ook na
de oorlog, in december 1918, kregen de
kinderen in de gaarkeuken niet bepaald rijk
gevulde soep (1).

2

3

Russian Revolution

THOUGH they were perhaps the most autocratic rulers in Europe, life was seldom easy for the Tsars. The role of God as well as Emperor is a difficult one to play. Shot at and bombed, disliked and derided by rich and poor alike, ill-advised and unwise, they pleased practically none of the people most of the time.

Within a year of becoming Tsar in 1855, Alexander II had to face the humiliation of defeat in the Crimea. Although he embarked on a series of progressive reforms, such as freeing Russian serfs, his policies always gave too little, too late. And throughout his reign, the secret police and their activities were hardly secret. In 1881 Alexander was assassinated by a Polish student, who hurled a bomb at him in a St Petersburg street.

He was succeeded by his son, Alexander III. The new Tsar believed in repression. He increased police powers, crushed liberalism where he could, and persecuted the Jews and other minority groups. After the earlier taste of his father's reforms – seen as weaknesses by many – this hardline approach provoked riots throughout Russia. Colonel Wellesley, British Military Attaché in Russia, remarked how 'Curiously enough, the minimum of political liberty and the maximum of social freedom are to be found side by side under this strange Autocratic Government. Although in Russia the press is gagged, obnoxious articles in foreign newspapers are obliterated, and the native dares not even whisper an opinion as to politics, he can have his supper at a restaurant at 1 a.m. if it so pleases him...'

But late-night suppers did little to relieve ever-increasing political frustration, especially among middle-class Russians. When Alexander III died in 1894, ceremoniously mourned by many, sincerely mourned by few, he was succeeded by Nicholas II, doomed to be the last of the Romanov Tsars.

Within two years there were more serious outbreaks of rioting in St Petersburg. For the next twenty years reform and revolution jostled for position as the next obvious step. The crushing military defeat of Russia in the war with Japan (1904-5) led to the establishment of a short-lived Soviet in St Petersburg and the famous mutiny on the battleship *Potemkin*. In 1906 Nicholas summoned the Duma, the Russian parliament, and two years later granted freedom of religious worship to all Russians – but it was again too little, too late. The suffering and defeat of the Russian troops in the First World War merely hastened the end. Reform was swept aside. Revolution carried the day.

OBWOHL sie die wohl autokratischsten Herrscher in Europa waren, hatten die russischen Zaren nur selten ein leichtes Leben. Die Rolle eines Gottkaisers ist schwer zu erfüllen. Sie wurden beschossen und bombardiert, von Reichen und Armen gleichermaßen abgelehnt und verachtet, sie waren schlecht beraten und unklug – das Volk war fast nie mit ihnen zufrieden.

Ein Jahr nach seiner Proklamation zum Zar im Jahre 1855 sah sich Alexander II. mit der demütigenden Niederlage im Krimkrieg konfrontiert. Obwohl er eine Reihe fortschrittlicher Reformen erließ, beispielsweise die Abschaffung der Leibeigenschaft, waren seine politischen Maßnahmen nicht effizient und kamen zu spät. Während seiner Herrschaft konnte man die Geheimpolizei und ihre Aktivitäten kaum als geheim bezeichnen. Im Jahre 1863 brach in Polen eine Rebellion aus, und 1881 wurde Alexander von einem polnischen Studenten durch eine Bombe in St. Petersburg ermordet.

Ihm folgte sein Sohn, Alexander III. Der neue Zar suchte sein Heil in der Unterdrückung. Er verstärkte die Polizeikräfte, bekämpfte den Liberalismus, wo er konnte, und verfolgte Juden und andere Minderheiten. Nach den Reformen seines Vaters, in denen viele eine Schwäche sahen, provozierte diese harte Linie Unruhen im ganzen russischen Reich. Colonel Wellesley, britischer Militärattaché in Rußland, sagte: »Merkwürdigerweise gibt es unter dieser seltsamen autokratischen Regierung gleichzeitig ein Minimum an politischer und ein Maximum an sozialer Freiheit. Obwohl man in Rußland die Presse knebelt, unangenehme Artikel in ausländischen Zeitungen unkenntlich gemacht werden, und die Einheimischen es nicht einmal wagen, eine politische Meinung auch nur zu flüstern, können sie um ein Uhr nachts im Restaurant speisen, wenn es ihnen gefällt ...«

Aber nächtliche Mahle änderten wenig an der ständig wachsenden politischen Enttäuschung besonders der russischen Mittelklasse. Als Alexander III. 1894 starb, von vielen im Rahmen der offiziellen Feierlichkeiten betrauert, aber nur von wenigen aufrichtig beweint, folgte ihm Nikolaus II., der letzte der Romanow-Zaren.

Innerhalb von zwei Jahren gab es weitere Unruhen in St. Petersburg. In den folgenden zwanzig Jahren schwankte die Politik zwischen Reform und Revolution. Die vernichtende russische Niederlage im Krieg gegen Japan (1904-1905) führte zur Einrichtung eines kurzlebigen Sowjet in St. Petersburg und zur berühm-

AUTOCRACY, ORTHODOXY AND NATIONALITY:
ALEXANDER III AND HIS FAMILY IN THE TWILIGHT
SPLENDOUR OF THE ROMANOV DYNASTY, 1881.

AUTOKRATIE, ORTHODOXIE UND NATIONALITÄT:
ALEXANDER III. UND SEINE FAMILIE IM UNTERGEHENDEN
GLANZ DER ROMANOW-DYNASTIE, 1881.

AUTOCRATIE, ORTHODOXIE EN NATIONALITEIT:
ALEXANDER III EN ZIJN FAMILIE IN DE VOLLE DECADENTE
GLORIE VAN DE ROMANOVS, 1881.

ten Meuterei auf dem Panzerkreuzer *Potemkin*. 1906
berief Nikolaus das russische Parlament, die Duma, ein,
und zwei Jahre später gewährte er allen Russen Reli-
gionsfreiheit, aber auch dies kam zu spät. Das Leid und
die Niederlage der russischen Truppen im Ersten Weltkrieg beschleunigten das Ende nur. Reformen kamen
nicht mehr in Frage, die Revolution flammte auf.

HOEWEL ze de meest autocratische heersers van
Europa waren, hadden de Russische tsaren het
maar zelden gemakkelijk. Ze werden beschoten en
gebombardeerd, door rijk en arm afgewezen en gemin-
acht, ze hadden slechte adviseurs en waren dom – het
volk was eigenlijk nooit tevreden.

Een jaar na zijn kroning tot tsaar in 1855 werd
Alexander II geconfronteerd met de smadelijke nederlaag in de Krimoorlog. Hoewel hij een hele reeks hervormingen verordonneerde, bijvoorbeeld de afschaffing

van het lijfeigenschap, waren zijn politieke ingrepen
niet efficiënt en kwamen ze bovendien te laat. De activiteiten van de geheime politie kon je nauwelijks
geheim noemen. In 1863 brak in Polen een opstand uit
en in 1881 werd Alexander in Sint Petersburg vermoord door de bom van een Poolse student.

Hij werd opgevolgd door Alexander III, zijn zoon.
Die zocht zijn heil in onderdrukking. Hij versterkte de
politie, bestreed het liberalisme waar hij kon en ver-
volgde joden en andere minderheden. Na de hervormingen van zijn vader, die velen zagen als teken van
zwakte, veroorzaakte hij met zijn hardheid onlusten in
het hele land. Kolonel Wellesley, de Britse militaire
attaché in Rusland, zei: "Merkwaardig genoeg bestaat
er onder dit vreemde regime tegelijkertijd een minimum aan politieke en een maximum aan sociale vrijheid. Hoewel de pers in Rusland aan banden wordt
gelegd en onaangename artikelen in buitenlandse kranten onleesbaar worden gemaakt en de Russen hun politieke overtuiging niet eens durven fluisteren, kunnen ze
wel 's nachts om een uur in een restaurant eten als ze
daar zin in hebben."

Maar nachtelijke etentjes veranderden weinig aan de
ontgoocheling van met name de Russische middenklasse. Toen Alexander III in 1894 overleed, door velen
officieel berouwd, maar door weinigen oprecht
beweend, werd hij opgevolgd door Nicolaas II, de laatste Romanov-tsaar.

Binnen twee jaar waren er weer onlusten in Sint
Petersburg. De volgende twintig jaar zwalkte de politiek
tussen hervorming en revolutie. De vernietigende
nederlaag van Rusland in de oorlog tegen Japan (1904-
1905) leidde tot een kortstondige sovjet in Sint Petersburg en de beroemde muiterij op de pantserkruiser
Potemkin. In 1906 riep Nicolaas het Russische parlement, de doema, bijeen en twee jaar later schonk hij
alle Russen vrijheid van godsdienst, zij het te laat. De
nederlaag en de ellende van de Russische troepen in de
Eerste Wereldoorlog bespoedigde de zaak. Hervormingen waren niet meer genoeg, de revolutie ontbrandde.

2

3

NICHOLAS II was born in 1868 (1) and became Tsar at the age of twenty-six on the death of his unpopular father. His coronation procession was the greatest ever seen in Moscow (2), a combination of ancient pomp and modern stage-management. Heralds rode through the streets proclaiming the great day – 26 June (3). Church and military played leading parts in the ceremonies, as did many military bands, such as the Russian Juvenile Band (4).

NIKOLAUS II. wurde im Jahre 1868 geboren (1). Nach dem Tod seines unbeliebten Vaters wurde er im Alter von sechsundzwanzig Jahren neuer Zar. Seine Krönungsprozession war die größte, die man je in Moskau gesehen hatte (2), eine Kombination aus altehrwürdigem Pomp und moderner Bühneninszenierung. Boten ritten durch die Straßen und verkündeten den großen Tag, den 26. Juni (3). Kirche und Militär spielten eine führende Rolle in der Zeremonie, ebenso wie viele Militärkapellen, darunter die Russische Jugendkapelle (4).

NICOLAAS II, geboren in 1868 (1), werd op zijn zesentwintigste tsaar na de dood van zijn weinig geliefde vader. Zijn kroningsprocessie was de grootste die ooit in Moskou had plaatsgevonden (2), een combinatie van ouderwets ceremonieel en moderne enscenering. Herauten reden door de straten en verkondigden de grote dag, 26 juni (3). De Kerk en het leger speelden een grote rol in de plechtigheid, naast de vele militaire kapellen, waaronder de Russische jeugdkapel (4).

4

IN 1896, Nicholas and his wife Alexandra – another of Queen Victoria's granddaughters – visited the Queen (2) and Edward, Prince of Wales (right), at Balmoral, taking with them their bonnie baby, the Grand Duchess Tatiana. In 1913, Nicholas, Alexandra and the Tsarevich Alexis (1 – held by a Cossack) celebrated the centenary of the Romanov dynasty at the Kremlin. And in 1916, the Russian Imperial family posed at Tsarskoe Selo (3, left to right, back row – the Princes Nikita, Rostislav, and Dmitri; middle row – an officer, The Tsar, the Grand Duchesses Tatiana, Olga, Marie, Anastasia, and the Tsarevich: front – Prince Vasili).

IM Jahre 1896 besuchten Nikolaus und seine Frau Alexandra, eine weitere Enkelin von Königin Victoria, zusammen mit ihrem wohlgenährten Baby, der Großherzogin Tatjana, die englische Königin (2) und Edward, Prince of Wales (rechts) auf Schloß Balmoral. 1913 feierten Nikolaus, Alexandra und der Zarewitsch Alexis (1, auf dem Arm eines Kosaken) im Kreml das hundertjährige Bestehen der Dynastie der Romanows. Und im Jahre 1916 posierte die russische Zarenfamilie bei Zarskoje Selo (3, von links nach rechts in der hinteren Reihe: die Prinzen Nikita, Rostislaw und Dimitrij; mittlere Reihe: ein Offizier, der Zar, die Großherzoginnen Tatjana, Olga, Marie, Anastasia und der Zarewitsch; vorne: Prinz Wassilij).

IN 1896 brachten Nicolaas en zijn vrouw Alexandra, ook weer een kleinkind van koningin Victoria, samen met hun mooie kind, groothertogin Tatjana, een bezoek aan de Britse koningin (2) en Edward, Prince of Wales (rechts) op slot Balmoral. In 1913 vierden Nicolaas, Alexandra en de tsarevitsj Alexis (1, op de arm van een kozak) in het Kremlin het honderdjarig bestaan van de Romanov-dynastie. En in 1916 poseerde de Russische tsarenfamilie bij Tsarskoje Selo (3, v.l.n.r. achterste rij: de prinsen Nikita, Rostislaw en Dimitri; middelste rij: een officier, de tsaar, de groothertoginnen Tatjana, Olga, Marie, Anastasia en de tsarevitsj; vooraan prins Wassily).

2

3

1

2

IN March 1917, the English writer Arthur Ransome cabled from Moscow: 'This is not an organized revolution. It will be impossible to make a statue of its organizer... unless it be a statue representing a simple Russian peasant soldier...'. Revolutionary troops marched through Petrograd, March 1917 (1). Four months later, Leninists besieged the Duma, and the provisional government responded with force, producing panic (3). Not all demonstrations were in favour of revolution, however. A patriotic demonstration of blind ex-soldiers marched through Petrograd behind a banner proclaiming: 'Continue the war until victory is complete! Long live liberty!' (2).

IM März 1917 telegraphierte der englische Schriftsteller Arthur Ransome aus Moskau: »Dies ist keine organisierte Revolution. Es wird nicht möglich sein, eine Statue ihres Anführers anzufertigen ... es sei denn, sie stellt einen einfachen russischen Soldaten dar ...«Revolutionstruppen marschierten im März 1917 durch Petrograd (1). Vier Monate später besetzten Leninisten

die Duma, die provisorische Regierung antwortete mit Gewalt und löste eine Panik aus (3). Aber nicht alle gingen für die Revolution auf die Straße. Patriotische blinde Veteranen marschierten hinter einem Banner durch Petrograd, auf dem zu lesen war: »Kämpft weiter bis zum Sieg! Lang lebe die Freiheit!« (2)

In maart 1917 telegrafeerde de Engelse schrijver Arthur Ransome uit Moskou: "Dit is geen georganiseerde revolutie. Er zal geen standbeeld van de leider gemaakt kunnen worden, tenzij het een gewone Russische soldaat voorstelt ..."

Revolutionaire troepen marcheren in maart 1917 door Petrograd (1). Vier maanden later bezetten de leninisten de doema; de tijdelijke regering antwoordt met geweld en veroorzaakt paniek (3). Maar niet iedereen ging de straat op voor de revolutie. Patriottische blinde veteranen marcheren achter een spandoek waarop te lezen staat: "Vecht door tot de overwinning. Leve de vrijheid!" (2)

B Y the autumn of 1917, the Bolsheviks
(4) were increasingly in charge of
Moscow and other major Russian cities. In
Petrograd troops checked the mandates of
Soviet deputies (1). Red Guards protected
Lenin and Trotsky's offices, October 1917
(2). The architects of the Bolshevik
Revolution were Vladimir Ilyich Lenin
and Leon Trotsky (3). The Tsar and his
family posed for one of their last group
photographs while in captivity at Tobol'sk,
during the winter of 1917-18 (5 – left to
right: Olga, Anastasia, Nicholas, the
Tsarevich, Tatiana and Marie).

I M Herbst 1917 hatten die Bolschewiken
(4) Moskau und andere große russische
Städte immer fester im Griff. In Petrograd
überprüften Truppen die Mandate von
Abgeordneten des Sowjets (1). Rotarmisten
bewachten im Oktober 1917 die Büros
von Lenin und Trotzki (2). Die Architek-
ten der bolschewistischen Revolution
waren Wladimir Iljitsch Lenin und Leo
Trotzki (3). Der Zar und seine Familie
posierten für eines der letzten Gruppen-
photos, während sie sich im Winter
1917/18 in Tobolsk in Gefangenschaft
befanden (5, von links nach rechts: Olga,
Anastasia, Nikolaus, der Zarewitsch,
Tatjana und Marie).

I N het najaar van 1917 hadden de
bolsjewieken (4) Moskou en andere
grote steden steeds vaster in hun greep. In
Petrograd controleerden troepen de
mandaten van de afgevaardigden voor de
sovjet (1). Het Rode Leger bewaakt de
kantoren van Lenin en Trotski in oktober
1917 (2). De architecten van de Russische
Revolutie, Wladimir Iljitsj Lenin en Leo
Trotski (3). De tsaar en zijn familie poseren
voor een laatste familieportret in
gevangenschap in Tobolsk in de winter
van 1917/1918 (5, v.l.n.r.: Olga, Anastasia,
Nicolaas, de tsarevitsj, Tatjana en Marie).

4

5

Construction

NEVER had the earth been so built upon: houses, hotels, engine-rooms, pumping stations, hospitals, churches, museums, skyscraper office blocks, towers, exhibition halls, factories and workshops, blast furnaces and boiler-houses. Old cities were rebuilt, reshaped, resettled. The cluttered medieval streets, so vividly described in Victor Hugo's *Notre Dame de Paris*, were hacked down and cleared away, and grand avenues, boulevards and Allees were erected in their place. The commercial hearts of London, Paris, Rome, Berlin, Madrid, Vienna, New York, Chicago and many more cities were ringed with new suburbs – orderly, respectable, convenient, scorned by the glitterati of the day.

But the achievements of the great engineers were hailed as modern monuments that rivalled the Wonders of the Ancient World. There was Joseph Paxton's Crystal Palace, home of the Great Exhibition of 1851; Alexandre Gustave Eiffel's extraordinary Tower, for the Paris Exhibition of 1889; the ever-enlarging Krupp works at Essen, and the gloomy two-hundred-room Villa Hügel built for Krupp himself a few miles away; Frédéric Auguste Bartholdi's Statue of Liberty, built in Paris for the people of the United States; the Singer works at Glasgow in Scotland; the Forth, Brooklyn, Niagara and hundreds more bridges. In the last age before mass circulation newspapers and moving pictures, engineers were second only to soldiers as public heroes: Brunel, de Lesseps, Roebling, Vickers, Eiffel (1, in top hat), Rathenau.

Capitalism was enjoying its finest and most lucrative hour. There was always money at hand to back these giant enterprises, and labour was cheap, plentiful and often desperate. The designs may have been the work of individual genius, but the hard work of construction was done by sweating thousands in scruffy trousers, worn waistcoats, shirtsleeves, bowler hats and metal-tipped boots – hammering, digging, quarrying, welding, riveting, fetching and carrying, mixing and shovelling. Many died as tunnels collapsed, scaffolding tumbled, mines exploded. Nobody played for safety, least of all for that of their employees.

Whole new cities appeared, made by the discovery of gold, by the coming of the railway, by military necessity or convenience, by the sheer single-mindedness of a founding figure. In many cases we may have forgotten those responsible for the masterpieces of the late 19th century, but their achievements remain.

NIEMALS wurde auf der Erde soviel gebaut: Häuser, Hotels, Maschinenhallen, Pumpstationen, Krankenhäuser, Kirchen, Museen, Bürohochhäuser, Türme, Ausstellungshallen, Fabriken und Werkshallen, Hochöfen und Kesselhäuser. Alte Städte bekamen so ein neues Gesicht und wurden neu besiedelt. Die überfüllten mittelalterlichen Straßen, die Victor Hugo in *Notre Dame de Paris* so lebhaft beschrieben hat, wurden aufgerissen und machten Platz für große Avenuen, Boulevards und Alleen. Die Stadtzentren von London, Paris, Rom, Berlin, Madrid, Wien, New York, Chicago und vielen anderen Metropolen bekamen neue Vororte – ordentlich, überschaubar, zweckmäßig und von der damaligen Hautevolee verachtet.

Die Errungenschaften der bedeutenden Ingenieure wurden als moderne Bauwerke gepriesen, die die Wunder der alten Welt in den Schatten stellten. Da war Joseph Paxtons Kristallpalast für die Londoner Weltausstellung 1851; Alexandre Gustave Eiffels außergewöhnlicher Turm für die Pariser Weltausstellung 1889; die ständig wachsenden Krupp-Werke in Essen und die prächtige Villa Hügel mit ihren 200 Zimmern, die einige Kilometer entfernt für Krupp selbst gebaut wurde; Frédéric Auguste Bartholdis Freiheitsstatue, für das Volk der Vereinigten Staaten in Paris geschaffen; die Singer-Werke im schottischen Glasgow; die Forth-, die Brooklyn-, die Niagara- und Hunderte anderer Brücken. Im letzten Zeitalter ohne Massenblätter und bewegte Bilder waren Ingenieure fast ebenso große Helden wie die Soldaten: Brunel, de Lesseps, Roebling, Vickers, Eiffel (1, unten) und Rathenau.

Der Kapitalismus erlebte seine beste und lukrativste Zeit. Also war stets Geld vorhanden, um diese gigantischen Unternehmungen zu finanzieren, und Arbeitskräfte waren billig, reichlich vorhanden, und oft genug waren das Verzweifelte. Die Entwürfe mögen das Werk einzelner Genies gewesen sein, aber die harte Arbeit auf den Baustellen wurde von Tausenden schwitzenden Männern in abgerissenen Hosen, zerschlissenen Westen, Hemdsärmeln, Melonen und Stiefeln mit Stahlspitzen geleistet: Hämmern, Graben, Schweißen, Vernieten, Auf- und Abladen, Mischen und Schaufeln. Viele starben, wenn Tunnel einstürzten, Gerüste zusammenbrachen oder Minen explodierten. Niemand kümmerte sich um Sicherheit, am wenigsten um die der Arbeiter.

Es entstanden neue Städte durch die Entdeckung von Gold, die Verlegung von Eisenbahnschienen, durch

1

militärische Notwendigkeit oder Willkür und durch die Zielstrebigkeit von Gründerpersönlichkeiten. In vielen Fällen haben wir heute vermutlich vergessen, wer für die Meisterwerke des späten 19. Jahrhunderts verantwortlich war, aber die Errungenschaften dieser Menschen bleiben.

NOOIT eerder was er zo veel gebouwd in de wereld: huizen, hotels, machinekamers, pompstations, ziekenhuizen, kerken, musea, kantoorflats, torens, tentoonstellingshallen, fabrieken en montagehallen, hoogovens en ketelhuizen. De steden kregen een nieuw gezicht en breidden snel uit. De overvolle middeleeuwse straten die Victor Hugo zo aanschouwelijk had beschreven in *Notre Dame de Paris* werden afgebroken en maakten plaats voor brede avenue's, boulevards en alleeën. De centra van Londen, Parijs, Rome, Berlijn, Madrid, Wenen, New York, Chicago en vele andere metropolen kregen nieuwe voorsteden – geordend, overzichtelijk en doelmatig, en verafschuwd door de beau monde.

De prestaties van bekende ingenieurs werden geprezen als moderne bouwwerken, waarbij de wonderen van de wereld in het niet vielen. Bijvoorbeeld Joseph Paxtons Crystal Palace voor de Wereldtentoonstelling in Londen in 1851; Alexandre Gustave Eiffels buitengewone toren voor de Wereldtentoonstelling in Parijs in 1889; de gestaag groeiende Kruppfabrieken in Essen en de schitterende Villa Hügel met tweehonderd kamers, voor Krupp zelf gebouwd op een paar kilometer afstand. Het Vrijheidsbeeld voor het volk van de Verenigde Staten, door Frédéric Auguste Bartholdi gemaakt in Parijs; de Singer-fabrieken in het Schotse Glasgow en de Forth-, Brooklyn-, Niagara- en honderden andere bruggen. In de laatste periode zonder kranten met hoge oplagen en bewegende beelden waren ingenieurs bijna even grote helden als soldaten: Brunel, De Lesseps, Roebling, Vickers, Eiffel (1, boven) en Rathenau.

Het kapitalisme beleefde zijn beste en meest winstgevende tijd. Er was altijd geld om gigantische ondernemingen te financieren en arbeidskrachten waren goedkoop en in overvloed aanwezig. De ontwerpen mogen het werk van het genie zijn geweest, de arbeid werd verricht door duizenden hardwerkende mannen in gescheurde broeken, versleten vesten, met opgerolde mouwen, bolhoeden en schoenen met stalen neuzen – hameren, graven, lassen, klinken, in- en uitladen, mengen en baggeren. Velen kwamen om het leven wanneer tunnels instortten, steigers omvielen en mijnen explodeerden. Niemand maakte zich druk om veiligheid en al helemaal niet om die van de arbeiders.

Door de ontdekking van goud, door de aanleg van spoorlijnen, door militaire noodzaak of door willekeur en het doorzettingsvermogen van pioniers ontstonden nieuwe steden. In veel gevallen zijn we vergeten wie verantwoordelijk was voor de meesterwerken van de late 19e eeuw, maar de prestaties van die mensen blijven.

1

2

3

4

IT took almost a year to complete the Eiffel Tower. As it steadily rose above the Paris skyline (1-4), there were those who loved it, those who detested it. The French writer Edouard Drumont, who hated urban life, Dreyfus, the Jews, de Lesseps and almost everything modern, regarded it as a symbol of all that was wrong with France. But once the Tower was finished in 1889, it became the most famous landmark in Paris, outlasting the Globe Céleste, which was dismantled after the Paris Exhibition of 1900 (5).

DIE Fertigstellung des Eiffelturms dauerte fast ein Jahr. Als er sich allmählich immer höher über Paris erhob (1-4), gab es Menschen, die ihn liebten, aber auch solche, die ihn verabscheuten. Der französische Schriftsteller Edouard Drumont haßte das urbane Leben, Dreyfus, die Juden, de Lesseps und fast alles Moderne, denn es war für ihn ein Symbol all dessen, was mit Frankreich nicht stimmte. Aber als der Turm 1889 fertig war, wurde er zum berühmtesten Wahrzeichen von Paris und überragte den Globe Céleste, der nach der Pariser Weltausstellung von 1900 wieder entfernt wurde (5).

DE bouw van de Eiffeltoren duurde bijna een jaar. Toen hij hoger en hoger boven Parijs uit begon te steken (1-4), waren er mensen die hem bewonderden, maar ook die hem verafschuwden. De Franse schrijver Édouard Drumont haatte het stadsleven, Dreyfus, de joden, De Lesseps en bijna alles wat modern was; voor hem was het een symbool voor alles wat er mis was met Frankrijk. Maar toen de toren in 1889 klaar was, werd hij het beroemde handelsmerk van Parijs. Hij stak boven de Globe Céleste uit, die na de Wereldtentoonstelling van 1900 in Parijs weer werd verwijderd (5).

1

2

FOR many, Paris was the one city that symbolized *La Belle Epoque*, with its mixture of excitement and gaiety. The shame of defeat in 1871 and the bitterness left by the aftermath of the Commune were a generation away. The city had been grandly rebuilt. It was a place of passion and beauty, of art and music, of sensual delight and great good humour. In Montmartre, a vast elephant – built for the 1900 Paris Exhibition – dwarfed the famous Moulin Rouge (1), and artists gathered at the Cabaret Artistique du Lapin Agile (2). Visitors to the Exhibition travelled effortlessly in bath-chairs pushed by porters along the boulevards of Baron Haussmann (3).

MIT seiner Mischung aus Aufregung und Fröhlichkeit war Paris für viele die Stadt, die wie keine andere die *Belle Epoque* verkörperte. Die Schande der Niederlage von 1871 und die Verbitterung in der Zeit nach der Kommune lagen eine Generation zurück. Die Stadt war in aller Pracht wiederaufgebaut worden. Sie war ein Ort der Leidenschaft und der Schönheit, der Kunst und der Musik, der Sinnenfreuden und der guten Laune. In Montmartre ließ der riesige Elefant, der für die Pariser Weltausstellung von 1900 gebaut worden war, das Moulin Rouge (1) winzig erscheinen; Künstler trafen sich im Cabaret Artistique du Lapin Agile (2). Besucher der Ausstellung wurden bequem in Rollstühlen über die Boulevards des Baron Haussmann geschoben (3).

MET zijn mengeling van opwinding en opgewektheid was Parijs voor velen de stad die als geen ander de geest van de *Belle Epoque* belichaamde. De bittere nederlaag van 1871 en de tijd na de Commune waren een generatie geleden. De stad was weer opgebouwd in al haar glorie. Parijs was een plaats van passie en schoonheid, kunst en muziek, van zinnelijk genot en plezier. Op Montmartre leek de Moulin Rouge (1) piepklein naast de enorme olifant die was gebouwd voor de Wereldtentoonstelling van 1900. Kunstenaars kwamen bijeen in het Cabaret Artistique du Lapin Agile (2). Bezoekers van de tentoonstelling werden comfortabel in rolstoelen door baron Haussmanns boulevards gereden (3).

1

2

3

1

(*Previous pages*)

THE Great Exhibition of 1851 was staged in London's Hyde Park. It was held in the vast Crystal Palace (3), an iron and glass construction (2) built to house 'the Works and Industry of all Nations' which was re-erected in South London in 1854 (1). It was a celebration of modern achievement, a chance for every country to show off its accomplishments, in peaceful competition. National emblems were proudly displayed – the finishing touches are put to a plaster head of 'Bavaria' (4).

(*Vorherige Seiten*)

DIE Weltausstellung von 1851 fand im Londoner Hyde Park im riesigen Kristallpalast (3) statt, einer Stahl- und Glaskonstruktion (2), die gebaut worden war, um »die Errungenschaften und Industrien aller Nationen« zu beherbergen und die 1854 im Süden Londons wieder aufgebaut wurde (1). Die Ausstellung feierte die modernen Errungenschaften und bot jedem Land die Möglichkeit, in einem friedlichen Wettbewerb seine Leistungen und Fertigkeiten zu demonstrieren. Nationale Embleme wurden stolz zur Schau gestellt – hier erhält ein Gipskopf der Bavaria den letzten Schliff (4).

(*blz. 426/427*)

DE Wereldtentoonstelling van 1851 vond plaats in het Hyde Park in Londen in het reusachtige Crystal Palace (3), een constructie van staal en glas (2) die was gebouwd om "plaats te bieden aan de verworvenheden van de industrie over de hele wereld". Het 'paleis' werd in 1854 in Zuid-Londen weer opgebouwd (1). De tentoonstelling gaf een beeld van de nieuwste ontwikkelingen en bood elk land de gelegenheid zijn vaardigheden te tonen. Nationale emblemen werden trots tentoongesteld – hier krijgt een gipsen Bavaria een laatste afwerking (4).

2

3

4

5

ON the opening day of the Inter-
national Exhibition of 1862 in South
Kensington, the British historian Thomas
Macaulay wrote in his diary: 'I was struck
by the number of foreigners in the streets.
All, however, were respectable and decent
people' (1). Though the aim was peaceful,
Armstrong guns were prominent in the
Exhibition (2). Less warlike were Henry
Pontifex's plumbing artefacts (3), Fenton's
ivory-turning machines (4), and a number
of titillating statues (5).

AM Tag der Eröffnung der Weltausstellung von 1862 in South Kensington
schrieb der britische Historiker Thomas
Macaulay in sein Tagebuch: »Ich war
verblüfft über die vielen Fremden in den
Straßen. Aber es waren alles ehrwürdige
und anständige Menschen.« (1) Trotz
der friedlichen Absichten der Ausstellung
sprangen diese Armstrong-Kanonen
besonders ins Auge (2). Weniger kriegerisch
waren die sanitären Anlagen von Henry
Pontifex (3), Fentons Elfenbeinschleifer (4)
und eine Reihe aufregender Statuen (5).

OP de dag van de opening van de
Wereldtentoonstelling van 1862 in
South Kensington schreef de historicus
Thomas Macaulay in zijn dagboek: "Ik was
verbijsterd over de vele vreemdelingen in
de straten, maar het waren allemaal
waardige en nette mensen." (1) Ondanks
de vreedzame bedoelingen van de
tentoonstelling vielen deze Armstrong-
kanonnen wel erg op (2). Minder
oorlogszuchtig waren de sanitaire
installaties van Henry Pontifex (3), Fentons
ivoorslijpers (4) en een rij opwindende
standbeelden (5).

ONE of the finest British engineers of the 19th century was Isambard Kingdom Brunel (2 – seen here in front of the massive chains tethering his steamship *Great Eastern* while under construction). Brunel built ships, railways and bridges, among them the Royal Albert Bridge over the River Tamar at Saltash, south-west England (1).

EINER der bedeutendsten britischen Ingenieure des 19. Jahrhunderts war Isambard Kingdom Brunel (2, hier vor den gigantischen Ketten, die sein Dampfschiff *Great Eastern* während des Baus festhielten). Brunel konstruierte Schiffe, Eisenbahnen und Brücken, darunter die Royal Albert Bridge über den Fluß Tamar bei Saltash im Südwesten Englands (1).

EEN van de belangrijkste Britse ingenieurs van de 19e eeuw was Isambard Kingdom Brunel (2, hier voor de gigantische kettingen waaraan zijn stoomschip *Great Eastern* vastlag tijdens de bouw). Brunel ontwierp schepen, spoorwegen en bruggen, onder meer de Royal Albert Bridge over de Tamar bij Saltash in Zuidwest-Engeland (1).

1

THE *Great Eastern* (1 and 4) was Brunel's masterpiece of engineering – a huge ship weighing 18,915 tons, almost six times the size of any vessel then afloat. She was built with both paddle-wheels (2) and a screw propeller, but had a tragic and haunted history. The first attempted launch was in November 1857 (3, left to right: J. Scott Russell, I. K. Brunel, Henry Wakefield). It was one of the first examples of photo-reporting, though the launch could not be completed. The ship stuck on the slipway for two months. She was eventually launched on 31 January 1858, but on her first trial voyage a boiler burst, killing six men. From then on, there were repeated stories that the ship was cursed. It was said that a riveter working on her had been incarcerated between the plates of her hull, and that ghostly hammerings could be heard.

When she was broken up in 1888, the skeleton of a riveter – with hammer – was found in her bilge.

DIE *Great Eastern* (1, 4) war Brunels technisches Meisterwerk – ein riesiges Schiff mit einem Gewicht von 18 915 Tonnen, fast sechsmal so groß wie die meisten damaligen Schiffe. Es wurde mit Schaufelrädern (2) und einer Schiffsschraube ausgestattet, es hatte aber eine tragische Geschichte. Der erste Versuch des Stapellaufs fand im November 1857 statt (3, von links nach rechts: J. Scott Russell, I. K. Brunel, Henry Wakefield). Eine der ersten Photoreportagen dokumentierte das Ereignis, auch wenn der Stapellauf nicht durchgeführt werden konnte. Das Schiff steckte zwei Monate lang auf den Gleitplanken fest. Schließlich wurde es am 31. Januar 1858 zu Wasser gelassen, aber auf seiner ersten Probefahrt explodierte ein Kessel und tötete sechs Männer. Von nun an kursierten wiederholt Gerüchte, das Schiff sei verflucht. Man erzählte sich, ein Nieter sei bei der Arbeit zwischen den Platten des Schiffsrumpfes eingekerkert worden, und nun sei sein gespenstisches Hämmern zu hören.

Als das Schiff 1888 zerlegt wurde, fand man in seinem Rumpf das Skelett eines Nieters – mit Hammer!

DE *Great Eastern* (1, 4) was Brunels technische meesterwerk – een gigantisch schip van 18.915 ton, bijna zes keer zo groot als destijds normaal was. Het werd uitgerust met een schoepenrad (2) en een scheepsschroef, maar beleefde een tragische geschiedenis. De eerste poging het schip van stapel te laten lopen, vond plaats in november 1857 (3, v.l.n.r.: J. Scott Russell, Henry Wakefield, I.K. Brunel). De gebeurtenis werd vastgelegd in een van de eerste fotoreportages, ook al mislukte de tewaterlating. Het schip zat twee maanden vast op de helling. Ten slotte liep het op 31 januari 1858 van stapel, maar tijdens de eerste proefvaart explodeerde een ketel. Er vielen zes doden. Daarna deden geruchten de ronde dat het schip vervloekt zou zijn. Men vertelde dat een man tijdens het klinken tussen de platen van de scheepsromp zou zijn ingesloten en dat er een spookachtig gehamer te horen zou zijn.

Toen het schip in 1888 werd gesloopt, vond men in de romp het skelet van een klinker, met hamer!

2

3

4

No other people know how to unite with the same harmonious force the cult of the past, the religion of tradition, to an unchecked love of progress and a lively and insatiable passion for the future,' wrote a French enthusiast for London's Tower Bridge. It was completed in 1894, with an opening of 250 ft (76 m), the two ramps being operated by steam-driven hydraulic pumps. It was the last bridge to be built over the Thames before the motor car began to exercise its tyranny.

KEIN anderes Volk versteht es, mit einer solch harmonischen Kraft den Kult der Vergangenheit und die Religion der Tradition mit einer ungezügelten Liebe zum Fortschritt und einer lebendigen und unstillbaren Leidenschaft für die Zukunft zu vereinen«, schrieb ein Franzose voller Begeisterung über die Londoner Tower Bridge. Die Brücke wurde 1894 fertiggestellt; ihr Öffnungswinkel maß 76 Meter, und ihre beiden Rampen wurden durch dampfbetriebene hydraulische Pumpen bewegt. Sie war die letzte Brücke, die über die Themse gebaut wurde, bevor das Auto seine Tyrannenherrschaft antrat.

GEEN ander volk weet zo harmonieus de cultus van het verleden en de religie van de traditie te combineren met een onstuimige liefde voor de vooruitgang en een onstilbare passie voor de toekomst", schreef een Fransman enthousiast over de Tower Bridge in Londen. De brug werd in 1894 voltooid, de opening bedroeg 76 m en de twee beweegbare plateaus werden aangedreven door hydraulische pompen. Het was de laatste brug over de Theems die werd gebouwd voor de auto zijn tirannie begon.

THE TOWER BRIDGE.–APRIL·1892. B·1068

THE suspension bridge over the Niagara River was a two-decker (1, 2). The four main cables of the 1,000 yd-long Brooklyn Bridge (3) were each made up of 5,000 strands of steel wire. The bridge over the Kiel canal at Rendsburg in North Germany (4) was the largest bridge in the world when it was built in 1913.

DIE Hängebrücke über den Niagara war zweistöckig (1, 2). Die vier Hauptkabel der knapp 1 000 Meter langen Brooklyn Bridge (3) bestanden jeweils aus 5 000 Stahldrähten. Die 1913 erbaute Brücke über den Nord-Ostee-Kanal bei Rendsburg in Norddeutschland (4) war seinerzeit die größte der Welt.

DE hangbrug over de Niagara-watervallen bestond uit twee verdiepingen (1, 2). De vier hoofdkabels van de Brooklyn Bridge (3) bestonden elk uit vijfduizend staalkabels. De brug over de Eider bij Rendsburg in Duitsland (4) was de grootste ter wereld toen hij in 1913 gebouwd werd.

THE Forth Bridge in Scotland was one of the first cantilever bridges to be built, and was the longest bridge in the world. It cost £ 3 million – an enormous amount of money in the 1880s. William Morris, a British artist, designer and writer, called it 'the supremest specimen of all ugliness'.

DIE Forth Bridge in Schottland war eine der ersten Auslegerbrücken und bei ihrer Fertigstellung die längste Brücke der Welt. Ihr Bau kostete £ 3 Millionen, in den 1880er Jahren eine gewaltige Summe. William Morris, der britische Künstler, Designer und Schriftsteller, bezeichnete diese Eisenbahnbrücke als »unerreichten Inbegriff aller Häßlichkeit«.

DE Forth-brug in Schotland was een van de eerste cantileverbruggen en de langste brug ter wereld. De bouw kostte £3 miljoen, een eeuw geleden een enorm bedrag. William Morris, de Engelse kunstenaar, schrijver en ontwerper, omschreef de brug als een "uniek summum van lelijkheid".

THE Suez Canal was begun in the early 1860s (1). The opening ceremony (2) on 17 November 1867 was attended by the Emperor and Empress of Austria, the Egyptian Khedive and the Crown Prince of Prussia. It did not, however, go according to plan, and was marred by the absence of Verdi and the opera that had been specially commissioned for the occasion, and by the absence of much of Port Said, which had been destroyed by an explosion in a firework warehouse. For Ferdinand de Lesseps (3 – surrounded by grandchildren), the engineer who devised and superintended the work, it was the height of his career. He was an exotic character who, like many Europeans, liked to dress in Arab clothes (4 – seen here with a group of colleagues, second from right).

IN den frühen 1860er Jahren begannen die Arbeiten am Suezkanal (1). An der Einweihungszeremonie (2) am 17. November 1867 nahmen der Kaiser und die Kaiserin von Österreich, der ägyptische Vizekönig und der Kronprinz von Preußen teil. Sie verlief jedoch nicht planmäßig und war getrübt durch die Abwesenheit von Verdi und der eigens für diesen Anlaß in Auftrag gegebenen Oper. Außerdem fehlten weite Teile von Port Said, die durch eine Explosion in einem Sprengkörperlager zerstört worden waren. Für Ferdinand de Lesseps (3, umgeben von seinen Enkeln), den Ingenieur, der den Bau geplant und beaufsichtigt hatte, war es der Höhepunkt seiner Karriere. Er war eine exotische Persönlichkeit und trug wie viele Europäer gerne arabische Kleidung (4, zweiter von rechts).

1

2

3

IN 1859 begon men met het graven van het Suez-kanaal (1). De inwijdingsceremonie op 17 november 1867 (2) werd bijgewoond door de keizer en keizerin van Oostenrijk, de Egyptische onderkoning en de kroonprins van Pruisen. De plechtigheid werd vergald door de afwezigheid van Verdi en de speciaal voor deze gelegenheid gecomponeerde opera Aïda. Bovendien waren grote delen van Port Said door een ontploffing in een magazijn met explosieven opgeblazen. Voor Ferdinand de Lesseps (3, te midden van zijn kleinkinderen), de ingenieur die de aanleg had gepland en geleid, was het de grootste dag uit zijn loopbaan. Zoals veel Europeanen droeg hij graag Arabische kledij (4, tweede van rechts).

4

THE Suez Canal focused European attention on Egypt and made things Egyptian fashionable. For nearly two thousand years, the monolith known as Cleopatra's Needle had stood near Alexandria (1). Now, English archaeologists had their greedy eyes on it, and it was removed from site (2), wrapped in a specially built torpedo-shaped shell (3) – which nearly sank in the Bay of Biscay – and towed to London, where it was reerected on the Thames Embankment (4).

3

DER Suezkanal lenkte die europäische
Aufmerksamkeit nach Ägypten und
brachte Ägyptisches in Mode. Fast 2 000 Jahre hatte der als Kleopatras Nadel bekannte
Monolith in der Nähe von Alexandria
gestanden (1). Jetzt hatten britische Archäo-
logen ein gieriges Auge darauf geworfen.
Er wurde von seinem Standort entfernt (2),
in eine speziell dafür angefertigte, torpedo-
förmige Ummantelung verpackt (3), die in
der Bucht von Biskaya fast gesunken wäre,
und nach London geschleppt, wo man ihn
am Ufer der Themse wiederaufstellte (4).

HET Suez-kanaal vestigde de aandacht
van Europa op Egypte en Egypte
werd populair. Bijna tweeduizend jaar had
de monoliet die bekend stond als
Cleopatra's naald in de buurt van
Alexandrië gestaan (1). Nu hadden Britse
archeologen er een hebzuchtig oog op
laten vallen. Hij werd van zijn standplaats
gehaald (2) en in een speciaal daarvoor
gemaakt, torpedovormig omhulsel
ingepakt (3) –dat in de golf van Biskaje
bijna zonk–, naar Londen gesleept en aan
de oever van de Theems weer neergezet
(4).

4

THE Krupp family were the richest in Germany, producing the guns and armaments that made possible implementation of Bismarck's policy of 'blood and iron' in the late 19th century. At the outbreak of the First World War, the Essen works (1 and 2) employed 70,000 workers. In one year alone, Alfred Krupp (3) bought three hundred iron ore mines, to provide the raw material for his colossal foundries. His most famous gun was Big Bertha (4), a monster cannon with a range of 76 miles (122 km) and weighing 200 tons. It fired a shell 12 miles (20 km) high and for twenty weeks in 1918 bombarded Paris.

DIE Krupps waren die reichste Familie Deutschlands. Sie stellten die Waffen für die Umsetzung von Bismarcks Blut-und-Eisen-Politik des ausgehenden 19. Jahrhunderts her. Beim Ausbruch des Ersten Weltkriegs waren in den Essener Werken 70 000 Arbeiter beschäftigt (1, 2). In nur einem Jahr kaufte Alfred Krupp (3) 300 Eisenerzminen, um seine riesigen Gießereien mit Rohstoffen zu versorgen. Seine berühmteste Waffe war die Dicke Bertha (4), eine riesige Kanone mit einer Reichweite von 122 Kilometern und einem Gewicht von 200 Tonnen. Sie feuerte eine Granate 20 Kilometer hoch in die Luft; 1918 bombardierte sie 20 Wochen lang Paris.

3

DE familie Krupp was de rijkste familie van Duitsland. De Krupps maakten de wapens voor Bismarcks 'bloed-en-ijzer-politiek' aan het eind van de 19e eeuw. Bij het uitbreken van de Eerste Wereldoorlog werkten in de fabriek in Essen zeventigduizend mensen (1, 2). In een enkel jaar kocht Alfred Krupp (3) drieduizend ijzerertsmijnen om zijn gieterijen van genoeg grondstoffen te voorzien. Zijn beroemdste wapen was Dikke Bertha (4), een enorm kanon met een reikwijdte van 122 km en een gewicht van 200 ton. Hij vuurde een granaat 20 km hoog de lucht in; in 1918 bombardeerde hij Parijs drie weken achtereen.

In 1859 William England photographed New York City: the docks (1), the fine brownstone buildings (3), and Wall Street (2), already the financial centre of the city. From the top of the Brandreth Hotel he took pictures of Broadway (overleaf), a street filled with some of the largest shops in the world.

WILLIAM England photographierte New York im Jahre 1859: die Docks (1), die prächtigen Sandsteinhäuser (3) und die Wall Street (2), bereits damals das Finanzzentrum der Stadt. Vom Dach des Brandreth Hotels machte er Aufnahmen vom Broadway (folgende Seiten), einer Straße, in der es einige der größten Geschäfte der Welt gab.

1   2

WILLIAM England fotografeerde New York in 1859: de Docks (1), de mooie zandstenen huizen (2) en Wall Street (3), toen al het financiële centrum van de stad. Vanaf het dak van het Brandreth Hotel maakte hij foto's van Broadway (blz. 448/449), de straat met een paar van de grootste winkels ter wereld.

By the mid-1870s, George Augustus Sala, who had last seen Broadway (1) in 1863, was amazed at what had happened: 'Where I remembered wildernesses I now behold terraces after terraces of lordly mansions of brown stone, some with marble façades, others wholly of pure white marble.' By 1890, Fulton's ferries had been superseded by the bold span of the Brooklyn Bridge (2). And by 1917, it took a bold man or woman to build, clean or decorate the towering office and apartment blocks – here Miss Lucille Patterson, an American artist, is painting bills on the side of a skyscraper (3).

MITTE der 1870er Jahre staunte George Augustus Sala, der den Broadway (1) zum letzten Mal im Jahre 1863 gesehen hatte, über die Veränderungen: »Wo damals eine Wildnis war, fand ich jetzt Reihen herrschaftlicher Sandsteinhäuser, einige mit marmornen Fassaden, andere ganz aus weißem Marmor.« In den 1890er Jahren waren Fultons Fähren von der riesigen Brooklyn Bridge (2) verdrängt worden. Und 1917 brauchte es kühne Männer oder Frauen, um die alles überragenden Büro- und Apartmenthochhäuser zu bauen, zu reinigen oder zu dekorieren – hier sieht man Miss Lucille Patterson, eine amerikanische Künstlerin, die Werbeanzeigen an die Wand eines Hochhauses malt (3).

ROND 1875 verbaasde George Augustus Sala, die New York voor het laatst in 1863 had gezien, zich over de veranderingen (1): "Waar vroeger de wildernis was, stonden nu rijen zandstenen herenhuizen, waarvan sommige met marmeren voorgevels en andere helemaal van wit marmer." In de jaren '90 werden de veerponten van Fulton verdrongen door de enorme Brooklyn Bridge (2). En in 1917 waren het dappere mannen en vrouwen die de kantoren en woontorens bouwden, schoonmaakten of schilderden. Hier schildert Lucille Patterson, een Amerikaanse kunstenares, reclame op een gebouw (3).

2

3

New Frontiers

OR the first time, the camera could capture the glories and eccentricities, the disasters, wonders, heroes and horrors of the age. Early daguerreotypes needed cumbersome equipment and lengthy exposures. It was hardly surprising that most 'sitters' regarded having their photograph taken as more an ordeal than a bit of fun. A good portrait required up to twenty minutes' exposure, during which time the subject must neither move nor blink, while his or her body was fastened into weird metal frameworks that gripped the arms and clamped the neck (1).

By the 1850s, the camera had become more portable, though photographers still travelled with a great deal of heavy apparatus. In 1856 Francis Frith set out on an 800-mile (1,250 km) journey into the Nile Valley with three glass-plate cameras and a complete darkroom. The same year the Bisson brothers of France employed 25 porters to carry their equipment into the Alps. Two years earlier, Roger Fenton had covered the Crimean War from a horse-drawn wagon proudly named 'The Photographic Carriage'. Action pictures were not yet possible, but Fenton was forbidden to photograph death and destruction – even though corpses didn't move during exposures of ten to fifteen seconds.

For a further ten years, photographers toured the world in their vans and wagons, capturing scenes of life in the Far East and the Far West. The Venetian-born Felice Beato visited India to photograph the Mutiny in 1857; he then went on to China, where he took pictures of the rebellion of 1860, before settling in Japan in 1862, where he opened his own photographic business.

In the 1860s the first truly portable cameras appeared on the market, and by the 1880s photography was sufficiently accessible for the general public to become the most popular hobby of the day. Informal 'snapshots' (the word was first used in 1890) preserved for eternity the everyday life of ordinary people. For the first time in history it was possible for one half of the world to see how the other half lived; for the sons and daughters of miners, shopkeepers, parlour-maids, stable-lads, factory hands and chimney-sweeps to know what their parents had looked like when they, too, were young; for stay-at-homes to see the Taj Mahal, the Eiger, the Golden Horn or the Great Wall of China.

And before the century ended, there were pictures that moved.

UM ersten Mal konnte die Kamera den Stolz und die Exzentrizität, die Desaster, Wunder, Helden und Schrecken der Zeit einfangen. Für die frühen Daguerrotypien waren eine umfangreiche Ausrüstung und lange Belichtungszeiten erforderlich. Es überraschte kaum, daß die meisten Modelle es eher anstrengend als lustig fanden, eine Photographie von sich machen zu lassen. Ein gutes Portrait mußte bis zu zwanzig Minuten belichtet werden; in dieser Zeit durfte sich das Modell weder bewegen noch blinzeln, und sein oder ihr Körper steckte in einem merkwürdigen Metallrahmen, der die Arme festhielt und das Genick festklammerte (1).

Um die Mitte des 19. Jahrhunderts war die Kamera transportabler geworden, obwohl die Photographen noch immer mit vielen schweren Apparaten herumreisten. Francis Frith begab sich 1856 mit drei Glasplattenkameras und einer kompletten Dunkelkammer auf eine 1 250 Kilometer lange Reise ins Niltal. Im selben Jahr beschäftigten die französischen Bisson-Brüder 25 Träger, um ihre Ausrüstung in die Alpen zu bringen. Zwei Jahre zuvor hatte Roger Fenton den Krimkrieg von einem Pferdewagen aus photographiert, der den stolzen Namen »The Photographic Carriage« trug. Aufnahmen von Bewegungen waren noch nicht möglich, aber Fenton wurde es verboten, Tod und Zerstörung zu photographieren – auch wenn sich Leichen während einer Belichtungszeit von zehn bis fünfzehn Sekunden bestimmt nicht bewegten.

Weitere zehn Jahre bereisten Photographen die Welt in ihren Wagen und Waggons und fingen Szenen des Lebens im Fernen Osten wie im Fernen Westen ein. Der in Venedig geborene Felice Beato besuchte 1857 Indien, um den Aufstand zu photographieren, und fuhr dann nach China, wo er 1860 Aufnahmen von der Rebellion machte, bevor er sich 1862 in Japan niederließ und dort sein eigenes Photoatelier eröffnete.

In den 1860er Jahren erschienen die ersten wirklich tragbaren Kameras auf dem Markt. In den 1880er Jahren hatte fast jedermann Zugang zur Photographie, und sie wurde zum beliebtesten Hobby der Zeit. Zwanglose »Schnappschüsse« (das Wort wurde zum ersten Mal 1890 verwendet) hielten das Alltagsleben der einfachen Menschen für die Ewigkeit fest. Zum ersten Mal in der Geschichte der Menschheit konnte die eine Hälfte der Welt sehen, wie die andere Hälfte lebte, erfuhren die Söhne und Töchter von Bergarbeitern, Ladenbesitzern, Dienstmädchen, Stallburschen, Fabrikarbeitern und

1

Schornsteinfegern, wie ihre Eltern in jungen Jahren ausgesehen hatten, und konnten die zu Hause Gebliebenen Bilder vom Taj Mahal, dem Eiger, dem Goldenen Horn oder der chinesischen Mauer betrachten.

Und bevor das Jahrhundert zu Ende ging, gab es Bilder, die sich bewegten.

VOOR het eerst konden trots en excentriciteit, rampen en wonderen, helden en verschrikkingen met een camera worden vastgelegd. Voor de vroegere daguerrotypen was een grote uitrusting en een lange belichtingstijd nodig geweest. Het is niet vreemd dat modellen het eerder vervelend dan leuk vonden als er een foto van hen werd gemaakt. Een goed portret moest tot twintig minuten worden belicht; gedurende die tijd mocht het model niet bewegen en niet met zijn ogen knipperen en het lichaam zat in vreemde metalen houders die de armen en de nek omklemden (1).

Omstreeks het midden van de 19e eeuw was de camera handzamer geworden, hoewel fotografen nog steeds met veel zware spullen rondsjouwden. Francis Frith vertrok in 1856 met drie glasplaatcamera's en een complete donkere kamer voor een 1250 km lange reis door het Nijldal. In datzelfde jaar huurden de Franse gebroeders Bisson 25 dragers om hun uitrusting de Alpen op te dragen. Twee jaar eerder had Roger Fenton de Krimoorlog gefotografeerd vanaf een paardenkar met de fraaie naam 'The Photographic Carriage'. Opnamen van bewegingen waren nog niet mogelijk, maar het werd Fenton verboden dood en vernietiging vast te leggen – ook al zouden de lijken tijdens een belichtingstijd van tien tot vijftien seconden echt niet bewegen.

Ook het volgende decennium reisden fotografen de wereld nog rond in wagens en wagons. Ze legden het leven in het verre oosten en het verre westen vast. Felice Beato uit Venetië bezocht Indië in 1857 om er de opstand te fotograferen en ging verder naar China, waar hij in 1860 foto's maakte van de rebellie. Hij vestigde zich ten slotte in Japan, waar hij zijn eigen foto-atelier begon.

In de jaren '60 kwamen de eerste echte draagbare camera's op de markt. En rond 1880 was fotografie bijna voor iedereen weggelegd en werd het een populaire hobby. Ongedwongen 'snapshots' (het woord werd in 1890 voor het eerst gebruikt) legden het leven van alledag vast voor de eeuwigheid. Voor het eerst in de geschiedenis kon de ene helft van de wereld zien hoe de andere helft leefde, kwamen zonen en dochters van mijnwerkers, winkeliers, dienstmeisjes en staljongens, arbeiders en schoorsteenvegers te weten hoe hun ouders er vroeger uitgezien hadden en konden de thuisblijvers beelden van de Taj Mahal, de Eiger, de Gulden Hoorn of de Chinese muur zien.

En voor de eeuwwisseling waren er bewegende beelden.

1

2

3

MATTHEW Brady (1) was an early travelling photographer who covered the American Civil War. The federal soldiers whom he photographed called the converted buggy in which he had his darkroom 'The Whatisit Wagon' (2). Francis Frith (3) made three journeys into Egypt and opened a photographic printing firm. Eadweard Muybridge (4) was an Englishman who pioneered the technique of using trip wires, taking a series of action pictures to study how humans and animals moved.

MATTHEW Brady (1) war ein früher Reisephotograph, der über den Amerikanischen Bürgerkrieg berichtete. Die von ihm photographierten föderalistischen Soldaten nannten den umgebauten Wagen, in dem er seine Dunkelkammer eingerichtet hatte, »The Whatisit Wagon« (2). Francis Frith (3) unternahm drei Reisen nach Ägypten und gründete ein Unternehmen für Photabzüge. Der Engländer Eadweard Muybridge (4) leistete Pionierarbeit für die Technik der Fernauslöserdrähte, mit denen er eine Serie von Aktionsphotos machte, um die Bewegungen von Mensch und Tier zu studieren.

MATTHEW Brady (1) was een van de eerste reizende fotografen. Hij berichtte over de Amerikaanse Burgeroorlog. De federalistische soldaten die hij fotografeerde, noemden zijn omgebouwde wagen waarin hij een donkere kamer had 'The Whatisit Wagon' (2). Francis Frith (3) maakte drie reizen naar Egypte en verkocht afdrukken van zijn foto's in een eigen winkel. De Engelsman Eadweard Muybridge (4) was een pionier op het gebied van de techniek van de draadbediening op afstand. Hij maakte een reeks actiefoto's om de bewegingen van mens en dier te bestuderen.

4

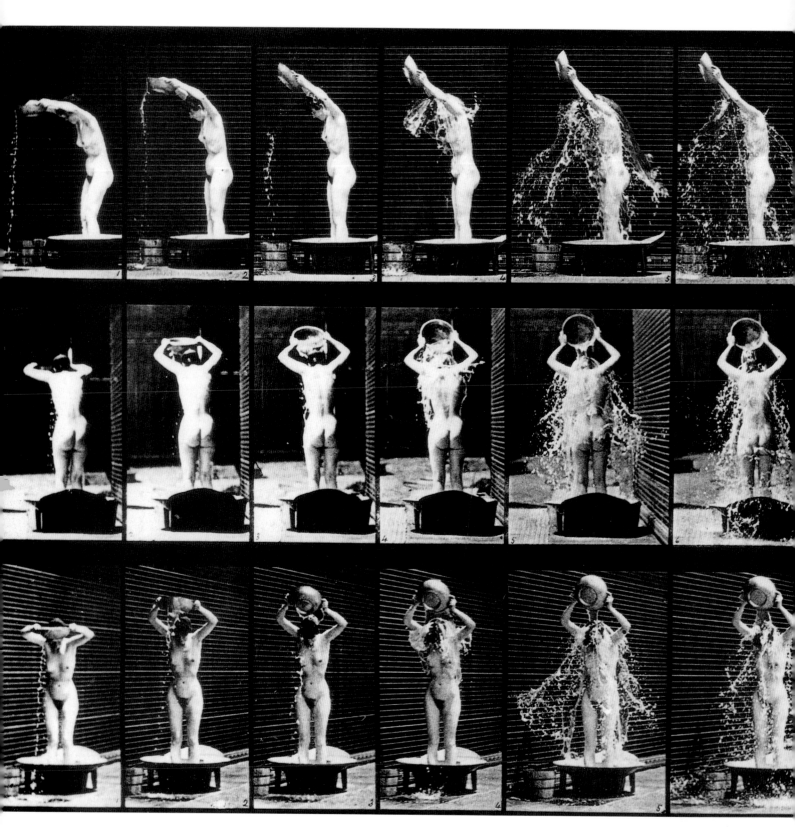

THIS is one of Muybridge's most
famous (and most popular) studies of
movement – a naked woman dowsing
herself with water in a bathtub. There
were some who regarded these pictures as
shocking, some who considered them
delightful, and many who looked on them
as both. Among Muybridge's more

ridiculous models in the 1880s were a
naked cricketer, a naked hurdler, and a
naked swordsman. The pictures were taken
with a series of 12 to 24 cameras at an
exposure of 1/500th of a second and caused
a sensation at the Chicago Exhibition of
1893 when projected on a Zoopraxiscope.

DIES ist eine von Muybridges berühmtesten (und beliebtesten) Bewegungsstudien, eine nackte Frau, die sich in einer
Badewanne mit Wasser übergießt. Manche
fanden diese Bilder schockierend, andere
reizend, und für viele waren sie beides. Zu
Muybridges eher lächerlichen Modellen
gehörten in den 1880ern ein Kricketspieler,

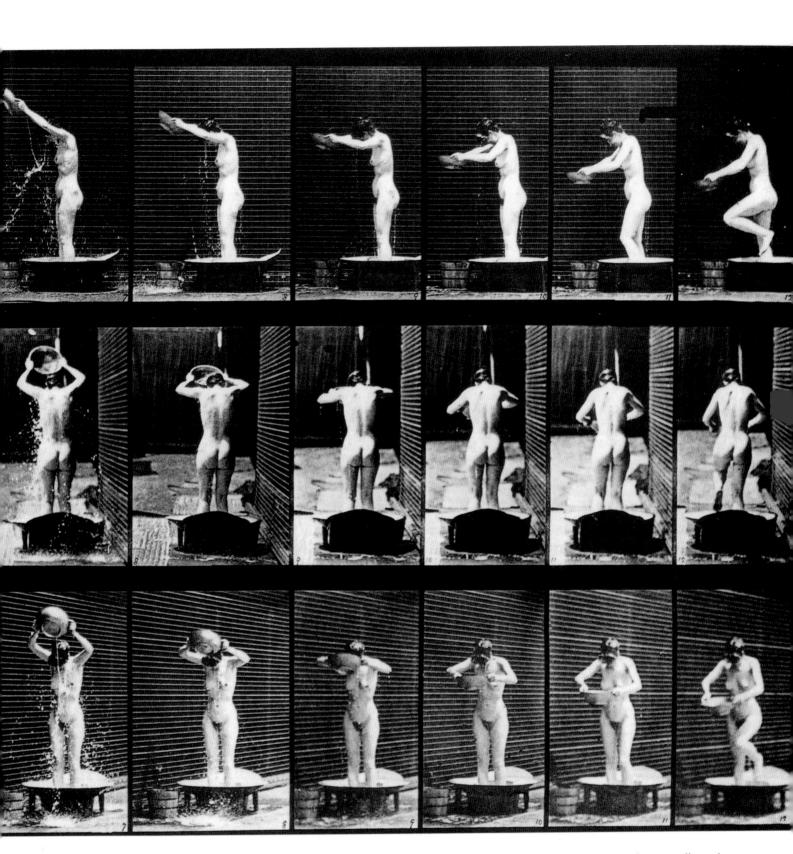

ein Hürdenläufer und ein Fechter – alles Akte. Die Aufnahmen wurden mit 12 bis 24 Kameras bei einer Belichtungszeit von einer Fünfhundertstelsekunde gemacht und sorgten bei der Chicagoer Weltausstellung von 1893 für eine Sensation, als sie auf ein Zoopraxiskop projiziert wurden.

DIT is en van Muybridges beroemdste (en populairste) bewegingsstudies, een naakte vrouw die in een badkuip water over zich heen gooit. Sommigen vonden dit soort foto's schokkend, anderen opwindend en voor velen waren ze het allebei. Tot Muybridges nogal ridicule modellen behoorden in de jaren '80 een cricketspeler, een hordenloper en een schermer, allemaal naakt. De opnamen werden met twaalf tot 24 camera's gemaakt bij een belichtingstijd een 1/500 sec. Ze zorgden op de Wereldtentoonstelling in Chicago in 1893 voor een sensatie toen ze werden geprojecteerd op een zoopraxiscoop.

THANKS to Muybridge's action shots
of a horse (1), it was possible to
establish that the horse did at one time
have all four feet off the ground when
trotting – news that pleased Governor
Leland Stanford of California, who had
made a wager to that effect. There were
some, however, who claimed that a horse's
legs could never assume such unlikely
positions. Among others who had
experimented with moving action pictures
was Dr Jules Marey, with his chrono-
photograph of a fencer (2). Thomas Edison
(3) pioneered micrography – the study of
microscopic objects by photography.

DANK Muybridges Bewegungsstudien
eines Pferdes (1) konnte man feststellen,
daß beim Trab für einen Moment keines
seiner vier Beine den Boden berührte – eine
Neuigkeit, die dem kalifornischen Gouverneur Leland Stanford sehr gefiel, denn er
hatte darauf eine Wette abgeschlossen. Es
gab jedoch auch manche, die behaupteten,
die Beine eines Pferdes könnten niemals solch
unwahrscheinliche Haltungen einnehmen.
Zu denen, die ebenfalls mit Bewegungs-
photos experimentierten, gehörte Dr. Jules
Marey mit seiner Chronophotographie eines
Fechters (2). Thomas Edison (3) erfand
die Mikrophotographie, das Studium mikro-
skopisch kleiner Objekte mit Hilfe der
Photographie.

DANKZIJ Muybridges studie van een
paard (1) kon men zien dat gedurende
de draf een kort ogenblik geen van de vier
benen van een paard de grond aanraakte –
een nieuwtje dat vooral voor de
Californische gouverneur Leland Stanford
goed uitkwam, want hij had er een
weddenschap over afgesloten. Maar er
waren ook mensen die beweerden dat de
benen van een paard nooit zo'n
onwaarschijnlijke positie konden innemen.
Dr. Jules Marey experimenteerde ook met
bewegingsfoto's met zijn chronofotografie
van een schermer (2). Thomas Edison (3)
vond de micrografie uit, de studie van
microscopisch kleine objecten met behulp
van fotografie.

2

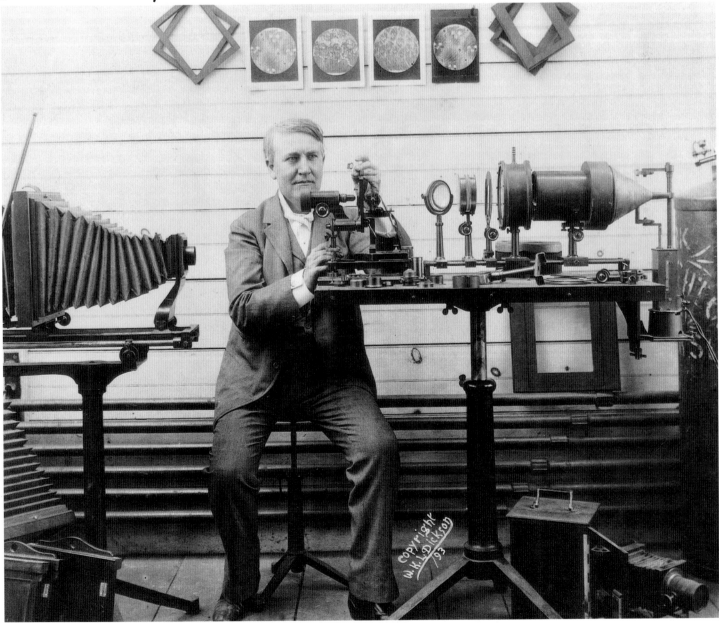

3

GEORGES Méliès was a French magician, designer, actor and theatre manager. He quickly saw how magic and fantasy could be combined with the new cinematograph cameras. Here he turns a woman into a butterfly (1 and 2). His later films were more lavish and complex, with specially built sets (3) and special effects (4).

DER Franzose Georges Méliès war Magier, Designer, Schauspieler und Theaterdirektor. Er erkannte schnell, daß die neuen kinematographischen Kameras neue Horizonte für Magie und Phantasie eröffneten. Hier verwandelt er eine Frau in einen Schmetterling (1, 2). Seine späteren Filme waren überschwenglicher und komplexer, mit speziellen Dekorationen (3) und Effekten ausgestattet (4).

DE Fransman Georges Méliès was goochelaar, ontwerper, acteur en theaterdirecteur. Hij zag al snel in dat de nieuwe cinematografie nieuwe mogelijkheden voor magie en fantasie bood. Hier verandert hij een vrouw in een vlinder (1, 2). Zijn latere films waren ingewikkelder en complexer en voorzien van speciale decors (3) en effecten (4).

3

4

1

THOMAS Edison and Henry Ford
(3, right and left) examine Edison's
light bulbs. Marie Curie at work in
her laboratory (1). Amateur astronomers
examine the heavens in the days before
flashlight photography (2). The Marchese
Marconi (4, centre) at Signal Hill,
Newfoundland, before receiving the first
trans-Atlantic wireless signal.

THOMAS Edison und Henry Ford
(3, rechts und links) untersuchen
Edisons Glühbirnen. Marie Curie bei der
Arbeit in ihrem Labor (1). In den Tagen
vor der Erfindung der Blitzlichtphotogra-
phie untersuchen zwei Amateurastronomen
den Himmel bei Tag (2). Der Marchese
Marconi (4, Mitte) auf dem Signal Hill in
Neufundland, kurz vor dem Empfang des
ersten transatlantischen Telegraphensignals.

THOMAS Edison en Henry Ford (3,
rechts en links) onderzoeken Edisons
gloeilampen. Marie Curie aan het werk in
haar laboratorium (1). Twee amateurastronomen onderzoeken de hemel in de
tijd voor de uitvinding van het flitslicht (2).
Markies Marconi (4, midden) op Signal Hill
in Newfoundland, vlak voor de ontvangst
van het eerste transatlantische
telegraafsignaal.

2

3

4

A stuffed mammoth from Siberia is exhibited in the St Petersburg Museum in the 1860s (2), while an unknown archaeologist holds a newly discovered fossil of a leg bone from some colossal animal (1).

EIN ausgestopftes Mammut aus Sibirien wird in den 1860er Jahren im Museum von St. Petersburg ausgestellt (2). Ein unbekannter Archäologe hält den jüngst entdeckten versteinerten Beinknochen eines riesigen Tieres (1).

IN 1860 wordt een opgezette mammoet uit Siberië tentoongesteld in het museum van Sint Petersburg (2). Een onbekende archeoloog met een enorm versteend bot dat net was ontdekt (1).

IN 1898 gold was discovered in the Klondike in north-west Canada. 22,000 prospectors a year poured in, dragging their stumbling pack-horses up the ice (1). In their wake came saloon-keepers and 'actresses' (2, crossing the Dyea River). Towns like Skagway – the most lawless place on earth – sprang up overnight (3). Dawson City (4) was the biggest boom town.

IM Jahre 1898 wurde im Klondike im Nordwesten Kanadas Gold gefunden. Jährlich kamen 22 000 Goldsucher und zogen ihre stolpernden Packpferde über das Eis (1). Mit ihnen kamen Saloonbetreiber und »Schauspielerinnen« (2, beim Überqueren des Flusses Dyea). Städte wie Skagway, der gesetzloseste Ort der Welt, entstanden über Nacht (3). Dawson City war die größte Goldgräberstadt (4).

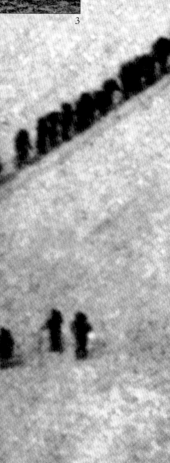

IN 1898 werd in Klondike in Noordwest-Canada goud gevonden. Jaarlijks kwamen er zo'n 22.000 goudzoekers. Ze trokken met hun struikelende pakpaarden over het ijs (1). Met hen kwamen kroegbazen en 'actrices' (2, tijdens het oversteken van de rivier Dyea). Steden als Skagway, de meest meest anarchistische plaats ter wereld, ontstonden van de ene dag op de andere (3). Dawson City was de grootste goudzoekersstad (4).

4

MEMBERS of Scott's last South Polar Expedition outside Amundsen's tent at the Pole, January 1912 (1). Shackleton's *Endurance* caught in the Antarctic ice in 1917 (2) . The Aurora Borealis (3), photographed in 1876 by members of the British Nares Expedition (4 – with dead walrus).

MITGLIEDER der letzten Expedition zum Südpol unter Kapitän Scott stehen im Januar 1912 vor Amundsens Zelt am Pol (1). Shackletons *Endurance* wurde 1917 im antarktischen Eis aufgenommen (2). Die Aurora Borealis am arktischen Himmel (3), 1876 von Mitgliedern der britischen Nares-Expedition photographiert (4, mit totem Walroß).

LEDEN van de laatste Zuidpoolexpeditie onder leiding van Scott voor Amundsens tent, januari 1912 (1). Shackletons *Endurance* in het poolijs in 1917 (2). De Aurora Borealis aan de antarctische hemel (3), in 1876 gefotografeerd door leden van de Britse Nares-expeditie (4, met dode walrus).

1

2

3

4

FROM 1830 onwards, skirts had grown steadily fuller, supported by 'long lace-trimmed drawers, an under-petticoat three and a half yards wide, a petticoat wadded at the knees and stiffened with whalebone, a white starched petticoat, with three stiffly starched flounces, and a muslin petticoat…'.

When the true crinoline arrived in 1854, with its cage of steel and whalebone, it was a blessed relief, being a much lighter and more manoeuvrable mode of dress. It lasted only a few years before being replaced by the bustle, but while it lasted it provided plenty of scope for humour.

SEIT 1830 waren die Röcke immer ausladender geworden, gestützt von »langen, spitzenbesetzten Unterhosen, einem dreieinhalb Meter breiten Reifrock, einem Unterrock, der an den Knien ausgestellt und mit Walknochen verstärkt war, einem weißen, gestärkten Unterrock mit drei steifen Volants besetzt, und einem

Unterrock aus Musselin …« Als 1854 die echte Krinoline mit ihrem Käfig aus Draht und Fischbein auftauchte, war dies eine große Erleichterung, denn dieses Kleidungsstück erlaubte eine viel größere Bewegungsfreiheit. Schon nach wenigen Jahren wurde sie durch die Turnüre ersetzt, die jedoch viel Anlaß zur Belustigung bot.

SINDS 1830 waren rokken steeds voller geworden, met eronder "met kant afgezette lange onderbroeken, een hoepelrok van 3,5 m, een onderrok die op de knie was verstevigd met walvisbot, een witte gesteven onderrok met drie stijve volants en een onderrok van mousseline …" Toen in 1854 de echte hoepelrok kwam,

met zijn frame van draad en walvisbotten, was dat een opluchting, want dat kledingstuk was veel lichter en stond veel meer bewegingsvrijheid toe. Al na een paar jaar werd ze vervangen door de tournure, een bron van vermaak.

1

2

P IN-UP pictures became popular in the
early 1900s. Scorning the fashion
scene, however, were those who favoured
practicality in costume – an afternoon
tea party in rational dress in 1895 (2). But
some were prepared almost to cut themselves in half to display a wasp waist – the
French music-hall singer Polaire in 1890 (1).

D IE beliebtesten Pin-up-Bilder kurz
nach 1900 waren die der Gibson Girls.
Verachtet wurde die Modeszene von
den Befürwortern praktikabler Bekleidung –
eine nachmittägliche Teaparty in zweck-
mäßiger Kleidung im Jahre 1895 (2). Aber
es gab auch Frauen, die bereit waren, sich
fast in der Mitte durchzutrennen, um eine
Wespentaille präsentieren zu können,
wie die französische Sängerin Polaire im
Jahre 1890 (1).

D E populairste pin-upfoto's vlak na
1900 waren die van de Gibson Girls.
De modewereld werd veracht door de
voorstanders van praktische kleding – een
'teaparty' in praktische kleding in 1895 (2).
Maar er waren ook vrouwen die bereid
waren zich bijna doormidden te delen om
een wespentaille te kunnen tonen, zoals de
Franse zangeres Polaire in 1890 (1).

ON Folkestone Pier in August 1913, contestants in an early International Beauty Show parade their smiles (1 – from left to right: England, France, Denmark, Germany, Italy and Spain). The camera played a highly culpable part in popularizing fashion displays and beauty competitions – a prizewinner in a Paris magazine contest in 1902, one of the first 'cover-girls' (2).

Edward VII died on 6 May 1910. A month later, society was still in mourning, but fashionably so for the Ascot Race Meeting (3). At the racecourse at Longchamps, Paris, in 1914, just before the outbreak of war, the fashion of the day was the harem skirt (4).

AM Pier von Folkestone präsentieren die Mitstreiterinnen eines frühen Schönheitswettbewerbs im August 1913 ihr Lächeln (1, von links nach rechts: England, Frankreich, Dänemark, Deutschland, Italien und Spanien). Die Kamera trug dazu bei, daß sich Modenschauen und Schönheitswettbewerbe immer größerer Beliebtheit erfreuten; die Gewinnerin des Wettbewerbs eines Pariser Magazins aus dem Jahre 1902, eines der ersten »Covergirls« (2).

Edward VII. starb am 6. Mai 1910. Einen Monat später trauerte die Gesellschaft zwar noch immer, für das Pferderennen in Ascot tat sie dies jedoch modebewußt (3). Auf der Rennbahn von Longchamps in Paris waren 1914, kurz vor Ausbruch des Krieges, Haremsröcke der letzte Schrei (4).

3

4

EEN vroege schoonheidswedstrijd op de pier van Folkestone in augustus 1913: de deelneemsters presenteren hun glimlach (1, v.l.n.r.: Engeland, Frankrijk, Denemarken, Duitsland, Italië en Spanje). De camera droeg eraan bij dat modeshows en schoonheidswedstrijden steeds populairder werden. De winnares van een door een Parijs' modetijdschrift in 1902 georganiseerde wedstrijd, een van de eerste 'covergirls' (2).

Edward VII stierf op 6 mei 1910. Een maand later rouwde het volk nog steeds – bij de paardenrennen van Ascot wel heel modebewust (3). Op de renbaan van Longchamps in Parijs waren in 1914, vlak voor het uitbreken van de oorlog, haremrokken de nieuwste rage (4).

I N sport, education, the arts, society and employment, the New Woman had made considerable progress against enormous opposition. 'They dress... like men. They talk... like men. They live... like men. They don't... like men' was *Punch's* funny little view in 1895. Women now smoked cigarettes in public, took their own lodgings or at least demanded a key to the family home, and challenged outmoded social conventions. By the beginning of the 20th century, all caution – and many swimsuits – had been thrown to the wind (2). Decent folk were outraged by the wanton shamelessness of bathing belles who dared to pose (rather than swim) in the one-piece bathing costume (1).

I M Sport, in der Ausbildung und Erziehung, in der Kunst, der Gesellschaft und der Arbeitswelt hatte die Neue Frau trotz einer äußerst starken Opposition enorme Fortschritte gemacht. »Sie kleiden sich … wie Männer. Sie reden … wie Männer. Sie leben … wie Männer. Sie mögen … keine Männer«, war 1895 *Punchs* Meinung. Frauen rauchten nun in der Öffentlichkeit, hatten ihre eigenen Wohnungen oder verlangten zumindest einen Schlüssel für das Familienheim und stellten überkommene gesellschaftliche Konventionen in Frage.

Zu Beginn des 20. Jahrhunderts war alle Vorsicht – und viele Badeanzüge – über Bord geworfen worden (2). Viele Leute waren entsetzt über die sträfliche Schamlosigkeit von Badeschönheiten, die es wagten, (statt zu schwimmen) in einem einteiligen Badeanzug zu posieren (1).

D E nieuwe vrouw had ondanks heftige tegenstand grote vooruitgang geboekt in werk, sport, opleiding, opvoeding, kunst en maatschappij. "Ze kleden zich … als mannen. Ze praten … als mannen. Ze leven … als mannen. Ze houden niet van … mannen", schreef *Punch* in 1895. Vrouwen rookten nu ook in het openbaar, hadden een eigen woning of eisten op zijn minst een eigen sleutel voor het huis en bekritiseerden achterhaalde maatschappelijke gebruiken.

Begin 20e eeuw werd alle voorzichtigheid –en de meeste badkostuums– overboord gegooid (2). Veel mensen waren verontwaardigd over de schaamteloosheid van de schoonheden in zwemgelegenheden die in plaats van te zwemmen poseerden in eendelige badpakken (1).

Part II

1918 to the present

ALAN BEAN AND CHARLES CONRAD,
NOVEMBER 1969.

Introduction

WITHIN the span of fifty years this century, Europe was in the eye of two world wars. Thereafter, western powers were increasingly accused of exporting wars overseas, ostensibly on ideological grounds but in reality to protect economic and neo-colonial interests. Whilst the causes of the First World War remain debatably obscure, the Second World War united the Allied against the Axis countries in a battle increasingly portrayed as one against evil. The allegiance forged between Churchill, de Gaulle, Eisenhower and Stalin was soon to falter. The Korean and Vietnam Wars were joined by US forces sent on the pretext of halting the 'tumbling dice' of world Communism.

The Kremlin's determination to maintain control of the satellite states of the Soviet Union led to its much-decried military interventions in Hungary (1956) and Czechoslovakia (1968). Here the crushing was of largely spontaneous populist uprisings. In other countries, politically organized national liberation movements engaged in an armed struggle against the old imperial foreign powers. Erstwhile Commonwealth countries such as Canada won their autonomy without a struggle, although there is still a frustrated secessionist movement among the French-speaking Québecquois. India had blazed an independence trail through Gandhi's massively successful campaign of civil disobedience, only to find itself faced with partition, granting its substantial Moslem minority the northern territories that became known as Pakistan.

It became a hallmark of this allegedly godless century that religious wars were endemic once more. The increasing militance of Islam and the recourse to *jihad* (or holy war against the infidel) divided many countries against themselves, particularly in Balkan Europe and the Middle East. Here, too, the foundation of the state of Israel in 1948 appeared to Palestinians as another way in which Europe sought to displace its own problems. Civil wars erupted in countries overthrowing the ancient systems of oppression, most particularly in China where in 1949 Mao Tse-Tung inaugurated the People's Republic, the world's largest and one of the few continuing Communist countries.

Yet, curiously, the twentieth century has also been characterized by a popular desire and demand for peace. From small organisms of conscientious objectors during the First World War to worldwide Campaigns for Nuclear Disarmament, groups of individuals have grown into mass movements that have insisted on putting the human race first. Partly this is because wars increasingly affect civilians as much as or more than armies: according to Red Cross statistics, while 85 per cent of First World War casualties were military, the percentage was inverted (15 per cent military: 85 per cent civilian) during the Gulf War of 1988. While no one would advocate a return to the decimating trench warfare of the former, technological advances also rendered redundant the lining-up of armies for the battlefield slaughter. New technologies brought other sorts of advances too. In medicine, the spread of vaccines brought the eradication of smallpox, scarlet fever and leprosy worldwide; that of polio, yellow fever and hepatitis in many countries. Life expectancy virtually doubled in 'developed' countries with many living into their eighties and nineties, twice as long as a century earlier. Yet poorer regions remained plagued by avoidable diseases such as cholera and malaria.

Technological advances could also bring many of us culturally closer. Television soap serials have achieved mass popularity. A whole new art form, cinema, advanced to a peak in the Thirties and Forties. Realistic imaging came further within the popular remit through the widespread availability of cheap photo and video cameras. North American films and video games in particular were widely blamed for the promotion of impersonal violence, especially among the young, among whom sophisticated weaponry and a 'drug culture' were pervasive.

Fashions in music and clothes became complementary, with many regions abandoning traditional customs. Cheap travel on charter aircraft led to exotic tourist resorts producing interchangeable T-shirts and carrier bags worldwide. In turn, western centres of fashion sought inspiration in natural fibres and traditional patterns, particularly with the emergence of Japan on the fashion scene. Other clothes styles mimicked other technological advances: the first moonwalkers of the 1960s generated a rash of space outfits on the catwalks of Paris and Milan. Overall the move was towards more comfortable, wearable clothes and less formality, particularly in women's wear.

The fashionable emaciated look from the 1960s onwards also conflicted with what people increasingly knew about 'slimmer's diseases' such as anorexia and bulimia, and with the extent of world starvation. Wars that the cynical claimed were promoted more by arms manufacturers than ideological causes led to the number

POLICE KEEP BACK BEATLES FANS
(AND PRESS CAMERAMEN) OUTSIDE
BUCKINGHAM PALACE, LONDON,
WHERE THEY WHERE RECEIVING OBE'S
(ORDER OF THE BRITISH EMPIRE),
OCTOBER 1965.

DIE POLIZEI HÄLT DIE BEATLESFANS
UND PRESSEPHOTOGRAPHEN VOR DEM
BUCKINGHAM PALAST IN ZAUM, WO
DEN BEATLES IM OKTOBER 1965 DER
ORDEN DES BRITISCHEN EMPIRES
VERLIEHEN WURDE.

DE POLITIE VERHINDERT BEATLEFANS
EN PERSFOTOGRAFEN DICHTER BIJ
BUCKINGHAM PALACE, LONDEN, TE
KOMEN. DE BEATLES ONTVINGEN EEN
HOGE ENGELSE RIDDERORDE.

of migrants doubling in the 1980s alone. Whole peoples moved, fleeing wars and natural catastrophes, but also increasingly as 'economic refugees', seeking to escape living conditions under which they could not survive. While the global shift was from south to north and east to west, a continent such as Australasia became a whole new regional melting pot.

Despite flickering support for a revival of Italian fascism under Mussolini's granddaughter; the neo-Nazis in Germany and Austria; the racist policies of Le Pen's National Party in France and the British Movement, Europe at the close of this century is consolidating its union, finally incorporating the 'guest' populations it invited to immigrate at a time of rising employment following the Second World War. If the nineteenth century saw a net emigration of Europeans to overseas colonies, then the twentieth has witnessed a shift in the reverse direction. South Africa has finally (and relatively peacefully) transferred to majority rule, as has the last outpost of British imperialism, Northern Ireland. A

belated consideration for the situation of indigenous peoples – from Amazon to Africa to Australia – goes hand-in-hand with a respect for their common understanding of the delicate interrelationship between the species of our planet.

For many of today's young generation, the overriding concern is for the sustainable future of the world as a whole, regardless of boundaries and nationalities. A scientifically raised awareness of the five species that every hour become extinct in this unrenewable world has galvanized the ecological impetus to render the destruction of the jungles of Borneo or Brazil of immediate impact in industrialized North America or Western Europe. The European Union, the Congress of Non-Aligned States, and the Organization of African or American States, are all phenomena that could not have been foreseen at this century's start. It remains for the next to reveal where present-day global concerns will lead, if the pursuit of harmony will outweigh that of war.

Einführung

IN einem Zeitraum von nur fünfzig Jahren haben in unserem Jahrhundert in Europa zwei Weltkriege getobt. Und seit Ende des letzten wird immer häufiger der Vorwurf laut, daß der Westen Kriege in andere Länder exportiere, unter ideologischem Vorwand, doch in Wirklichkeit aus ökonomischen und neokolonialistischen Motiven. Wie es zum Ersten Weltkrieg kam, ist bis heute umstritten; im Zweiten galt der Krieg der Alliierten gegen die Achsenmächte zusehends als der Kampf gegen das Böse schlechthin. Die Solidarität zwischen Churchill, de Gaulle, Eisenhower und Stalin sollte nicht lange halten − schon bald griffen amerikanische Truppen in den Korea- und den Vietnamkrieg ein, um, wie es hieß, dem Vormarsch des Weltkommunismus Einhalt zu gebieten.

Der Kreml war fest entschlossen, die Satellitenstaaten der Sowjetunion an der kurzen Leine zu halten, daher die militärischen Interventionen in Ungarn (1956) und der Tschechoslowakei (1968), die dem Ansehen der Sowjets sehr schadeten. Wurden hier weitgehend spontane Volksaufstände niedergeschlagen, so kämpften in anderen Ländern politisch organisierte nationale Befreiungsbewegungen mit Waffengewalt gegen die alten Kolonialmächte. Einstige Commonwealth-Staaten wie zum Beispiel Kanada erlangten ihre Unabhängigkeit kampflos, auch wenn im französischsprachigen Québec bis heute eine glücklose Separatistenbewegung tätig ist. In Indien hatte der ungeheure Erfolg von Gandhis Kampagne des zivilen Ungehorsams den Weg zur Unabhängigkeit gebahnt, doch mit ihr kam auch die Zweiteilung des Landes, bei der die bedeutende islamische Minderheit die nördlichen Territorien übernahm, die den Namen »Pakistan« erhielten.

Bezeichnend für dieses angeblich so gottlose Jahrhundert war, daß überall wieder Glaubenskriege aufflammten. Die zunehmende Militanz des Islam und die Rückkehr zum Dschihad (dem »heiligen Krieg« gegen die Ungläubigen) spaltete die Bevölkerung vieler Länder, besonders auf dem Balkan und im Mittleren Osten. Hier hatten die Palästinenser die Gründung des Staates Israel von 1948 als einen weiteren Versuch der Europäer empfunden, ihre eigenen Probleme auf die Einheimischen abzuwälzen. Überall, wo Länder das Joch ihrer alten Unterdrücker abschüttelten, kam es zu Bürgerkriegen, besonders heftig in China, wo Mao Tse-tung 1949 die Volksrepublik ausrief, das größte kommunistische Land der Erde und heute eines der letzten des Kommunismus.

Doch kurioserweise läßt sich das 20. Jahrhundert ebenso als ein Jahrhundert des weltweiten Strebens nach Frieden verstehen. Von einzelnen Kriegsdienstverweigerern im Ersten Weltkrieg zu weltweiten Kampagnen für nukleare Abrüstung sind aus Grüppchen und einzelnen Massenbewegungen geworden, für die die Rechte der Menschheit an erster Stelle stehen. Ein Grund dafür ist sicher, daß Kriege in zunehmendem Maße die Zivilbevölkerung treffen und im Verhältnis immer weniger das Militär: Nach Statistiken des Roten Kreuzes waren 85 Prozent der Opfer des Ersten Weltkriegs Soldaten, im Golfkrieg von 1988 war das Verhältnis umgekehrt (15 Prozent Soldaten gegenüber 85 Prozent Zivilisten). Doch niemand wird ernsthaft fordern, zu den verlustreichen Stellungskriegen zurückzukehren, und der technische Fortschritt macht den Aufmarsch der Truppen auf dem Schlachtfeld inzwischen ganz überflüssig. Auch im zivilen Bereich hat die neue Technik viele Schlachten gewonnen. In der Medizin sind durch Fortschritte der Impftechnik Pocken, Scharlach und Lepra weltweit ausgerottet, und Kinderlähmung, Gelbfieber und Hepatitis in vielen Ländern. Die Lebenserwartung in den Industrieländern verdoppelte sich, viele Menschen werden achtzig und neunzig Jahre, doppelt so alt, wie sie vor einem Jahrhundert geworden wären. Doch in den ärmeren Weltgegenden wüten vermeidbare Krankheiten wie Cholera und Malaria nach wie vor.

Technische Fortschritte brachten viele von uns auch kulturell näher zusammen. Fernsehserien erreichen ein gewaltiges Publikum. Eine ganz neue Kunstform, das Kino, kam in den 30er und 40er Jahren zur Blüte. Abbilder der Wirklichkeit wurden mit billigen Photoapparaten und Videokameras für jedermann erschwinglich. Doch andererseits gelten besonders nordamerikanische Filme und Videospiele als eine der Hauptursachen dafür, daß sinnlose Gewalt überall zunimmt, besonders unter Jugendlichen, die leicht den hochtechnisierten Waffen und der »Drogenkultur« verfallen.

Musik- und Kleidungsmoden wurden weltumspannend und verdrängten in vielen Gegenden die einheimischen Traditionen völlig. Billige Charterflüge verbreiteten die immergleichen T-Shirts und Plastiktüten exotischer Reiseziele rund um den Erdball. Im Gegenzug suchten die westlichen Modezentren ihre

TWO JEWISH GIRL REFUGEES LOOKING THROUGH THE PORTHOLE OF THE HAMBURG-AMERIKA LINER SS. *ST. LOUIS*, WHICH WAS REFUSED ENTRY TO CUBA AND THE USA, ON ARRIVAL BACK IN EUROPE AT ANTWERP, 17 JUNE 1939.

ZWEI JÜDISCHE FLÜCHTLINGSMÄDCHEN SCHAUEN DURCH DAS BULLAUGE DES PASSAGIERSCHIFFS SS. *ST. LOUIS*, DAS NACH AUFNAHMEVERWEIGERUNG IN DEN USA UND KUBA NACH EUROPA ZURÜCKKEHREN MUSSTE, 17. JUNI 1939.

TWEE JOODSE MEISJES, VLUCHTELINGEN, KIJKEN DOOR DE PATRIJSPOORT VAN HET PASSAGIERSSCHIP SS. *ST. LOUIS*, DAT DE HAVENS VAN CUBA EN DE VS NIET BINNEN MOCHT. HIER ARRIVEREN ZE IN ANTWERPEN, 17 JUNI 1939.

Krankheiten wie Magersucht und Bulimie bekannt wurde, und dem Hunger überall auf der Welt. Kriege, von denen die Zyniker sagten, sie seien eher von den Waffenhändlern als von Ideologien angefacht, sorgten dafür, daß sich allein in den 80er Jahren die Zahl der Flüchtlinge verdoppelte. Ganze Völker waren auf Wanderschaft, flohen vor Kriegen und Naturkatastrophen, waren aber auch in immer stärkerem Maße als »Wirtschaftsflüchtlinge« auf der Flucht vor Verhältnissen, in denen sie nicht überleben konnten. Die globalen Wanderbewegungen verliefen von Süd nach Nord und von Ost nach West, und ein Kontinent wie Australien und Ozeanien wurde zum neuen regionalen Schmelztiegel.

Obwohl noch dann und wann die italienischen Neofaschisten unter Mussolinis Enkelin von sich reden machen, die Neonazis in Deutschland und Österreich, Le Pens Nationalpartei in Frankreich und die britischen Europagegner, steht doch am Ende dieses Jahrhunderts die europäische Einigung bevor, bei der auch die »Gäste« einbezogen werden, die nach dem Zweiten Weltkrieg zu der Zeit, als Arbeitskräftemangel herrschte, in die einzelnen Länder geholt wurden. Im 19. Jahrhundert emigrierten die Europäer in die überseeischen Kolonien, doch im 20. Jahrhundert kehrte sich die Richtung des Stromes um. Südafrika hat nun endlich (und vergleichsweise friedlich) die Regierung der Mehrheit übergeben, und ebenso haben es die Engländer in ihrer letzten Kolonie Nordirland getan. Nun endlich findet auch die Lage der Ureinwohner die Aufmerksamkeit, die sie verdient – vom Amazonas über Afrika bis nach Australien –, und mit dieser Aufmerksamkeit entsteht ein Verständnis des ihnen allen gemeinsamen Sinns für das empfindliche Gleichgewicht der Spezies auf unserem Planeten.

Vielen in der heutigen jüngeren Generation kommt es vor allem darauf an, den Fortbestand der Welt als solcher zu sichern, ohne Rücksicht auf Grenzen und Nationalitäten. In jeder Stunde werden fünf Spezies dieses Planeten für immer ausgelöscht, und ein geschärftes ökologisches Bewußtsein hat uns vor Augen geführt, daß die Zerstörung der Regenwälder von Borneo und Brasilien nicht ohne Folgen für die Industrienationen Nordamerikas und Westeuropas bleiben wird. Die Europäische Union, der Kongreß unabhängiger Staaten, die Organisation afrikanischer oder amerikanischer Staaten – das alles sind Dinge, die zu Anfang dieses Jahrhunderts niemand vorausgesehen hätte. Es bleibt dem nächsten Jahrhundert überlassen zu zeigen, wohin die Sorgen der heutigen Welt führen werden und ob das Streben nach Harmonie den Drang zum Krieg überwinden wird.

Inspiration in Naturfasern und traditionellen Mustern, gerade nachdem die Japaner in der Modeszene Furore machten. Anderswo ahmte die Mode andere technische Fortschritte nach: Als die ersten Menschen auf dem Mond spazierten, sah man in den 60er Jahren auf den Laufstegen von Paris und Mailand eine wahre Flut von Raumanzügen. Insgesamt ging die Tendenz hin zu bequemeren, tragbareren Kleidern, und besonders die Damenmode war weniger formell geworden.

Das Schlankheitsideal der 60er Jahre stand in einem kuriosen Spannungsverhältnis zu dem, was nun über

Inleiding

IN de 20e eeuw woedde binnen een periode van slechts 50 jaar twee keer een wereldoorlog in Europa. Na afloop van de laatste oorlog werd het Westen er steeds vaker van beschuldigd andere landen regelrecht oorlogen op te dringen, en wel uit zuiver economische en neokolonialistische motieven die niets met een bepaalde ideologie te maken hadden. Over hoe het tot de Eerste Wereldoorlog heeft kunnen komen, wordt nog steeds verschillend gedacht; in de Tweede Wereldoorlog daarentegen werd de strijd van de geallieerden tegen de asmogendheden in toenemende mate als een gevecht tegen het absolute kwaad gezien. De solidariteit tussen Churchill, De Gaulle, Eisenhower en Stalin zou niet lang standhouden: al spoedig mengden Amerikaanse troepen zich in de oorlogen in Korea en Vietnam om, zoals het officieel heette, de opmars van het wereldcommunisme een halt toe te roepen.

Het Kremlin was vastbesloten de satellietstaten van de Sovjet-Unie kort te houden en ging daarom over tot militaire interventies in Hongarije (1956) en Tsjecho-Slowakije (1968), wat in de hele westerse wereld een storm van protesten veroorzaakte. Was hier sprake van het neerslaan van grotendeels spontane volksopstanden, in andere landen ging het om de gewapende strijd tussen politiek georganiseerde nationale bevrijdingsbewegingen en de oude koloniale mogendheden. Sommige gemenebestlanden hoefden nauwelijks iets te doen voor hun onafhankelijkheid, zoals Canada (waar overigens nog steeds een Franstalige minderheid voor zelfstandigheid vecht). In India leverde Gandhi met zijn acties van burgerlijke ongehoorzaamheid een grote bijdrage aan het verkrijgen van de onafhankelijkheid, maar hij kon de eenheid van het land niet bewaren; de grote islamitische minderheid zou in het noorden de staat Pakistan oprichten.

Kenmerkend voor deze 'goddeloze' eeuw zijn de godsdienstoorlogen. De groeiende macht van de islam en de terugkeer naar de djihad (de heilige oorlog) zaaiden in veel landen onrust, vooral in de Balkan en het Midden-Oosten. Zo hadden de Palestijnen de oprichting van de staat Israël in 1948 gezien als een poging van Europa om eigen problemen te verplaatsen.

Overal waar landen het juk van hun vroegere onderdrukkers van zich afschudden, braken burgeroorlogen uit, zoals in China, waar Mao Tse-toeng in 1949 de Volksrepubliek uitriep, het grootste communistische land ter wereld.

Merkwaardig genoeg karakteriseert tegelijkertijd een wereldwijd streven naar vrede de 20e eeuw. Wat begon met kleine aantallen gewetensbezwaarden in de Eerste Wereldoorlog, groeide uit tot internationale acties voor de afschaffing van kernwapens: de rechten van de mens worden steeds belangrijker. Een van de redenen daarvoor is dat de bevolking steeds zwaarder door de oorlogen getroffen wordt: volgens statistieken van het Rode Kruis was 85% van de dodelijke slachtoffers in de Eerste Wereldoorlog soldaat, terwijl in de Golfoorlog van 1991 de verhoudingen precies omgekeerd lagen (15% soldaten en 85% burgers). Toch is een terugkeer naar de loopgravenoorlogen ook geen serieus alternatief, bovendien zijn de gevechten op slagvelden overbodig geworden dankzij allerlei technologische ontwikkelingen. Ook op niet-militair gebied heeft de techniek voor heel wat verbeteringen gezorgd. Met behulp van vaccins konden pokken, roodvonk en lepra over de hele wereld uitgeroeid worden, en polio, gele koorts en hepatitis in veel landen. De levensverwachting in de industrielanden verdubbelde, veel mensen worden ruim 80 of 90 jaar oud, twee keer zo oud als ze in de vorige eeuw zouden zijn geworden. In de arme streken op de wereld heersen echter nog steeds ziekten als cholera en malaria.

Nieuwe technische uitvindingen zorgden ook voor grote veranderingen in het culturele leven. TV-series worden door een enorm publiek bekeken. Een compleet nieuwe kunstvorm, de film, bereikte in de jaren '30 en '40 zijn eerste hoogtepunt. Dankzij goedkope foto- en videocamera's kan iedereen alle dingen op een realistische manier vastleggen. De keerzijde is dat Amerikaanse films en videospelletjes als een van de hoofdoorzaken worden gezien voor de toename van zinloos geweld, met name bij kinderen die in omgevingen leven waarin ze gemakkelijk aan moderne wapens en drugs kunnen komen.

TWO GIRLS HITCHHIKING IN THE SOUTH
OF FRANCE, JULY 1954.

ZWEI MÄDCHEN FAHREN PER AUTOSTOPP DURCH
DEN SÜDEN FRANKREICHS, JULI 1954.

TWEE MEISJES LIFTEN IN ZUID-FRANKRIJK, JULI 1954

Muziek- en kledingstijlen beïnvloedden elkaar wederzijds en maakten in veel landen een einde aan bestaande tradities. Door goedkope chartervluchten naar exotische vakantiebestemmingen doken overal ter wereld dezelfde T-shirts en plastic tassen op. Als reactie daarop zochten de westerse modeontwerpers hun inspiratie in natuurlijke materialen en traditionele motieven, juist op het moment dat de Japanners ook furore begonnen te maken in de modewereld. De nieuwe technologie werd soms ook in de mode verwerkt: toen de eerste mensen op de maan wandelden, waren er op de modeshows in Parijs en Milaan ontelbare

ruimtepakken te zien. Al met al is er een ontwikkeling naar gemakkelijk zittende kleding waar te nemen en is met name de damesmode minder formeel geworden.

Het sinds de jaren '60 bestaande slankheidsideaal raakte in conflict met enerzijds de nieuwe inzichten over eetstoornissen en anderzijds de honger overal op de wereld. Oorlogen die volgens cynici eerder voor de wapenindustrie dan voor een bepaalde ideologie werden gevoerd, veroorzaakten in de jaren '80 een verdubbeling van het aantal vluchtelingen. Complete volken gingen op de vlucht voor oorlogen en natuurrampen. Daarnaast waren er steeds meer 'economische vluchtelingen'; mensen op zoek naar betere omstandigheden om te overleven. De belangrijkste migratiestromen verliepen van het zuiden naar het noorden en van het oosten naar het westen. Een geheel eigen migratiepatroon kende een werelddeel als Australië, dat een nieuwe internationale smeltkroes werd.

Ondanks regelmatig klinkend protest van extreme politieke groeperingen als neofascisten, neonazi's en racisten, staat toch aan het einde van deze eeuw de Europese eenwording op het plan. Hierbij worden ook de 'gasten' betrokken die na de Tweede Wereldoorlog het tekort aan arbeidskrachten in Europa kwamen aanvullen. Terwijl in de 19e eeuw Europeanen in groten getale naar overzeese kolonies emigreerden, veranderde de richting van de migratiestroom dus in de 20e eeuw.

Zuid-Afrika is nu eindelijk (en op betrekkelijk vreedzame wijze) een echte democratie geworden. De aandacht die de situatie van de oorspronkelijke bewoners van bijvoorbeeld het Amazonegebied, Afrika en Australië nu –bijna te laat– gekregen heeft, gaat vergezeld van eerbied voor de kennis die zij hebben van de planten- en diersoorten op onze planeet.

Jongeren hechten tegenwoordig veel waarde aan een gezonde toekomst van de wereld als geheel, ongeacht zijn grenzen of nationaliteiten. Met behulp van de wetenschap, die ons voorrekent dat elk uur vijf planten- of diersoorten uitsterven, is het ecologische besef ontstaan dat de vernietiging van regenwouden directe gevolgen heeft voor de industrielanden in de westerse wereld. Samenwerkingsvormen als de Europese Unie, de groep van niet-gebonden landen, de Organisatie van Afrikaanse Eenheid of de Organisatie van Amerikaanse Staten had niemand aan het begin van deze eeuw kunnen voorzien. Het is aan de volgende eeuw om oplossingen voor de huidige problemen aan te dragen — als het streven naar harmonie tenminste sterker blijkt dan de zucht naar oorlog.

FIDEL CASTRO

VIRGINIA WOOLF

ALBERT EINSTEIN

INDIRA GANDHI

ALEXANDER FLEMING

PRINCESS ELIZABETH

LE CORBUSIER

EVA PERÓN

CHARLES DE GAULLE

PRINCESS GRACE

NIKITA KHRUSHCHEV

JACQUELINE ONASSIS

SIMONE DE BEAUVOIR

WINSTON CHURCHILL

ANNE FRANK

IDI AMIN

MARILYN MONROE

ROBERT OPPENHEIMER

MOTHER TERESA

RICHARD NIXON

THE PRINCESS OF WALES

MAO TSE-TUNG

MARGARET THATCHER

ANDY WARHOL

Aspects of the 1920s and 1930s

UNTIL the twentieth century, fashion concerned men at least as much as women. Concepts such as 'power dressing' and 'dressing to kill' may not have been so labelled, but clothing as an expression of sex and control was a male province.

Fashion in women's attire developed relatively gradually in the nineteenth century, from the smooth sweep of crepe and chiffon in Empire-line gowns to the fussy bustles and lacy overskirts of the Victorian era. Power and sexuality were not yet linked to the role of women, which in the eighteenth and nineteenth centuries was primarily to be demure and obedient. That, at least, was the behaviour expected of upper-class women, those belonging to the only level of society which could afford to follow fashion anyway. Perhaps one of the greatest changes to take place in women's fashions this century is the factor of economic control. No longer attired merely as a delightful ornament displaying her husband's wealth, the twentieth-century woman can dress to please herself at a price she can afford. This has meant two major differences, both closely linked to women's new purchasing power. One is the growth of a medium-price range, independent of either couturier exclusivity or chain-store mass production; the other is a preference for garments practicable for work and daily living rather than decoration and ostentation.

The first major shift came in the wake of the Great War. With so many men away, women entered the industrial workplace in considerable numbers. Even after the war the male death toll from the trenches and the aftermath of the 'flu epidemic was so high that women never wholly returned to their home-bound role. The 1920s saw an adaptation of styles – bobbed haircuts, suits and trousers – to new living conditions, coloured by the whole mood of the flappers' jazz era.

The 1930s saw the parallel development of the well-dressed woman, with her fitted bodice, stiletto heels and neat hat, and increasingly frenetic leisure designs to match the mood of the times. Fashion moved with the speed of new transport through increasingly racy styles. The rise of cabaret and film stars began to set the more masculine trends that became common currency in the 1940s: tailored trouser suits demonstrated that women were increasingly wearing the pants and even the top hats of the men, with accessories that stretched to copies of their cigarette holders and briefcases.

Gabrielle Chanel, nicknamed 'Coco', became a byword for neat elegance in the 1920s and '30s (2). She liberated women from corsets and heavy dresses, putting them instead into tailored suits and chemises and bobbed hairstyles. From a poor background, she mingled with the richest and most famous, but claimed never to feel truly at home. She never married. Her first perfume (called No. 5 after her lucky number) became a world best-seller, and her costume jewellery gave the *nouveaux riches* permission to set aside their pearls. There was also plenty of scope for other

1

unorthodox details – like the metal garters and the clocks on these silk stockings (1).

The elegance of Thirties fashion, as epitomized by the films of Myrna Loy, Ginger Rogers and Marlene Dietrich, was in strong contrast to the hard lives of Mid-West American farmers and their families, or the families of the poor and unemployed in Britain. The Depression following the Wall Street Crash of 1929 was a deeper and more far-reaching recession than any before or since. It led to a world slump, beginning with a drastic drop in wheat prices when over-production in the US and Canada flooded markets, and new competition from Soviet timber caused a further collapse. The despair of the Mid-West farmers was documented in the seminal book by Walker Evans and James Agee, *Let Us Now Praise Famous Men* (1930).

Bis zu unserem Jahrhundert war Mode mindestens ebensosehr eine Sache der Männer wie der Frauen. Zwar diente die Kleidung noch nicht zur Demonstration von »Macht« oder der »Verführung«, doch von jeher kleideten Männer sich, um ihre Überlegenheit und Sexualität zu zeigen.

Die Damenmode des 19. Jahrhunderts entwickelte sich nach und nach vom weichen Fall der Empirekleider aus Crêpe und Chiffon zu den gekünstelten Turnüren und Spitzenüberröcken der viktorianischen Zeit. Macht und Sexualität kamen im Frauenbild dieser Zeit noch nicht vor, denn im 18. und frühen 19. Jahrhundert hatte eine Frau vor allem still und gehorsam zu sein, zumindest eine Frau der Oberschicht, und sie waren die einzigen, die es sich leisten konnten, mit der Mode zu gehen. Darin bestand vielleicht die größte Neuerung der Mode unseres Jahrhunderts – daß sie nun nicht mehr den Wohlhabenden vorbehalten war. Die Frau des 20. Jahrhunderts war nicht mehr nur ein hübsches Zierstück, mit dem ihr Mann seinen Wohlstand demonstrierte, sondern Frauen konnten tragen, was sie wollten, jede nach ihrem Geschmack und ihrem Geldbeutel. Das brachte zwei große Veränderungen mit sich. Zum einen kamen Kleider mittlerer Preislage auf, unabhängig von den exklusiven Modehäusern und den Massenprodukten der Kaufhäuser; zum anderen lag das Schwergewicht nun auf praktischer Kleidung für Alltag und Beruf und nicht mehr auf Prunk und Dekor.

Die ersten grundlegenden Wandlungen kamen im Zuge des Ersten Weltkriegs. Ein Großteil der Männer war im Feld, und ein beträchtlicher Teil der Frauen begann nun in den Fabriken zu arbeiten. Und auf den Schlachtfeldern und anschließend der großen Grippeepidemie kamen so viele Männer um, daß die Frauen nie wieder ganz an ihren alten Platz am heimischen Herd zurückkehrten. In den 20er Jahren paßte sich der Stil den veränderten Lebensumständen an – die Frauen hatten nun kurze Haare, trugen Kostüme und Hosen, und alles war geprägt vom Lebensgefühl des Jazz-Zeitalters.

In den 30er Jahren entwickelten sich nebeneinander das Bild der gut gekleideten Frau mit enger Taille, hohen Absätzen und adrettem Hut und eine immer ausgefallener werdende Freizeitmode, in der die Stimmung der Zeit zum Ausdruck kam. Der Aufstieg von Kabarett- und Filmstars prägte nun den eher maskulin bestimmten Stil der 40er Jahre: Maßgeschneiderte Anzüge zeigten, daß Frauen zusehends die Hosen und sogar die Zylinderhüte der Männer trugen, und zudem schmückten sie sich mit typisch männlichen Accessoires, mit Zigarettenspitzen und Aktentaschen.

Gabrielle Chanel, genannt »Coco«, wurde in den 20er und 30er Jahren zum Inbegriff gepflegter Eleganz (1).

FASHION PHOTOGRAPHIES FOR THE HOUSE OF SEEBERGER FRÈRES
MODEPHOTOGRAPHIEN DER GEBRÜDER SEEBERGER

Sie befreite die Frauen von Korsetts und schweren Stoffen und steckte sie statt dessen in Schneiderkostüme und Hemden.

Nirgends kommt die Eleganz der Mode der 30er Jahre besser zum Ausdruck als in den Filmen mit Stars wie Myrna Loy, Ginger Rogers und Marlene Dietrich, und der Kontrast zum anstrengenden Leben amerikanischer Farmer im Mittelwesten oder den Armen und Arbeitslosen in England hätte nicht größer sein können. Die Wirtschaftskrise nach dem Schwarzen Freitag 1929 brachte tiefgreifendere Veränderungen mit sich als jede andere Krise zuvor oder danach. Die ganze Welt wurde in den Strudel gerissen; die Weizenpreise fielen drastisch, als die Überproduktion aus den Vereinigten Staaten und Kanada die Märkte überschwemmte, und die neue Konkurrenz sowjetischer Holzhändler brachte einen weiteren Markt zum Zusammenbruch. Walker Evans und James Agee hielten das Elend der Farmer des Mittelwestens 1930 in einem einflußreichen Buch fest, *Let Us Now Praise Famous Men*.

MODEFOTO'S VOOR HET HUIS SEEBERGER FRERES

Tot de 20e eeuw was mode voor mannen minstens zo belangrijk als voor vrouwen. Begrippen als 'power dressing' of 'dressed to kill' bestonden weliswaar nog niet, maar al van oudsher gebruikten mannen hun kleding om er hun gezag en mannelijkheid mee uit te drukken.

De damesmode ontwikkelde zich in de 19e eeuw geleidelijk van soepelvallende empirejurken van crêpe en chiffon tot de druk versierde tournures en kanten overrokken uit de Victoriaanse tijd. Macht en seksualiteit speelden daarbij nog geen rol, aangezien een vrouw in de 18e en de vroege 19e eeuw vooral stil en gehoorzaam diende te zijn. Dit gold met name voor de vrouwen uit de hogere sociale klassen en dat waren de enigen die het zich konden veroorloven de mode te volgen. Het belangrijkste nieuwe aspect van de 20e-eeuwse damesmode is misschien wel de groeiende economische zelfstandigheid van de vrouw. Ze was niet langer slechts een pronkstuk voor haar man, maar kon nu, al naar gelang haar smaak en portemonnee, dragen wat ze wilde. Dit bracht twee grote veranderingen met zich mee. Allereerst groeide, los van de exclusieve haute couture en de massaproducten van de warenhuizen, het aanbod van goede, maar betaalbare kleding; daarnaast

werden de decoratieve en representatieve functies van kleding minder belangrijk en kwam het accent te liggen op draagbare kleren, thuis en op het werk.

De eerste grote veranderingen ontstonden tijdens de Eerste Wereldoorlog. Veel mannen waren naar het front geroepen en een aanzienlijk aantal vrouwen werkte nu in fabrieken. Op de slagvelden —en ook na de oorlog, als gevolg van de grote griepepidemie— kwamen zo veel mannen om, dat de vrouwen nooit meer volledig naar hun vroegere plek in huis terugkeerden. In de jaren '20 paste de damesmode zich aan de nieuwe levens-omstandigheden aan —kort haar, pakken en broeken— en alles was doordrenkt van het levensgevoel van het jazztijdperk.

In de jaren '30 ontwikkelde zich aan de ene kant het beeld van de goed geklede vrouw met een smalle taille, hoge hakken en een nette hoed en aan de andere kant een steeds uitbundiger vrijetijdsmode. Met de snelheid van de nieuwe vervoermiddelen wisselden de steeds gewaagdere modetrends elkaar af. Het succes van cabaret- en filmsterren bepaalde de enigszins masculiene stijl van de jaren '40: maatkostuums lieten zien dat vrouwen in toenemende mate de broeken en zelfs de hoge hoeden van mannen droegen, mèt accessoires.

Gabrielle Chanel, bijgenaamd 'Coco', werd in de jaren '20 en '30 hèt symbool van gedistingeerde elegantie (2). Ze bevrijdde de vrouwen van korsetten en zware stoffen en stak hen in hemdjurken en maatpakken en gaf hun kort haar. Ze was afkomstig uit een arme familie, maar ging om met de rijkste en beroemdste mensen, hoewel ze steeds zei dat ze zich bij hen nooit helemaal thuis voelde. Ze is nooit getrouwd geweest. Haar eerste parfum (dat ze 'No. 5' noemde, naar haar geluksgetal) werd een wereldsucces en de sieraden van haar hand gaven de 'nouveaux riches' een excuus om hun parels in de kast te laten. Ze was ook altijd goed voor een opvallend detail, zoals deze metalen jarretels en zijden kousen met klokkenmotief (1).

De elegante mode van de jaren '30 zoals die door Myrna Loy, Ginger Rogers en Marlene Dietrich in hun films belichaamd werd, stond in scherp contrast met het zorgelijke leven van de Amerikaanse boeren in het Midwesten of van de armen en werklozen in Groot-Brittannië. De economische recessie na de ineenstorting van de New Yorkse effectenbeurs in 1929 was ernstiger dan alle crises ervoor of erna. De hele wereld werd erin meegesleept; de tarweprijzen daalden dramatisch toen de overproductie in de VS en Canada de markt overspoelde en door de nieuwe concurrentie uit de Sovjet-Unie stortte ook de houtmarkt in. De ellendige omstandigheden van de boeren van het Midwesten werden door Walker Evans en James Agee vastgelegd in het boek *Let Us Now Praise Famous Men* (1930).

© MACK SENNETT COMEDIES
5110 B

THE cult of the body beautiful, 1925. Suntanned legs might just be coming into fashion but shoes must be worn on the beach at all costs. These bathing belles sport costumes as artificial as their smiles, and what happens to this kind of 'skating skirt' in the salt water doesn't bear thinking about. But perhaps swimming is not too high up on the agenda.

DER Kult des schönen Körpers, 1925. Sonnengebräunte Beine kamen gerade in Mode, doch niemand ging ohne Schuhe an den Strand. Diese Badenixen führen Kleider vor, die genauso unnatürlich sind wie ihr Lächeln, und was aus einem solchen Röckchen, das eher an ein Eislaufkostüm erinnert, wird, wenn es ins Salzwasser kommt, ist gar nicht auszudenken. Doch hatte Badevergnügen wahrscheinlich ohnehin keine Priorität.

DE lichaamscultus, 1925. Zongebruinde benen kwamen net in de mode, maar niemand ging zonder schoenen naar het strand. Deze badnimfen laten kleding zien die net zo geforceerd vrolijk aandoet als hun glimlach en je moet er niet aan denken wat er met zo'n 'schaatsrokje' gebeurt als het met zout water in aanraking komt. Maar omdat het hier om een Brits strand gaat, werd er waarschijnlijk toch al weinig gezwommen.

2

THEATRE had a part to play in a model's training. This German model is dramatically posed and lit to make a back view as alluring as a front one, the head tossed to one side like a cabaret singer's (1). Elsa Schiaparelli (2), remarkable for her unexpected plainness in one devoted to beauty, and primarily known for her fashion choice of a shocking pink that came to be called after her, here puts down a further marker. Arriving in London in 1935, she announced 'Trousers for Women' in the same crusading tone as 'Votes for Women'. And to demonstrate that she, too, is on to a winner, she wears them herself, albeit in more restrained form as culottes.

DAS Theater spielte einen wichtigen Part bei der Ausbildung eines Models. Dieses deutsche Mannequin nimmt eine dramatische Pose ein und ist so beleuchtet, daß die Rückenansicht genauso anziehend wirkt wie ein Frontalporträt; den Kopf hat sie zur Seite geworfen wie eine Sängerin im Kabarett (1). Elsa Schiaparelli (2), die sich für eine Modeschöpferin immer betont einfach kleidete, und die vor allem durch den nach ihr benannten schockierenden Pinkton im Gedächtnis geblieben ist, macht hier ein weiteres Mal Geschichte. Bei ihrer Ankunft in London im Jahre 1935 forderte sie »Hosen für die Frau« mit den gleichen flammenden Worten, mit denen zuvor »Wahlrecht für die Frau« gefordert worden war. Und um zu zeigen, daß sie ebenso siegesgewiß ist, trägt sie sie gleich selbst, wenn auch in der gemäßigten Form des Hosenrocks.

TONEEL speelde een belangrijke rol bij de opleiding van een model. Deze Duitse mannequin heeft haar hoofd als een cabaretzangeres opzij gedraaid; door de dramatische pose en belichting lijkt ze van achteren net zo verleidelijk als van voren (1). Elsa Schiaparelli (2), die zich voor een modeontwerpster opmerkelijk eenvoudig kleedde en vooral bekend werd om kledingstukken in een later naar haar genoemde felroze tint, maakt hier opnieuw geschiedenis. Bij haar aankomst in Londen in 1935 eiste ze 'Broeken voor vrouwen', en wel op dezelfde strijdbare toon waarop eerder 'Kiesrecht voor vrouwen' geëist was. En om te bewijzen dat zij zeker is van haar succes draagt ze zelf ook een broek, ook al is dat hier in de gematigde vorm van de culotte.

1   2

THERE is something self-consciously out-to-shock about the contemporary captions to these beach beauty pictures. Though it is evidently *risqué* to show her legs in a public place, this model's daring has to be infantilized: she is dressed like a child in 'a yellow linen sunsuit [which] makes a charming background for the quaint shell bead

necklace, the latest in country jewellery' (1). In 1932, the outsized Japanese butterflies beneath their parasols remind us: 'Women smokers number almost as many as the men these days, and it was natural for these bathers to produce cigarettes and matches as they enjoyed a laze in the sun on the diving board at Cliftonville' (2).

DIE Texte, mit denen seinerzeit diese Bilder von Strandschönheiten präsentiert wurden, haben etwas bemüht Kokettes. Bei dem linken zum Beispiel wird das Mannequin, obwohl es ja damals gewagt war, soviel Bein in der Öffentlichkeit zu zeigen, beschrieben wie ein kleines Mädchen: »Sonnenanzug aus gelbem Leinen, genau das Richtige, um das putzige Muschelkollier zu zeigen, der letzte

Schrei in Naturschmuck« (1). 1932 geben uns diese Mesdames Butterfly unter ihren Sonnenschirmen zu verstehen: »Es gibt heute fast ebenso viele Raucherinnen wie Raucher, und diese drei, die auf einem Sprungbrett in Cliftonville die Sonne genießen, finden überhaupt nichts dabei, ihre Zigarettenpäckchen und Streichhölzer hervorzuholen.« (2)

DE teksten die deze foto's van schoonheden aan het strand destijds begeleidden, hebben tegelijkertijd iets provocerends en bedeesds over zich. Hoewel het toen gewaagd was zoveel been in het openbaar te laten zien, wordt het model op de linkerfoto beschreven als een klein meisje in "een geel linnen zonnepakje dat de schelpenketting —het nieuwste op het gebied van bijzondere sieraden— prachtig doet uitkomen" (1). In 1932 werd over deze Mesdames Butterfly met hun parasols onder andere het volgende gezegd: "Er zijn tegenwoordig bijna net zoveel vrouwen als mannen die roken en de drie vrouwen die hier op een springplank in Cliftonville van de zon genieten, vinden het heel vanzelfsprekend om hun sigaretten en lucifers tevoorschijn te halen" (2).

DANCERS take a break from Manhattan's *Merry Whirl* show, sporting their 'Koko Kooler' headgear to protect themselves less from the New York sun than from its refraction off the water's

surface (1). Meanwhile in Britain in 1932, the craze for sailor flares allowed copious display of back and behind at Thorpe Bay's 'pyjama parade', worthy of the West End hit musical *The Pajama Game* (2).

EINE Pause für die Tänzerinnen der *Merry Whirl*-Show in Manhattan. Die »Koko Kooler«-Hüte schützen sie weniger vor der New Yorker Sonne als vor den Reflexionen des Lichts im Wasser (1). In

England waren 1932 nach dem großen Erfolg des West-End-Musicals *The Pajama Game* Seglerhosen in Mode, und hier auf der »Pyjama-Parade« in Thorpe Bay wurden Rücken und Po gezeigt (2).

DE danseressen van de Merry Whirl-show in Manhattan nemen het er even van. De 'Koko Kooler-hoeden' beschermen hen niet zozeer tegen de New Yorkse zon als wel tegen de weerkaatsingen van het licht in het water (1). Na het grote succes van de West-Endmusical *The Pajama Game* raakten in Groot-Brittannië in 1932 matrozenbroeken in de mode, wat ervoor zorgde dat er hier op de 'pyjama parade' in Thorpe Bay veel rug- en bilpartijen te zien waren (2).

PHYSICAL studies, often linked to eurythmics and Isadora Duncan-style 'Greek' dancing, was a part of a whole back-to-nature programme current in the 1920s. In Germany this had a more sinister dimension, working on an assumption of human perfectability that chimed in with Hitlerian notions of higher beings derived from the combination of female spirituality and male superiority.

LEIBESÜBUNGEN, oft verbunden mit Eurhythmie und »griechischen« Tänzen in der Art Isadora Duncans, waren ein wichtiger Teil der Zurück-zur-Natur-Bewegung der 20er Jahre. In Deutschland hatte dies eine unheilvolle Seite, weil dort die Vervollkommnung des Körpers mit der Nazi-Ideologie einherging, nach der die Verbindung weiblicher Spiritualität mit männlicher Überlegenheit Übermenschen hervorbringen sollte.

LICHAAMSOEFENINGEN, vaak verbonden met euritmie en 'Griekse' dansen in de stijl van Isadora Duncan, maakten deel uit van de terug-naar-de-natuur-beweging van de jaren '20. In Duitsland had dit een wat duistere kant, aangezien daar de perfectionering van het lichaam samenging met het nazi-ideaal van de 'Übermensch' die uit de combinatie van vrouwelijke spiritualiteit en mannelijke superioriteit zou moeten ontstaan.

THE theories behind the cult of physical education had something in common with present-day 'New Age' philosophies, communing with nature, attuning to the elements and 'alpha-waving' the brain into harmony with the spheres. American girls took it up enthusiastically, whether singly (2) or in groups like Ida Schnall's Daily Dozen girls, forming a starfish on Brighton Beach, New York (1).

Sphärenharmonien schwingen. Amerikanerinnen machten begeistert mit, ob allein (2) oder in Gruppen wie Ida Schnalls Daily Dozen Girls, die hier einen Seestern am New Yorker Brighton Beach bilden (1).

DE levensbeschouwing die bij zulke lichaamsoefeningen hoorde, had veel gemeen met de huidige New Age-filosofieën: één zijn met de natuur, je leven afstemmen op de elementen en de 'alfagolven' van je hersenen in de harmonie der sferen brengen. Amerikaanse meisjes deden enthousiast mee, alleen (2) of in groepen als Ida Schnall's Daily Dozen Girls, die hier op de Brighton Beach in New York een zeester vormen (1).

HOUSEWIVES in 1930s Germany were
encouraged to accompany domestic
virtue with body-toning gymnastics, high
heels notwithstanding: how to make the bed
healthily! (3). Filmstar Joan Crawford (1),
formerly a dancer, gave the high kick her all
– and an international seal of marketability.
At the English Scandinavian Summer School
of Physical Education in Kent, 130 pupils
from 14 countries demonstrated their lessons
in balance and poise on the parallel bars (2).

DEUTSCHE Hausfrauen der 30er Jahre
sollten auch bei der Hausarbeit ihren
Körper mit Gymnastik stählen: So wird
athletisch das Bett gemacht, und noch dazu
in Stöckelschuhen! (3) Als ehemalige Tänzerin wußte Filmstar Joan Crawford die Beine
zu schwingen (1) und kam damit überall
auf der Welt an. An der Englisch-Skandina-
vischen Sommerschule für Sporterziehung
in Kent demonstrierten 130 Schülerinnen
aus 14 Ländern ihr Gleichgewicht und ihre
Haltung auf dem Schwebebalken (2).

DUITSE huisvrouwen werden in de jaren
'30 aangemoedigd om het huishouden
met gymnastiekoefeningen te combineren:
zo leerden ze bijvoorbeeld hoe ze op een
gezonde manier een bed konden opmaken,
en dat nog wel met hoge hakken (3)!
Filmster Joan Crawford, die ook danseres
was geweest, kon goed met haar benen
zwaaien en had daarmee over de hele wereld
succes (1). Op de English Scandinavian
Summer School of Physical Education in
Kent lieten honderddertig scholieres uit
veertien landen zien wat ze op de brug
konden (2).

2

3

IN 1932, office workers from the City of London took to the rooftops. With Tower Bridge in the background and Adelaide House beneath their feet, 40 secretaries spent their lunch-hour skipping (1). A decade later, the great outdoors was a suitable background for some rather strained and unusual ballet exercises, demonstrated by dancers for the average housewife to follow (3). In 1935, contingents of The Women's League of Health and Beauty, an organization which had adopted some of the ideals then current in Germany, proclaimed 'AIM: RACIAL HEALTH' on their banners as they arrived in London's Hyde Park to give a display (2).

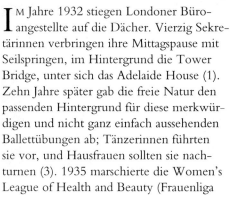

M Jahre 1932 stiegen Londoner Büro-angestellte auf die Dächer. Vierzig Sekretärinnen verbringen ihre Mittagspause mit Seilspringen, im Hintergrund die Tower Bridge, unter sich das Adelaide House (1). Zehn Jahre später gab die freie Natur den passenden Hintergrund für diese merkwürdigen und nicht ganz einfach aussehenden Ballettübungen ab; Tänzerinnen führten sie vor, und Hausfrauen sollten sie nachturnen (3). 1935 marschierte die Women's League of Health and Beauty (Frauenliga für Schönheit und Gesundheit), die einige der damals in Deutschland herrschenden Ideale übernommen hatte, unter dem Banner »UNSER ZIEL: GESUNDHEIT DER RASSE« im Londoner Hyde Park auf (2).

N 1932 klommen Londense employés op de daken. Veertig secretaresses brengen hun lunchpauze door met touwtjespringen, met de Tower Bridge op de achtergrond en onder hen het Adelaide House (1). Tien jaar later vormde de vrije natuur de passende achtergrond voor de merkwaardige en nogal ingewikkeld uitziende balletoefeningen van deze danseressen; huisvrouwen konden de oefeningen thuis nadoen (3). In 1935 marcheerde de Women's League of Health and Beauty, een organisatie die een aantal van de toentertijd in Duitsland gangbare idealen had overgenomen, door het Londens Hyde Park met spandoeken waarop stond: "DOEL: GEZONDHEID VAN HET RAS." (2)

DEVICES for those loath to undertake serious exercise but prepared to submit to slimming devices. One woman greets the 'first appearance in England of New Gymnastic Apparatus' designed for a confined space by simultaneously somersaulting and cartwheeling (1). Another demonstrates the 'spring leg' which comes with the aim of 'perfecting the limbs' as a 'developing treatment for our athletic ladies' (2). Rosemary Andree straps her high heels and, rather bravely, her neck into a 'slimming exerciser' whose exact function remains a mystery (3).

GERÄTE für alle, die zwar nichts für Sport übrighatten, aber um der Schlankheit willen turnen wollten. Eine Frau begrüßt »das erste Exemplar eines neuartigen Gymnastikapparates in England«, mit dem man auf engem Raum gleichzeitig einen Salto machen und radschlagen konnte (1). Eine andere führt die »Beinfeder« vor, die »perfekte Waden« versprach, eine »Trainingshilfe für unsere Athletinnen« (2). Rosemary Andree hat keine Furcht, Stöckelschuhe und Hals in diesen »Schlankheitstrimmer« zu stecken, dessen genaue Funktion rätselhaft bleibt (3).

ᴛᴏᴇsᴛᴇʟʟᴇɴ en hulpmiddelen voor mensen die niet van sport houden, maar toch graag willen afvallen. Een vrouw begroet 'de eerste New Gymnastic Apparatus in Engeland' waarmee je in een kleine ruimte tegelijk een koprol en een radslag kon maken (1). Een andere vrouw demonstreert een 'beenveer', een 'hulpmiddel voor onze atletische dames' dat 'perfecte kuiten' garandeerde (2). Rosemary Andree steekt haar hoge hakken en –wat nogal moedig is– ook haar nek in deze 'slankheidsgordel' waarvan het precieze doel onduidelijk blijft (3).

FROM January 1920 until December 1933 'the manufacure, sale or carriage' of alcoholic drink was forbidden by the 18th Amendment to the US Constitution. Kegs (2) were destroyed by federal police. 'Bootlegging' (illicit distilling and distribution) fell under the control of criminal gangs who went to war with each other to secure profits. Seven members of the O'Banion-Moran gang were lined up against a Chicago warehouse wall in 1929 and machine-gunned in what became known as the St Valentine's Day Massacre (1). The Depression that followed the Wall Street Crash of 1929 led to a world slump. The US bread-basket turned rapidly into a dustbowl, forcing families to tramp off in search of work (5). Some joined the bread-lines in the major cities (3). The photographer Dorothea Lange documented some of the resulting desolation (4).

VOM Januar 1920 bis zum Dezember 1933 waren »Herstellung, Verkauf oder Besitz« von Alkohol in den Vereinigten Staaten per Gesetz verboten (18. Zusatz der Verfassung, die Prohibition). Bundespolizisten zerschlugen die Fässer (2). Das Schwarzbrennen (bootlegging) wurde von Verbrecherbanden gesteuert, die sich gegenseitig bekämpften, um sich möglichst hohe Profite zu sichern. Im sogenannten Massaker am Valentinstag wurden 1929 in Chicago sieben Mitglieder der O'Banion-Moran-Bande in einem Lagerhaus an die Wand gestellt und mit dem Maschinengewehr erschossen (1). Die große Wirtschaftskrise, die auf den Schwarzen Freitag an der Wall Street (1929) folgte, zog die ganze Welt mit hinab. Die Kornkammer Amerikas verwandelte sich im Handumdrehen in eine Staubwüste, die Farmerfamilien mußten fortziehen und anderswo Arbeit suchen (5). Manche standen bald bei den Suppenküchen der Großstädte an (3). Die Photographin Dorothea Lange gehörte zu denen, die das Elend dokumentierten (4).

3

4

V AN januari 1920 tot en met december 1933 was 'productie, verkoop of bezit' van alcoholische dranken in de VS bij de wet verboden (18e Amendement van de grondwet, de 'Prohibition'). Agenten van de federale politie sloegen de vaten kapot (2). Het illegaal stoken ('bootlegging') werd gecontroleerd door criminele bendes, die oorlogen met elkaar uitvochten om zich van zo hoog mogelijke winsten te verzekeren. Bij het zogenaamde 'St Valentine's Day Massacre' in 1929 in Chicago werden zeven leden van de O'Banion-Moran-bende in een pakhuis tegen een muur gezet en doodgeschoten (1). De economische crisis die volgde op de ineenstorting van de New Yorkse effectenbeurs in 1929 sleepte de hele wereld met zich mee. Amerika's belangrijkste graanvelden waren in korte tijd door stof en zand ondergestoven, en gezinnen werden gedwongen te verhuizen en ergens anders werk te zoeken (5). Sommigen stonden al gauw in de rij voor de gaarkeukens in de grote steden (3). De fotografe Dorothea Lange was een van degenen die deze troosteloze situaties met de camera vastlegden (4).

5

Unemployment in the 1930s: sit-ins at a Welsh colliery (1);
the Jarrow Crusade, a march by the jobless from the North
(2); riots in Bristol (3); the Prince of Wales visits miners' homes on
a tour of the coalfields (4).

Arbeitslosigkeit in den 30er Jahren: Proteste walisischer
Bergarbeiter (1); der »Jarrow-Kreuzzug«, ein Hungermarsch
der Arbeitslosen aus dem englischen Norden (2); Aufstände in Bristol
(3); der Prince of Wales besucht Bergarbeiterhäuser auf seiner
Rundfahrt durch die Bergwerksgebiete (4).

Werkloosheid in de jaren '30: protesten bij een kolenmijn
in Wales (1); de 'Jarrow-kruistocht', een hongermars van
werklozen Noord-Engeland (2); rellen in Bristol (3); de Prince of
Wales maakt kennis met mijnwerkers thuis tijdens zijn bezoek aan
de kolenmijnen.

2

CHILDREN'S street games include any number of domestic improvisations: washing lines for swings (1) and skipping-ropes; chalked pavements for hopscotch and football; old furniture goalposts and a particular kind of leapfrog (2) to cries of 'Jimmy Jimmy Knacker 1-2-3!' These pictures of East End slums were published in *Picture Post* in 1950, at the height of Labour Party reforming welfare legislation. The magazine had been a longtime campaigner for the Beveridge Report, written by the Master of University College, Oxford, and published in 1942. It proposed a comprehensive scheme of social insurance 'from the cradle to the grave' as checks against poverty and mass unemployment. It was the Churchill government's refusal to take its implementation seriously that helped the Labour Party's victorious landslide in the 1945 elections on a platform of 'free welfare, healthcare and education for all'.

DIE Kinder auf der Straße konnten aus allem ein Spiel machen: Aus Wäscheleinen wurden Schaukeln (1) oder Springseile; auf das Pflaster wurden mit Kreide Fußballfelder oder Felder für Himmel und Hölle gezeichnet; Torpfosten bestanden aus alten Möbeln, und es gab eine bestimmte Art von Froschhüpfen (2), zu dem man »Jimmy Jimmy Knacker 1-2-3!« brüllte. Diese Aufnahmen aus den Slums des Londoner East End erschienen 1950 in der *Picture Post*, zu der Zeit, als die Labour-Regierung die Wohlfahrtsgesetze reformierte. Die Illustrierte hatte sich schon seit längerem für den Beveridge Report eingesetzt, ein vom Rektor des University College, Oxford, 1942 veröffentlichtes Papier, in dem dieser sich für eine umfassende Sozialversicherung »von der Wiege bis zum Grabe« als dem besten Mittel gegen Verelendung und Massenarbeitslosigkeit aussprach. Die Regierung Churchill nahm diese Vorschläge nicht ernst, und dadurch erklärt sich der überwältigende Erfolg der Labour Party bei den Wahlen von 1945.

BIJ het spelen op straat ontwikkelden de kinderen een groot improvisatietalent: waslijnen werden gebruikt voor het rondzwaaien aan een lantaarnpaal (1) of om mee touwtje te springen; op troittoirs werden met krijt veldjes voor voetbal of hinkelen getekend; oude meubelen dienden als doelpalen. Ook speelden ze een bijzondere vorm van haasje-over (2). Deze foto's uit de sloppenwijken van het Londense East End verschenen in 1950 in de *Picture Post*. Het tijdschrift had zich al enige tijd sterk gemaakt voor het uitvoeren van de voorstellen die de Master van het University College, Oxford, in 1942 in zijn Beveridge Report genoemd had. Volgens hem was een uitgebreid systeem van verzorging 'van de wieg tot het graf de beste garantie tegen armoede en massawerkloosheid. De regering-Churchill nam zijn ideeën niet serieus, waardoor Labour bij de verkiezingen van 1945 een grote overwinning kon behalen. Hun verkiezingsprogramma luidde: "gratis sociale voorzieningen, medische verzorging en school voor iedereen".

THESE back-to-backs had changed little
since they were first built at the height
of the Industrial Revolution. Insanitary,
with their outdoor privies, their lack of a
bathroom or safe kitchens, they nevertheless
fostered a sense of community missing in
the post-war high-rise blocks. In 1920, a
visitor from Dr Barnardo's inspects the
unhygienic conditions of the slums (1). In
1945, a teenage daughter cleans shoes for
a family of sixteen crammed into a typical
'two-up two-down' lebt (2). In Liverpool
in 1954, a summer dawn sees a row of
housewives out scrubbing their front steps
and pavement areas (3).

DIESE Reihenhäuser waren seit ihrer
Errichtung in der Blütezeit der ·
industriellen Revolution kaum verändert
worden. Sie hatten unhygienische Toiletten
im Garten, kein Bad, keine feuersichere
Küche. 1920 inspiziert ein Repräsentant
der Dr.-Barnardo-Kinderheime die unge-
sunden Verhältnisse in den Slums (1). 1945
putzt dieses junge Mädchen die Schuhe

einer sechzehnköpfigen Familie, die in einem typischen Häuschen mit vier Zimmern
lebt (2). An einem Sommermorgen 1954 in
Liverpool reinigen die Frauen dieser Straße
ihre Treppenstufen und den Bürgersteig (3).

DEZE rijtjeshuizen waren nauwelijks
veranderd sinds ze in de bloeiperiode
van de Industriële Revolutie waren
gebouwd. Ze hadden onhygiënische wc's in
de tuin, geen badkamer, geen veilige
keuken, maar toch was er een
gemeenschapsgevoel dat in de naoorlogse
flatgebouwen ontbreekt. In 1920 inspecteert
een medewerker van de Dr. Barnardo-
kindertehuizen de ongezonde
levensomstandigheden in de sloppenwijken
(1). In 1945 poetst dit meisje de schoenen
van een zestienkoppige familie die in een
van de typische huizen woont met twee
kamers beneden en twee kamers boven (2).
Op een zomerochtend in 1954 schrobben
vrouwen in Liverpool hun trappen en stoep
schoon (3).

3

The Rise of Fascism

PERHAPS the most damning feature to emerge from all the books, lectures and opinions about European fascism is that the reasons for its rise were so predominantly negative. Economically, Europe was reeling from crash, depression and slump. To counter the ignominy as well as the poverty wrought by mass unemployment by guaranteeing not only wages and housing but uniforms and status through military conscription was an offer to which there seemed little alternative. Rearmament was also attractive to a Germany that felt herself humiliated by the terms of the Treaty of Versailles at the conclusion of the Great War; one result was a witch-hunt for the 'enemies within' that could be blamed for defeat.

Political enemies at first took precedence over racial ones, in Germany as in Italy. The smashing of the Spartacists and the killing of Rosa Luxemburg and Karl Liebknecht in 1919 failed to unseat a nascent but entrenched Socialist and Communist movement. Fears that the recent Russian Revolution would spread through Europe were in no way allayed by the vacillations of the Weimar régime, apparently as incapable of pursuing a political as an economic programme. If democracy could not deal with the problems, it was argued, then maybe democracy should make way.

The term 'Fascism' originated in Milan in 1919 with the formation of the *Fascio di Combattimento*, an anti-Socialist militia called after the bundle of rods that was the symbol of ancient Roman legislature. It took an authoritarian form under Mussolini in the decade from 1922. Rome in 1932 saw 40,000 Junior Fascists aged between 14 and 18 gather for a rally addressed by him. This very junior Junior Fascist served as a mascot, and is seen here saluting Il Duce (2). A former Socialist himself, Mussolini confusingly boasted: 'We allow ourselves the luxury of being aristocratic and democratic, reactionary and revolutionary'. Unlike Hitler, Mussolini primarily vaunted his pride in the glories of a real imperial past; a wish to destroy both the

'putrefying corpse' of parliamentary democracy and to strangle at birth any attempt at creating a Marxist state. His anti-internationalism extended to an insistence that Fascism was an Italian creed 'not for export'. It took until July 1938 and the formation of the Axis alliance for him to renege and become overtly anti-Semitic and to issue a *Manifesto della Razza* in imitation of his German ally.

Meanwhile in Spain, between 1936 and 1939, Franco's Falangist Party fought with German support to unseat the elected Republican government. Civil war erupted when the army rose against the government in July 1936: here, a Republican soldier throws a hand grenade at enemy trenches (1). General Franco, the future dictator who would rule Spain repressively for 35 years, stationed his headquarters in Spanish Morocco. From there he had to ferry insurgents across the Straits of Gibraltar and would have been unable to attain victory without the assistance of Fascist forces from Germany and Italy.

The postwar English historian A. J. P. Taylor has sought to diminish Hitler's role, considering that 'in principle and in doctrine, Hitler was no more wicked and unscrupulous than many other contemporary statesmen'. Few, however, would rush to concur. One has only to take, almost at random, a passage from *Mein Kampf* (My Struggle, 1923) to establish the histrionic fanaticism that swept so much before it, determining the fate of nations and the deaths of 55 millions:

'The adulteration of the blood and racial deterioration conditioned thereby are the only causes that account for the decline of ancient civilizations; for it is never by war that nations are ruined but by the loss of their powers of resistance, which are exclusively a characteristic of pure racial blood. In this world everything that is not of sound stock is like chaff.'

That this reads today as nonsensical rhetoric more appropriate to a stock-breeders' manual than a political manifesto is a measure of the discredit into which the term 'Fascism' has finally fallen.

1

DIE Quintessenz all der Bücher, Vorträge und Meinungen über den europäischen Faschismus ist die Erkenntnis, daß er so große Macht gewinnen konnte, weil die Zeiten so schlecht waren. Europa lag nach der Weltwirtschaftskrise am Boden, und hier wurden nicht nur Arbeit und Unterkunft versprochen, durch die man mit der Schande und Armut der Massenarbeitslosigkeit fertigwerden konnte, sondern auch noch Uniformen und das Ansehen eines militärischen Dienstranges – dazu schien es keine Alternative zu geben. Für die Deutschen, die sich von den Bedingungen des Versailler Vertrages gedemütigt fühlten, war die Aussicht auf Wiederaufrüstung verlockend, und nun konnten sie die Feinde im eigenen Lande gnadenlos verfolgen.

Zunächst stand in Deutschland wie in Italien eher politische Feindschaft im Vordergrund und nicht die Rassenzugehörigkeit. Die Niederwerfung des Spartakistenaufstandes und die Ermordung Rosa Luxemburgs und Karl Liebknechts 1919 konnte die noch junge, aber schon verwurzelte sozialistische und kommunistische Bewegung nicht vernichten. Die Ängste, daß die Russische Revolution auf ganz Europa übergreifen könnte, wurden durch die Schwäche der Weimarer Regierung noch geschürt, die in politischer Hinsicht ebenso orientierungslos wirkte wie in wirtschaftlicher. Wenn die Demokratie nicht mit den Schwierigkeiten fertigwerden konnte, sagten sich die Leute, dann sollte die Demokratie einer anderen Staatsform Platz machen.

Die Bezeichnung »Faschismus« kam 1919 in Mailand auf, wo der *Fascio di Combattimento* gegründet wurde, eine antikommunistische Miliz, die sich nach dem Rutenbündel benannte, das im alten Rom das Symbol der Legislative gewesen war. Seit 1922 nahm er unter Mussolini autoritäre Züge an. 1932 versammelten sich in Rom 40 000 Jungfaschisten zwischen 14 und 18 Jahren, um ihn sprechen zu hören. Dieser sehr junge Juniorfaschist (2) war als Maskottchen dabei, und man sieht, wie eifrig er den Duce begrüßt. Mussolini, der früher selbst Sozialist gewesen war, rühmte sich in Paradoxen: »Wir erlauben uns den Luxus, aristokratisch und demokratisch, reaktionär und revolutionär zugleich zu sein.« Anders als Hitler konnte Mussolini stolz auf die Tradition eines Weltreichs zurückblicken, und er

wollte den »stinkenden Leichnam« der Demokratie beiseite räumen und jeglichen Versuch, einen marxistischen Staat zu errichten, im Keime ersticken. Sein Nationalismus ging so weit, daß er sogar verlauten ließ, der Faschismus sei eine italienische Weltanschauung, die »nicht für den Export bestimmt« sei. Erst im Juli 1938, als der Bund der Achsenmächte geschlossen war, gab er sich offen antisemitisch und veröffentlichte ein *Manifesto della Razza* nach dem Vorbild seiner deutschen Verbündeten.

In Spanien bekämpfte derweil 1936 bis 1939 Francos Falangistenpartei mit deutscher Unterstützung die gewählte republikanische Regierung. Als die Armee sich im Juli 1936 gegen die Regierung erhob, hatte der Bürgerkrieg begonnen: Hier (1) wirft ein republikanischer Soldat eine Handgranate auf feindliche Schützengräben. General Franco, der künftige Diktator, der 35 Jahre lang über Spanien herrschen sollte, errichtete sein Hauptquartier im spanischen Marokko. Von dort mußte er seine Aufständischen per Schiff über die Straße von Gibraltar bringen und hätte sich niemals durchsetzen können, wenn faschistische Truppen aus Deutschland und Italien ihm nicht geholfen hätten.

Der englische Historiker A. J. P. Taylor schrieb später, man solle Hitlers Rolle nicht überbewerten: »In seinen Prinzipien und Ansichten war Hitler nicht schlechter und gewissenloser als viele andere Politiker seiner Zeit.« Doch nur wenige pflichteten ihm bei. Man muß sich nur eine willkürlich ausgewählte Passage aus *Mein Kampf* von 1923 ansehen, dann begreift man, daß hier ein größenwahnsinniger Fanatiker das Schicksal ganzer Nationen und den Tod von mehr als 55 Millionen Menschen besiegelte: »Die Blutsvermischung und das dadurch bedingte Senken des Rassenniveaus ist die alleinige Ursache des Absterbens aller Kulturen; denn die Menschen gehen nicht an verlorenen Kriegen zugrunde, sondern am Verlust jener Widerstandskraft, die nur dem reinen Blute zu eigen ist. Was nicht gute Rasse ist auf dieser Welt, ist Spreu.« Daß sich das heute als hohle Rhetorik liest, die eher in ein Handbuch für Viehzüchter paßt als in ein politisches Manifest, zeigt uns, welcher Verachtung der Begriff »Faschismus« anheimgefallen ist.

WAT alle boeken, lezingen en meningen over het Europese fascisme met elkaar gemeen hebben, is het inzicht dat deze politieke beweging voornamelijk zoveel macht kon krijgen omdat het met de Europese economie na de ineenstorting van de New Yorkse effectenbeurs in 1929 zo slecht ging. De fascisten beloofden niet alleen werk en woningen, waarmee de schande en armoede van de massawerkloosheid vergeten kon worden, maar ook uniformen en status door een militaire rang – een aanbod waarvoor weinig alternatieven leken te bestaan. Veel Duitsers die zich vernederd voelden door de bepalingen van het Verdrag van Versailles, konden zich goed vinden in de ideeën over herbewapening en begonnen nu in hun eigen land een heksenjacht op hun politieke tegenstanders, die ze de schuld voor de oorlogsnederlaag gaven.

In Duitsland en Italië was politieke voorkeur belangrijker dan ras. Met het neerslaan van de Spartakistenopstand en de moord op Rosa Luxemburg en Karl Liebknecht in 1919 was het niet gelukt de nog jonge, maar al gevestigde socialistische en communistische beweging te vernietigen. De angst voor een uitbreiding van de Russische Revolutie naar heel Europa werd nog eens aangewakkerd door de zwakke Weimar-regeringen die zowel op politiek als op economisch gebied niet wisten welke richting ze moesten inslaan. Als de democratie de problemen niet kon oplossen, zo redeneerden de mensen, moest er misschien maar iets anders komen.

Het begrip 'fascisme' ontstond in 1919 in Milaan, waar de 'Fascio di Combattimento' werd opgericht, een anticommunistische militie die genoemd was naar de bos roeden (fasces) die in het oude Rome als het symbool van de wetgevende macht had gefungeerd. Vanaf 1922 kreeg de beweging onder Mussolini steeds meer een autoritaire structuur. In 1932 kwamen in Rome 40.000 jonge fascisten tussen de 14 en 18 jaar bijeen om hem te horen spreken. De wel heel erge jonge fascist die hier de 'Duce' begroet, was als mascotte aanwezig (2). Mussolini, die vroeger zelf een socialist geweest was, slaat zichzelf in paradoxale bewoordingen op de borst: "Wij veroorloven ons de luxe om aristocratisch en democratisch, reactionair en revolutionair te zijn." Anders dan Hitler kon Mussolini bogen op een imperiale traditie van zijn land; hij wilde het "stinkende lijk" van de parlementaire democratie vernietigen en elke

poging om een marxistische staat op te richten in de kiem smoren. Zijn nationalisme ging zo ver, dat hij liet meedelen dat het bij het fascisme om een Italiaanse wereldbeschouwing ging die "niet voor de export bestemd" was. Pas in juli 1938, toen Duitsland en Italië de As Berlijn-Rome gevormd hadden, kwam hij daarop terug; hij deed nu openlijk antisemitische uitspraken en publiceerde naar het voorbeeld van zijn Duitse bondgenoot een *Manifesto della Razza*.

In Spanje vochten ondertussen van 1936 tot 1939 Franco's falangisten met Duitse steun tegen de gekozen republikeinse regering. Toen het leger zich in juli 1936 tegen de regering keerde, was de burgeroorlog een feit. Hier gooit een republikeinse soldaat een handgranaat naar vijandelijke loopgraven (1). Generaal Franco, die na de burgeroorlog 35 jaar lang als dictator over Spanje zou heersen, richtte zijn hoofdkwartier in Spaans Marokko in. Van daaruit moest hij zijn opstandelingen per schip over de Straat van Gibraltar vervoeren. Hij zou de oorlog nooit hebben gewonnen als hij geen hulp van fascistische troepen uit Duitsland en Italië had gekregen.

De Engelse historicus A.J.P. Taylor probeerde later de rol van Hitler in het geheel enigszins te relativeren: "Wat zijn principes en opvattingen betreft, was Hitler niet slechter of gewetenlozer dan veel andere politici van zijn tijd." Er zullen er echter niet veel zijn die hem daarin gelijk geven. Je hoeft maar een willekeurige bladzijde uit Hitlers boek *Mein Kampf* (1923) op te slaan om een indruk te krijgen van de grootheidswaan en het fanatisme waarmee deze man over het lot van complete naties en de dood van 55 miljoen mensen besliste:

"Bloedvermenging en de daarmee gepaard gaande ontaarding van de rassen vormen de enige oorzaak voor het verval van alle culturen; mensen gaan immers niet aan verloren oorlogen te gronde, maar aan het verlies van hun weerstandsvermogen, een eigenschap die uitsluitend in zuiver bloed aanwezig is. Alles wat niet van een zuiver ras is op deze wereld, is niet meer dan kaf."

Dat deze passage voor de hedendaagse lezer uit louter holle frases lijkt te bestaan die eerder in een handboek voor veefokkers dan in een politiek manifest thuishoren, maakt duidelijk op hoe weinig waardering het fascisme inmiddels mag rekenen.

1

2

3

Nieder mit der Blutdiktatur des SpartaKus

ON 7 January 1919 the Spartacists –
their name derived from the slaves
who led the last revolt to overthrow
Roman rule – took to the streets of Berlin,
which they then barricaded. For over a
week the battle raged. Fighting deeds and
speeches (1) followed; rallies and
allegiances blurred – the hammer and sickle
(3) v. 'Down with the Spartacists'
Dictatorship of Blood!' (4). On 16 January
the popular revolutionary leaders 'Red
Rosa' Luxemburg (2) and former Reichstag deputy Karl Liebknecht were murdered
by officers of the Gardekavallerie-Schützendivision, an irregular right-wing force
officered by professionals from the dissolved
army, sent to arrest them. Instead the
leaders were tortured, shot and their bodies
thrown into a canal. The officers were
never brought to trial.

AM 7. Januar 1919 gingen die Spartakisten – die sich nach dem Anführer
des letzten Sklavenaufstands gegen die
Römer benannt hatten – in Berlin auf die
Straße und errichteten ihre Barrikaden.
Über eine Woche dauerten die Straßenkämpfe. Kämpfe in Taten und Worten
folgten (1); Zugehörigkeit verwischte sich
– Hammer und Sichel (3) kontra »Nieder
mit der Blutdiktatur des Spartakus!« (4) Am
16. Januar wurden die populäre Revolu-
tionsführerin Rosa Luxemburg (die »Rote
Rosa«) (2) und der ehemalige Reichstags-
abgeordnete Karl Liebknecht von Mitgliedern der Gardekavallerie-Schützendivision,
eines inoffiziellen rechtsgerichteten Freikorps, dessen Offiziere Berufssoldaten aus
der aufgelösten Armee waren, ermordet.
Die Männer hatten die beiden Anführer
verhaften sollen, doch statt dessen folterten
und erschossen sie sie und warfen ihre
Leichen in einen Kanal. Die Offiziere wurden nie vor Gericht gestellt.

OP 7 januari 1919 gingen de
spartakisten –genoemd naar
Spartacus, de aanvoerder van de laatste
slavenopstand tegen de Romeinen– in
Berlijn de straat op en wierpen er
vervolgens hun barricaden op. De
straatgevechten duurden meer dan een
week. Gevechten in daden en woorden
volgden (1); het werd steeds onduidelijker
wie aan welke kant stond – de hamer en
sikkel (3) tegen 'Weg met de bloedige
spartakistendictatuur!' (4). Op 16 januari
werden de populaire revolutionaire leiders
Rosa Luxemburg ('Rooie Rosa', 2) en
Karl Liebknecht (voormalig lid van de
Rijksdag) vermoord door leden van de
Gardekavallerie-Schützendivision, een
ongeregeld rechts vrijkorps waarvan de
officieren beroepssoldaten in het
opgeheven leger waren geweest. De
mannen hadden de opdracht gekregen om
beide aanvoerders te arresteren, maar
folterden de twee, schoten ze dood en
gooiden hun lijken vervolgens in een

1

JANUARY 1919 was a time of elections to the National Assembly, which had before it the task of drawing up a new constitution. Because of the disturbances on the streets of Munich and Berlin, much of the business had to be moved to Weimar. In Berlin this quaint-looking government armoured car bears a warning skull and placard: 'Beware! Stay in your homes! Coming onto the streets can put your life at risk: you will be shot!' (1). As though bearing this out, Berlin civilians flee the machine-gun fire from Chancellor Ebert's government troops (2).

IM Januar 1919 wurde die National-versammlung gewählt, die eine neue Verfassung ausarbeiten sollte. Wegen der Unruhen in den Straßen von München und Berlin wurden die Amtsgeschäfte größtenteils nach Weimar verlegt. In Berlin warnt dieser kuriose offizielle Panzerwagen unter dem Totenschädel: »Achtung! In den Häusern bleiben! Auf der Straße Lebens-gefahr, da scharf geschossen wird!« (1) Wie um dies zu beweisen, fliehen Berliner vor den Maschinengewehren von Reichs-präsident Eberts Regierungstruppen (2).

IN januari 1919 werd het parlement gekozen dat een nieuwe grondwet moest opstellen. Vanwege de onlusten in de straten van München en Berlijn werden de regeringsinstanties grotendeels naar Weimar verplaatst. In Berlijn is onder het doodshoofd achter op deze vreemde gepantserde officiële wagen de volgende waarschuwing te lezen: "Attentie! Blijf in uw huizen! De situatie op straat is levensgevaarlijk, want er wordt met scherp geschoten!" (1) Alsof ze dit willen bewijzen, vluchten Berlijnse burgers voor de machinegeweren van de regerings-troepen van rijkspresident Ebert (2).

1

Urlauber,
Fahnenflüchtige

Neukölln

Karlsgarten

Der Soldatenrat Neukölln

2

THE confusion caused by circumstances at the war's end led women (1) and even children (2) to fraternize with the military. While the Spartacists looked to nascent workers' soviets to create a 'free socialist republic of Germany', there were rapid and increasing signs that the Socialist People's Militia and *Freikorps* would not fight with the newly created city soviets. The revolution collapsed when the militias threw in their lot with the police and armed forces.

IN den Wirren, die am Ende der deutschen Revolution herrschten, sympathisierten Frauen (1) und sogar Kinder (2) mit den Militärs. Die Spartakisten hofften, daß Arbeiterräte »eine freie sozialistische Republik in Deutschland« schaffen würden, doch bald war offensichtlich, daß die sozialistischen Volksmilizen und Freikorps nicht gegen die neugeschaffenen Stadträte kämpfen würden. Die Revolution war zu Ende, als die Milizen sich auf die Seite der Polizei und der Armee schlugen.

IN de verwarrende periode vlak na de oorlog verbroederden vrouwen (1) en zelfs kinderen (2) zich met de soldaten. De spartakisten hoopten dat de arbeidersraden 'een vrije socialistische republiek in Duitsland' zouden vormen, maar al snel werd duidelijk dat de socialistische volksmilities en vrijkorpsen niet samen met de nieuwe stadsraden ten strijde wilden trekken. De revolutie was voorbij toen de milities de kant van de politie en het leger kozen.

TROTSKY, here at Petrograd (St Petersburg) in 1921 (1), was supposedly 'in the vanguard of the Revolution, while Lenin was in the guard's van'. As erstwhile War Minister and Head of the Red Army, he paid a visit to the Red Commanders of the Russian Military Academy at Moscow (2). From 1917 to 1922, Lenin was undisputed leader, but from 1922 until his death in 1924, he suffered three serious heart attacks and was obliged to retire to the country (3). His meeting there with Stalin in the summer of 1922 was a prophetic one (4). While Trotsky described Stalin as 'the Party's most eminent mediocrity', Lenin concluded: 'I am not always sure that he knows how to use power with caution.' In 1923, he recommended Stalin's dismissal.

TROTZKI, hier 1921 in Petrograd (St. Petersburg) (1), galt als »der Schaffner der Revolution, und Lenin war der Bremser«. Als damaliger Kriegsminister und Oberbefehlshaber der Roten Armee stattet er hier (2) den Roten Kommandeuren der Russischen Militärakademie in Moskau einen Besuch ab. Von 1917 bis 1922 war Lenin der unangefochtene Führer der

1

2

3

4

Revolution, doch von 1922 bis zu seinem Tode 1924 erlitt er drei schwere Herzanfälle und mußte sich aufs Land zurückziehen (3). Sein Treffen dort mit Stalin im Sommer 1922 sollte zukunftsweisend sein (4). Lenin kam zu dem Schluß: »Ich bin mir nicht immer sicher, ob er beim Umgang mit der Macht das rechte Maß kennt.« 1923 empfahl er, Stalin zu entlassen.

Trotski, hier in Petrograd (1) in 1921, werd de 'machinist' van de Revolutie genoemd, Lenin de 'conducteur'. Als toenmalige minister van Oorlog en opperbevelhebber van het Rode Leger brengt Trotski een bezoek aan de Rode Commandanten van de Russische Militaire Academie in Moskou (2). Van 1917 tot 1922 was Lenin de onbetwiste leider van de Revolutie, maar van 1922 tot aan zijn dood in 1924 kreeg hij drie zware hartaanvallen die hem dwongen zich op het platteland terug te trekken (3). Zijn ontmoeting met Stalin in de zomer van 1922 zou van profetische betekenis blijken te zijn (4). Trotski noemde Stalin "het meest vooraanstaande middelmatige Partijlid", terwijl Lenin in 1923 Stalins ontslag wilde.

1

2 3

JOSEF Djugashvili – Stalin – the sole Bolshevik leader of peasant stock, was born the son of an impoverished Georgian shoemaker in 1879. During 1917 he edited *Pravda*, the Communist Party newspaper, and became Party Secretary in 1922. Despite the scale of his purges, he saw himself as a great populist, in touch with the real grassroots. Here, in

his Marshal's uniform, he visits Schelkovo aerodrome (4), and is presented with flowers by young Pioneers (3). Eleven-year-old Mamlakat Nakhengova travels from Tajhikistan to present a Tajik translation of his book *Stalin about Lenin* (2). Children were also commandeered to sell certificates for government construction loans (1).

JOSEF Dschugaschwili, genannt Stalin, der einzige Bolschewikenführer aus niederem Stand, kam 1879 in Georgien zur Welt. 1917 war er leitender Redakteur der Parteizeitung *Prawda*, und 1922 wurde er Generalsekretär der Partei. Trotz der Grausamkeit seiner Säuberungen verstand er sich als populistischer Politiker, der wußte, was das Volk wirklich wollte. Hier

4

besucht er, in seiner Marschallsuniform, den Flugplatz Schelkovo (4) und bekommt von jungen Pionieren Blumen überreicht (3). Die elfjährige Mamlakat Nakhengova ist aus Tadschikistan gekommen, um eine tadschikische Ausgabe von Stalins Buch *Stalin über Lenin* zu präsentieren (2). Kinder wurden auch dazu verpflichtet, staatliche Bauanleihen zu verkaufen (1).

Josif Dzjoegasjvili, beter bekend als Stalin, was de enige bolsjewistische leider van boerenafkomst. Hij werd in 1879 als zoon van een verarmde Georgische schoenmaker geboren. In 1917 was hij redacteur van de *Pravda* en in 1922 werd hij secretaris-generaal van de Partij. Ondanks zijn vele zuiveringen beschouwde hij zichzelf als een populistisch politicus.

Hier bezoekt hij in zijn maarschalksuniform het vliegveld Sjelkovo (4) en krijgt hij bloemen van jonge pioniers (3). De elfjarige Mamlakat Nakhengova is uit Tadzjikistan gekomen om een Tadzjikistaanse vertaling van Stalins boek *Stalin over Lenin* aan te bieden (2). Kinderen werden ook ingezet om bouwleningen van de regering te verkopen (1).

IN the Spanish Civil War, over half a million people died and millions more were made refugees (1). Children were pushed to the front of the bread queue at Le Perthus on the French border (3). At Irún, a French journalist, Raymond Vanker, discovered a baby alone in a house under intense fire. He escaped to France over the Hendaye bridge, the child in his arms (2).

IM Spanischen Bürgerkrieg kam über eine halbe Million Menschen um, und Millionen waren auf der Flucht (1). Hier in Le Perthus an der französischen Grenze werden die Kinder zur Essensausgabe vorgeschickt (3). In Irún fand der französische Journalist Raymond Vanker in einem Haus, das unter schwerem Beschuß stand, ein zurückgelassenes Baby. Er floh mit dem Kind in den Armen über die Brücke von Hendaye nach Frankreich (2).

IN de Spaanse Burgeroorlog kwamen meer dan een half miljoen mensen om; miljoenen anderen werden vluchteling (1). Bij de voedselverstrekking in Le Perthus aan de Franse grens werden de kinderen naar voren geschoven (3). In een huis in Irun dat zwaar onder vuur lag, trof de Franse journalist Raymond Vanker een achtergelaten baby aan. Met het kind in zijn armen vluchtte hij over de brug van Hendaye naar Frankrijk (2).

1

Loyal Republican Spanish troops at ease in 1936 (1) contrast with jack-booted Foreign Legionaries on a 'hunt the Reds' mission in Mérida, rifles raised (2).

Loyale Truppen der spanischen Republik während einer Pause, 1936 (1), und im Kontrast dazu die fremden Legionäre in Mérida, wie sie in ihren Stiefeln mit erhobenen Gewehren »die Roten jagen« (2).

Loyale troepen van de Spaanse Republiek tijdens een rustig moment, 1936 (1), en in een scherp contrast daarmee de oorlogs-zuchtige soldaten van het vreemdelingen-legioen in Mérida, die met opgeheven geweren 'op de Rooien jagen' (2).

1

On 29 August 1936, this group of Republicans was forced to surrender by the Nationalist rebels (1). In their ill-assorted uniforms and weapons, they look more like a ragtag than a national army, suggesting how many of the regular troops were anti-Republican. A 17-year-old lies dead from a bullet in the head (2). A vivid account of one man's experience is offered by George Orwell's *Homage to Catalonia*. Words were enormously important to the ideological battle: after all, Franco's Falangists adopted the Foreign Legionaries' war cry 'Death to Intellectuals! Long live death!' The Republicans responded with poster propaganda like this Catalan advertisement post calling women to arms (4). All the unions, particularly female-dominated ones such as the garmentworkers, organized women like these militia seated wearily at a roadside (3). Their lack of uniforms, even boots, implies that this was taken late in the war.

Am 29. August 1936 zwangen die nationalistischen Rebellen diesen Trupp Republikaner zur Kapitulation (1). In ihren verschiedenerlei Uniformen und Waffen sehen sie eher wie ein bunt zusammengewürfelter Haufen aus als wie eine Nationalarmee, und man kann ahnen, wie viele reguläre Truppen sich auf die Seite der Gegner geschlagen hatten. Ein siebzehn-jähriger Gefallener mit einer Kugel im Kopf (2). George Orwell hat in *Mein Katalonien* eindrucksvoll seine Kriegserlebnisse in Spanien beschrieben. Ideologische Kriegführung war von großer Bedeutung: Schließlich hatten Francos Falangisten den Kampfruf der Fremdenlegion übernommen, »Tod den Intellektuellen! Lang lebe der Tod!« Die Republikaner antworteten mit Plakaten darauf, wie hier an einer Litfaß-säule in Katalonien, wo Frauen zu den Waffen gerufen werden (4). Gewerkschaften, besonders von Frauen beherrschte wie die Näherinnengewerkschaft, organisierten

2

3

Frauenmilizen; hier (3) sieht man einige Kämpferinnen erschöpft am Straßenrand sitzen. Da sie keine Uniformen tragen, nicht einmal Stiefel, dürfte das Bild gegen Ende des Krieges entstanden sein.

Op 29 augustus 1936 dwongen de nationalistische rebellen deze groep republikeinen zich over te geven (1). Het is moeilijk voor te stellen dat dit samengeraapte zooitje bij het regeringsleger hoort; het maakt duidelijk hoeveel geregelde troepen de kant van de tegenstanders gekozen hadden. Een zeventienjarige jongen, dodelijk getroffen door een kogel in zijn hoofd (2). George Orwell doet in *Homage to Catalonia* op indrukwekkende wijze verslag van zijn oorlogservaringen in Spanje.

Het geschreven woord speelde een grote rol bij de ideologische oorlogvoering, per slot van rekening hadden Franco's falangisten de strijdkreet 'Dood aan de intellectuelen! Lang leve de dood!' van het vreemdelingenlegioen overgenomen. De republikeinen antwoordden met propagandaposters, zoals dit Catalaanse affiche (4) dat vrouwen aanspoort mee te vechten. Alle vakbonden, vooral de door vrouwen gedomineerde bonden als die van de naaisters, vormden vrouwenmilities; hier zitten een paar leden van zo'n militie uitgeput langs de kant van de weg (3). Aangezien ze geen uniformen dragen of zelfs ook maar laarzen, is de foto waarschijnlijk tegen het einde van de oorlog genomen.

4

REFUGEES jam the roads into France (1). In January 1939, Franco's victorious troops entered Barcelona supported by General Yague's feared 'Moors', meeting with only sporadic resistance. Here some of the 3,000 Czech, Polish and German members of the International Brigade merge with the retreating Republican army and the mass of refugees fleeing north (2).

FLÜCHTLINGE drängen sich auf den Straßen nach Frankreich (1). Im Januar 1939 marschierten Francos siegreiche Truppen, verstärkt durch General Yagues gefürchtete »Mauren«, in Barcelona ein und trafen nur noch auf vereinzelten Widerstand. Auf diesem Bild (2) schließen sich einige der 3000 Tschechen, Polen und Deutschen, die mit der Internationalen Brigade ins Land gekommen waren, der geschlagenen republikanischen Armee und den zahllosen Flüchtlingen im Strom nach Norden an.

VLUCHTELINGEN verdringen zich op de wegen naar Frankrijk (1). In januari 1939 marcheerden Franco's zegevierende troepen, versterkt met de gevreesde 'Moros' (Moren), Barcelona binnen, waarbij ze nog slechts sporadisch op verzet stuitten. De vlucht naar het noorden: op deze foto (2) krijgen de vluchtelingen en de verslagen republikeinse soldaten gezelschap van enkele van de drieduizend Tsjechische, Poolse en Duitse leden van de Internationale Brigade.

2

THE March on Rome has been called 'the Fascist-inspired myth of the way in which Mussolini came to power in Italy'. In 1922, civil war appeared imminent and the ex-socialist Mussolini demanded the formation of a Fascist government to save the country from socialism. On 29 October, King Victor Emmanuel III invited him to come from Milan to Rome, and Mussolini did so on the overnight express. On 30 October Mussolini formed the government and on the 31st some 25,000 blackshirts were imported, also by train, for a ceremonial parade (1). The 'March on Rome' was as histrionic an exaggeration as the expressions on Il Duce's face as he addresses his 'marchers', the 'Representatives of National Strengths', from the Palazzo Venezia (2).

DEN Marsch auf Rom hat man den »faschistischen Mythos von Mussolinis Machtergreifung in Italien« genannt. 1922 schien ein Bürgerkrieg unvermeidlich, und der ehemalige Sozialist Mussolini forderte die Bildung einer faschistischen Regierung, um das Land vor dem Sozialismus zu bewahren. Am 29. Oktober lud König Viktor Emmanuel III. ihn ein, von Mailand nach Rom zu kommen, woraufhin Mussolini schon den Nachtexpress nahm. Am 30. Oktober bildete er seine Regierung, und am 31. kamen, ebenfalls per Zug, etwa 25 000 Schwarzhemden zur feierlichen Parade (1). Der »Marsch auf Rom« war eine genauso lächerliche Übertreibung wie der Gesichtsausdruck des Duce, mit dem er die Eintreffenden, die »Vertreter nationaler Stärke«, vom Palazzo Venezia aus begrüßt (2).

DE Mars naar Rome wordt 'de fascistische mythe van Mussolini's machtsovername in Italië' genoemd. In 1922 leek een burgeroorlog onvermijdelijk en de voormalige socialist Mussolini eiste de vorming van een fascistische regering om het land tegen het socialisme te beschermen. Op 29 oktober vroeg koning Victor Emanuel III hem van Milaan naar Rome te komen, een verzoek waaraan Mussolini nog diezelfde dag met behulp van de nachttrein voldeed. Op 30 oktober vormde hij zijn regering en een dag later liet hij, ook per trein, 25.000 zwarthemden overkomen voor de ceremoniële parade (1). De 'Mars naar Rome' was net zo onecht als de gezichtsuitdrukking en de gebaren waarmee de Duce zijn 'Vertegenwoordigers van nationale kracht' vanuit het Palazzo Venezia begroette (2).

3 4

MUSSOLINI in mufti between (left to right) Generals Balbo, de Bono, de Vecchi and Bianchi (1). Napoleonic theories about small men with big ambitions and complexes seemed exemplified by Franco, Hitler and – especially – Mussolini. This applied even more so to the Austrian Chancellor Dolfuss (at left), known as Millimetternich or Mickey Mouse for being under 5 feet tall, here fraternizing with his fellow-dictator shortly before his assassination in 1934 (2). Mussolini brought the Führer to gaze at the hefty white marble nymph Pauline Borghese, Napoleon's sister, at the Villa Borghese (4). He then led the Fascist officials off in a disorderly goose-step during the Roman Parade (3).

MUSSOLINI in Zivil zwischen den Generalen Balbo, de Bono, de Vecchi und Bianchi (1, von links nach rechts). Die Idee vom »Napoleonkomplex« – daß kleinwüchsige Männer einen ganz besonderen Ehrgeiz entwickeln – scheint durch Franco, Hitler und ganz besonders durch Mussolini bestätigt zu werden. Noch mehr traf das auf den österreichischen Kanzler Dollfuß zu (links), den man wegen seiner knappen

ein Meter fünfzig den »Millimetternich« nannte; hier sieht man ihn in bestem Einvernehmen mit seinem Diktatorkollegen, kurz vor seiner Ermordung 1934 (2). Dem Führer zeigte Mussolini in der Villa Borghese die Marmorstatue Venus (4). Er führte die faschistische Prominenz in einem etwas aus dem Takt gekommenen Gänsemarsch zur Römischen Parade (3).

MUSSOLINI in burger tussen de generaals Balbo, De Bono, De Vecchi en Bianchi (1, v.l.n.r.). De theorie van het Napoleoncomplex –hoe kleiner de man, des te groter zijn ambities– lijkt door Franco, Hitler en met name ook Mussolini bevestigd te worden. Dit gold nog sterker voor de Oostenrijkse minister-president Dollfuß (links), die nog geen 1,50 m was en Millimetternich of Mickey Mouse genoemd

werd; hij is hier samen met zijn collega-dictators te zien, kort voor de moord-aanslag op hem in 1934 (2). Mussolini liet de Führer in de Villa Borghese het grote marmeren beeld zien dat Napoleons zus Pauline Borghese als nimf voorstelt (4). Vervolgens leidde hij de fascistische kopstukken in een niet zo vlekkeloos verlopende mars naar de Parade van Rome (3).

1

FASCIST march-pasts were intended to
unite the nations and the generations.
In 1936 the Marine branch of the *Figli della
Lupa* (Sons of the She-wolf – presumably a
reference to Romulus, Remus and the
glories of ancient Rome) marched beneath
Mussolini's raised salute (1). In 1945 in
Tripoli Fascist women were organized in
militias, possibly as advance warning of fresh
neo-imperialist intentions in the region, only
months before the invasion of Abyssinia (2).
And secondary schoolboys underwent
military training even when it was too hot to
wear much beyond plimsolls and sunhats (3).

DIE Faschistenaufmärsche sollten die
Nationen und Generationen zusammen-
bringen. 1936 zog die Marineabteilung der
Figli della Lupa (Söhne der Wölfin – eine
Anspielung auf Romulus und Remus und den
Ruhm des alten Rom) an Mussolini vorüber,
der die Hand zum Gruß erhoben hat (1).
1945 werden die Faschistenfrauen in Tripolis
zu Milizen organisiert, möglicherweise ein
Vorzeichen, daß sich neoimperialistische
Ambitionen in der Gegend zu regen begannen,
nur Monate vor der Invasion Abessiniens (2).
Und Schuljungen mußten ihre soldatische
Ausbildung auch dann absolvieren, wenn es
so heiß war, daß man außer Sonnenhut und
Turnschuhen nicht viel tragen konnte (3).

DE fascistische demonstraties hadden als
doel de landen en generaties met
elkaar te verenigen. In 1936 trok de
marineafdeling van de *Figli della Lupa*
(Zonen van de wolvin – een toespeling op
Romulus en Remus en ook op de roem
van het oude Rome) aan Mussolini
voorbij, die de kinderen met gestrekte arm
groette (1). In 1935 werden de fascistische
vrouwen in Tripoli in milities
ondergebracht, wellicht bij wijze van
waarschuwing voor de neo-imperialistische
ambities die in het gebied de kop opstaken,
slechts enkele maanden voor de inval in
Abessinië (2). Schooljongens moesten ook
militaire oefeningen doen wanneer het
eigenlijk te heet was om nog iets anders
dan een zonnehoed en gymschoenen te
dragen (3).

2

3

Nazism

ADOLF Hitler was on the face of it perhaps the least likely of Fascist dictators. Non-German and erratically educated, a professional failure in everything he had tried before entering politics, at first he neither looked nor acted the part. Instead of the statuesque physique of a Nordic god, he was small and black-haired and dark-eyed, a vegetarian in a decidedly carnivorous country. Yet his own mixed psychology succeeded in touching a chord that played on both Germans' fears and their pride. By creating an enemy 'other' of mythic dimensions, he could unite the German-speaking peoples in pursuit of his goal, the foundation of the 1000-year Third Reich.

If the enemy did not actually exist, then it would have to be invented. In Central Europe, Ashkenazi Jews had been largely assimilated during their 500-year-long sojourn, many having been known as 'Court Jews' for their sought-after pre-eminence in the arts that sent them from one principality to the next to perform as musicians and artists. Many of these described themselves by nationality rather than religion and thought of themselves as Germans or Austrians before Jews. Ironically, by defining Jews not by their religion but by being even one-eighth of Jewish blood, Hitler was including himself in, by dint of one grandparent. If the stereotype of the grasping miser didn't exist, it would be promoted by scurrilous graffiti and wild accusations. When, after Kristallnacht, Propaganda Minister Goebbels surveyed the mess of shattered glass on the streets of Berlin, he groaned: 'They [the SA/Stormtroopers' mob] should have broken fewer Jewish windows and taken more Jewish lives.'

When the Communists failed to carry out the awaited revolutionary putsch, the burning of the Reichstag was staged as a pretext to clamp down in their suppression. Much blame has been attached to the policy of appeasement pursued by both French and British governments through the 1920s and 30s, though Churchill was the sole politician in favour of a military response when Hitler annexed the Rhineland in 1936. The truth was probably that too much of Europe was preoccupied with licking its own wounds from the Great War and with the shortage of manpower and political will to wish for any further warmongering.

ADOLF Hitler war unter den faschistischen Diktatoren vielleicht derjenige, dem man es am wenigsten zutraute. Als Österreicher mit nur unvollständiger Schulbildung, der in allem, was er versucht hatte, bevor er in die Politik ging, völlig gescheitert war, sah er nicht nur nicht danach aus, sondern benahm sich auch anfangs nicht wie ein Führer. Er hatte nicht die Statur eines nordischen Gottes, sondern war klein und schwarzhaarig mit dunklen Augen, ein Vegetarier im Land der Fleischesser. Und doch rührte er mit seiner konfusen Psyche eine Saite an, die sowohl die Ängste als auch den Stolz der Deutschen erklingen ließ. Er beschwor ein Feindbild von geradezu mythischen Ausmaßen herauf, und damit konnte er die deutschsprachigen Völker vereint für sein großes Ziel gewinnen, die Gründung eines »tausendjährigen Dritten Reichs«.

Wenn es keine Feinde gab, dann mußte man welche erfinden. In Mitteleuropa hatten sich im Laufe ihrer fünfhundertjährigen Wanderschaft zahlreiche Ostjuden niedergelassen, viele davon »Hofjuden«, die als gefragte Musiker oder Miniaturmaler von einem Fürstenhof zum anderen zogen. Viele davon fühlten sich eher einer Nation zugehörig als einer Religionsgemeinschaft und verstanden sich zuerst als Deutsche oder Österreicher und erst dann als Juden. Für Hitler war es nicht die Religion, sondern das Blut, das zählte, und ironischerweise hätte er sich, da auch jemand mit einem Achtel Judenblut noch als Jude galt, selbst dazurechnen müssen, denn dem Vernehmen nach hatte er einen jüdischen Großvater. Wenn die Leute nicht von sich aus das Vorurteil vom »raffgierigen Geizkragen« hatten, bekamen sie es durch verleumderische Wandsprüche und aus der Luft gegriffene Anschuldigungen eingetrichtert. Als nach der »Reichskristallnacht« der Propagandaminister Goebbels das zerschmetterte Schaufensterglas auf den Berliner Straßen musterte, seufzte er: »Ich wünschte nur, [die SA-Männer] hätten weniger jüdische Scheiben und mehr jüdische Schädel eingeschlagen.«

Als der vorausgesagte Kommunistenaufstand auf sich warten ließ, wurde der Brandanschlag auf den Reichstag inszeniert, damit man einen Vorwand für ihre Verfolgung hatte. Vieles ist später der zu nachgiebigen Haltung der französischen und britischen Regierungen der 20er und 30er Jahre angelastet worden, doch im-

NAZI PICKETS OUTSIDE JEWISH STORE IN BERLIN,
APRIL 1933: 'GERMANS! DEFEND YOURSELVES! DON'T BUY
FROM JEWS!' READ THE PLACARDS.

STREIKPOSTEN DER NAZIS VOR EINEM JÜDISCHEN
GESCHÄFT IN BERLIN, APRIL 1933.

NAZI'S VOOR EEN JOODSE WINKEL IN BERLIJN, APRIL 1933. OP
DE AFFICHES STAAT: "DUITSERS, VERDEDIGT U! KOOPT NIET
BIJ JODEN!"

V AN alle fascistische dictators leek Adolf Hitler op
het eerste gezicht misschien wel de minst geschikte. De Oostenrijker met een niet afgemaakte
schoolopleiding die grandioos mislukt was in alles wat
hij probeerde voor hij in de politiek ging, zag er niet zo
uit en gedroeg zich eerst ook niet als een dictator. Hij
bezat bepaald niet de gestalte van een blonde Noord-
Europese god, maar was klein en had zwart haar en
kleine, donkere ogen, kortom: een vegetariër in het
land van vleeseters. Toch lukte het hem heel goed om
met zijn verwarde geest de Duitse gevoelens van angst
en trots te bespelen. Door een vijandbeeld van bijna
mythische proporties op te roepen, wist hij de Duitssprekende volken te winnen voor zijn grote doel, de
oprichting van het duizendjarige Derde Rijk.

Als er geen vijand was, moest hij verzonnen worden.
In Midden-Europa hadden zich in de loop van hun
vijfhonderd jaar durende omzwervingen talrijke Asjke-
nazim gevestigd, waaronder veel 'hofjoden' die als veel-
gevraagde muzikanten of portretschilders van het ene
naar het andere vorstelijke hof trokken. Velen van hen
voelden zich eerder met een land dan met een godsdienst verbonden en zagen zichzelf in de eerste plaats als
Duitsers of Oostenrijkers en dan pas als joden. Omdat
Hitler vond dat niet de godsdienst, maar het bloed –ook
al was dat maar een achtste deel– bepaalde of iemand
jood was, had hij zichzelf ironisch genoeg ook als een
jood moeten beschouwen, aangezien hij een joodse
grootvader had. Als de mensen het vooroordeel van de
jood als hebzuchtige gierigaard nog niet kenden, kregen
ze het er wel met leugenachtige graffiti en uit de lucht
gegrepen beschuldigingen ingestampt. Toen na de Kristallnacht minister van Propaganda Goebbels het kapotte
vensterglas in de straten van Berlijn inspecteerde, ver-
zuchtte hij: "Ik wou dat ze [= de SA-mannen] wat
minder joodse winkelruiten en wat meer joodse sche-
dels hadden ingeslagen."

Toen de verwachte opstand van de communisten
achterwege bleef, werd er een brand in de Rijksdag
geënsceneerd, zodat er een excuus was om ze te vervol-
gen. De Franse en Engelse regeringen van de jaren '20
en '30 zijn later sterk bekritiseerd vanwege hun te toe-
geeflijke opstelling, maar desondanks was Churchill de
enige politicus die zich voor een militair ingrijpen uit-
sprak toen Hitler in 1936 het Rijnland bezette. Waarschijnlijk had Europa zich nog niet voldoende van de
Eerste Wereldoorlog hersteld –er heerste een gebrek aan
strijdkrachten, de politieke situatie was instabiel– om
weer aan nieuwe oorlogen deel te nemen.

merhin war Churchill der einzige Politiker, der sich für
einen militärischen Gegenschlag einsetzte, als Hitler
1936 das Rheinland besetzte. In Wahrheit war wohl
ganz Europa zu sehr damit beschäftigt, die Wunden des
Ersten Weltkriegs zu lecken, mit Massenarbeitslosigkeit
und politischer Orientierungslosigkeit, als daß man sich
auf einen neuen Krieg hätte einlassen können.

2

INFLATION turned to hyperflation in the wake of the Great War. In 1923, one US dollar became worth 4.2 m Reichsmarks; five years later it had doubled its decline. Banknotes became cheaper than toys (1) or wallpaper (3), and this shopkeeper abandoned his till for tea-chests to store the wads (2). Politically, the Reichstag proved itself likewise bankrupt. In the September elections, the Nazi Party increased its own vote from 810,000 to a staggering 6,409,600. Parliamentary democracy was now suspended and parliament became paralysed by the rot within and the threat from without.

DIE Inflation nahm nach dem Ersten Weltkrieg bis dahin ungekannte Ausmaße an. 1923 war ein US-Dollar 4,2 Millionen Reichsmark wert; fünf Jahre darauf war der Wert der Mark auf die Hälfte gesunken. Banknoten waren weniger wert als Bauklötze (1) oder Tapete (3), und hier hat ein Ladenbesitzer es aufgegeben, die Bündel noch in die Kasse zu stopfen, und nimmt statt dessen Teekisten (2). Und der Reichstag erwies sich in politischer Hinsicht als ebenso bankrott. Bei den Wahlen im September 1930 konnten die Nationalsozialisten ihre Stimmen von 810 000 auf unglaubliche 6 409 600 erhöhen. Damit war die parlamentarische Demokratie am Ende, und das Parlament gelähmt von der Zersetzung im Inneren und der Bedrohung von außen.

NA de Eerste Wereldoorlog ontstond er een gierende inflatie. In 1923 was een Amerikaanse dollar 4,2 miljoen Reichsmark waard; vijf jaar later was de mark nog eens met de helft in waarde gedaald. Bankbiljetten waren goedkoper dan bouwblokjes (1) of behang (3) en deze winkelier gebruikt al geen kassa meer voor de stapels geld maar theekisten (2). De Rijksdag was politiek gezien al net zo bankroet. Bij de verkiezingen in september 1930 steeg het aantal op de nationaalsocialisten uitgebrachte stemmen spectaculair van 810.000 naar 6.409.600. Het betekende het einde van de parlementaire democratie; het parlement raakte verlamd door de verrotting van binnenuit en de dreigingen van buitenaf.

3

I N the Warsaw ghetto, where this man and
boy are pictured (1), Orthodox Jewish boys
attend Sabbath *schule* (3). The diversity of
Jewish occupations included serving as market
porters (2). Signs from Schwedt an der Oder
in 1935 read 'Jews are not wanted in this place!'
(5), while a Jewish tailor's shop in Vienna (6)
is defaced with graffiti saying, 'If you wash
this off, you can holiday in Dachau!' – this in
1938. Even after the war the legacy of race-
hatred can still be read. This bench says it is
'Not for Jews' (4).

I M Warschauer Ghetto, wo diese Aufnahme
von einem Mann und einem Jungen entstand (1), gingen die orthodoxen jüdischen
Jungen am Sabbatabend zur Schule (3). Juden
waren in den verschiedensten Berufen tätig,
hier als Träger auf dem Markt (2). Schwedt an
der Oder zeigte 1935 deutlich, wo es politisch
stand (5), und einem jüdischen Schneider in
Wien (6) wird Urlaub in Dachau versprochen,
wenn er die Schmierereien übertüncht – und
das schon 1938. Selbst nach dem Krieg blieben
die Zeichen des Rassenhasses noch sichtbar:
Diese Bank ist »nicht für Juden« (4).

5

6

IN het getto van Warschau, waar deze foto
van een man en een jongen gemaakt is (1),
gingen orthodoxe joodse jongens op
sabbatavond naar school (3). Joden waren in
veel verschillende beroepen actief; hier zijn
dragers op een markt te zien (2). Borden in
Schwedt an der Oder maken duidelijk dat
joden niet gewenst waren (5, 1935), terwijl
een joodse kleermaker in Wenen op een
'vakantie' in Dachau kan rekenen wanneer hij
de leuzen en tekeningen boven zijn etalage
verwijdert – en dat al in 1938 (6). Ook na de
oorlog waren er nog racistische uitingen
zichtbaar: deze bank is 'niet voor joden' (4).

1

THE aftermath and humiliation of the Great War took time to dispel. In July 1922 the Rathenau Youth Organization assembled before the castle on a 'No More War' demonstration (1). During the so-called 'Kapp Revolution' of 1920, named after an obscure provincial official, right-wingers attempted a *coup d'état* and a proclamation of a new government led by Kapp but were swiftly routed by a general strike of Berlin workers. The rising was noted, however, for the early use of the swastika (however amateurishly painted onto helmets) and for revealing an embryonic Nazi Party (3). Among a group of Hitler's stormtroopers who participated in the Munich putsch of 9 November 1923 is Heinrich Himmler (holding the flag), later Nazi Gestapo chief (2).

ES dauerte seine Zeit, bis Schrecken und Erniedrigung des Ersten Weltkriegs vorüber waren. Im Juli 1922 versammelte sich der Jugendbund Rathenau zu einer Demonstration unter dem Motto »Nie wieder Krieg« (1). Beim sogenannten Kapp-Putsch von 1920, nach einem obskuren Provinzbeamten benannt, versuchten rechtsgerichtete Kräfte einen Staatsstreich und proklamierten eine neue, von Kapp geführte Regierung, die aber nach einem Generalstreik der Berliner Arbeiter bald wieder aufgeben mußte. Bemerkenswert ist dieser Putsch für den frühen Einsatz von Hakenkreuzen, wenn auch recht amateur-haft auf die Stahlhelme gemalt, der erste größere Auftritt der eben erst gegründeten NSDAP (3). Zu den SA-Männern, die an Hitlers Münchner Putsch vom 9. November 1923 beteiligt waren, gehörte auch Heinrich Himmler (mit Flagge), der spätere Gestapochef (2).

HET duurde een tijd voordat de mensen enigszins over de verschrikkingen en vernederingen van de Eerste Wereldoorlog heen waren. In juli 1922 demonstreerde de Rathenau-jongerenorganisatie voor 'Nooit weer oorlog' (1). Bij de 'Kapp-putsch' van 1920, genoemd naar een onbeduidende provincieambtenaar, probeerden rechtse krachten een staatsgreep te plegen; de nieuwe, door Kapp geleide regering moest na een algemene staking van Berlijnse arbeiders echter al gauw het veld ruimen. Opmerkelijk aan de putsch was het vroege gebruik van hakenkruisen, hoe amateuris-tisch deze ook op de stalen helmen geschilderd waren; bovendien ging het om het eerste grote openbare optreden van de pas opgerichte NSDAP (3). Tot de SA-mannen die aan Hitlers putsch van november 1923 in München deelnamen, behoorde ook Heinrich Himmler (met vlag), de latere Gestapo-leider (2).

2

3

NOT since Savonarola had Europe seen such pyres of books. As part of the 1933 bonfire of 'anti-German literature' many of Europe's greatest writers were consigned to the flames in Berlin's Opernplatz (1). Another bonfire in 1933 was that of the Reichstag (2). Goering reached the scene, already proclaiming: 'The Communist Party is the culprit... We will show no mercy. Every Communist must be shot on the spot.'

SEIT Savonarola hatte es in Europa keine solche Bücherverbrennung mehr gegeben. Als 1933 auf dem Berliner Opernplatz »undeutsches Schrifttum« in Flammen aufging, waren die Werke vieler der bedeutendsten Schriftsteller Europas dabei (1). Ein anderer großer Scheiterhaufen des

Jahres 1933 war der Reichstag (2). Als Göring am Ort des Geschehens eintraf, brüllte er unverzüglich: »Das ist das Werk der kommunistischen Partei … Wir werden keinerlei Gnade walten lassen. Jeder Kommunist muß auf der Stelle erschossen werden.«

Sinds Savonarola waren er in Europa niet meer zulke boekverbrandingen geweest. Onder de 'on-Duitse geschriften' die in 1933 op de Berlijnse Opernplatz in vlammen opgingen, bevonden zich de werken van veel belangrijke Europese auteurs (1). Een andere bekende brand uit 1933 was die van de Rijksdag (2). Toen Göring op de plaats van de gebeurtenis aankwam, brulde hij meteen: "Dit is het werk van de Communistische Partij ... We zullen meedogenloos optreden. Elke communist moet ter plekke doodgeschoten worden."

YOUNG Nazis, dressed remarkably like their Italian counterparts, at the 1932 Reich Youth Convention of the Nazi Party held at Potsdam in the presence of the Führer (1). Adolf Hitler, here ascending the steps of Bückeberg (3), called the destruction of the Reichstag 'a God-given signal', meaning that 'There is nothing that shall now stop us from crushing out this murderous pest with an iron fist.' Others deduced that it was perhaps the country's short-lived democracy that had just gone up in smoke, particularly when Interior Minister Frick added that whatever the outcome of impending elections: 'A state of emergency will exist which will authorize the government to remain in office.' In March 1933, this was followed up with mass police raids particularly aimed at artists, journalists, students and intellectuals – presumably anyone who read books. Trucks were loaded with 'banned material' and residents from the Berlin artists' quarter round Südwestkorso (2).

JUNGE Nazis, deren Uniformen auffallend denjenigen ihrer italienischen Brüder ähneln, beim Reichsjugendtag der nationalsozialistischen Partei, der 1933 in Potsdam im Beisein des Führers stattfand (1). Adolf Hitler, der hier zum ersten nationalsozialistischen Erntedankfest den Bückeberg hinaufschreitet (3), nannte den Brand des Reichstags ein »Geschenk des Himmels«, denn: »Nun gibt es nichts mehr, was uns daran hindern wird, dies mörderische Ungeziefer mit eiserner Faust auszumerzen.«

Andere fanden eher, daß es die junge Demokratie des Landes war, die da in Flammen aufging. Im März 1933 folgte eine Welle von Polizeirazzien, die besonders Künstler, Journalisten, Studenten und Intellektuelle traf – alle, die Bücher lasen. Lastwagenweise wurden Bewohner und »verbotenes Schrifttum« aus dem Berliner Künstlerviertel um den Südwestkorso abtransportiert (2).

JONGE nazi's op de jongerendag van de NSDAP die in 1933 in aanwezigheid van de Führer plaatsvond in Potsdam (1). Adolf Hitler, die hier bij het eerste nationaal-socialistische oogstfeest de trappen van de Bückeberg bestijgt (3), noemde de brand van de Rijksdag "een godsgeschenk", want "nu kan ons niets meer beletten dit moorddadige ongedierte met harde hand uit te roeien". Anderen waren van mening dat het de jonge Duitse democratie was die daar in rook opging, met name toen BZ-minister

Frick verkondigde dat de uitkomsten van de verkiezingen geen betekenis zouden hebben: "Er is een noodtoestand ontstaan die de regering het recht geeft aan te blijven." In maart 1933 volgden er politierazzia's waarvan vooral kunstenaars, journalisten, studenten en intellectuelen het slachtoffer werden – stomweg iedereen die boeken las. Bewoners van de Berlijnse kunstenaarswijk rond de Südwestkorso werden samen met hun 'verboden geschriften' in vrachtwagens afgevoerd (2).

ON 12 November 1933 Berlin streets were packed with flag-waving, megaphone-bearing Nazis, calling out voters for the plebiscite (1). Stormtroopers dispatched to the polling booth anyone who had failed to vote (2). The 1936 anniversary of the 1923 March on Munich was restaged by Hitler and his cohorts from the beer hall where the original putsch was plotted to the Königsplatz (3).

AM 12. November 1933 waren die Berliner Straßen voll von Nazis, die Wähler zu den Urnen nötigten (1). SA-Männer halfen nach, wenn sich jemand der Wahl entziehen wollte (2). 1936 fand zum Jahrestag des Münchner Aufstandes von 1923 eine Parade statt, bei der Hitler und seine Kohorten vom Bürgerbräukeller, in dem sie den Putsch geplant hatten, zum Königsplatz zogen (3).

OP 12 november 1933 waren de Berlijnse straten vol met nazi's (1). SA-mannen hielpen een handje wanneer iemand weigerde naar de stembus te gaan (2). In 1936 vond er op de jaarlijkse herdenkingsdag van de opstand in München van 1923 een parade plaats waarbij Hitler en zijn aanhangers van de Bürgerbräukeller, de plaats waar de putsch gepland was, naar de Königsplatz trokken (3).

2

3

IN 1935 Hitler inspected the guard of honour before receiving the new Spanish Ambassador at the presidential palace (1). Hermann Goering displays an unusually ambiguous response to the attention he and his medals are receiving from his pet lioness, oddly named 'Caesar' (2). Some say this is Hitler's only worthwhile legacy – the Volkswagen, a car tough and reliable as a tank, designed in 1938 and still running (4). This one-theme postcard vendor (3) is clearly a Hitler fan, having adopted his moustache and adapted his clock to suit.

IM Jahre 1935 inspiziert Hitler die Ehren-garde vor dem Empfang des neuen spanischen Botschafters im Präsidenten-palast (1). Hermann Göring ist ausnahms-weise einmal die Aufmerksamkeit, die ihm und seinen Orden entgegengebracht wird, zuviel – von seiner zahmen Löwin, die auf den Namen »Cäsar« hörte (2). Nach Meinung vieler die einzig positive Hinter-lassenschaft Hitlers – der Volkswagen, ein Auto so robust wie ein Panzer, 1938 entworfen und noch immer fahrtüchtig (4). Dieser Postkartenverkäufer hat nur ein einziges Bildmotiv für seine Karten und ist offenbar ein Verehrer des Führers, denn er hat nicht nur sein Bärtchen übernommen, sondern besitzt sogar eine passende Wanduhr (3).

3

H ITLER inspecteert de erewacht
voordat hij de nieuwe Spaanse
ambassadeur in het presidentiële paleis
ontvangt (1, 1935). Hermann Göring weet
zich bij wijze van uitzondering niet zo
goed raad met de aandacht die hij en zijn
medailles krijgen van zijn huisdier, de
leeuwin Caesar (2). Volgens veel mensen
Hitlers enige goede prestatie: het
ontwikkelen van de Volkswagen, een auto
zo robuust als een tank, in 1938 voor het
eerst gemaakt, maar nog steeds in
productie (4). Deze man verkoopt maar
één soort ansichtkaarten en is duidelijk een
fan van de Führer, aangezien hij niet alleen
hetzelfde snorretje draagt, maar ook de
juiste klok aan de muur heeft hangen (3).

4

IN 1935 Hitler's army entered the Saarland (3), in 1936 the Rhineland (1); in 1938 it was the Egerland (Bohemia). Female adoration seems to have increased over the period, with 50,000 young women of Carlsbad sporting their best scarves and *dirndln*, their brightest smiles (2). Each step nearer France proved more of a pushover than the Germans anticipated,

it being against the terms of the treaties of Versailles and Locarno. When in 1935 Britain also signed a treaty permitting Germany to rebuld its naval strength, the French press fumed: 'Does London imagine that Hitler has renounced any of the projects indicated in his book *Mein Kampf*? If so, the illusion of our friends across the Channel is complete'.

1935 marschierten Hitlers Armeen im Saarland ein (3), 1936 im Rheinland (1), und 1938 im Egerland (Böhmen). Scheinbar steigerte sich die Begeisterung der Frauen für die Soldaten zusehends. Hier in Karlsbad sind 50 000 Frauen gekommen und zeigen ihr schönstes Lächeln (2). Der Vormarsch in Richtung Frankreich war für die Deutschen ein Kinderspiel, obwohl jeder Schritt ein Verstoß gegen die Verträge von Versailles

und Locarno war. Als 1935 die Engländer einen Vertrag mitunterzeichneten, der den Deutschen gestattete, ihre Marine wiederaufzubauen, empörte sich die französische Presse: »Glaubt denn die Regierung in London, Hitler habe die Ziele aufgegeben, die er in seinem Buch *Mein Kampf* beschreibt? Wenn ja, dann könnten unsere Freunde jenseits des Ärmelkanals sich nicht schwerer täuschen.«

IN 1935 marcheerden Hitlers troepen het Saarland binnen (3), in 1936 het Rijnland (1) en in 1938 was het Egerland aan de beurt. Blijkbaar kreeg het vrouwelijke geslacht steeds meer bewondering voor de soldaten, want hier in Karlsbad hebben zich al vijftigduizend meisjes en vrouwen verzameld om de mannen in hun mooiste omslagdoeken en dirndljurken toe te lachen (2). Het oprukken naar Frankrijk

was voor de Duitsers kinderspel, hoewel daarmee de Verdragen van Versailles en Locarno geschonden werden. Toen Groot-Brittannië in 1935 een verdrag medeondertekende dat Duitsland toestemming gaf weer een zeevloot op te bouwen, reageerde de Franse pers verontwaardigd: "Denkt de regering in Londen soms dat Hitler ook maar een van de plannen opgegeven heeft die hij in zijn boek *Mein Kampf* beschrijft?"

CHAMBERLAIN's policy of appeasing Hitler pleased some, not least, of course, the Führer himself, who fêted him at no fewer than three conferences in September 1938 (1, 2); or the Ludgate Circus florist (4) honouring the British Prime Minister who wanted 'peace at any price'. Unfortunately, appeasement went too far: the Czechs and French felt betrayed by it; many English politicians and commentators mistrusted it; and finally even Hitler turned out to have been keener on invading the Sudetenland than accepting the Czech surrender brokered for him by Chamberlain. On 1 October Hitler occupied the Sudetenland anyway, and Chamberlain waved his famous scrap of white paper (3), announcing that the terms of the Munich agreement spelt the intention of the British and German nations 'never to go to war with one another again'.

CHAMBERLAINS versöhnlicher Kurs gefiel manchem, nicht zuletzt natürlich dem Führer selbst, der ihn auf gleich drei Konferenzen im September 1938 feierte (1, 2), oder auch der Floristin in Ludgate, die ihr Fenster zu Ehren des britischen Premiers dekorierte, der »Frieden um jeden Preis« wollte (4). Leider ging die Appeasement-Politik zu weit: Tschechen und Franzosen fühlten sich betrogen; viele englische Politiker und Kolumnisten trauten ihr nicht; und am Ende stellte sich heraus, daß Hitler es eher auf das Sudetenland abgesehen hatte als auf die tschechische Kapitulation, die Chamberlain für ihn aushandelte. Am 1. Oktober marschierten die deutschen Truppen im Sudetenland ein, und Chamberlain zeigte sein berühmtes Blatt Papier und verkündete, daß gemäß den Münchner Verträgen die britischen und deutschen Nationen »nie wieder gegeneinander Krieg führen werden« (3).

3

WE ARE PROUD OF YOU

GOD BLESS YOU

4

CHAMBERLAINS vriendelijke opstelling viel bij een aantal mensen in goede aarde, niet in de laatste plaats bij Hitler zelf, die de Britse premier in september 1938 op niet minder dan drie conferenties huldigde (1, 2), maar ook bij de bloemiste in Ludgate die haar etalage versierde met een foto van de man die 'vrede tegen elke prijs' wilde (4). Helaas ging de appeasement-politiek te ver: de Tsjechen en Fransen voelden zich erdoor bedrogen, veel Engelse politici en journalisten geloofden er niet in. Al gauw zou blijken dat Hitler heel Tsjechië wilde inlijven en niet alleen –zoals was afgesproken met Chamberlain– Sudetenland, het Tsjechische gebied langs de Duitse grens. Terwijl de Duitse troepen op 1 oktober 1938 Sudetenland binnen-marcheerden, zwaaide Chamberlain met zijn beroemde stuk papier, verkondigend dat het Britse en het Duitse volk volgens de Overeenkomst van München "nooit weer oorlog tegen elkaar zullen voeren" (3).

War in Europe: The Blitz

HITLER'S 'secret weapon' – in Goering's words the 'miracle weapon' – was intended to bomb the British into submission. It came out of the Occupied Pas de Calais as a jet-propelled bomber flying at 400 mph and carrying a ton of explosives. The beauty for the Germans was that it required no pilot and was capable of scoring two hits in one: steered by a gyroscope it left a characteristic trail of orange smoke and exploded within fifteen seconds of impact; it also scored a major propaganda coup by being the first of its kind and remaining immune to anti-aircraft fire from the 'ack-ack' units deployed on Britain's south coast.

The onslaught became known as London's 'second blitz' and the aircraft themselves as 'doodlebugs' or 'buzz bombs' from the noise they made, flying at low altitudes. Colin Perry, an eighteen-year-old living with his family in Tooting, kept a diary. One night he recorded: 'Two incendiary bombs fell in the next road to us, but the wardens speedily put out the small fires. Bombs fell everywhere. Midnight and we were all indoors, undressed... As I lay asleep, rather half-and-half, I listened to the roar of hundreds of 'planes. Three or four bombs fell just near us with deafening explosions, like a firework – Bang! and the shsssing and hissing of sparks... This was Hitler's big attempt, and I knew that the 'planes I had seen in the afternoon, was hearing now, constituted part of the greatest air-battle of mankind. I went back to bed, guns, guns, guns, thud, thud, thud... I listened to three screamers, meooowwwwheeelll – they went. About a mile away I think. I preferred the screaming bomb, it at least gave, however brief, a warning. How those outside the shelters dived for cover. Not a word said but one, impulsive, automatic dive. The screech certainly was rather ghostly.'

400 people were killed and at least 1,400 seriously injured, thousands more fleeing their shattered East End as refugees. London's Dockland was on fire, the gasworks also burning; some blazes lasted up to a week. 86 of the Luftwaffe's 500 were shot down to 22 of the RAF, but they returned the following night to hit every borough of Metropolitan London. On 11 September, Churchill made a morale-raising broadcast: 'These cruel, wanton indiscriminate bombings of London are, of course, a part of Hitler's invasion plans. He hopes, by killing large numbers of civilians, and women and children, he will terrorize and cow the people of this mighty imperial city... What he has done is to kindle a fire in British hearts, here and all over the world, which will glow after all traces of the conflagration he has caused in London have been removed.' When, of course, Churchill determined to bomb the civilian populations of historic Dresden, Leipzig and Berlin, 'cruel', 'wanton' and 'indiscriminate' were not the adjectives employed in his propaganda.

The Civil Defence volunteers, with those conscripted into the Firefighters and the Home Guard, took on the firing and flattening of unsafe buildings; the re-laying of gas and water mains and telephone lines; the rebuilding of roads and bridges. They had also to help dig out the dead, rescue the wounded, bring in supplies of gasmasks or milk and attempt to deliver news and letters to houses that no longer existed. Masks were issued in 1939 to the British population, including the youngest: Neville Mooney was the first baby born in London after the declaration of war and arrived home from hospital in a new designer model (1). During one of Hitler's last forays in 1944, little Barbara James is being carried from the shell of her home (2).

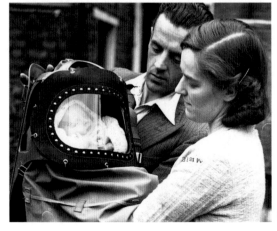

1

HITLERS »Geheimwaffe« – oder, wie Göring sie nannte, die »Wunderwaffe« – sollte England in die Knie zwingen. Die raketengetriebenen Flugbomben wurden im okkupierten Pas-de-Calais gestartet und brachten ihre Tonne Sprengstoff mit 600 Stundenkilometern über den Kanal. Aus deutscher Sicht war das Beste an den V-Waffen, daß sie keine Piloten brauchten, und zudem wirkten sie gleich zweifach: Die durch einen Gyroskop gesteuerten Raketen, die einen orangeroten Rauchstreifen hinterließen, explodierten binnen fünfzehn Sekunden nach dem Aufschlag, und sie waren als erste Geschosse ihrer Art, die noch dazu immun gegen die Flakstellungen entlang der britischen Südküste waren, ein gelungener Propagandacoup.

In London wurde die Kampagne als »zweiter Blitz« bekannt, die Raketen hießen *doodlebugs* oder *buzz bombs*, nach dem typischen Geräusch, das sie kurz vor dem Aufschlag machten. Der achtzehnjährige Colin Perry, der mit seiner Familie im Londoner Stadtteil Tooting wohnte, führte Tagebuch. In jener Nacht schrieb er: »Zwei Brandbomben gingen draußen auf der Straße nieder, aber die Wachposten hatten die kleinen Brände schnell gelöscht. Überall regnete es Bomben. Mitternacht, wir waren alle im Haus, im Nachtzeug… Ich lag im Bett, schlief aber nur halb und hörte dem Dröhnen der Flugzeuge zu, Hunderte davon. Ein paar Bomben schlugen direkt in unserer Nähe ein, mit ohrenbetäubendem Knall, wie Feuerwerkskörper – Womm! Und dann das Zischen und Fauchen der Funken… Das war Hitlers Großangriff, und ich wußte, daß die Flugzeuge, die ich am Nachmittag gesehen hatte, deren Motoren ich nun hörte, in der größten Luftschlacht flogen, die die Menschheit je gesehen hatte. Ich zog mir die Decke über den Kopf, überall die Flaks, tack-tack-tack… drei Heuler hintereinander hörte ich, miiiiiauuuuuwiiiie – dann waren sie vorbei. Vielleicht eine Meile weit fort. Mir waren die Heuler lieber, weil sie einen warnten, wenigstens ein paar Sekunden vorher. Was rannten die Leute draußen, die nicht in einen Schutzraum gekommen waren, und suchten nach Deckung! Kein einziges Wort fiel, doch wie auf Kommando, automatisch, warfen sich alle nieder. Das Heulen ging einem wirklich durch Mark und Bein.«

400 Menschen kamen um, und mindestens 1 400 wurden schwer verwundet; Tausende flohen aus ihren zerbombten Wohnungen im East End. Die Docks standen in Flammen, die Gasanstalt brannte, manche Feuer konnten erst nach einer Woche gelöscht werden. 86 der 500 Luftwaffenbomber wurden abgeschossen, die Briten verloren 22, doch in der folgenden Nacht waren die Deutschen wieder da, und kein Viertel der Londoner Innenstadt blieb verschont. Am 11. September hielt Churchill zur Stärkung der Moral eine Rundfunkansprache: »Diese grausamen, gewissenlosen, willkürlichen Bombenangriffe auf London sind natürlich Teil von Hitlers Invasionsplänen. Er hofft, wenn er Zivilisten in großer Zahl tötet, Frauen und Kinder, könne er die Menschen dieser gewaltigen Hauptstadt in Angst und Schrecken versetzen… Doch statt dessen hat er ein Feuer in den britischen Herzen entfacht, hier zu Hause und überall auf der Welt, das noch wärmen wird, wenn die Brände in London längst gelöscht sind.« Als Churchill sich entschloß, Bomben auf die Bewohner der Städte Dresden, Leipzig und Berlin zu werfen, war freilich in den offiziellen Verlautbarungen von »grausam«, »gewissenlos« und »willkürlich« nicht die Rede.

Die Helfer des Zivilschutzes mußten sich auch um die Opfer kümmern: die verschütteten Leichen bergen, die Verletzten retten, Gasmasken und Milch bringen, Zeitungen und Briefe zustellen, wo die Häuser gar nicht mehr existierten. Jeder bekam 1939 eine Gasmaske, selbst die Jüngsten: Neville Mooney war das erste Kind, das nach der Kriegserklärung in London zur Welt kam, und verließ das Krankenhaus mit einem maßgeschneiderten Exemplar (1). Die kleine Barbara James wird 1944 nach einem der letzten Nazi-Angriffe aus ihrem ausgebombten Heim getragen (2).

HITLERS 'geheime wapen' of –zoals Göring het noemde– 'wonderwapen' moest Groot-Brittannië tot overgave dwingen. De met straalmotoren aangedreven kruisvluchtwapens werden vanaf het bezette Pas-de-Calais gelanceerd en brachten met 600 km/u een ton aan springstof over het Kanaal. De Duitsers waardeerden aan de V-wapens dat ze onbemand waren en twee vliegen in één klap sloegen: allereerst explodeerden de met een gyrokompas bestuurde projectielen, die een karakteristiek oranjerood rookspoor achterlieten, binnen 15 sec na het neerkomen; daarnaast vormden ze een geslaagde propagandastunt, aangezien ze de eerste wapens in hun soort waren en geen last hadden van het luchtafweergeschut dat langs de Engelse zuidkust was opgesteld.

De luchtaanval kreeg in Londen bekendheid als de 'tweede Blitz'; de wapens werden 'doodlebugs' of 'buzz bombs' genoemd, naar het typische geluid dat ze maakten wanneer ze op lage hoogte kwamen aanvliegen. De achttienjarige Colin Perry, die met zijn familie in de Londense wijk Tooting woonde, hield een dagboek bij. Die nacht schreef hij: "Twee brandbommen sloegen buiten op straat in, maar de mensen van de luchtbescherming konden de kleine branden snel blussen. Overal regende het bommen. Middernacht, we waren allemaal in huis, in onze pyjama's ... Ik lag in bed, maar kon niet goed slapen en luisterde naar het geronk van de ontelbare vliegtuigen. Een paar bommen kwamen vlak bij ons huis neer, met een oorverdovende knal, net als vuurwerk – Beng! En dan het sissen en knetteren van de vonken ... Dit was Hitlers grote aanval en ik wist dat de vliegtuigen die ik vanmiddag gezien had en nu hoorde, deel uitmaakten van de grootste luchtslag in de geschiedenis. Ik trok de dekens over m'n hoofd, overal vandaan klonk het geluid van het luchtafweergeschut, takketakketakke ... drie huilers hoorde ik achter elkaar, mieieauauwieieie – toen waren ze weg. Zo'n 1,5 km hiervandaan. Ik had liever huilers, omdat ze je waarschuwden, ook al was dat maar een paar seconden van tevoren. Al die mensen die niet op tijd bij een schuilkelder waren gekomen – hoe impulsief en automatisch wierpen die zich op de grond, zonder er ook maar een woord aan vuil te maken! Het gehuil ging echt door merg en been."

Vierhonderd mensen kwamen om en minstens veertienhonderd raakten zwaar gewond, terwijl duizenden anderen hun platgebombardeerde huizen in East End moesten verlaten. De Docklands stonden in brand, net als de gasfabriek, en sommige branden konden pas na een week worden geblust. Van de vijfhonderd bommenwerpers van de Luftwaffe waren er 86 neergeschoten terwijl de RAF er 22 verloren had. De Duitsers kwamen de volgende nacht terug en lieten over de hele Londense binnenstad hun bommen vallen. Op 11 september hield Churchill een radiotoespraak die het moreel moest opvijzelen: "Deze wrede, gewetenloze, willekeurige bomaanvallen zijn natuurlijk een onderdeel van Hitlers invasieplannen. Hij hoopt dat hij door grote aantallen burgers, vrouwen en kinderen te vermoorden de mensen van deze geweldige hoofdstad schrik kan aanjagen ... In plaats daarvan heeft hij in het hart van de Britse burgers, hier en in de rest van de wereld, een vuur doen ontvlammen dat nog zal gloeien wanneer de sporen van de branden in Londen al lang niet meer zichtbaar zijn." Toen Churchill besloot bommen te gooien op de burgerbevolking van de historische steden Dresden, Leipzig en Berlijn, kwamen de woorden 'wreed', 'gewetenloos' en 'willekeurig' natuurlijk niet in zijn redes voor.

Vrijwilligers van de Civil Defence Services zorgden samen met soldaten voor het slopen van onveilige huizen, het aanleggen van nieuwe gas- en waterleidingen en telefoonlijnen, en het herstellen van wegen en bruggen. Ze hielpen ook bij het bergen van onder het puin begraven doden, het redden van gewonden, het uitdelen van gasmaskers en melk en het bezorgen van kranten en post op adressen die niet meer bestonden. Alle mensen kregen in 1939 een gasmasker, zelfs de jongsten: Neville Mooney was het eerste kind dat na de oorlogsverklaring in Londen ter wereld kwam. Hij verliet het ziekenhuis met een speciaal nieuw ontwerp (1). De kleine Barbara James wordt in 1944 na een van Hitlers laatste aanvallen uit het zwaar beschadigde huis van haar ouders gedragen (2).

THE Great War had seen an estimated million gas casualties, a figure clearly deliberately reduced for propaganda purposes by each of the combatant nations. Gas warfare had been introduced by the Germans and the assumption was that in the next war it was to become a weapon of choice in bombing campaigns. All children in state schools were given 'gas instruction lessons' (1) while housewives practised wearing them as they carried on their daily pursuits (2).

DER Erste Weltkrieg forderte nach Schätzungen eine Million Gas-Tote, wobei die Zahlen auf beiden Seiten aus Gründen der Propaganda zu niedrig angesetzt sein dürften. Der Gaskrieg war eine deutsche Erfindung, und alle gingen davon

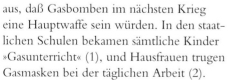

aus, daß Gasbomben im nächsten Krieg eine Hauptwaffe sein würden. In den staatlichen Schulen bekamen sämtliche Kinder »Gasunterricht« (1), und Hausfrauen trugen Gasmasken bei der täglichen Arbeit (2).

Volgens schattingen zijn er in de Eerste Wereldoorlog een miljoen mensen door gasvergiftiging om het leven gekomen, maar alle betrokken landen hebben om propagandaredenen waarschijnlijk te lage getallen opgegeven. De gasoorlog was een Duitse uitvinding en

iedereen dacht dat bij een volgende oorlog gasbommen een beslissend wapen konden worden. Op de openbare scholen werd in alle klassen les gegeven in het gebruik van gasmaskers (1), terwijl huisvrouwen er tijdens hun dagelijkse bezigheden mee oefenden (2).

FROM 1939, upwards of three million children, including infants and babes-in-arms with their mothers, were evacuated from the major city centres to the country-side to avoid the bombing (1). Some 'sea evacuees' were even sent as far afield as Canada and the United States, where many languished, though some thrived apart from their families (3), keeping up to date with newspapers. These children (2), along with their boxed gas masks, are returning via Waterloo Station after taking the risk of spending Christmas 1939 in their London homes.

VON 1939 an wurden drei Millionen Kinder, darunter Säuglinge und Klein-kinder mit ihren Müttern, aus den Zentren der Großstädte aufs Land evakuiert, wo ihnen weniger Gefahr durch Bomben drohte (1). Einige wurden »nach Übersee ver-schickt« und kamen bis in die USA und nach Kanada, wo viele todunglücklich wurden; andere genossen das Leben fernab ihrer Familie, und Zeitungen halfen ihnen, auf dem laufenden zu bleiben (3). Hier (2) kehren Kinder, jedes mit seiner Gasmaske im Täschchen, von der Waterloo Station zu ihren Evakuierungsorten zurück, nach-dem sie riskiert hatten, das Weihnachtsfest 1939 zu Hause in London zu verbringen.

VANAF 1939 werden drie miljoen kinderen uit de grote steden –waaronder baby's en kleuters met hun moeders– op het platteland ondergebracht, waar minder gevaar op bomaanvallen bestond (1). Een aantal kinderen werd zelfs naar Canada of de VS gestuurd, waar sommigen zich doodongelukkig voelden, maar anderen helemaal opleefden; kranten hielden hen op de hoogte van de situatie thuis (3). De kinderen die hier hun gasmasker in een doosje bij zich dragen, hebben het kerstfeest van 1939 thuis in Londen gevierd en gaan nu via Waterloo Station weer terug naar hun evacuatieadressen (2).

2

3

PERHAPS the most famous British picture of the War (overleaf). New Year's Eve 1940 and, two days after the raid, London's East End still burns around St Paul's Cathedral. The cathedral, however, remained standing, a symbol of resistance.

DIES (folgende Seiten) ist vielleicht das berühmteste Kriegsbild aus England überhaupt. Silvester 1940, und zwei Tage nach dem Luftangriff brennt das Londoner East End rund um die St.-Pauls-Kathedrale noch immer. Doch die Kathedrale blieb bestehen, ein Symbol des Widerstands.

BLZ. 574/575: de misschien wel beroemdste foto van de situatie in Groot-Brittannië tijdens de Tweede Wereldoorlog. Het is oudejaarsavond 1940 en twee dagen na de luchtaanval brandt het Londense East End rondom de St Paul's Cathedral nog steeds. De kathedraal bleef echter overeind, als een symbool van verzet.

AIR raids also struck other cities: these show some of the devastation meted out to Liverpool and Canterbury. With many women requisitioned for war work once the men were conscripted, it was the grandparents (and the foster parents of evacuee children) who took responsibility for the young (2, 3). London's old Roman Wall with its outer ring of city churches and dwellings was severely damaged: here, in May 1941, a postman attempts to deliver in historic Watling Street (1); a fruit stall does good business in 1940 under the slogan 'Hitler's bombs can't beat us' (5); and in Kensington, the library of the famous Holland House (built in 1607 by Sir Walter Cope, Gentleman of the Bedchamber to James I) was virtually destroyed by a Molotov 'breadbasket' (4). The east wing was somehow saved, and now houses the King George Memorial Youth Hostel.

AUCH andere Großstädte hatten unter den Luftangriffen zu leiden – diese Bilder geben einen Eindruck von den Zerstörungen in Liverpool und Canterbury. Viele Frauen wurden zur Arbeit in den Fabriken verpflichtet, nachdem die Männer eingerückt waren, und die Großeltern (und Pflegeeltern der evakuierten Kinder) übernahmen nun die Verantwortung für die Kleinen (2, 3). Die römischen Stadtmauern Londons und der Ring von Stadtkirchen und Siedlungen, der sie umgab, nahmen schweren Schaden; hier versucht ein Postbote im Mai 1941, in der historischen Watling Street zuzustellen (1); ein Obstkarren macht 1940 gute Geschäfte mit dem Slogan »Wir lassen uns von Hitlers Bomben nicht unterkriegen« (5); und in Kensington sieht man die Trümmer der Bibliothek von Holland House (1607 erbaut von Sir Walter Cope, dem Kammerjunker Jakobs I.), das eine Brandbombe fast völlig zerstörte (4). Nur der Ostflügel wurde verschont und dient heute als Jugendherberge, das King George Memorial Youth Hostel.

OOK andere grote steden hadden onder luchtaanvallen te lijden; deze foto's geven een indruk van de ravage in Liverpool en Canterbury. Toen de mannen voor de oorlog werden weggeroepen en veel vrouwen vervolgens verplicht in de fabrieken moesten werken, namen grootouders (en pleegouders van geëvacueerde kinderen) de zorg voor de jongsten over (2, 3). De Romeinse stadsmuren van Londen en de ring van stadskerken en woningen eromheen raakten zwaar beschadigd: in mei 1941 probeert deze postbode brieven rond te brengen in het historische Watling Street (1); een fruitkar doet in 1940 goede zaken met de slogan "Hitlers bommen krijgen ons niet klein" (5); de bibliotheek bleef niet gespaard toen in Kensington het beroemde Holland House (gebouwd in 1607 door Sir Walter Cope, kamerheer van koning Jakob I) bijna volledig werd vernietigd door een brandbom (4). Alleen de oostelijke vleugel bleef redelijk intact en doet nu dienst als jeugdherberg, de King George Memorial Youth Hostel.

3

4

5

EVERYTHING that could afford shelter was invoked for those who stayed in the cities. Anderson shelters that served to resist all but a direct hit were useless to houses without garden space in which to erect them. That included all of the tenement blocks and back-to-backs of the poorer areas in every town. Street shelters were found to suffer from weak mortar; houses could not withstand blast. Everything was utilized, from railway arches, cellars, schools and civic buildings, train and underground stations, right down to day-nursery cupboards (2) for the young and staircases for the rest (1).

In 1940 the government appeal for aluminium and iron led to this aircraft production dump (3), at which the whole population could contribute to the war effort. From the wealthy of Chelsea who removed their garden railings to this young lad who, possibly with a degree of relief, brought in the family bathtub from a house clearly off the mains (4), everyone could contribute at least a pot or a pan to be smelted into aluminium for the aircraft assembly presses across the country.

DIEJENIGEN, die in den Städten blieben, suchten Luftschutz, wo sie ihn fanden. Die sogenannten Anderson-Shelter aus Stahlblech, die alles mit Ausnahme eines direkten Treffers aushielten, konnte man nur im Garten aufstellen, und bei den Miets- und Reihenhäusern der ärmeren Stadtviertel war oft kein Platz dafür. Der Mörtel der Schutzhütten an den Straßen erwies sich als zu schwach, und Häuser hielten dem Druck nicht stand. Man nutzte alles, von Eisenbahnbrücken über Keller, Schulen und Verwaltungsgebäude, von Bahnhöfen und U-Bahn-Stationen bis hin zu Schränken in den Kindergärten (2), und wer nichts anderes fand, mußte sich mit einer Treppe begnügen (1).

1940 appellierte die Regierung an die Bevölkerung, Aluminium und Eisen für die Waffenproduktion zu spenden, und dieser Schrotthaufen bei einer Flugzeugfabrik zeigt, daß alle mithalfen (3). Von den Reichen aus Chelsea, die ihre Gartenzäune hergaben, bis hin zu diesem Jungen (4), der – offenbar aus einem Haus, das keinen Wasseranschluß mehr hat, und vielleicht nicht ganz ohne Erleichterung – die Badewanne der Familie bringt, konnte jeder zumindest einen Topf oder eine Pfanne erübrigen, die eingeschmolzen wurden, um Aluminium für die über das ganze Land verteilte Flugzeugproduktion zu gewinnen.

DE mensen die in de steden bleven, gebruikten alles wat ook maar enige bescherming tegen de luchtaanvallen bood. De van plaatstaal gemaakte 'Anderson-shelters' die alleen niet tegen een directe treffer bestand waren, konden alleen maar in een tuin opgesteld worden en daarvoor was bij de meeste huur- en rijtjeshuizen in de armere wijken geen plaats. De mortel van de schuilgelegenheden op straat bleek niet sterk genoeg en huizen konden niet standhouden tegen de grote luchtdruk bij ontploffingen. Alles was bruikbaar: spoor-bruggen, kelders, scholen, openbare gebouwen, trein- en metrostations, in kinderdagverblijven zelfs kasten (2); sommigen moest genoegen nemen met een roltrap (1).

In 1940 vroeg de regering de bevolking aluminium en ijzeren voorwerpen af te staan voor de wapen- en vliegtuig-productie; deze schroothoop bij een vliegtuigfabriek toont aan dat veel mensen aan de oproep gehoor gaven (3). Van de rijken uit Chelsea die hun tuinhekken verwijderden, tot deze jongen (4) die –blijkbaar uit een huis dat geen water-aansluiting meer heeft– een teil meeneemt: iedereen kon nog wel een pot of een pan missen.

3

4

AMERICAN GIs – Overpaid, Over-sexed and Over Here – brought gloom to British men and a sparkle to the women. Children came fresh to Wrigley's gum and Hershey bars (2); women to tipped Virginia tobacco (3); and the GIs themselves demanded big-band Bourbon-fuelled night clubs to remind them of home (4). Even the American Red Cross got involved in running a 'Coney Island' arcade provided by the Amusement Caterers' Association (1).

DIE amerikanischen GIs waren den englischen Männern ein Dorn im Auge, doch bei den Frauen hochwillkommen. Die Kinder bekamen ihre ersten Wrigley-Kaugummis (2), die Frauen Virginia-Zigaretten mit Filtern (3). Die GIs selbst waren immer auf der Suche nach Nacht-clubs mit Big Bands und Bourbon, damit sie sich wie zu Hause fühlen konnten (4). Selbst das amerikanische Rote Kreuz half mit, den »Coney Island«-Spielsalon zu betreiben (1).

DE Amerikaanse GI's waren niet populair bij de Britse mannen, maar bij de vrouwen des te meer. Kinderen kregen hun eerste Wrigley-kauwgom en Hershey-chocoladerepen (2), vrouwen hun eerste Virginia-sigaretten met filter (3). De GI's waren steeds op zoek naar nachtclubs (4). Zelfs het Amerikaanse Rode Kruis was betrokken bij de 'Coney Island'-speelhal die voor de soldaten was ingericht (1).

1 2

(*Previous pages*)

1 944 saw the US army advancing through Nazi terrain (1). This tank was knocked out by US engineers (3). The Signal Corps, in Normandy await the Allied landings (2).

(*Vorherige Seiten*)

1 944 schoben amerikanische Truppen die Front durch das von den Nazis eroberte Terrain zurück (1). Dieser deutsche Panzer wurde von amerikanischen Pionieren kampfunfähig geschossen (3). Die US-Fernmeldetruppe (2) erwartet 1944 die Landung der Alliierten in der Normandie.

(*Blz. 582/583*)

I N 1944 maakte het Amerikaanse leger een begin met het terugdringen van de nazi's (1). Deze Duitse tank werd door Amerikaanse geniesoldaten onklaar gemaakt (3). De Amerikaanse verbindingstroepen, hier even uitrustend van hun opmars door Normandië in 1944, verwachten de landing van de geallieerden (2).

LANGUAGE is clearly not a necessary means of communication when there is something in common to celebrate. After regaining their country from the German Occupation, French villagers fraternize with GIs of the liberating forces (2, 4), while in the town of Saint-Sauveur-Lendelin residents shower armoured personnel carriers with flowers (3). When, close to the end of the war on the continent (27 April 1945), the US and the Ukraine First Armies met at Torgau on the Elbe, reporter Iris Carpenter of the *Boston Globe* (1) wanted to get her compatriot's first-hand account.

MAN muß nicht unbedingt dieselbe Sprache sprechen, wenn es etwas Gemeinsames zu feiern gibt: Nach der Befreiung von der deutschen Besatzung verbrüdern sich die Bewohner eines französischen Dorfes mit den GIs der Befreiungstruppen (2, 4), und die Frauen des Städtchens Saint-Sauveur-Lendelin werfen den Soldaten in ihren Panzerwagen Blumen zu (3). Als sich am 27. April 1945, kurz vor Ende des Krieges in Europa, die Erste US-Armee und die Erste Armee der Ukraine in Torgau an der Elbe trafen, war Iris Carpenter, Reporterin des *Boston Globe*, dabei, um von ihren Landsleuten einen Bericht aus erster Hand zu bekommen (1).

JE hoeft niet per se dezelfde taal te spreken wanneer je samen iets te vieren hebt. Na het einde van de Duitse bezetting verbroederen de inwoners van een Frans dorpje zich met hun Amerikaanse bevrijders (2, 4). Meisjes uit het stadje Saint-Sauveur-Lendelin gooien bloemen naar de soldaten die in pantserwagens voorbijrijden (3). Toen op 27 april 1945, kort voor het einde van de oorlog in Europa, het Eerste Amerikaanse leger en het Eerste Oekraïense leger elkaar in Torgau aan de Elbe ontmoetten, was Iris Carpenter, journaliste van de Boston Globe, erbij om van haar landgenoten een verslag uit de eerste hand te krijgen (1).

3

4

THE end of the German Occupation brought recriminations for many in France (1). Here youthful members of the *maquis* (Resistance fighters) undergo weapons training (2) with an international variety of Sten, Ruby, Mark II and Le Français pistols, Colt and Bulldog revolvers, air-dropped by the London-based Free French, led by General de Gaulle.

NACH dem Ende der deutschen Besatzung hatten sich viele Franzosen wegen Kollaboration zu verantworten (1). Hier sieht man jugendliche Widerstands-kämpfer (*maquis*) bei Übungen mit einer internationalen Mischung an Waffen, mit Sten-, Ruby-, Mark II- und Le Français-Pistolen, Colt- und Bulldog-Revolvern, allesamt von Flugzeugen der Freien Französischen Armee abgeworfen, die von London aus operierte und unter der Führung von General de Gaulle stand (2).

NA de Duitse bezetting werden veel Fransen van collaboratie beschuldigd (1). Hier leren jonge leden van de maquis (het verzet) om te gaan met een bonte verzameling internationale wapens (2): pistolen van de merken Sten, Ruby, Mark II en Le Français, en revolvers van Colt en Bulldog, allemaal gedropt door vliegtuigen van het Vrije Franse leger dat vanuit Londen opereerde en onder leiding van generaal De Gaulle stond.

WITH the recapture of Chartres on 18 August 1944, women collaborators suffer the indignities of having their hair publicly shaved and of being jeered and jostled and whistled at by the local population (1, 3). The women (2) are mother and grandmother of this German-fathered baby.

NACH der Rückeroberung von Chartres am 18. August 1944 werden Kollaborateurinnen öffentlich kahlgeschoren und dem Spott der Bevölkerung preisgege-

ben (1, 3). Die beiden Frauen (2) sind Mutter und Großmutter des Kindes von einem deutschen Vater.

N A de herovering van Chartres op 18 augustus 1944 werden de vrouwen die met de vijand hadden geheuld in het openbaar kaalgeschoren en op andere wijze

vernederd (1, 3). Het kind dat hier bij zijn moeder en grootmoeder is, heeft een Duitse vader (2).

1 2

THE Russian people lost more lives than any other nation during the Second World War: over 20 million are estimated to have died. Like Napoleon, Hitler threw division after division into the war on the eastern front, only to see them driven back or, more humiliatingly still, defeated by the Russian winter, an even fiercer enemy than the Russian troops. The fall of Stalingrad in November 1942 (3) was for many the turning-point of the war, while the siege of Leningrad led to starvation for its beleaguered inhabitants. Even youths joined up to fight, like this boy bidding his mother farewell (1), while Russian villagers who had taken to the woods near Orel to flee the German army here pass the corpses of their soldiers on their return home (2).

DIE Russen waren das Volk im Zweiten Weltkrieg, das die meisten Toten zu beklagen hatte: vermutlich über 20 Millionen Menschen kamen um. Wie Napoleon schickte auch Hitler Division um Division in den Krieg an der Ostfront, und alle wurden sie vom russischen Winter, einem noch erbitterteren Feind als die russische Armee, zurückgetrieben oder ganz geschlagen. Der Fall Stalingrads im November 1942 (3) war für viele die entscheidende Wende des Krieges; in Leningrad verhungerte die belagerte Bevölkerung. Selbst Kinder kamen an die Front, wie dieser Junge, der sich hier von seiner Mutter verabschiedet (1). Russische Bauern, die bei Orel in die Wälder geflohen waren, als die Deutschen kamen, finden bei ihrer Rückkehr ihre gefallenen Soldaten (2).

HET Russische volk heeft tijdens de Tweede Wereldoorlog de meeste mensen verloren: vermoedelijk meer dan twintig miljoen. Net als Napoleon stuurde Hitler de ene divisie na de andere naar de oorlog aan het oostfront, maar allemaal werden ze teruggedreven of compleet verslagen door de extreem koude Russische winter, een vijand die nog meedogenlozer optrad dan het Russische leger. De val van Stalingrad in november 1942 (3) betekende voor velen de beslissende ommekeer in de oorlog; in Leningrad verhongerde de belegerde bevolking. Zelfs kinderen gingen naar het front, zoals de jongen die hier afscheid neemt van zijn moeder (1). Russische boeren die bij Orel de bossen invluchtten toen de Duitsers kwamen, vinden de lijken van hun gevallen vrienden (2).

3

EVEN the Soviet army were bogged down in freezing conditions more familiar to them than to the Germans (1). In January 1943 these German prisoners are on a forced march north-west of Stalingrad (2). Red Army instructors take Moscow schoolchildren on 'manoeuvres' in Sokolniky Park (3). They are being taught to build up a 'Front Line' with a gun emplacement.

OBWOHL ihnen die harten Winter vertrauter waren als ihren deutschen Feinden, saßen auch die russischen Truppen fest (1). Im Januar 1943 marschieren deutsche Kriegsgefangene von Stalingrad nordwestwärts (2). Ausbilder der Roten Armee auf »Manöver« mit Moskauer Schulkindern im Sokolniky-Park (3). Hier lernen sie, eine »Front« und eine Geschützstellung aufzubauen.

ZELFS de Russische troepen zaten vast, ook al waren ze beter aan de strenge winters gewend (1). Een uitgeputte Russische soldaat draagt een gewonde kameraad op zijn rug; in januari 1943 marcheren Duitse krijgsgevangenen van Stalingrad naar het noordwesten (2). Instructeurs van het Rode Leger nemen Moskouse schoolkinderen mee naar het Sokolniky Park voor het leren van 'manoeuvres'. De kinderen leren hier hoe ze met een geschutstelling een 'front' moeten maken (3).

2

3

IN April 1945 Berlin was subjected to street-by-street fighting to gain control of the capital (1). Dimitri Baltermants, famous Russian photographer and war hero, took the victory pictures: the Soviet hammer-and-sickle is raised over the Reichstag (3). May Day 1945: the US Ninth Army meets the Russians on the Elbe. Two soldiers celebrate in a dance, watched by their comrades-in-arms (2).

IM April 1945 kämpften sich in Berlin die einrückenden Armeen Straße um Straße vor (1). Dimitri Baltermants, der berühmte russische Photograph und Kriegsheld, hielt den Sieg in Bildern fest: Die sowjetische Flagge mit Hammer und Sichel wird über dem Reichstag gehißt (3). 1. Mai 1945: Die Neunte US-Armee und die russischen Truppen treffen sich an der Elbe. Zwei Soldaten beim Freudentanz, und ihre Waffenbrüder sehen zu (2).

DE legers die in april 1945 Berlijn inrukten, moesten voor bijna elke straat zware gevechten leveren (1). Dimitri Baltermants, de beroemde Russische fotograaf en oorlogsheld, legde de overwinning met zijn camera vast: hier, boven op de Rijksdag, wordt de Sovjetvlag met hamer en sikkel gehesen (3). Op 1 mei 1945 ontmoeten het Negende Amerikaanse leger en de Russische troepen elkaar aan de Elbe. Twee soldaten maken een vreugdedans en hun kameraden kijken toe (2).

1 2

3

THE War left the problem of ten million displaced persons and refugees. Some cross the Elbe on a damaged bridge (3). A Russian soldier falls asleep at the historic meeting with the Ninth Army (2). He and his horse have travelled over 2,000 miles. In Mönchengladbach (1), German residents extend white flags and handkerchiefs in surrender. This Berlin girl fraternizes with British troops (5), while on the balcony of Hitler's Chancellery, Russian, British and US soldiers line up in greeting (4).

AM Ende des Krieges waren zehn Millionen Flüchtlinge unterwegs. Einige überqueren die Elbe auf einer halbzerstörten Brücke (3). Nach einem Weg von 3 200 Kilometern ist dieser russische Soldat (2) kurz vor dem historischen Treffen mit der 9. Armee eingeschlafen. In Mönchengladbach (1) ergibt sich die Zivilbevölkerung. Eine Berlinerin (5) fraternisiert mit britischen Soldaten und auf dem Balkon von Hitlers Reichskanzlei versammeln sich russische, britische und amerikanische Soldaten (4).

AAN het einde van de oorlog zwierven er zo'n tien miljoen vluchtelingen en ontheemden door Europa. Een aantal mensen steekt via deze beschadigde brug de Elbe over (3). Een Russische soldaat is van vermoeidheid in slaap gevallen (2). In Mönchengladbach geeft de Duitse burgerbevolking zich over (1). Dit Berlijnse meisje praat met Britse soldaten (5). Op het balkon van Hitlers Rijkskanselarij hebben Russische, Britse en Amerikaanse soldaten zich verzameld om de mensen te groeten (4).

4

5

AMONG the most heartbreaking of situations was that of the internal displacement of refugees who ceased to belong anywhere. Particularly in eastern Europe, borders were so frequently shifted that some no longer knew if they were German-speaking Poles or Polish-speaking Germans. These Germans are unable either to travel on the roads prohibited to all but military transport, or to cross the Elbe with their horses and cattle (1). Neither can they return, so they are condemned to wander endlessly in circles like some kind of an outer Inferno. The other hellish landscape is on the outskirts of Berlin, where this tiny group (2) are the sole survivors of the 150 who left Lodz on what became known as the 'Death March'. Far from finding sanctuary in Berlin, these exiles are now trailing aimlessly along a railroad.

BESONDERS hart war das Los der Flüchtlinge, die nirgendwohin mehr gehörten. Vor allem in Osteuropa veränderten die Grenzen sich so häufig, daß manche nicht mehr wußten, ob sie nun deutsche Polen oder polnische Deutsche waren. Die Deutschen auf diesem Bild (1) dürfen nicht auf der Straße weiterziehen, die den Militärfahrzeugen vorbehalten ist, und auch nicht mit ihren Pferden und dem Vieh die Elbe überqueren. Aber sie können

auch nicht zurück und müssen endlos umherirren wie in einem Höllenkreis. Die Höllenlandschaft des anderen Bildes (2) liegt vor den Toren Berlins, und dieses Grüpplein sind die einzigen Überlebenden des sogenannten Todesmarsches, den sie zu 150 in Lodz begonnen hatten. Diese Heimatlosen fanden nicht die erhoffte Zuflucht in Berlin, sondern irren nun eine Bahntrasse entlang.

H ET lot van de vluchtelingen, die nergens meer thuishoorden, was bijzonder deprimerend. Vooral in Oost-Europa werden de grenzen zo vaak veranderd dat sommige mensen niet meer wisten of ze nu Duitssprekende Polen of Poolssprekende Duitsers waren. Deze ontheemde Duitsers kunnen geen kant op: de wegen mogen alleen door militaire voertuigen gebruikt worden en de paarden en het vee kunnen niet mee bij het oversteken van de Elbe (1). In de buitenwijken van Berlijn is een ander menselijk drama te zien: dit zijn de enige overlevenden van een 'dodenmars' die met honderdvijftig deelnemers in Lódz begon (2). Ze hebben in Berlijn geen onderdak kunnen vinden en zwerven nu doelloos rond langs een spoorweg.

G IVEN the high number of male casualties, by 1945 many families consisted entirely of women and children. Here, the conditioned reflex of smiling for the camera overtakes the misery of the Berlin winter – without coal and under snow. One refugee pulls her mother – to whom she has awarded her coat – and offspring along on a cart (1), while another has raided firewood from a forest eight miles away (2). In October 1945, four million Berliners were confronted by the harshest winter in their history.

D A so viele Männer umgekommen waren, bestanden viele Familien 1945 nur noch aus Frauen und Kindern. Auf diesem Bild ist der konditionierte Reflex des Lächelns vor der Kamera stärker als selbst das Elend des Berliner Winters im tiefen Schnee und ohne Kohlen. Eine Flüchtlingsfrau zieht ihre Mutter – der sie den Mantel überlassen hat – und die Kinder in einem Handkarren (1), eine andere hat Feuerholz in einem zwölf Kilometer entfernten Wald gesammelt (2). Im Oktober 1945 begann für vier Millionen Berliner der härteste Winter in der Geschichte der Stadt.

O MDAT er zo veel mannen gesneuveld waren, bestonden veel gezinnen in 1945 alleen uit vrouwen en kinderen. Lachen in de camera blijkt een reflex te

zijn die het ook in barre omstandigheden –een strenge Berlijnse winter zonder kolen– nog doet (1). De vrouw heeft haar jas aan haar moeder gegeven en trekt haar

nu samen met haar kinderen in een handkar voort. Een andere vrouw heeft in een bos 12 km verderop sprokkelhout verzameld (2). In oktober 1945 begon voor

vier miljoen Berlijners de ergste winter in de geschiedenis van hun stad.

1

FORMER prisoners of a confusion of nationalities seek to overtake a tank along the way, even when the horses are weary and a bicycle sticks and falls in the mud (1). Liberation didn't necessarily provide transport in a Europe short of fuel and vehicles. Those in striped uniforms are former Free French internees (2) and German anti-Nazis (3) imprisoned for their religious beliefs and refusal to take the 'Sieg Heil' salute. They are on the road near Parchim, still 55 miles from Berlin.

BEFREITE Gefangene aller Nationalitäten versuchen einen Panzer zu überholen, doch die Pferde sind müde, und einer bleibt mit seinem Fahrrad stecken und fällt in den Schlamm (1). Fahrzeuge und Brennstoff waren in Europa Mangelware, und die Befreiung bedeutete noch lange nicht, daß es auch wieder Transportmittel geben würde. Die Männer in Sträflingskleidung sind befreite Kämpfer des Freien Frankreich (2), und die Frauen sind deutsche Antifaschisten (3), die aus religiösen Gründen in die Gefängnisse gewandert waren oder weil sie sich geweigert hatten, mit dem Hitlergruß zu grüßen. Sie sind nur noch 88 Kilometer vor Berlin.

BEVRIJDE gevangenen van allerlei nationaliteiten proberen een tank in te halen, maar de paarden zijn moe, een man blijft met zijn fiets in de modder steken en valt (1). Voertuigen en brandstof waren schaars in Europa, zodat er na de bevrijding eerst nog veel gelopen moest worden. De mannen in de gevangeniskleren zijn bevrijde soldaten van het Vrije Frankrijk (3), de vrouwen Duitse antifascisten (2) die om hun religieuze overtuigingen gevangen genomen waren of omdat ze hadden geweigerd de Hitlergroet te brengen. Ze bevinden zich nu in de buurt van Parchim en hebben nog 90 km te gaan tot Berlijn.

2

3

1 2

1

(*Previous pages*)

LACK of à common language sometimes led to misunderstanding. A Russian soldier presses money into the hand of a German woman and seeks to depart with her precious bicycle. She seems to be suggesting that it is not for sale (1). Also in Berlin, youngsters play among the ruins of the Hercules Statue (3) or wrecked tanks (2) for lack of schools or playgrounds to go to.

(*Vorherige Seiten*)

DIE Sprachenvielfalt führte oft zu Mißverständnissen. Dieser russische Soldat drückt einer Deutschen Geld in die Hand und will ihr das wertvolle Fahrrad abkaufen. Sie antwortet ihm allem Anschein nach, daß es nicht zu verkaufen sei (1). Für die Kinder gab es keine Schulen oder Spielplätze, hier in Berlin spielen sie zwischen den Trümmern der Herkules-statue (3) oder auf zerschossenen Panzern (2).

(*Blz. 604/605*)

DE vele verschillende talen zorgden soms voor communicatieproblemen. Deze Russische soldaat heeft een Berlijnse vrouw geld aangeboden voor haar fiets. Zij lijkt hem duidelijk te willen maken dat die niet te koop is (1). Bij gebrek aan scholen en speelplaatsen zochten kinderen andere plekken waar ze konden spelen, zoals tussen de puinhopen van het Hercules-beeld (3) of op kapotte tanks (2).

2

NOTICES pasted on trees, boards, railings or strung from barbed wire served multiple functions. A dearth of newspapers led to this means of disseminating information. Specifically in Germany and Austria notes were posted at train stations in an attempt to recover sons and husbands who had failed to return from the eastern front (1). In former POW camps relatives posted faded photographs with the rubric 'Have you seen this man?' beneath (2).

NACHRICHTEN wurden an Bäume, Anschlagtafeln, Geländer oder Drahtzäune geheftet; es war die einzige Möglichkeit, Informationen weiter-zugeben, denn Zeitungen gab es kaum. Besonders in Deutschland und Österreich hängten Familien Nachrichten in den Bahnhöfen aus, in der Hoffnung, Männer oder Söhne wiederzufinden, die nicht von der Ostfront zurückgekehrt waren (1). In ehemaligen Kriegsgefangenenlagern hängten die Angehörigen verblaßte Fotografien aus, mit der Frage darunter: »Wer kennt diesen Mann?« (2)

HET ophangen van briefjes aan bomen, prikborden, hekken of prikkeldraad was de beste manier om informatie te verspreiden, aangezien er nog niet veel kranten verschenen. Op Duitse en Oostenrijkse stations hingen veel briefjes waarin aandacht gevraagd werd voor echtgenoten en zoons die niet van het oostfront waren teruggekomen (1). In de voormalige krijgsgevangenenkampen hingen familieleden verbleekte foto's op met daaronder de vraag: 'Wie kent deze man?' (2)

SHORTLY after its foundation in 1948, UNESCO implemented a child healthcare programme intended to combat communicable infections – and infestations. This little refugee from the former Sudetenland (Czechoslovakia) is being deloused (1) while, ten years earlier, these 'Jewish and non-Aryan' refugee children from Vienna are waiting to be transferred by train from Harwich to Dovercourt Bay Camp (2). Since 502 names are too many to remember, each is given a number tagged to their clothes: a final straw in the process of depersonalization brought by the Nazi régime, as the tears here indicate (3).

KURZ nach ihrer Gründung im Jahre 1948 startete die UNESCO ein Gesundheits-programm für Kinder, das ansteckende Krankheiten bekämpfen sollte – und Parasiten. Diese kleine Heimat-vertriebene aus dem Sudetenland (das nun wieder tschechisch war) wird gerade entlaust (1); zehn Jahre zuvor warteten »jüdische und nicht-arische« Flücht-lingskinder aus Wien auf den Zug, mit dem sie von Harwich in das englische Lager Dovercourt Bay gebracht werden sollten (2). Da keiner sich 502 Namen merken kann, bekommt jedes eine Nummerntafel angesteckt, mit der ihnen das Naziregime, wie die Tränen hier beweisen, auch noch das letzte bißchen Individualität genommen hat (3).

KORT na de oprichting in 1948 startte de UNESCO een gezondheidsprogramma voor kinderen waarmee parasitaire en besmettelijke ziekten bestreden moesten worden. Deze kleine vluchteling uit Sudetenland (dat toen weer Tsjechisch was) wordt ontluisd (1). Tien jaar eerder wachtten 'joodse en niet-arische' kinderen uit Wenen op de trein die hen van Harwich naar het Engelse kamp Dovercourt Bay zou brengen (2). Omdat niemand 502 namen kon onthouden, werd bij iedereen een kaartje met een nummer aan de kleren vastgemaakt, waardoor het nazi-regime ook nog het laatste stukje waardigheid aan mensen ontnam; dit meisje was er zichtbaar verdrietig om (3).

2

3

1   2

IN wartime Italy, poverty and hunger dogged these Sicilian children. Barefoot infants dressed in sacking watch enviously as their father drains his bowl (1). Polish children evacuated from Russia have somehow ended up tranported to Iran at the end of the war (2); at the height of the Spanish Civil War that preceded World War Two, 4,000 Republican children arrive at a camp near Southampton (3) – many had already fled first to France.

DIE sizilianischen Kinder hatten im Krieg in Italien unter Armut und Hunger schwer zu leiden. Die barfüßigen, in Säcke gekleideten Kleinen schauen neidisch zu, wie der Vater seine Schale leert (1). Aus Rußland evakuierte polnische Kinder sind bei Kriegsende im Iran gelandet (2); auf dem Höhepunkt des Spanischen Bürgerkriegs, der dem Zweiten Weltkrieg vorausgegangen war, kommen 4 000 Republikanerkinder, von denen viele zuvor nach Frankreich geflüchtet waren, in Southampton an (3).

SICILIAANSE kinderen hadden tijdens de oorlog zwaar te lijden onder armoede en honger. Op blote voeten en gehuld in zakken kijken deze kinderen met grote ogen toe hoe hun vader zijn kom leegeet (1). Na hun evacuatie uit Rusland aan het einde van de oorlog zijn deze Poolse kinderen op de een of andere manier in Iran beland (2). Op het hoogtepunt van de Spaanse Burgeroorlog, die aan de Tweede Wereldoorlog was voorafgegaan, komen vierduizend republikeinse kinderen in Southampton aan. Velen waren al eerder naar Frankrijk gevlucht (3).

3

(Overleaf)

THIS was the true face of Nazism: the face of death. Marked with yellow stars (3), deportees were herded onto trains like cattle, so ignorant of their fate that they brought their pitiful minimum of belongings with them. At Auschwitz, where this cattle-truck was bound (2), 1.5 million were gassed and incinerated. At Buchenwald, liberated by US forces in 1945, these living skeletons (1) were the scant survivors of a further 800,000 who died.

(Folgende Seiten)

DAS wahre Gesicht des Nazismus: das Antlitz des Todes. Die mit Judensternen gekennzeichneten Deportierten (3) wurden in Güterwagen verladen wie Vieh, und sie ahnten so wenig, was ihnen bevorstand, daß sie ihre armselige Habe mitbrachten. In Auschwitz, wohin dieser Viehwagen unterwegs ist (2), wurden 1,5 Millionen Menschen vergast und verbrannt. In Buchenwald, das 1945 von amerikanischen Truppen befreit wurde, kamen weitere 800 000 um, und diese bis aufs Skelett Abgemagerten (1) waren die einzigen Überlebenden.

(Blz. 612/613)

HET ware gezicht van de nazi's: dat van de dood. De gedeporteerden, allemaal voorzien van een gele ster, werden als vee de goederenwagons ingedreven; ze wisten zo weinig van wat hen te wachten stond dat ze zelfs hun schamele bezittingen meenamen (3). In Auschwitz, de bestemming van deze veewagen, werden anderhalf miljoen mensen vergast en verbrand (2). In Buchenwald, dat in 1945 door Amerikaanse troepen bevrijd werd, kwamen nog eens achthonderdduizend mensen om; deze tot op het bot toe vermagerde gevangenen behoorden tot de weinigen die het kamp overleefden (1).

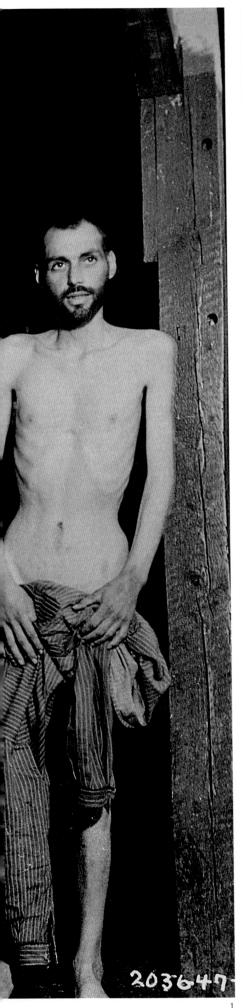

1　3

The Allies and then the West German government sought to implement a programme of 're-education', through recognition of what had actually taken place. It began at Buchenwald in April 1945, where local civilians were brought in to acknowledge what so many had previously refused to open their eyes to. Some look away before the swinging man (1), and a lorry stacked with corpses, naked and in extreme emaciation (2). Finally, they visit the ovens, whose smoke Weimar townspeople must have witnessed daily (3). A contemporary report noted: 'Many of the witnesses leave the camp in tears. Others appear indifferent and claim they are being subjected to Allied propaganda.'

A few of the sturdiest inmates, brought in as slave-labour from across Europe, survived on minimum rations, working a 12- to 18-hour day. An 11-year-old Czech 'child slave' is reunited with her mother at Kaunitz in 1945 (4). *J'accuse* – a Russian slave labourer singles out a German camp commander notorious for his sadistic brutality (5). At Dachau, some released prisoners rounded on their SS guards in enraged retaliation: soldiers of the US 42nd Division hook out a corpse from the moat round the camp (6).

D IE Alliierten und später die westdeutsche Regierung wollten in einer »Umerziehungskampagne« den Deutschen die Greuel vor Augen führen, die geschehen waren. Sie begann im April 1945 in Buchenwald, wo Einheimische durchs Lager geführt und gezwungen wurden zu sehen, wovor zuvor so viele die Augen verschlossen hatten. Einige wenden den Blick von dem Erhängten (1) und von dem Wagen ab, auf dem die nackten Leichen verhungerter Menschen aufgestapelt liegen (2). Als letztes sehen sie die Verbrennungsöfen, deren aufsteigenden Rauch die Bewohner von Weimar täglich gesehen haben müssen (3). Ein Reporter berichtete seinerzeit: »Viele Zeugen verlassen das Lager mit Tränen in den Augen. Andere machen einen gleichgültigen Eindruck und behaupten, es sei alles alliierte Propaganda.«

Ein paar besonders kräftige Insassen, die als Zwangsarbeiter aus ganz Europa hierher gebracht wurden, überlebten den Hunger und den zwölf- bis achtzehnstündigen Arbeitstag. Ein elfjähriges tschechisches »Sklavenmädchen« findet seine Mutter 1945 in Kaunitz wieder (4). *J'accuse* – ein russischer Zwangsarbeiter klagt einen Lagerkommandanten an, der die Gefangenen besonders brutal und sadistisch behandelte (5). In Dachau nahmen einige befreite Gefangene an ihren SS-Wachen selbst Rache: Soldaten der 42. US-Division holen eine Leiche aus dem Lagergraben (6).

D E geallieerden –en later ook de Westduitse regering– wilden de Duitsers door middel van een 'heropvoedingsprogramma' duidelijk maken welke grueldaden er hadden plaatsgevonden. Dat gebeurde voor het eerst in april 1945 in Buchenwald, waar de plaatselijke bevolking door het kamp geleid werd en met eigen ogen moest zien wat velen van hen eerder steeds weigerden te geloven. Sommigen kunnen de aanblik van de opgehangen man (1) en de wagen met stapels naakte en uitgemergelde lichamen (2) niet verdragen. Als laatste worden de gaskamers getoond, waarvan de rook dagelijks door de inwoners van Weimar te zien moet zijn geweest (3). Een journalist schreef: "Veel mensen verlaten het kamp met tranen in hun ogen. Anderen maken een onverschillige indruk en beweren dat het allemaal propaganda van de geallieerden is."

Slechts enkele zeer sterke gevangenen, die als dwangarbeiders uit heel Europa hiernaartoe gebracht werden, hebben de honger en de twaalf- tot achttienurige werkdag overleefd. Een elfjarig Tsjechisch 'slavenmeisje' heeft in 1945 in Kaunitz haar moeder teruggevonden (4). *J'accuse*: een Russische dwangarbeider klaagt een kampcommandant aan die de gevangenen steeds op sadistische wijze heeft mishandeld (5). In Dachau nam een aantal bevrijde gevangenen zelf wraak op hun SS-bewakers: soldaten van de 42e divisie van het Amerikaanse leger vissen hier een lijk uit de gracht rond het kamp (6).

5

6

IN the war at sea, the US Navy suffered in the western Pacific. In December 1944, a wounded US soldier under the auspices of a surgical nurse, his arms raised in agony at the bullet wound to his stomach, lies near the baptismal font of Leyte Cathedral in the Philippines (2). The cathedral alternated as hospital and place of worship. And on 17 May 1945,

the cruiser *Santa Fé* pulls away from the burning carrier USS *Franklin*, victim of a Japanese dive-bombing attack (1). Retreating from the flames of exploding bombs and rockets, the ship's crew cluster on the flight deck. Despite a thousand casualties, the *Franklin* eventually limped thousands of miles home to the Brooklyn Navy Yard.

DIE US-Navy erlitt ihre schwersten Verluste im Westpazifik. Im Dezember 1944 hält eine Krankenschwester in der Kathedrale von Leyte auf den Philippinen Wache bei einem verwundeten Soldaten; er liegt am Taufbecken und wirft wegen der Schmerzen seiner Bauchwunde die Arme in die Luft (2). Die Kathedrale wird für Gottesdienste und gleichzeitig als Lazarett genutzt. Und am 17. Mai 1945 legt der

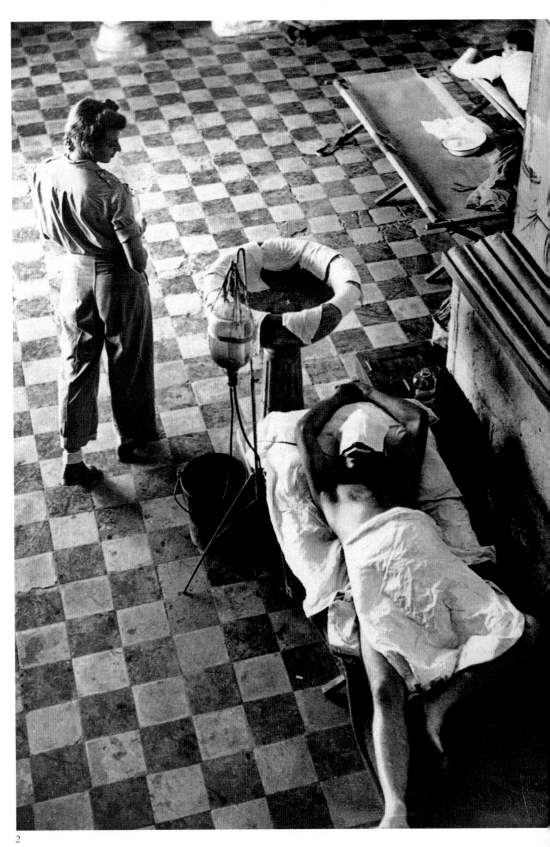

Panzerkreuzer *Santa Fé* von dem brennen-
den amerikanischen Flugzeugträger USS
Franklin ab, der von japanischen Tief-
fliegern getroffen ist (1). Die Besatzung
flieht vor den explodierenden Bomben
und Raketen und drängt sich auf dem
Flugdeck. Obwohl die *Franklin* tausend
Männer verlor, bewältigte sie doch aus
eigener Kraft die weite Strecke zurück
zum heimischen Brooklyn Navy Yard.

D E Amerikaanse marine leed haar
grootste verliezen in het westelijke
deel van de Stille Zuidzee. In december
1944 waakt een verpleegster in de
kathedraal van Leyte op de Filippijnen bij
een gewonde soldaat voor wie naast het
doopvont een bed gemaakt is; de schot-
wond in zijn buik doet hem zo veel pijn
dat hij zijn armen in de lucht gooit (2). De
kathedraal wordt tegelijk als kerk en lazaret
gebruikt. Op 17 mei 1945 stijgt het
verkenningsvliegtuig 'Santa Fé' op van het
brandende vliegdekschip 'USS Franklin'
dat door Japanse laagvliegers getroffen is
(1). De bemanning vlucht voor de ontplof-
fende bommen en raketten naar het vlieg-
dek. Hoewel de 'Franklin' duizend mensen
verloor, lukte het toch om op eigen kracht
de duizenden kilometers naar de thuisbasis
af te leggen, de Brooklyn Navy Yard.

JAPANESE kamikaze pilots were famous for their resolve during the Pacific War. While European officers had their cyanide pills to take if captured, Japanese pilots volunteered to fly suicide missions and blow themselves up with their bombers. Here one is helped on with his scarf bearing the Emperor's 'golden sun' (1); another attempts to manoeuvre his 'Zeke' on to the deck of a US warship (2). In the event he crashed into the sea (4), but a neighbouring hospital ship, the USS *Comfort*, was hit; 29 were killed and 33 injured. Luck was allied with the skill of this American pilot, Ensign R. Black: shot up over Palau, he managed to land on an aircraft carrier with his hydraulic system gone and one wing and part of the tailplane shorn off (3).

DIE japanischen Kamikazeflieger waren im Pazifik-krieg berühmt für ihren Mut. Europäische Offiziere hatten ihre Zyanidkapseln, für den Fall, daß sie in Gefangenschaft gerieten, doch die japanischen Piloten meldeten sich freiwillig für Selbstmordflüge. Hier wird einem der Schal umgebunden, den die »goldene Sonne« des Kaisers ziert (1); ein anderer versucht, seine »Zeke« auf dem Deck eines amerikanischen Schlachtschiffs

1

2

abzusetzen (2). Dieser verfehlte sein Ziel und stürzte ins Meer (4), doch ein benachbartes Hospitalschiff, die USS *Comfort*, wurde getroffen; es gab 29 Tote und 33 Verwundete. Glück im Unglück und viel Geschick hatte der amerikanische Flieger Ensign R. Black: Er wurde über Palau getroffen, und es gelang ihm, mit nur einer Tragfläche auf einem Flugzeugträger zu landen (3).

D E Japanse kamikazepiloten waren in de oorlog in de Stille Zuidzee beroemd om hun moed. Europese officieren in gevangenschap hadden cyanidecapsules; Japanse piloten meldden zich vrijwillig aan voor zelfmoordacties waarbij ze zich samen met hun bommenwerpers opbliezen. Hier krijgt iemand de sjaal met de keizerlijke 'gouden zon' omgedaan (1). Een andere Japanner probeert met zijn 'zeke' het dek van een Amerikaans slagschip te rammen (2). Dit Japanse vliegtuig (4) miste zijn doel en stortte in zee, maar raakte eerst nog een nabijgelegen hospitaalschip, de 'USS Comfort', waarbij 29 doden en 33 gewonden vielen. De Amerikaanse piloot en marineofficier R. Black had geluk: hij was boven Palau getroffen, maar slaagde er toch in om op een vliegdekschip te landen (3).

1

A 'mushroom' or 'cauliflower' cloud and a 'Christmas pudding' were some of the friendly and edible descriptions of the most lethal weapon ever invented. For at least twenty years after the war atomic bomb tests were continued without adequate warnings or precautions. Those at Bikini Atoll by the United States in 1946 show the effects of underwater explosions (aerial view, 1); 'crown' of water shooting upwards with the speed of a bullet, (3). Several obsolete ships were sunk (one on the right, (2) and 31 out of 73 were severely damaged. Experts speculated on whether the USS *Arkansas* could have been carried up in the giant waterspout and plunged back as the spout broke. Photos were taken by the US Air Force.

P ILZ«, »Blumenkohl« oder »Weihnachts- pudding« waren die freundlichen Be- zeichnungen, mit denen man die tödlichste Waffe aller Zeiten schmackhaft machte. Mindestens zwanzig Jahre lang wurden nach dem Krieg noch Atomtests ohne ausreichen- de Vorwarnungen durchgeführt. Auf diesen Bildern zeigen Tests, die die Vereinigten Staaten 1946 im Bikini-Atoll durchführten, die Wirkung von Explosionen unter Wasser (1); eine »Krone« aus Wasser schießt mit der Geschwindigkeit einer Gewehrkugel empor (3). Mehrere außer Dienst gestellte Schiffe wurden versenkt (eines davon rechts zu sehen (2). Die Experten spekulierten darüber, ob die USS *Arkansas* von der gewaltigen Fontäne in die Luft geschleudert worden sei und dann wieder aufgesetzt habe. Aufnahmen der US-Air Force.

P ADDESTOEL – een onschuldig klinkende namen voor het dodelijkste wapen dat ooit was uitgevonden. Nog minstens twintig jaar na het einde van de oorlog werden er zonder speciale veiligheidsmaatregelen of waarschuwingen vooraf kernproeven uitgevoerd. De tests die de Amerikanen in 1946 op het Bikini-atol deden, laten het effect van onderwaterexplosies zien (1, luchtfoto). Een 'kroon' van water schiet met de snelheid van een kogel omhoog (3). Verschillende uit de vaart genomen schepen werden tot zinken gebracht (2, rechts). Aan 31 van de in totaal 73 vaartuigen werd zware schade toegebracht. Experts speculeerden over de vraag of de USS *Arkansas* misschien door de gigantische fontein omhooggestuwd en teruggevallen was. De foto's zijn genomen door de Amerikaanse luchtmacht.

2

3

1   2

Oɴ 6 August 1945 a first atomic bomb was unleashed on Hiroshima (2). On 9 August a second landed on Nagasaki (1). The former killed 100,000 outright; another 100,000 were to die in the ensuing months from burns and radiation sickness. The latter killed 75,000 outright. On 10 August, Japan sued for peace – two days after Russia had joined the war against her old enemy. On 14 August President Truman formally declared the end of the Second World War, in which 55 million people died.

Aᴍ 6. August 1945 ging die erste Atombombe der Welt auf Hiroshima nieder (2). Am 9. August traf eine zweite Nagasaki (1). In Hiroshima fanden 100 000 Menschen sofort den Tod; weitere 100 000 sollten an den Folgen der Verbrennungen und an Strahlenschäden sterben. Der zweite Abwurf forderte 75 000 unmittelbare Opfer. Am 10. August kapitulierte Japan – zwei Tage nachdem Rußland in den Krieg gegen seinen alten Feind eingetreten war. Am 14. August verkündete der amerikanische Präsident Truman offiziell das Ende des Zweiten Weltkriegs, in dem mehr als 55 Millionen Menschen ihr Leben verloren hatten.

Oᴘ 6 augustus 1945 viel de eerste atoombom op Hiroshima (2), drie dagen later viel de tweede op Nagasaki (1). 100.000 inwoners van Hiroshima waren op slag dood; nog eens 100.000 mensen zouden in de maanden daarna aan hun verbrandingen en aan de gevolgen van de vrijgekomen straling overlijden. In Nagasaki maakte de bom in één keer een eind aan 75.000 mensenlevens. Op 10 augustus capituleerde Japan. Op 14 augustus maakte de Amerikaanse president Truman het officiële einde van de Tweede Wereldoorlog bekend, die het leven had gekost aan 55 miljoen mensen.

CREW MEMBERS OF 'Enola Gay'
• B-29 •
WHICH DROPPED Atomic Bomb
On HIROSHIMA

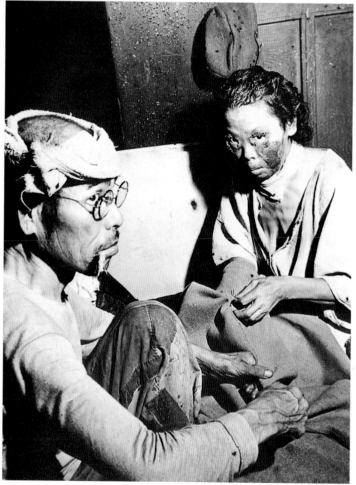

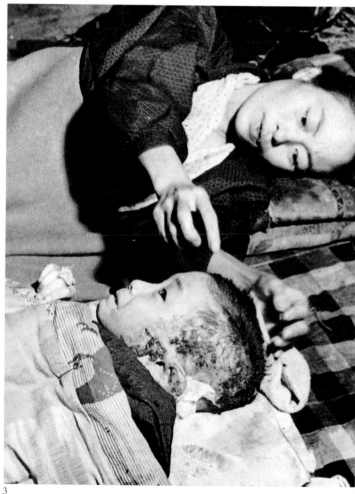

4

DESPITE the devastation wrought on a civilian population, the bomber crew responsible returned home to a tickertape heroes' welcome at New York's Army Day parade (1). Their jeep boasted of their mission and advertised that 'The Regular Army has a Good Job for you'. In Hiroshima, civilian victims were effectively left to care for themselves in a damaged bank near the blasted town centre (2), where burns and injuries were treated by parents substituting for medical staff (3). Those who survived relatively unscathed wore wartime issue long bloomers and masks against the stench of death within their ruined city (4).

TROTZ der verheerenden Auswirkung auf die Zivilbevölkerung wurde der Bombercrew bei der Militärparade in New York ein rauschender Empfang bereitet (1). Auf ihrem Jeep war ihr Auftrag groß zu lesen, und der Werbespruch lautet: »Die Army hat immer einen guten Job für Dich.« In Hiroshima waren die verwundeten Opfer praktisch sich selbst überlassen; in einem halb eingestürzten Bankgebäude der in Trümmern liegenden Innenstadt (2) richteten sie ein Hospital ein, und Eltern statt Sanitätern kümmerten sich um die Verletzungen ihrer Kinder (3). Diejenigen, die vergleichsweise ungeschoren davonkamen, banden sich Masken um gegen den Todesgeruch in ihrer zerstörten Stadt (4).

ONDANKS de verschrikkelijke gevolgen voor de burgerbevolking konden de soldaten van het vliegtuig van waaruit de atoombom op Hiroshima neergeworpen was, tijdens de militaire parade in New York op een heldenontvangst rekenen (1). In Hiroshima moesten de overlevenden zich vrijwel helemaal zelf zien te redden; in een half ingestort bankgebouw vlak bij het centrum richtten ze een ziekenhuis in (2) waar ouders zonder de hulp van verpleegkundigen hun kinderen behandelden (3). De mensen die er betrekkelijk goed van af waren gekomen, droegen lange broeken uit de oorlogsvoorraden en bonden maskers voor tegen de lijkengeur (4).

IM Februar 1945 fand im Livadia-Palast in Jalta auf der Krim die Dreimächte-Konferenz zwischen Premierminister Churchill, Präsident Roosevelt und Marschall Stalin statt (2). Roosevelt rang Stalin die Zusage ab, in den Krieg gegen Japan einzutreten und die Gründung der Vereinten Nationen zu unterstützen. Churchill, hier mit Stalin und Zigarren (1), erhielt die russische Unterschrift auf dem Vertrag, der die Teilung Deutschlands in französische, britische, russische und amerikanische Besatzungszonen vorsah. Als Gegenleistung bekam Stalin eine neu festgelegte russisch-polnische Grenze mit polnischer Westgrenze entlang der Oder-Neiße-Linie. Zwar wurde in einer »Erklärung zum befreiten Europa« der Wunsch der drei Staatsmänner nach »freien Wahlen« und »demokratischen Institutionen« in den von Deutschland besetzten Ländern bekräftigt, doch die Vereinbarungen von Jalta erfuhren bittere Kritik auf beiden Seiten. Westliche Kommentatoren beschuldigten Roosevelt, er habe »Rußland das Tor zum Fernen Osten geöffnet« und überlasse Stalin Osteuropa, und in England war die Empörung groß, daß Churchill die kosakischen Soldaten verraten habe, die zurück in die UdSSR verbracht wurden, wo der sichere Tod auf sie wartete. Doch die sowjetisch-amerikanischen Beziehungen waren nie herzlicher als damals in Jalta.

THE three-power conference held at Livadia Palace, Yalta, in the Crimea, in February 1945, between Prime Minister Churchill, President Roosevelt and Marshal Stalin (2). Roosevelt succeeded in obtaining Stalin's agreement to enter the war against Japan and to cooperate in the founding of the United Nations Organization. Churchill, here with Stalin and cigars (1), further obtained Stalin's signature to the partition of Germany into French, British, Russian and US-controlled zones. Stalin, in return, achieved recognition of a redrawn Russian-Polish border and a western frontier on the Oder-Neisse Line. Despite a 'Declaration on Liberated Europe', affirming the three leaders' desire for 'free elections' and 'democratic institutions' in lands previously controlled by Germany, the Yalta accords were bitterly criticized on both sides. Western commentators accused Roosevelt of 'bringing Russia into the Far East' and 'handing eastern Europe over to Stalin', whilst Britain's part in betraying the Cossack soldiers, forcibly returned to their death in the USSR, caused a row which still resonates. Soviet-US relations were, however, never more cordial than here.

IN 1945 vond in het Livadia-paleis in Jalta op de Krim de drielandenconferentie tussen premier Churchill, president Roosevelt en maarschalk Stalin plaats (2). Roosevelt wist Stalin over te halen mee te doen met de oorlog tegen Japan en te helpen bij de oprichting van de Verenigde Naties. Churchill, hier met Stalin en een doos sigaren (1), kreeg Stalins handtekening voor een verdrag dat in de opdeling van Duitsland in een Franse, Britse, Russische en Amerikaanse bezettingszone voorzag. Als

tegenprestatie kreeg Stalin een nieuwe Pools-Russische grens en een westelijke Poolse grens langs de rivieren de Oder en de Neiße. Ook al benadrukten de drie staatslieden in een 'Verklaring over een bevrijd Europa' de wenselijkheid van 'vrije verkiezingen' en 'democratische instituties' in de door de geallieerden bevrijde gebieden, toch stuitten de afspraken van Jalta aan beide kanten op hevige kritiek. Westerse politieke commentatoren beschuldigden Roosevelt

ervan Rusland macht in het Verre Oosten te geven en Oost-Europa aan Stalin te overhandigen. In Groot-Brittannië ontstond grote ophef over Churchills aandeel in het verraad aan de kozakken, die gedwongen werden naar de Sovjet-Unie terug te keren, waar ze een zekere dood tegemoet konden zien. De Russisch-Amerikaanse betrekkingen zijn na Jalta nooit meer zo hartelijk geweest.

1 2

On 14 February 1945, the RAF and
USAF started a day and a half of
relentless bombardment that reduced the
German city of Dresden to a smoking ruin.
It remained impossible to ascertain how
many civilians died, since the population
had already doubled to over a million
seeking a 'safe haven'. Estimates of the
death toll swung from 130,000 to 400,000.
In addition to this colossal human cost,
Dresden had been compared to Florence
for its wealth of Baroque and Rococo art
and architecture, its galleries of Dutch and
Flemish paintings. Senior Allied military
officers were tight-lipped about the
diversion of effort away from German
centres of communication and oil
installations to predominantly civilian and
symbolic targets. The Chief of RAF
Bomber Command, Air Marshal Arthur
Harris, vehemently persisted in his
controversial theory that terror bombing
was the way to destroy the enemy's will to
fight. A year later, these Dresden survivors
are still struggling to rebuild their city via
a 'human brick chain' (2) while a women's
squad starts the first stages of rehabilitating
the Zwinger Palace (1). Meanwhile in
Berlin's ruined Nollendorfplatz, a Russian-
language sign and a knocked-out German
tank speak volumes of the city's recent
history, in the wake of which these citizens
are still searching for a home among the
desolation (3).

Am 14. Februar 1945 begannen die
Royal Air Force und die US Air Force
mit einem anderthalbtägigen Bombardement, das die Stadt Dresden in Schutt und
Asche legte. Die Zahl der toten Zivilisten
ließ sich nie genau bestimmen, denn die
Bevölkerung hatte sich durch den Zustrom
von Flüchtlingen auf der Suche nach einem
»sicheren Hafen« auf über eine Million
verdoppelt. Schätzungen variierten zwischen
130 000 und 400 000 Opfer. Es wurde eine
Stadt zerstört, die wegen ihres Reichtums
an Kunst und Architektur als »Florenz des
Nordens« galt. Die Alliierten hüllten sich in
Schweigen, wenn gefragt wurde, warum
sie statt Verkehrsknotenpunkten und petro-
chemischen Einrichtungen nun zivile und
letzten Endes symbolische Ziele bombardierten. Der Chef der britischen Luftwaffe,
General Arthur Harris, verteidigte vehement
seine umstrittene Ansicht, daß Bombarde-
ments den Willen der Zivilbevölkerung
breche. Ein Jahr später versuchen diese
Überlebenden von Dresden noch immer,
ihre Stadt mit einer »menschlichen Back-
steinkette« wiederaufzubauen (2), und ein
Frauentrupp unternimmt erste Anstrengungen, den Zwinger wieder bewohnbar zu
machen (1). Am Nollendorfplatz in Berlin
sprechen derweil russische Hinweisschilder
und ein zerschossener deutscher Panzer
Bände über die jüngste Vergangenheit der
Stadt. Heimatlos gewordene Berliner suchen
zwischen den Trümmern nach einer neuen
Bleibe (3).

Op 14 februari 1945 begonnen de
Royal Air Force en de U.S. Air Force
met een anderhalve dag durend
bombardement dat grote delen van de
Duitse stad Dresden met de grond gelijk
maakte. Hoeveel burgers daarbij precies zijn
omgekomen, kon nooit met zekerheid
vastgesteld worden. Schattingen lopen
uiteen van honderddertigduizend tot
vierhonderdduizend doden. Afgezien van
dit enorme menselijke drama werd een stad
verwoest, die vanwege haar barokke en
rococo-gebouwen en haar galeries met
Hollandse en Vlaamse meesterwerken als
'het Florence van het noorden' bekend-
stond. De geallieerden wilden niet
antwoorden op de vraag waarom ze in
plaats van belangrijke Duitse verkeers-
knooppunten en petrochemische installaties
ineens burgerdoelen hadden uitgekozen.
Het hoofd van het RAF bombardements-
commando, luchtmaarschalk Arthur Harris,
hield hardnekkig aan zijn omstreden theorie
vast dat de vechtlust van de vijand alleen
met terroristische bombardementen
gebroken kon worden. Een jaar later zijn
overlevenden in Dresden nog steeds bezig
letterlijk een steentje bij te dragen aan de
wederopbouw van hun stad (2) en maakt
een groep vrouwen een begin met de
restauratie van de Zwinger (1). Op het
verwoeste Nollendorfplatz in Berlijn
spreken ondertussen Russische richtings-
borden, een kapotte Duitse tank en deze
groep dakloze Berlijners duidelijke taal over
de jongste geschiedenis van de stad (3).

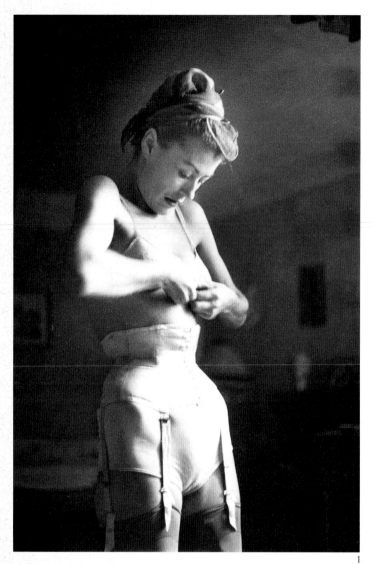

1   2

IN the USA after the war, the Coty Award was instituted for
designers who 'have the most significant effect on the American
way of dressing'. Despite Christian Dior's much-vaunted New
Look that took women out of the regulatory minimum and
swathed them in the maximum of pleats, folds and lengths,
restrictions were still in place in Europe until the 1950s. A woollen
coat could not be wool-lined; no furs were to be employed; no
dress could contain over three metres of fabric; only 60 models
could take to the catwalk in a single showing.

Postwar undergarments allow a glimpse of what went on
beneath Dior's New Look. While, a couple of decades earlier, the
most a gel required under her flapper's fringed shift was a bandage
to flatten her femininity and a sequinned garter or two, now women
were again to be strapped, tied and buckled into undergarments
worthy of Scarlett O'Hara. Girdle and corsets (3), suspenders (1)
and brassières (2) came with as much seductiveness – and the same
range of colouring – as false teeth.

IN den Vereinigten Staaten wurde nach dem Krieg der Coty-Preis
gestiftet, für Designer, deren Werk »außerordentlichen Einfluß
auf die Art hat, wie Amerikaner sich kleiden«, und Christian Dior
machte mit seinem New Look, mit üppigem Überschwang an
reich gefältelten Stoffen, Furore; doch in Europa war die Mode
noch bis in die 50er Jahre hinein reglementiert. Ein Wollkleid
durfte kein wollenes Futter haben, Pelze durften nicht verwendet
werden und kein Kleid sollte mehr als drei Meter Stoff
verbrauchen.

Ein Blick darauf, wie es unter dem New Look von Dior aussah
– Unterwäsche der Nachkriegszeit. Wo noch zwei Jahrzehnte
zuvor ein Brustband, um unter dem gefransten Charlestonkleid die
weiblichen Rundungen zu verstecken, das Äußerste gewesen war,
wurden Frauen nun wieder in Unterwäsche gezwängt, geschnürt
und geklammert, die einer Scarlett O'Hara würdig gewesen wären.
Hüfthalter und Korsett (3), Strumpf- (1) und Büstenhalter (2) waren
ungefähr so verführerisch – und hatten auch dieselbe Farbe – wie
ein Satz falscher Zähne.

IN Amerika werd na de oorlog de Coty Award in het leven
geroepen, een prijs voor kledingontwerpers die 'een bijzondere
invloed hebben op de Amerikaanse mode'. Christian Dior maakte er
veel furore met zijn New Look, die de vrouwen in een overdaad
aan rijk geplooide stoffen hulde. In Europa daar entegen bleef de
mode nog tot in de jaren '50 aan strenge regels gebonden. Een
wollen jas mocht geen wollen voering hebben, er mocht geen bont
gebruikt worden, een jurk mocht niet uit meer dan 3 m stof
gemaakt worden en bij een modeshow mochten maximaal zestig
mannequins meelopen.

Een kijkje onder de kleding die onder Diors New Look
gedragen werd: het naoorlogse ondergoed. Was twee decennia
ervoor een bandage die de borsten wat platter maakte het enige wat
een meisje nodig had, nu werden de vrouwen weer geacht zich in
een soort ondergoed te hijsen en te persen dat Scar lett O'Hara niet
misstaan zou hebben. Heupgordels en korsetten (1), jarretels (3) en
bustehouders (2) zagen er ongeveer net zo verleidelijk uit –en
hadden ook dezelfde kleur– als een kunstgebit.

O N fashion's wilder shores… painting the sky with seaweed (1), hobbling to Ascot on toilet-roll heels (2), polka-dotting and criss-crossing the beach with *piqué* prints (3). By the 1940s, women were clearly confident enough to be their own escorts, rakish enough to bring their own booze, and some were even rich enough to own a camera: altogether smart enough to make their own amusement, whatever appearances might suggest to the contrary with their fashionable but unarguably silly romper suits.

3

AN den stürmischen Ufern der Mode… da werden Bilder mit Seegras in den Himmel gemalt (1), da hoppeln die Damen auf Klopapierrollen nach Ascot (2) und schäkern in tupfen- und streifenbedrucktem Piqué am Strand (3). Es waren die vierziger Jahre, und inzwischen waren Frauen selbstbewußt genug, ohne männliche Begleitung auszugehen, lebenslustig genug, ihre eigene Flasche Wein mitzubringen, und einige waren sogar so reich, daß sie sich eine eigene Kamera leisten konnten – sie hatten Köpfchen genug, daß sie auf ihre Kosten kamen, so albern sie in diesen modischen, aber doch wirklich unmöglichen Spielanzügen auch aussahen.

MODEGRILLEN … nu eens worden de dames geacht met zeewier in de lucht te schilderen (1), dan moeten ze op wc-rollen naar Ascot strompelen (2) en weer een andere keer dienen ze in piquépakjes met strepen of stippen op het strand te liggen (3). In de jaren '40 waren vrouwen intussen zelfverzekerd genoeg om zonder mannelijke begeleiding uit te gaan, levenslustig genoeg om hun eigen drank mee te nemen en soms ook vermogend genoeg om een eigen camera te kopen, kortom: verstandig genoeg om zichzelf te vermaken, ook al deden hun modieuze, maar idiote speelpakjes soms anders vermoeden.

THE 1950s seemed to want to prove that the years of austerity were forever behind us. In Britain, Macmillan was telling the population they had 'never had it so good', while in Germany Adenauer promoted economic expansion through the 'rebuilding' generation. Lashings of fabric and trimmings spared neither expense nor fuss – with a certain tongue-in-cheek mockery in the labels: Jacques Fath's 'lampshade look' (1) – a bell shape here (2), a pie frill there.

IN den Fünfzigern wollte offenbar jeder beweisen, daß die entbehrungsreichen Jahre für immer vorbei waren. Den Briten verkündete Macmillan, daß sie es »noch nie so gut hatten«, und in Deutschland feuerte Adenauer zum Wiederaufbau an. Bei der Mode wurde an Stoff und Zierat und damit an den Kosten nicht gespart – doch immerhin spricht aus den Bezeichnungen ein gewisser Humor: Jacques Faths »Lampenschirm-Look« (1), hier mit einer Glockenform (2), dort mit einem Rüschenkragen.

IN de jaren '50 leken de sobere tijden voorgoed voorbij te zijn. In Groot-Brittannië vertelde Macmillan zijn landgenoten dat ze het 'nog nooit zo goed' hadden en in Duitsland volbracht de bevolking onder leiding van Adenauer een heus 'Wirtschaftswunder'. In de mode werd royaal met stoffen, ver sieringen en dus ook geld omgesprongen. Ontwerpen van Jacques Fath –met een kloksilhouet hier (2) en een kraag met ruches daar (1)– werden bijvoorbeeld onder de noemer 'lampenkaplook' samengevat.

2

2 3

THE English aristocracy were assumed even by French couturiers to have a certain *je ne sais quoi*. Dior paid his homage to Churchill with *Blenheim*, a wide white satin gown embroidered with flowers (2). Givenchy, a new boy to Paris fashion in 1955, came to Park Lane's grand new Dorchester Hotel to display his 'dazzling white satin dinner dress, slit from calf to ankle, and worn with a crimson velvet stole and pearl and rhinestone bib necklace' (1). And Margaret, Duchess of Argyll (notorious for the slant she gave a favourite good health maxim – 'Go to bed early and often'), here keeps sedate company with her daughter and Norman Hartnell, the Queen's couturier (3).

SELBST französische Couturiers waren überzeugt, daß die englische Aristokratie ein gewisses *je ne sais quoi* hatte. Dior erwies Churchill seine Reverenz, indem er dieses weite, weiße, blumenbestickte Satinkleid *Blenheim* nannte (2). Givenchy, 1955 noch ein junger Spund in der Pariser Modewelt, kam nach London und stellte im exklusiven neuen Dorchester-Hotel in der Park Lane sein »blendend weißes Abendkleid aus Satin« vor, »geschlitzt von der Wade bis zum Knöchel, getragen mit karminroter Samtstola und Kollier aus Perlen und Straß« (1). Und Margaret, die Herzogin von Argyll (berühmt für die neue Wendung, die sie einer altehrwürdigen Gesundheitsregel gab – »Man sollte früh und oft ins Bett gehen«) wird wohlweislich von ihrer Tochter und dem Hofschneider der Königin, Norman Hartnell, begleitet (3).

ZELF Franse couturiers waren van mening dat de Engelse aristocratie een zeker *je ne sais quoi* had. Dior bewees eer aan Churchill door deze wijde jurk van met bloemen geborduurd wit satijn 'Blenheim' te noemen (2). In 1955 showde Givenchy, die toen in de Parijse modewereld nog maar net kwam kijken, in het exclusieve nieuwe Dorchester Hotel in de Londense Park Lane zijn "schitterende avondjurk van wit satijn, met een split van de kuit tot aan de enkel, gedragen met een karmijnrode fluwelen stola en een collier met parels en imitatiediamanten" (1). Margaret, hertogin van Argyll, (beroemd om haar variant op een bekend gezondheidsadvies: "Ga vroeg en vaak naar bed") bevindt zich hier in het gezelschap van haar dochter en Norman Hartnell, de persoonlijke kleermaker van de koningin (3).

SPOTS, stripes and floral prints – separately or, where possible, in conjunction. In 1956 the photo-magazine *Picture Post* gave six holiday game prize-winners a tour of popular seaside resorts. And perhaps provided them with their Fifties uniform of cotton waisted frocks?

DRUCKSTOFFE in Pünktchen-, Streifen-, Blumenmustern – einzeln oder, wenn es sich machen ließ, auch zusammen. Die Illustrierte *Picture Post* schickte 1956 sechs

Preisausschreibengewinnerinnen auf eine Reise durch die englischen Seebadeorte. Und vielleicht stiftete sie die Uniform der Fünfziger dazu, das taillierte Baumwollkleid?

STOFFEN bedrukt met stippen, strepen en bloemen – afzonderlijk of, waar mogelijk, gecombineerd. Het tijdschrift *Picture Post* gaf zes prijswinnaressen een reis langs de bekende Engelse badplaatsen – en deed hun misschien ook dit jaren '50-uniform cadeau, de getailleerde katoenen jurk.

FEET first... and lasts. The morning queue outside the original Baker Street Marks and Spencer in 1955 is clearly in a mood to promote sensible footwear – and some curious shopping bags (1). Florence has been known for fine leather since the Middle Ages, and Salvatore Ferragamo made his reputation by keeping the old tradition alive, making lasts for shoes and shoes to last. Each pair was handmade to measure, and the measure of his success was reflected in the roll-call of his famous customers and their named lasts (2).

SCHUSTER, bleib' bei deinen Leisten... wenn man sie sich denn leisten konnte! Die Frauen, die an einem Morgen des Jahres 1955 darauf warten, daß das alte Marks and Spencer in der Londoner Baker Street öffnet, sind wohl eher für vernünftiges Schuhwerk – und stellen auch an Einkaufstaschen keine gehobenen Ansprüche (1). Florentiner Leder ist seit dem Mittelalter

1   2

berühmt, und Salvatore Ferragamo beruft sich auf diese jahrhundertealte Tradition – er wurde selbst berühmt mit Schuhen für Berühmtheiten. Jedes Paar wurde nach Maß handgeschustert, und das Maß seines Erfolges läßt sich an der Kollektion von Leisten der Prominenz ermessen, die er hier stolz präsentiert (2).

VOETEN op een voetstuk. De vrouwen die op een ochtend in 1955 wachten totdat de Marks and Spencer in Baker Street in Londen zijn deuren opent, lijken qua schoenen comfort belangrijker te vinden dan elegantie; onduidelijk is wat voor eisen ze aan hun boodschappen-tassen stellen (1). Florence is al sinds de

Middeleeuwen beroemd om haar leer en Salvatore Ferragamo zette deze traditie voort door zelf wereldberoemd te worden met de schoenen die hij voor beroemdheden ontwierp. Elk paar werd met de hand gemaakt. Zijn succes valt goed af te lezen aan de indrukwekkende collectie leesten die hij hier trots laat zien (2).

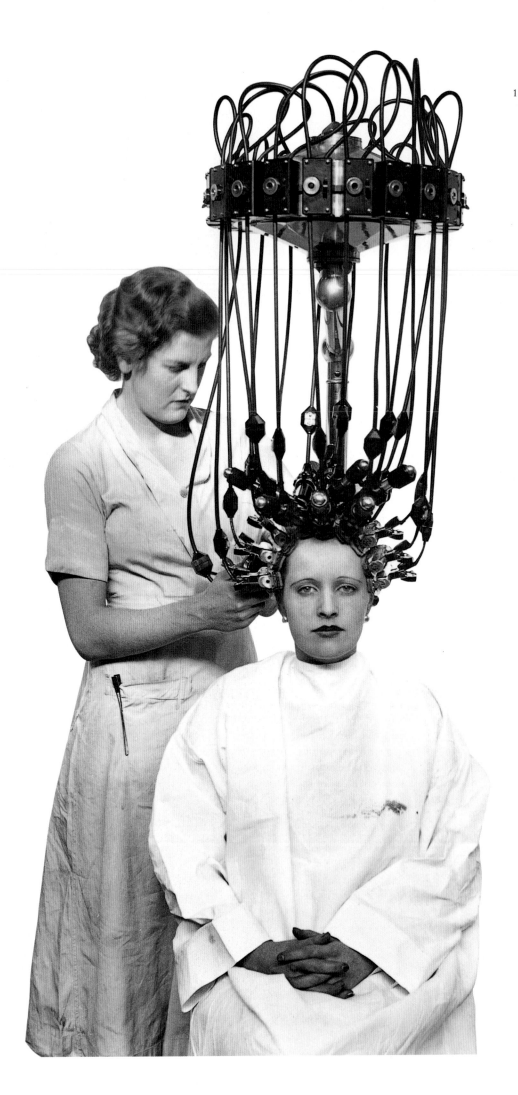

1

MASOCHISM has played its part in hairdressing at least since the ancient Babylonians started slapping heavy layers of mud and wigs on to their heads. This was as nothing compared with the 1935 Gallia machine (1), which resembles a contraption designed by *Alice in Wonderland's* White Knight, looking all the more dangerous for its approval 'by the Medical Societies as safe and absolutely shock-proof'. The tentacled hair-dryer (2) made its appearance at the Hair and Beauty Fair at London's Olympia Exhibition Centre in 1936. At the White City Fair, a Boadicea helmet mounted on a kind of bellows (3) barely covers the model's plaited earphones in what must be the least practicable and slowest method of drying hair ever invented.

MASOCHISMUS gehört zum Friseurgewerbe, mindestens seit die alten Babylonier sich Lehm und Perücken auf den Kopf klebten. Aber das war nichts im Vergleich zur Gallia-Maschine von 1935 (1), die vom Weißen Ritter aus *Alice im Wunderland* entworfen sein könnte und die noch bedrohlicher wirkt, wenn man bedenkt, daß sie »vom Ärzteverband geprüft und für absolut stromschlagsicher befunden wurde«. Der Haartrockner mit den Tentakeln (2) gab sein Debüt bei der Messe »Haar und Schönheit« im Londoner Olympia Exhibition Centre, 1936. Bei einer anderen Londoner Messe wurde dieser große Fön gezeigt, der in eine Art Ritterhelm bläst (3). Die zu Schnecken geflochtenen Haare der Vorführdame, die aussehen wie Kopfhörer, läßt er frei – wohl der langsamste und unpraktischste Haartrockner, der je gebaut wurde.

MASOCHISME hoort al bij haarverzorging sinds de oude Babyloniërs hun hoofden met leem en pruiken bedekten. Maar dat was nog niets vergeleken met de Gallia-machine uit 1935 (1), die door de Witte Ridder uit *Alice in Wonderland* ontworpen zou kunnen zijn en door het veiligheidspredikaat van de Vereniging van Artsen alleen nog maar gevaarlijker aandoet. De haardroger met de tentakels (2) was voor het eerst te zien in 1936 op de Hair and Beauty-beurs in het Londense Olympia Exhibition Centre. Op een andere Londense beurs werd deze grote föhn getoond, die in een soort riddershelm blaast (3). Hij laat de opgerolde vlechten –die eruitzien als koptelefoons– vrij en is waarschijnlijk de langzaamste en minst praktische haardroger aller tijden.

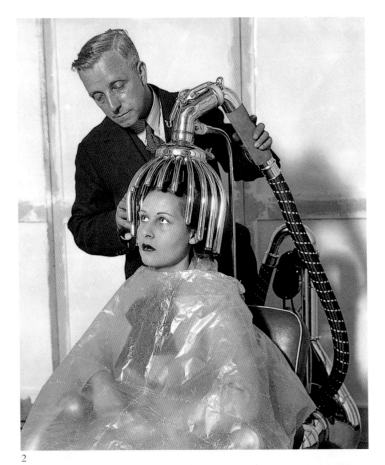

2

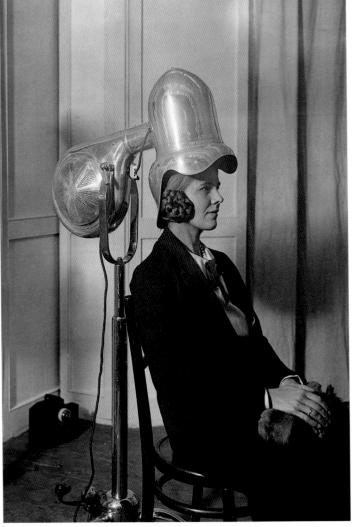

3

ALL that glisters is clearly not gold, to judge by this 1932 model surmounted by metallic foil twists torturing her hair into silver curls (1). Messrs Vascos, a London hairdresser's, were responsible for promoting the process which changed a model's hair colour to match her every change of evening dress (including shades of gold, silver and mother-of-pearl): a fashion surely stemming from the Spanish willingness 'to suffer whatever-it-takes – for beauty'. These model girls on a yacht seem rather more inclined to take it easy, cruising down the Côte d'Azur to introduce British-designed polka-dotted bikinis to Cap Ferrat, Cannes and Juan-les-Pins (2).

ES ist nicht alles Gold, was glänzt, jedenfalls nach den Wicklern aus Metallfolie zu urteilen, die hier 1932 silberne Locken produzieren (1). Der Londoner Friseur Vascos warb mit diesem Verfahren, mit dem eine Frau ihre Haarfarbe täglich der Farbe des Abendkleides anpassen konnte (darunter Gold-, Silber- und Perlmutt-Töne) – die Spanier fanden ja schon immer, daß für die Schönheit kein Leid zu groß sei. Da haben es diese Models an der Côte d'Azur schon leichter. Sie sind auf einer Yacht unterwegs und führen in Cap Ferrat, Cannes und Juan-les-Pins britische Pünktchenbikinis vor (2).

HET is niet alles goud wat er blinkt, te oordelen naar de wikkels van metaalfolie die deze vrouw in 1932 zilveren krullen moeten geven (1). De in Londen werkzame Spaanse kapper Vascos maakte reclame voor deze 'marteltechniek' waarmee een vrouw de kleur van haar haar elke dag opnieuw kon afstemmen op de kleur van haar avondjurk (inclusief goud-, zilver- en parelmoertinten) – een methode die duidelijk de invloeden vertoont van de extreme Spaanse mentaliteit: 'wie mooi wil zijn, moet lijden'. Dan hebben deze modellen aan de Côte d'Azur het heel wat gemakkelijker. Met een jacht varen ze naar Cap Ferrat, Cannes en Juan-les-Pins om er hun Britse bikini's met stippen te showen (2).

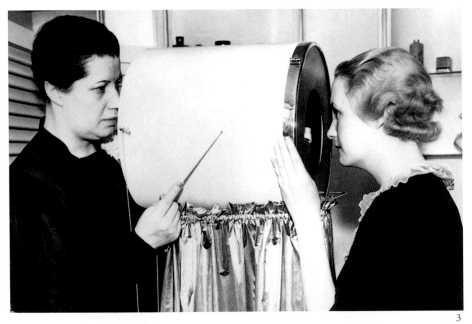

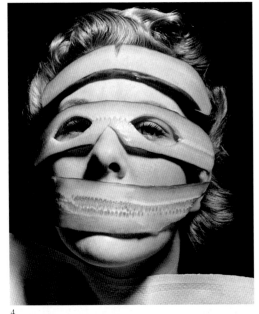

3   4

5   6

MAX Factor shows 1930s Hollywood starlet Renee Adoree how to apply his rouge (1). Helena Rubinstein became a formidable arbiter of women's skin-care and colouring (2). In 1935 she even developed a 'line lie detector' that would show up any crows' feet or giggle wrinkles before the 'patient' was aware of them herself (3). This Norwegian beauty school reverted to *papier mâché* wrapover (5), while others preferred cucumbers (4). The message was plain: 'if you want a peaches and cream complexion, the answer's a lemon'. And wartime exigencies demanded painted 'stockings' (6).

MAX Factor zeigt Renee Adoree, einem Hollywood-Starlet der 30er Jahre, wie Rouge aufgetragen wird (1). Helena Rubinstein wußte ganz genau, welche Pflege und welches Make-up das Gesicht einer Frau brauchte (2). 1935 entwickelte sie sogar einen »Fältchendetektor«, der Krähenfüße und Lachfältchen entdeckte (3). Eine Kosmetikerinnenschule in Norwegen arbeitet mit Gesichtsmasken aus Papiermaché (5). Das Rezept war einfach: »Wer Pfirsichhaut will, braucht Zitronen« (4). Als im Krieg keine Strümpfe zu haben waren, wurde die Strumpfnaht einfach aufgemalt (6).

MAX Factor laat Renee Adoree, een Hollywood-starlet van de jaren '30, zien hoe ze rouge moet opbrengen (1). Helena Rubinstein wist altijd heel goed welke verzorging en make-up het gezicht van een vrouw nodig had (2). In 1935 ontwikkelde ze zelfs een 'rimpeldetector' (3). Een Noors opleidingsinstituut voor schoonheidsspecialistes werkte met gezichtsmaskers van papier-maché (5), andere instituten met komkommermaskers (4). Toen er in de oorlog geen kousen meer te krijgen waren, werden de naden gewoon op het been geschilderd (6).

THE 1976 Miss World contest provoked a storm when it was won by Miss Jamaica, Cindy Breakespeare, the problem being that Jamaica is over 90 per cent black, while Ms Breakespeare (not to mention her lady-in-waiting, Miss Ghana) was very definitely white (1). Feminist protesters from the British Women's Liberation Movement deplored the exploitation of women's bodies by a system that simply sought to promote them as marketable commodities, while marginalizing others who did not conform to the slender, youthful white stereotype (2).

DIE 1976er Wahlen zur »Miß Welt« sorgten für Aufruhr. Die Siegerin war Cindy Breakespeare, Miß Jamaika, doch obwohl über neunzig Prozent der jamaikanischen Bevölkerung schwarz sind, war Ms. Breakespeare (von der Zweitplazierten, Miß Ghana, gar nicht zu reden) eindeutig

2

eine Weiße (1). Britische Feministinnen demonstrierten gegen ein System, bei dem Frauenkörper als vermarktbare Waren ausgebeutet und alle diskriminiert werden, die nicht dem Stereotyp der schlanken, jungen Weißen entsprechen (2).

DE Miss World-verkiezingen van 1976 leverden een storm van kritiek op. De reden daarvoor was dat winnares Cindy Breakespeare, Miss Jamaica, overduidelijk blank was, terwijl meer dan 90% van de Jamaicaanse bevolking uit zwarten bestaat; hetzelfde verhaal gold voor de nummer twee, Miss Ghana (1). Britse feministen protesteerden tegen een systeem dat het vrouwelijke lichaam als handelswaar behandelde en alle vrouwen discrimineerde die niet slank, blank en jong waren (2).

Cinema

CINEMA is essentially a twentieth-century phenomenon, and although silent films are regarded nostalgically by buffs, the real heyday of the movies did not begin until the first 'talkie', Al Jolson's *The Jazz Singer*, came out in 1927. The Thirties saw a peak of activity, with the first colour films and the development of the Hollywood star system. Among the most luminous of the stars was Charlie Chaplin (1889-1977), reckoned the most popular film personality in the world for the best part of 25 years. Although he achieved great things as a writer, director, producer, musician and actor, it was as the last that he excelled. He created a character that was both entirely of its period and entirely his own: the tramp. For this he borrowed Fatty Arbuckle's voluminous trousers, one of Mack Swain's bushy moustaches (drastically trimmed), Ford Sterling's boatsized shoes (on the wrong feet), a tight jacket and a tiny derby, and the little tramp emerged, forever down-at-heel, out of luck and on a collision course with the unwieldy world around him. This still from 1928 (1) shows Chaplin as he epitomized silent cinema, introducing pathos and humour to an adoring audience.

The decades of the Thirties and Forties could boast such highly stylized screen goddesses as Marlene Dietrich, Bette Davis and Greta Garbo. One other Nordic beauty boasted far more natural attributes, and contributed a lengthy variety of performances with many of the major directors of the day. Ingrid Bergman, known equally for her luminous loveliness and her 'immoral' (i.e. Swedish) love-life (for which a US senator denounced her as Hollywood's Apostle of Degradation), made her best films early on. Here she relaxes at the Tower of London with director Alfred Hitchcock in 1948 before making *Under Capricorn*, a film that commenced the downward spiral of her career (2).

Dietrich was Paramount's answer to MGM's Greta Garbo – both embodied the alluring and ambiguous spirit of the Thirties, and both had relatively little success beyond it. While dancing in a revue Dietrich was spotted by the director Josef von Sternberg (overleaf, 1). He immediately cast her to play the part of the cabaret singer and *femme fatale* Lola opposite Emil Jannings as the ultimately destroyed professor in perhaps his – and her – most famous film, *The Blue Angel* (1930). For this Von Sternberg transformed Dietrich into his creature: suddenly blonde; exotically dressed in what was to become her masculine hallmark, including top hat and cigar; decadent rather than innocent. This whole new look was pursued by thousands of women who sought to start wearing the trousers. Paramount signed her for the astronomical fee of $125,000 a film, six of them to be made by 'Svengali' von Sternberg.

Brigitte Bardot came a generation later, a blonde sex kitten to Dietrich's sophisticate. Known in her native France as Bébé after both her initials and her babydoll looks, she made a string of little-remembered films in which her essential role was as the eternal feminine, personified in husband Roger Vadim's *And God Created Woman*. Here she causes head-scratching as she parades through the 1956 Cannes Film Festival, swinging her beads and her hips (overleaf, 2).

1

Das Kino ist im Grunde ein Phänomen des 20. Jahrhunderts, und auch wenn Stummfilme ihre nostalgischen Verehrer haben, begann doch die eigentliche Blütezeit des Films erst mit dem ersten »talkie«, *Der Jazzsänger* mit Al Jolson von 1927. Ein erster Höhepunkt waren die 30er Jahre mit der Entwicklung des Farbfilms und der Etablierung des Hollywood-Starsystems. Zu den größten Stars dieser Ära zählte Charlie Chaplin (1889-1977), knapp 25 Jahre lang weltweit der beliebteste Filmschauspieler überhaupt. Auch als Drehbuchautor, Regisseur, Produzent und Komponist von Filmmusiken leistete er Großes, doch vor allem war er natürlich ein begnadeter Schauspieler. Er schuf eine Gestalt, die Inbegriff ihrer Zeit und auch Inbegriff von Chaplin selbst war: den Tramp. Dazu borgte er sich von Fatty Arbuckle die zu weiten Hosen, von Mack Swain den struppigen Schnurrbart (drastisch getrimmt), von Ford Sterling die unförmigen Schuhe (und vertauschte rechten und linken), nahm eine enge Jacke und einen winzigen Bowler, und schon war der kleine Tramp geboren, stets abgerissen, der ewige Verlierer, immer auf Kollisionskurs mit der allzu schwierigen Welt. Dieses Standphoto von 1928 (vorherige Seite, 1) zeigt uns Chaplin, wie er zum Inbegriff des Stummfilms wurde, zu einem Mann, der wie kein anderer dem Publikum Humor und Melancholie nahebrachte – und das Publikum liebte ihn dafür.

Die 30er und 40er Jahre glänzten mit hochstilisierten Filmgöttinnen wie Marlene Dietrich, Bette Davis und Greta Garbo. Eine andere nordische Schönheit gab sich im Vergleich dazu wesentlich natürlicher und spielte die verschiedensten Rollen unter einigen der bedeutendsten Regisseuren ihrer Zeit: Ingrid Bergman, für ihre strahlende Schönheit wie für ihren »unmoralischen« (sprich schwedischen) Lebenswandel bekannt (für den ein amerikanischer Senator sie »Hollywoods Apostel der Schamlosigkeit« nannte), drehte ihre besten Filme zu Anfang ihrer Karriere. Hier macht sie mit dem Regisseur Alfred Hitchcock einen Ausflug in den Londoner Tower, vor Beginn der Dreharbeiten zu *Sklavin des Herzens* (1948); das war der Film, mit dem der Niedergang ihrer Karriere begann (vorherige Seite, 2).

Die Dietrich war Paramounts Antwort auf MGMs Greta Garbo – beide verkörperten den Typus der geheimnisvollen und verführerischen Frau der 30er Jahre, und beide kamen über diese Rolle nie hinaus. Dietrich wurde von Regisseur Josef von Sternberg (1) in einer Revuetruppe entdeckt. Er gab ihr auf Anhieb die Rolle der Nachtclubsängerin und *Femme fatale* Lola, die in seinem – und vielleicht auch ihrem – berühm-

testen Film, *Der blaue Engel* von 1930, Emil Jannings ins Verderben stürzt. Für diesen Film schuf Sternberg die Dietrich vollkommen neu: als Blondine, in exotischmaskuliner Kleidung, die zu ihrem Markenzeichen werden sollte, mit Zylinder und Zigarre – ein Todes- und kein Unschuldsengel. Tausende von Frauen wollten nun selbst die Hosen anhaben und ahmten diesen Look nach. Paramount engagierte die Dietrich für astronomische 125 000 Dollar pro Film, und sechs davon sollte »Svengali« von Sternberg drehen.

Brigitte Bardot war der Star der nächsten Generation, eine sexy Blondine, ungleich unkomplizierter als die Dietrich. Zu Hause in Frankreich nannte man sie »Bébé«, ein Spiel mit ihren Initialen und ihrem Auftreten als naive Kindfrau, und in einer Unzahl von Filmen, die heute fast vergessen sind, verkörpert sie das Weibliche schlechthin, am überzeugendsten in dem Film ihres Ehemannes Roger Vadim, *Und immer lockt das Weib*. Hier kann sich ein Betrachter nur noch an den Kopf fassen, als sie 1956 ketten- und hüftschwingend zum Filmfestival in Cannes stolziert (2).

D E film is in wezen een 20e-eeuws verschijnsel en hoewel stomme films ook nog zo hun nostalgische fans hebben, begon de eigenlijke bloeiperiode van de film pas met de eerste talkie, Al Jonsons *The Jazz Singer* uit 1927. De jaren '30 vormden met de introductie van de kleurenfilm en de ontwikkeling van het Hollywood-sterrensysteem een eerste hoogtepunt in de filmgeschiedenis. Een van de grootste sterren van deze periode was Charlie Chaplin (1899-1977), bijna 25 jaar lang de populairste acteur ter wereld. Hij was een verdienstelijk scenarioschrijver, regisseur, producent en componist van filmmuziek, maar als acteur leverde hij werkelijk topprestaties. Hij creëerde een figuur die niet alleen karakteristiek voor die periode was, maar ook voor zijn eigen persoon: de zwerver. Daarvoor nam hij van Fatty Arbuckle de te wijde broek over, van Mack Swain de borstelige snor (radicaal getrimd), van Ford Sterling de lompe schoenen (de linker- en rechterschoen verwisseld) en voegde hij er zelf een nauwe jas en een minuscule bolhoed aan toe – en klaar was de kleine zwerver die altijd pech had en voortdurend in aanvaring kwam met de mensen om hem heen. Deze filmfoto uit 1928 (blz. 650) illustreert hoe Chaplin tot het symbool van de stomme film uitgroeide, een man die vanwege zijn humor en aandoenlijkheid geliefd was bij een groot publiek.

In de jaren '30 en '40 werd het witte doek opgeluisterd door betoverende filmgodinnen als Marlene Dietrich, Bette Davis en Greta Garbo. Een andere Noord-Europese schoonheid kwam in vergelijking met hen veel natuurlijker over en bracht in samenwerking met veel belangrijke regisseurs van die tijd een groot aantal verschillende rollen op haar naam. Ingrid Bergman, beroemd om zowel haar stralende verschijning als haar 'immorele' (lees: Zweedse) levenswandel (een Amerikaanse senator noemde haar daarom Hollywoods apostel der schaamteloosheid), maakte haar beste films aan het begin van haar carrière. Hier brengt ze samen met regisseur Alfred Hitchcock een bezoek aan de Londense Tower, tijdens de opnamen van *Under Capricorn* (1948), de film die de neerwaartse spiraal van haar loopbaan in gang zette (blz. 651).

Marlene Dietrich was Paramounts antwoord op MGM's Greta Garbo – allebei belichaamden ze de mysterieuze en verleidelijke vrouw die in de jaren '30 zo populair was en allebei raakten ze dit imago nooit helemaal kwijt. Dietrich werd door regisseur Josef von Sternberg (1) ontdekt toen ze als danseres in een revue werkte. Hij bood haar meteen de rol aan van nachtclubzangeres en 'femme fatale' Lola die in zijn –en misschien ook Dietrichs– beroemdste film, *Der Blaue Engel* (1930), Emil Jannings in het verderf stort. Von

2

Sternberg gaf haar voor deze film een compleet nieuw uiterlijk, dat verre van onschuldig was: ze kreeg blond haar en een op herenkleding geïnspireerde garderobe (inclusief accessoires als een hoge hoed en sigaren), een stijl die haar handelsmerk zou worden en veel navolging vond bij vrouwen die ook broeken wilden dragen. Paramount contracteerde Dietrich voor het astronomische bedrag van $ 125.000 per film; 'Svengali' van Sternberg zou er zes met haar maken.

Brigitte Bardot was de ster van de volgende generatie, een sexy blondine die een veel ongecompliceerdere uitstraling had dan Marlene Dietrich. In haar geboorteland Frankrijk werd ze Bébé genoemd, wat niet alleen een toespeling op haar initialen was, maar ook op haar naïeve meisjesachtige voorkomen. Ze maakte een enorm aantal films (waarvan de meeste tegenwoordig in de vergetelheid geraakt zijn) en speelde daarin steeds supervrouwelijke rollen; een goed voorbeeld daarvan is het door haar echtgenoot Roger Vadim geregisseerde *Et Dieu créa la femme*. Hier weet een man niets beters te doen dan zich op zijn hoofd te krabben wanneer zij in 1956 tijdens het filmfestival in Cannes heupwiegend langs hem loopt (2).

3

(*Previous pages*)

PERHAPS the most famous film made by Fritz Lang was *Metropolis* (1926), which played on the fundamental fears of a post-industrial age. In it time becomes all-controlling and the clock cannot be turned back (3); the demands of the market-place lead to child slavery (2); and a flood threatens an apocalyptic finale (1).

(*Vorherige Seiten*)

DER berühmteste Film Fritz Langs ist wohl *Metropolis* (1926), in dem er die tiefsitzenden Ängste eines postindustriellen Zeitalters zum Thema macht. Zeit wird zum alles beherrschenden Faktor, und keiner kann die Uhr zurückdrehen (3); die Anforderungen des Marktes versklaven die Kinder (2); und eine große Flutwelle droht mit einem apokalyptischen Finale (1).

(*Blz. 654/655*)

DE beroemdste film van Fritz Lang is waarschijnlijk *Metropolis* (1926), die de diepgewortelde angsten van een postindustrieel tijdperk als onderwerp heeft. Tijd wordt in de film een allesoverheersende factor en niemand kan de klok terugdraaien (3), de eisen van de markt leiden tot kinderslavernij (2) en een vloedgolf lijkt op een apocalyptisch einde aan te sturen (1).

FIFTEEN years of Charlie Chaplin's film career: from *The Kid* (1) with Jackie Coogan in the eponymous part (1920) to *Modern Times* with Paulette Goddard (2). The playing-card posters came captioned: 'A gentleman from Paris sent us these French posters used over there to advertise Charlie. I had them posted up and photographed. Charlie liked the centre top and lower right ones' (3).

FÜNFZEHN Jahre in Charlie Chaplins Filmkarriere: *Das Kind* mit Jackie Coogan als Titelheld »the kid« (1920, 1) bis hin zu *Moderne Zeiten* mit Paulette Goddard (2). Die Unterschrift zu dem Bild mit den Spielkarten-Plakaten lautete: »Ein Herr aus Paris schickte uns diese Plakate, mit denen dort für Charlie Werbung gemacht wird. Ich ließ sie ankleben und aufnehmen. Charlie mochte besonders die Bilder oben in der Mitte und unten rechts.« (3)

VIJFTIEN jaar van Charlie Chaplins filmcarrière: van *The Kid* (1920) met Jackie Coogan in de titelrol (1) tot *Modern Times* met Paulette Goddard (2). Het bijschrift bij de foto met de speelkaarten-affiches (3) luidde: "Een man uit Parijs

stuurde ons deze Franse affiches die daar gebruikt worden om reclame voor Charlie te maken. Ik liet ze opplakken en foto-graferen. Charlie vond vooral de posters boven in het midden en rechtsonder leuk".

A deck of the most accomplished silent screen comedians who made it into the 'talkies'. Harold Lloyd was reckoned to be even more popular than Chaplin. Like the latter's 'tramp' character, Lloyd's 'Glasses' became swiftly identified with what would later be called a yuppie – college-educated, on the make and bent on success. Here, 'Glasses' dolefully pursues that sought-after acclaim among a large party of children at a picture theatre (1). Buster Keaton was equally popular, demonstrating stoical fortitude in the face of every eventuality. His experiments with cinema's technical potential – image manipulation and other special effects – are mimicked by this conversation he's having with a miniaturized version of himself (2). Stan Laurel and Oliver Hardy were a lovable duo who relied on heavy stereo-typing and comforting familiarity, never varying from the weedy pathos of the one and the plump bluster of the other. They take a break from performing at the London Palladium in 1947 to drive the inaugural train on the reopened Hythe and Dymchurch line (3).

EIN Kleeblatt der beliebtesten Stumm-filmkomiker, die den Sprung in die »talkies« schafften. Harold Lloyd war seiner-zeit womöglich noch bekannter als Chaplin. Lloyds Brille wurde genauso zum Marken-zeichen wie Chaplins Trampkostüm, und sie symbolisierte Eigenschaften, die man später dem Yuppie zuordnen sollte – gebildet, aufstrebend und erfolgreich. Hier tut Lloyd etwas für diesen Erfolg und läßt sich, wenn auch etwas halbherzig, mit einer ganzen Schar Schulkinder in einem Kino aufnehmen (1). Nicht weniger populär war Buster Keaton, der selbst die größten Katastrophen mit stoischer Miene meisterte. Er experi-mentierte auch mit den technischen Mög-lichkeiten des Films – mit nachträglichen Veränderungen des Bildes und anderen »special effects« –, und hier scheint er im Zwiegespräch mit seinem miniaturisierten Alter ego darüber nachzudenken (2). Stan Laurel und Oliver Hardy waren ein liebens-wertes Duo, dessen Erfolgsrezept immer wiederkehrende Stereotypen waren; und zeit ihres Lebens mimten sie den sentimen-talen Umstandskrämer und den tolpatschigen Tatmenschen. Hier nehmen sie sich von ihren Auftritten im Londoner Palladium (1947) einen Tag frei und sind Lokomotiv-führer im ersten Zug der wiedereröffneten Miniatureisenbahn von Hythe nach Dymchurch (3).

EEN paar van de beste komieken van de stomme film die met succes de overstap naar de talkies gemaakt hebben. Harold Lloyd was in zijn tijd misschien nog wel populairder dan Chaplin. Lloyds bril werd net zo'n handelsmerk als Chaplins zwerversoutfit en stond al gauw voor het type dat later een yuppie genoemd zou worden: hoogopgeleid, ambitieus en hongerig naar succes. Dat laatste demonstreert hij hier, te midden van een grote groep kinderen in een bioscoop, op een nogal halfslachtige manier (1). Minstens zo populair was Buster Keaton, die zich steeds zonder een spier te vertrekken uit de meest hachelijke situaties wist te redden. Een mooi voorbeeld van zijn experimenten met de technische mogelijkheden van de film –beeld-manipulaties en 'special effects'– wordt geleverd door het gesprek dat hij hier heeft met een miniatuurversie van zichzelf (2). Stan Laurel en Oliver Hardy vormden een sympathiek duo dat een groot aantal fans kreeg door steeds weer dezelfde rolverdeling te hanteren: de één een bangelijke huilebalk, de ander een plompe schreeuwlelijk. Hier laten ze hun werk in het Londense Palladium (1947) even voor wat het is en verzorgen ze een gastoptreden als machinisten van de opnieuw in gebruik genomen miniatuur-trein van Hythe naar Dymchurch (3).

THE Marx Brothers were not only the most variously talented comedy team in Hollywood but the precursors of the zany 'Jewish humour' of later US comedians such as Mel Brooks and Woody Allen (2, photographed here in 1971). Groucho's droopy slouch, eyebrows and moustache; Chico's Italianate gobbledy-gook and magical piano-playing; Harpo's silly wig, dumb insolence and – of course – harp, with fourth brother Zeppo as a foil in the earlier movies, were fought over by the major film companies. While they made *Monkey Business*, *Horse Feathers* and *Duck Soup* (1) with Paramount, they added *A Night at the Opera*, *A Day at the Races*, *At the Circus* and *Go West* to MGM's list, being criticized by supremo Irving Thalberg for being 'too funny'. Love interest was his solution, often in the somewhat surprising person of Margaret Dumont at her most stately.

DIE Marx Brothers waren seinerzeit die wohl begabteste Truppe in Hollywood, die Urahnen des kuriosen »jüdischen Humors« späterer amerikanischer Komiker wie Mel Brooks oder Woody Allen (2, hier in einer Aufnahme von 1971). Die großen Studios rissen sich um Groucho mit seinem schleichenden Gang, den buschigen Augenbrauen und dem aufgemalten Schnurrbart, Chico mit seinem italienischen Akzent und magischen Klavierspiel sowie um Harpo mit der albernen Perücke, dem stummen Starrsinn und – wie der Name schon sagt – seiner Harfe, wobei anfangs der vierte Bruder, Zeppo, noch für ein wenig ausgleichende Normalität sorgte. *Die Marx Brothers auf See*, *Horse Feathers* und *Die Marx Brothers im Krieg* (1) drehten sie für Paramount, während *Die Marx Brothers in der Oper*, *Ein Tag beim Rennen*, *At the Circus* und *Go West* das Repertoire von MGM zierten. Der dortige Boß, Irving Thalberg, fand sie »zu lustig«, und so kamen Liebeshandlungen hinzu, oft mit der pompösen Margaret Dumont.

DE veelzijdige Marx Brothers waren de geestelijke vaders van de bijzondere 'joodse humor' waarmee later Amerikaanse komieken als Mel Brooks en Woody Allen (2, hier in 1971) bekend werden. De grote filmmaatschappijen deden hun uiterste best om de broers te contracteren: Groucho met zijn slungelige manier van lopen, zijn borstelige wenkbrauwen en zijn gepenseelde snor, Chico met zijn Italiaanse accent en betoverende pianospel, Harpo met zijn idiote pruik, koppigheid en natuurlijk zijn harp, en in het begin ook nog Zeppo, de normaalste van het stel. Voor Paramount maakten ze *Monkey Business*, *Horsefeathers* en *Ducksoup* (1), terwijl MGM mocht pronken met *A Night at the Opera*, *A Day at the Races*, *At the Circus* en *Go West*. MGM-baas Irving Thalberg vond ze zelfs 'tè grappig' en liet hun scripts daarom uitbreiden met enige liefdesscènes, die zich vaak rond een deftige en enigszins grotesk overkomende Margaret Dumont concentreerden.

UNITED Artists was founded by arguably the four greatest silent film giants in 1919: Douglas Fairbanks, Mary Pickford, D. W. Griffith and Charlie Chaplin (2), with the invisible assistance of US Treasury Secretary William McAdoo. Mack Sennett, nicknamed 'The King of Slapstick', produced – among others – W. C. Fields, but his company hit the rocks for a second and final time in 1937. This photo was taken on the Sennett film lot just before it was torn down, at a visibly dismal last lunch shared by Marion Davies, Will Haines, King Vidor, Ulric Bush and Eileen Percy (3). Mickey Mouse takes Walt Disney for a walk (1). Disney (1901-66) was not necessarily the most innovative but he was certainly the most businesslike of film animators. Mickey Mouse was born in 1928 and greatly helped Disney's company to win its 19 Oscars.

IM Jahre 1919 taten sich vier der einfluß-reichsten Persönlichkeiten der Stumm-filmzeit zusammen – Douglas Fairbanks, Mary Pickford, D. W. Griffith und Charlie Chaplin – und gründeten die Filmgesell-schaft United Artists (2), wobei William McAdoo vom US-Schatzamt hinter den Kulissen entscheidend mitwirkte. Mack Sennett, der »König des Slapstick«, produ-zierte unter anderem W. C. Fields, doch 1937 mußte seine schon zuvor in Schwie-rigkeiten geratene Firma endgültig Konkurs anmelden. Unser Bild zeigt die gedrückte Stimmung bei einem Abschiedsessen auf dem Gelände der Sennett-Studios, un-mittelbar bevor sie abgerissen wurden (3). Mit von der Partie sind Marion Davies, Will Haines, King Vidor, Ulric Bush und Eileen Percy. Micky Maus bei einem Spaziergang mit Walt Disney (1). Disney (1901-1966) war vielleicht nicht der inno-vativste unter den Trickfilmzeichnern, aber er hatte zweifellos den besten Geschäfts-sinn von allen. Micky Maus kam 1928 zur Welt und trug seinen Teil zu den 19 Oscars bei, die die Disney-Studios errangen.

IN 1919 richtten vier invloedrijke mensen van de stomme film –Douglas Fairbanks, Mary Pickford, D.W. Griffith en Charlie Chaplin (2)– de filmmaat-schappij United Artists op, achter de schermen gesteund door de Amerikaanse minister van Financiën William McAdoo. Mack Sennett, de 'koning van de slapstick', produceerde onder andere films van W.C. Fields, maar moest in 1937, na een reeks financiële moeilijkheden, uiteindelijk het faillissement voor zijn bedrijf aanvragen.

2

3

Deze foto laat de bedrukte stemming zien tijdens een afscheidsetentje op het terrein van de Sennett-studio's, kort voordat er met de sloop begonnen werd. Aan tafel zitten Marion Davies, Will Haines, King Vidor, Ulric Bush en Eileen Percy (3). Mickey Mouse maakt een wandeling met Walt Disney (1). Disney (1901-1966) was misschien niet de meest vernieuwende van alle animatiefilmers, maar wel de beste zakenman. Mickey Mouse werd in 1928 geboren en hielp de Disney-studio's in belangrijke mate bij het winnen van negentien Oscars.

1   2

KNOWN for her sensuality and volatile temperament (the two fused when, having failed to seduce Marlon Brando during filming of *The Eagle has Two Heads*, she had him fired), Tallulah Bankhead changed leading men as rapidly as her exotic costumes. Here she is dressed to slay as the Spanish siren *Conchita* (1). Louise Brooks' press photos invite us to consider her as both demurely pensive (2) and as dressed in feather boa and high heels to undertake a little light exercise on her Hollywood home trapeze (3). Famous for her role in the German expressionist Pabst's *Pandora's Box* (1928), she captured the mood and set the hairstyle of the time.

TALLULAH Bankhead, bekannt für ihre Sinnlichkeit und ihr stürmisches Temperament, wechselte die Hauptdarsteller an ihrer Seite ebenso häufig wie ihre exotischen Kostüme. Sinnlichkeit und Temperament kamen bei den Dreharbeiten zu *The Eagle has Two Heads* zusammen: Als Marlon Brando ihren Verführungskünsten widerstand, sorgte sie dafür, daß er gefeuert wurde. Hier ist sie umwerfend als die spanische Sirene *Conchita* kostümiert (1). Louise Brooks wirkt auf den Pressephotos still und nachdenklich (2), zeigt sich aber auch in hochhackigen Schuhen und Federboa, bei ein paar Übungen auf dem Trapez ihres Hauses in Hollywood (3). Berühmt für ihre Rolle in *Die Büchse der Pandora* (1928) des deutschen Expressionisten G. W. Pabst, verkörperte sie wie keine andere die Stimmung jener Zeit, und alle Welt ahmte ihre Frisur nach.

TALLULAH Bankhead, bekend om haar sensualiteit en stormachtige temperament, veranderde net zo snel van mannelijke tegenspelers als van exotische kostuums. Bij de opnamen voor *The Eagle has Two Heads* deed ze haar reputatie eer aan: toen Marlon Brando niet op haar avances inging, liet ze hem meteen ontslaan. Hier is ze als de meedogenloze Spaanse sirene Conchita gekleed (1). Persfoto's van Louise Brooks laten zien hoe ze soms in gedachten verzonken kan zijn (2), maar op andere momenten in een verenboa en op hoge hakken een paar oefeningen doet op de trapeze in haar huis in Hollywood (3). Ze werd beroemd door haar rol in *Die Büchse der Pandora* (1928) van de Duitse expressionistische regisseur G.W. Pabst en vormde de perfecte belichaming van de stemming in die periode. Met name haar kapsel vond veel navolging.

3

LILLIAN Gish (1) and Rudolph Valentino (2) were legends of the silent screen. Gish started as a child actress and often played alongside her sister, Dorothy, until the latter's death in 1968. However, her later films never had the impact of such epic masterpieces as *Birth of a Nation* (1914) and *Orphans of the Storm* (1922). Her most prolific year was 1926 when she played tragic lead roles in both *La Bohème* and *The Scarlet Letter* for MGM. Valentino also started young, alternating professional dancing with sidelines as (among other things) a gardener and a thief. The film that turned him into the hottest property of the 1920s was *The Four Horsemen of the Apocalypse* (1921), grossing over $4.5 m. For five years, Valentino made films with titles like *The Sheikh* (1921) and *Blood and Sand* (1922) that established his reputation as a sultry and exotic screen lover. His sudden death in 1926, from a perforated ulcer brought on by overwork, brought street riots at his funeral and even female suicides.

LILLIAN Gish (1) und Rudolph Valentino (2) waren Legenden des Stummfilms. Gish stand schon als kleines Mädchen auf der Bühne, oft zusammen mit ihrer Schwester Dorothy, die 1968 starb. Doch ihre späteren Filme erreichten nie wieder die Kraft von *Die Geburt einer Nation* (1914) und *Orphans of the Storm* (1922). Ihr produktivstes Jahr war 1926, als sie bei MGM die tragischen Hauptrollen in *La Bohème* und in *Der scharlachrote Buchstabe* spielte. Auch Valentino begann jung und verband Auftritte als Tanzprofi mit Nebenverdiensten als (unter anderem) Gärtner und Dieb. Der Film, der ihn zum größten Star der 20er Jahre machte und über viereinhalb Millionen Dollar einspielte, war *Die vier apokalyptischen Reiter* von 1921. Fünf Jahre lang drehte Valentino einen Film nach dem anderen, mit Titeln wie *Der Scheich* (1921) oder *Blood and Sand* (1922); mit seinem Schmollmund wurde er zum Inbegriff des exotischen Liebhabers auf der Leinwand. Sein plötzlicher Tod 1926 – ein Magengeschwürdurchbruch, die Folge seiner rastlosen Arbeit – führte zu erschütternden Szenen bei der Beerdigung, und manche Frauen begingen sogar Selbstmord deswegen.

2

LILLIAN Gish en Rudoplh Valentino waren legenden van de stomme film. Gish (1) stond al als jong meisje op het toneel, vaak samen met haar zus Dorothy, die in 1968 overleed. Haar latere films zouden echter nooit meer het niveau halen van epische meesterwerken als *Birth of a Nation* (1914) en *Orphans of the Storm* (1922). Haar productiefste jaar was 1926, toen ze de hoofdrollen speelde in de MGM-producties *La Bohème* en *The Scarlet Letter*. Valentino (2) begon ook jong, als een beroepsdanser die onder andere als tuinman en dief wat bijverdiende. De film die hem tot de grootste ster van de jaren '20 maakte en meer dan 4,5 miljoen dollar in het laatje bracht, was *The Four Horsemen of the Apocalypse* (1921). Vijf jaar lang speelde Valentino in de ene film na de andere, met titels als *The Sheikh* (1921) en *Blood and Sand* (1922), en hij groeide uit tot de zinnelijkste exotische minnaar van het witte doek. Zijn plotselinge dood in 1926, door een maagperforatie die het gevolg was van te hard werken, leidde tot heftige emotionele taferelen bij zijn begrafenis; sommige vrouwen pleegden zelfs zelfmoord.

P1396-207

1

MIT ihrer sauberen, allem Anschein nach braven Art gehörten Cary Grant (1) und Gary Cooper (2) zu den größten Kassenschlagern jenseits des Atlantiks. Grant (1) kam aus armen Verhältnissen im englischen Bristol und ging nach Hollywood, um dort sein Glück zu machen: Die erste Gage bei Paramount waren immerhin schon 450 Dollar die Woche. Mit seinem guten Aussehen, dem vornehmen Akzent und seiner lässigen Nonchalance spielte er die männlichen Hauptrollen in Filmen mit Göttinnen wie Mae West, Marlene Dietrich und Katharine Hepburn. Cooper – hier zusammen mit William Anderson, dem »Mann, der ganz Hollywood füttert« (die fünfhundert Mann, die immer mit Außenaufnahmen beschäftigt waren, verköstigte er dreimal am Tag) – war 35 Jahre lang ein Star in Hollywood. Obwohl er in Western, Thrillern, Komödien und Literaturverfilmungen spielte (einmal sogar einen Baseballstar), verstand er sich immer als »der Amerikaner von nebenan«. Jemand hat einmal gesagt, die Bandbreite seiner Ausdrucksmittel reiche von »na klar« bis »von wegen«.

Met hun verzorgde voorkomen en zo op het oog ook keurige levenswijze waren Cary Grant en Gary Cooper twee van de grootste publiekstrekkers in de Amerikaanse bioscopen. Grant (1) kwam uit een arme familie in het Engelse Bristol en ging naar Hollywood om daar zijn geluk te beproeven – met succes, want zijn eerste gage bij Paramount bedroeg al $ 450 per week. Zijn beschaafde accent, knappe uiterlijk en prettige nonchalance leverden hem hoofdrollen op in films met sterren als Mae West, Marlene Dietrich en Katherine Hepburn. Cooper (2) –hier naast William Anderson, de 'man die de film te eten geeft', want wanneer er films op locatie gedraaid werden, kon elke medewerker dagelijks op drie maaltijden van hem rekenen– was 35 jaar lang een Hollywoodster. Hoewel hij in westerns, thrillers, komedies en literatuurverfilmingen speelde (één keer zelfs als baseballster), bleef hij zichzelf als een doodgewone Amerikaan zien. Men zegt dat hij op zijn best is wanneer hij 'Yep!' of 'Nope!' zegt.

Cary Grant (1) and Gary Cooper (2) were two of the biggest Stateside box office draws of the clean-shaven, apparently clean-living variety. Abandoning his poverty-stricken background in Bristol, England, Grant (1) was right to seek his fortune in Hollywood: his first Paramount salary was $450 a week. His refined accent, smooth looks and casual nonchalance brought him starring roles opposite such goddesses as Mae West, Marlene Dietrich and Katharine Hepburn. Cooper, here standing next to William Anderson, 'the man who feeds the movies' and provided three meals a day for the 500 people on location, was a Hollywood star for 35 years. Despite working across a range that covered westerns, thrillers, comedies, literary adaptations (he even played a baseball star), he described himself as 'Mr Average Joe American'. His dramatic span has been described as running from 'Yep' to 'Nope'.

2

1 2

BETTE Davis, Jean Harlow and Greta Garbo were all known as the vamps of the 1930s. The first became Hollywood's most enduring female star (1). Her tempestuous personality gave her a dark reputation, enhanced by a career renewed in the 1960s by the psychological thrillers *Whatever Happened to Baby Jane?* and *The Nanny*. Harlow was the 'blonde bombshell' whose locks were more platinum and cleavage more exposed than any other actress's (2). Paired with Clark Gable in five films, she played tough, funny and sexy through the 1930s. Her sudden death, aged only 26, made her last film *Saratoga* (1937) a huge box office success. Garbo's seductive but intelligent dreaminess made her 'the standard against which all other screen actresses are measured' (3). *Queen Christina*, *Ninotchka*, *Grand Hotel* and *Camille* afforded her most famous parts.

BETTE Davis, Jean Harlow und Greta Garbo galten als die drei Vamps der 30er Jahre. Bette Davis war wegen ihrer Temperamentsausbrüche gefürchtet (1). In den 60er Jahren erlebte sie mit Thrillern wie *Whatever Happened to Baby Jane?* und *The Nanny* noch einmal eine Blütezeit. Harlow war die »Sexbombe«, die platinblondere Locken und tiefere Ausschnitte hatte als jede andere Schauspielerin (2). In fünf Filmen mit Clark Gable spielte sie in den 30er Jahren ihren zähen, gewitzten und aufreizenden Frauentyp. Ihr plötzlicher Tod mit nur 26 Jahren machte aus ihrem letzten Film *Saratoga* (1937) einen Kassenschlager. Die verführerische, doch kluge Verträumtheit der Garbo macht sie zum »Standard, an dem alle anderen Schauspielerinnen sich messen müssen« (3). *Königin Christina*, *Ninotschka*, *Grand Hotel* und *Die Kameliendame* waren ihre größten Rollen.

BETTE Davis, Jean Harlow en Greta Garbo werden als de drie vamps van de jaren '30 beschouwd. Niemand had langer succes in Hollywood dan Bette Davis, die gevreesd werd om haar woede-uitbarstingen (1). In de jaren '60 beleefde haar carrière dankzij psychologische thrillers als *Whatever Happened to Baby Jane?* en *Nanny* een nieuw hoogtepunt. Harlow was de 'seksbom' met ongeëvenaard platinablond haar en de diepste decolletés (2). Ze speelde steeds grappige en sexy vrouwen die niet te snel opgaven; in vijf films stond ze tegenover Clark Gable. Haar plotselinge dood op 26-jarige leeftijd zorgde ervoor dat haar laatste film *Saratoga* (1937) een kassucces werd. De dromerige blikken van Greta Garbo, verleidelijk en intelligent tegelijk, maakten van haar 'de maatstaf waarnaar andere actrices beoordeeld worden' (3). Haar bekendste films zijn *Queen Christina*, *Grand Hotel* en *Camille*.

CLARK Gable's reputation as King of Hollywood came with *Gone With the Wind* in 1939 (4). Later Hollywood heroes were James Dean (1) and the longer-lived Marlon Brando (5). Burt Lancaster's pin-up was taken while shooting *A Child is Waiting* with Judy Garland in 1966, at the height of his beef-cake popularity (3). His films became subtler and more inventive as he aged, ranging from Louis Malle's *Atlantic City* in 1980 to Bill Forsythe's *Local Hero* in 1983. Gregory Peck was caught during the filming of *The Million Pound Note* in 1953 (2).

2   3

4

CLARK Gable erwarb sich seinen Ruf als König von Hollywood im Jahre 1939 mit *Vom Winde verweht* (4). Spätere Hollywood-Stars waren James Dean (1) und Marlon Brando (5). Das Starphoto von Burt Lancaster entstand 1966, als er mit Judy Garland *Ein Kind wartet* drehte, auf dem Höhepunkt seiner Karriere als Muskel-protz (3). Im Alter wurde sein Spiel sub-tiler und charaktervoller, von Louis Malles *Atlantic City, USA* von 1980 bis zu *Local Hero* von Bill Forsythe, 1983. Das Bild von Gregory Peck entstand bei der Verfilmung von Mark Twains *Die Million-Pfund-Note* im Jahre 1953 (2).

JAMES Dean (1) en Marlon Brando (5) waren jonge sterren, terwijl Clark Gable na zijn rol in *Gone With the Wind* uit 1939 de 'Koning van Hollywood' genoemd werd (4). Marilyn Monroes laatste film zou tegelijk ook Gables laatste worden: hij deed de stunts van *The Misfits* (1961) allemaal zelf en veroorzaakte zo waarschijnlijk de hartaanval waaraan hij overleed. De foto van Burt Lancaster werd in 1966 genomen toen hij samen met Judy Garland opnamen maakte voor *A Child is Waiting* en hij op het hoogtepunt van zijn carrière als krachtpatser was (3). Later werd zijn spel subtieler en kregen zijn rollen meer diepgang, zoals bijvoorbeeld in *Atlantic City* (1980) van Louis Malle en *Local Hero* (1983) van Bill Forsythe. Deze foto van Gregory Peck is genomen bij de verfilming van Mark Twains *Million Pound Note* in 1953 (2).

5

MAE West (2, in 1954) was accused of looking more female impersonator than sex symbol. She became as known for her witty ripostes as for her overblown allure (George Raft commented: 'In this picture, Mae West stole everything but the cameras'). Brigitte Bardot was the St-Tropez version, who never quite recognized the funnier aspects of some of her movies. In 1971, clearly too much *Private Life* led to her fainting while on set, and to being mobbed as she was carried off (1). Sophia Loren in the 1960s co-starred with 'cowboy actor' John Wayne in *Legend of the Lost*, coming off set in Libya to do a little extra dance for the press cameras (3).

ÜBER Mae West (2, 1954) hört man gelegentlich, sie sehe eigentlich eher wie ein Transvestit als wie ein Sexsymbol aus. Sie war ebenso bekannt für ihre schlagfertigen Antworten wie für ihre grenzenlosen Allüren (George Raft meinte dazu: »Auf diesem Photo hat Mae West alles gestohlen außer den Kameras«). Das Gegenstück in St. Tropez war Brigitte Bardot, die nie so ganz durchschaute, wie unfreiwillig komisch manche ihrer Filme sind. 1971 wurde sie, wahrscheinlich wegen zuviel *Privatleben*, bei Dreharbeiten ohnmächtig, und die Schaulustigen drängen sich, als sie abtransportiert wird (1). Sophia Loren spielte in den 60er Jahren an der Seite des Cowboydarstellers John Wayne in *Legend of the Lost*; hier gibt sie am Drehort in Libyen eine extra Tanzvorführung für die Presse (3).

OVER Mae West werd eens gezegd dat ze meer op een travestiet leek dan op een sekssymbool (2, 1954). Ze was even beroemd om haar gevatte antwoorden als om haar grenzeloze allures (George Raft daarover: "In deze film heeft Mae West alleen de camera's nog niet gestolen."). Haar tegenhanger in Saint Tropez was Brigitte Bardot, die nooit zo goed besefte hoe onbedoeld komisch sommige films van haar waren. In 1971 viel ze flauw op de set van *Private Life*, waarna ze slechts met moeite door de grote menigte kijklustigen weggevoerd kon worden (1). Sophia Loren speelde in de jaren '60 samen met 'cowboy' John Wayne in *Legend of the Lost*. Hier, bij de opnamen in Lybië, geeft ze speciaal voor de pers een extra dansvoorstelling (3).

2

MARILYN Monroe (1) conserved her little-girl-lost vulnerability, dying, aged 36, of a drugs overdose before age would have caused her to outlive it. Her fragile sexiness and breathy singing are best seen and heard in *Gentlemen prefer Blondes* and *How to Marry a Millionaire* (both 1953); *The Seven Year Itch* (1955); *Bus Stop* (1957) and *Some Like it Hot* (1959). Seeking to go beyond her dumb blonde/gold-digger roles, in 1961 she starred in *The Misfits*, written for her by the leading playwright (and her last husband) Arthur Miller. British playwright Terence Rattigan was also the author of *The Prince and the Showgirl*, in which she starred with Laurence Olivier. Here, in 1957, Monroe and Miller are on their way to attend a party given by Rattigan (2).

MARILYN Monroe (1) erweckte bis zuletzt das Bild des verirrten kleinen Mädchens und starb mit 36 an einer Überdosis Tabletten, bevor sie zu alt für diese Rolle wurde. Ihre fragile Erotik und die schüchterne Singstimme sind am besten in *Blondinen bevorzugt*, *Wie angelt man sich einen Millionär?* (beide 1953), *Das verflixte siebente Jahr* (1955), *Bus Stop* (1957) und *Manche mögen's heiß* (1959) zu sehen und zu hören. Sie wollte mehr spielen als nur das blonde Dummchen, und so übernahm sie die weibliche Hauptrolle in *Nicht gesellschafts-fähig* (1961) nach einem Stück des führenden amerikanischen Dramatikers Arthur Miller, der auch ihr letzter Ehemann war. Millers britischer Kollege Terence Rattigan lieferte die Vorlage zu *Der Prinz und die Tänzerin*, in dem sie zusammen mit Laurence Olivier spielte. Hier sieht man die Monroe und Miller 1957, unterwegs zu einer Party bei Rattigan (2).

HET kwetsbare imago van Marilyn Monroe (1) als het kleine verdwaalde meisje zou niet meer veranderen: voordat haar leeftijd deze rol ongeloofwaardig zou maken, stierf ze aan een overdosis slaap-middelen, 36 jaar oud. Haar breekbare, erotische uitstraling en fluisterende zangstem komen het best tot uiting in *Gentlemen prefer Blondes, How to Marry a Millionaire?* (allebei uit 1953), *The Seven Year Itch* (1955), *Bus Stop* (1957) en *Some Like it Hot* (1959). Omdat ze niet steeds weer het domme blondje wilde spelen, deed ze in 1961 mee in *The Misfits*, naar een scenario dat de toneelschrijver Arthur Miller, die ook haar laatste man was, speciaal voor haar geschreven had. De Britse toneelschrijver Terence Rattigan schreef het draaiboek voor *The Prince and the Showgirl* waarin ze samen met Laurence Olivier speelde. Op de foto (2, uit 1957) zijn Monroe en Miller onderweg naar een feestje bij Rattigan.

I M Laufe ihrer außerordentlich langen
Karriere errang Katharine Hepburn vier
Oscars als beste Hauptdarstellerin, mehr als
jede andere (1). Zwei ihrer liebsten Filme,
Leoparden küßt man nicht und *Holiday* (beide
1938), fielen beim zeitgenössischen Publikum durch, so daß sie als »Kassengift«
galt. Doch sowohl die neun Filme, die sie
mit Spencer Tracy drehte, von der frühen
Philadelphia Story an (1939, ein Film, an
dem sie mit ihrem bemerkenswerten
Geschäftssinn auch die Rechte erwarb) wie
auch die späte *African Queen* (1951), wo sie
zusammen mit Humphrey Bogart spielte,
waren sehr erfolgreich. Lauren Bacall war
natürlich nicht nur auf der Leinwand,
sondern auch im Leben Bogarts Partnerin
(2). Ihre größten Erfolge waren *Tote schlafen
fest* (1946), *Dark Passage* (1947) und *Gang-
ster in Key Largo* (1948); später kehrte sie
zu den Broadway-Shows zurück, in denen
sie angefangen hatte, und eroberte sich
ein neues Publikum.

I N de loop van haar uitzonderlijk lange
carrière sleepte Katherine Hepburn het
recordaantal van vier Oscars voor de beste
vrouwelijke hoofdrol in de wacht (1).
Twee van haar eigen lievelingsfilms,
Bringing Up Baby en *Holiday* (beide uit
1938), flopten jammerlijk, zodat ze de
naam kreeg 'gif voor de kassa' te zijn.
De negen films die ze met Spencer Tracy
maakte, van *The Philadelphia Story* (1939,
een film waarvan ze met een opmerkelijke
handelsgeest ook de rechten verwierf) tot
en met *The African Queen* (1951), waarin ze
samen met Humphrey Bogart speelde,
waren echter stuk voor stuk kassuccessen.
De partner van Bogart, zowel op het witte
doek als in het werkelijke leven, was
Lauren Bacall (2). Het meeste succes
hadden de twee met *The Big Sleep* (1946),
Dark Passage (1947) en *Key Largo* (1948).
Bacall keerde later weer terug naar de
plaats waar ze eens begonnen was, de
Broadway-shows, en veroverde daar een
nieuw publiek.

1

K ATHARINE Hepburn won an
unprecedented four Oscars for Best
Actress throughout her exceptionally long
career (1). Two of her own favourites
(*Bringing Up Baby* and *Holiday*, both 1938)
were contemporary flops, giving her the
label of 'box office poison'. But the nine
films she made with Spencer Tracy, as
well as the earlier *Philadelphia Story* (1939,
to which, with considerable business
acumen, Hepburn bought film rights)
and the later *African Queen* (1951), playing
opposite Humphrey Bogart, were hugely
successful. Lauren Bacall was, of course,
Bogart's partner on and off screen (2). Their
greatest hits were *The Big Sleep* (1946),
Dark Passage (1947) and *Key Largo* (1948),
though latterly she returned to and won
new audiences in mainstream Broadway
shows.

FOLLOWING the stunning impact of *The Blue Angel* (1), Marlene Dietrich became the first of a generation of smoky-voiced, androgynous stars of both screen and cabaret (2). Despite the lampshade millinery she excelled in elegance in such films as *Blonde Venus* (1932), *The Scarlet Empress* (1934) and *The Devil is a Woman* (3). It was after the latter film that in 1935 she applied to become a US citizen, in order to elude Hitler's reiterated invitations to her to 'return home' and – paradoxically – her career dived. It began to revive with *Destry Rides Again* (1939), in which she was teamed with James Stewart in an inspired bit of casting.

MIT dem gewaltigen Eindruck, den sie im *Blauen Engel* machte, wurde Marlene Dietrich zum Prototyp einer ganzen Generation von Leinwand- und Kabarettstars, allesamt androgyn und mit rauchiger Stimme (2). Selbst mit einem Lampenschirm auf dem Kopf war sie noch ein Muster an Eleganz in Filmen wie *Die blonde Venus* (1932), *Die große Zarin* (1934) und *Die spanische Tänzerin* (3). Nach diesem Film, 1935, beantragte sie die amerikanische Staatsbürgerschaft, um sich Hitlers wiederholten Einladungen zur »Rückkehr nach Hause« zu entziehen. Paradoxerweise ging es danach mit ihrer Karriere abwärts, und ihr nächster Erfolg kam erst 1939 mit *Der große Bluff*, wo sie – eine inspirierte Idee – an der Seite von James Stewart spielte.

Door de geweldige indruk die ze door haar optreden in *Der Blaue Engel* (1) bij iedereen had achtergelaten, werd Marlene Dietrich hèt grote voorbeeld voor een hele generatie hese en androgyne film- en cabaretsterren (2). Ook al droeg ze een lampenkap op haar hoofd, ze bleef een toonbeeld van elegantie in films als *Blonde Venus* (1932), *The Scarlet Empress* (1934) en *The Devil is a Woman* (3). Na de laatste film, in 1935, vroeg ze het Amerikaanse staatsburgerschap aan om niet langer door Hitler uitgenodigd te worden 'weer naar huis te komen'. Paradoxaal genoeg ging het daarna bergafwaarts met haar carrière. Haar volgende succes kwam pas in 1939, met *Destry Rides Again*, waarin ze –een mooi stukje fantasievolle casting– samen met James Stewart speelde.

HUMPHREY Bogart and Katharine
Hepburn, not up the Zambesi but
at Britain's Isleworth studios during the
filming of a storm-lashed scene from *The
African Queen* (1). As soon as this last scene
was shot, Bogart bailed out and scrambled
on board the Île de France to sail for home
with wife Lauren Bacall and son Stevie.

Some years before, in 1938, Hepburn proved
she was no slouch, practising an acrobatic
feat for *Holiday* with Cary Grant (2).
Audrey Hepburn on set, discussing what
must be her most unlikely role as the Cock-
ney flower-seller Eliza in *My Fair Lady*
with director George Cukor in 1964 (3).

HUMPHREY Bogart und Katharine
Hepburn fahren den stürmischen
Sambesi hinauf, und zwar in den eng-
lischen Isleworth-Studios während der
Aufnahmen zu *African Queen* (1). Als
diese letzte Szene im Kasten war, hielt
Bogart nichts mehr: Er ging an Bord
der Île de France und fuhr mit Ehefrau
Lauren Bacall und Sohn Stevie nach
Hause. Ein paar Jahre zuvor, 1938,

2

3

bewies Hepburn ihre akrobatischen Talente in *Holiday* mit Cary Grant, hier bei der Probe (2). Audrey Hepburn bei Aufnahmen im Jahre 1964 (3). Sie diskutiert mit Regisseur George Cukor ihre Rolle als Cockney-Blumenmädchen Eliza in *My Fair Lady*, unter allen Figuren, die sie verkörperte, diejenige, die man sich am wenigsten bei ihr vorstellen konnte.

Humphrey Bogart en Katherine Hepburn varen samen de woeste Kongorivier op, die ter gelegenheid van de opnamen voor *The African Queen* door de Britse Isleworth-studio's stroomt (1). Toen deze scène klaar was, stapte Bogart meteen aan boord van de Île de France om samen met zijn vrouw Lauren Bacall en zoon Stevie naar huis te zeilen. Een

paar jaar eerder, in 1938, liet Hepburn zich in *Holiday* met Cary Grant van haar acrobatische kant zien; hier oefent ze (2). Audrey Hepburn praat tijdens de opnames voor *My Fair Lady* in 1964 met regisseur George Cukor over haar rol als het Londense bloemenmeisje Eliza, dat van alle figuren die ze in haar filmcarrière neergezet heeft, een van de minst geloofwaardige was (3).

1

2

3

4

5

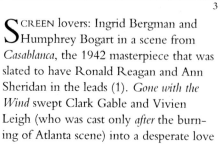

SCREEN lovers: Ingrid Bergman and Humphrey Bogart in a scene from *Casablanca*, the 1942 masterpiece that was slated to have Ronald Reagan and Ann Sheridan in the leads (1). *Gone with the Wind* swept Clark Gable and Vivien Leigh (who was cast only *after* the burning of Atlanta scene) into a desperate love

story that also caught the mood of the times (1939). Rhett Butler's infamous 'Frankly, my dear, I don't give a damn' became the statutory rat's farewell, against the epic backdrop of the Civil War (2). Claude Rains, known for bouffant hairstyles and boxes to add height to his love scenes, here plays to Bette Davis in

Deception (3). James Mason and Margaret Lockwood donned stagecoach costume for *The Wicked Lady* (4) and Richard Burton breeches and doublet for his *Hamlet* to Claire Bloom's balletic Ophelia (5). Gloria Swanson and William Holden (6) have a lovers' tiff in Billy Wilder's *Sunset Boulevard* (1950).

Orson Welles as Harry Lime in
Carol Reed's adaptation of Graham
Greene's story *The Third Man*. Made in
1949, it was one of the few films to tackle
directly the sensitive theme of war racket-
eering by Allied Forces and the growing
rift between east and west Europeans in the
divided city of Vienna. Its most famous
scenes were set at the top of the Ferris
wheel in the Prater Gardens and inside the
city's underground sewers.

Orson Welles als Harry Lime in
Der dritte Mann. Carol Reeds 1949
entstandener Film nach einer Vorlage von
Graham Greene war einer der wenigen,
die sich wirklen mit dem heiklen Thema
des Schwarzhandels der Alliierten in der
geteilten Stadt Wien und mit der immer
größer werdenden Kluft zwischen Ost-
und Westeuropa auseinandersetzten. Die
berühmtesten Szenen spielten auf dem
Riesenrad im Prater und in den Abwasser-
kanälen der Stadt.

Orson Welles als Harry Lime in Carol
Reeds verfilming van Graham
Greenes *The Third Man*. Deze film uit
1949 speelde in het gedeelde Wenen van
na de oorlog en was tamelijk uniek
vanwege zijn directe benadering van
gevoelige onderwerpen als de zwarte
handel door de geallieerden en de steeds
groter wordende kloof tussen Oost- en
West-Europa. De scènes op het reuzenrad
in het Prater en in de riolen van de stad
werden heel beroemd.

FRED and his sister Adele Astaire dance on the roof of London's
Savoy Hotel in 1923 (1); a diminutive Mickey Rooney and
Judy Garland attend the Ice Follies (2); and Bogie, Bacall and son
Stevie stroll on Southampton docks in 1951 before going home (3).

FRED Astaire tanzt mit seiner Schwester Adele auf dem Dach
des Londoner Savoy-Hotels, 1923 (1); der kleine Mickey
Rooney besucht mit Judy Garland eine Eisrevue (2); und Bogie,
Bacall und Sohn Stevie machen 1951 einen Spaziergang in
den Docks von Southampton, bevor sie das Schiff zur Heimfahrt
besteigen (3).

FRED Astaire danst in 1923 met zijn zus Adele op het dak van het
Londense Savoy Hotel (1), de kleine Mickey Rooney woont
samen met Judy Garland een voorstelling van de Ice Follies bij (2)
en Bogie, Bacall en zoon Stevie maken in 1951 een wandeling over
de kades van Southampton voordat ze aan boord gaan van het schip
dat hen naar huis zal brengen (3).

PAUL Newman gets behind the camera to check a shot (1). The 20-month-old Natasha Richardson shoves her camera in for a close-up of newborn sister Joely (2), held by their famous actress mother, 27-year-old Vanessa Redgrave (1965). Peter Sellers takes the director's chair from his Swedish wife Britt Ekland during filming of Vittorio de Sica's *Caccia alla Volpe* at Sant'Angelo d'Ischia (3).

PAUL Newman begibt sich hinter die Kamera, um eine Einstellung zu prüfen (1). Die zwanzigmonatige Natasha Richardson macht eine Nahaufnahme von ihrer erst ein paar Tage alten Schwester Joely im Arm ihrer Mutter, der damals 27jährigen Vanessa Redgrave (1965, 2). Peter Sellers läßt sich im Stuhl seiner Ehefrau Britt Ekland nieder, in Sant'Angelo d'Ischia während der Dreharbeiten zu Vittorio de Sicas *Jagt den Fuchs* (3).

PAUL Newman nu eens achter de camera om de instelling te controleren (1). Een fotosessie in de schoot van moeder, de toen 27-jarige Vanessa Redgrave: de 20 maanden oude Natasha Richardson maakt een close-up van haar pasgeboren zusje Joely (1965, 2). Peter Sellers rust tijdens de opnamen van Vittorio de Sica's film *Caccia alla Volpe* in Sant'Angelo d'Ischia even uit in de stoel van zijn Zweedse vrouw Britt Ekland (3).

1

2

1   2

SCHOOLCHILDREN in 1937, queuing
to see a matinée performance of *Flash
Gordon* in East London. Saturday cinema
rapidly gained popularity as a whole new
experience, a definite improvement on
merely reading about comic strip heroes,
and the ultimate in safe and relatively
cheap babysitting for harassed working
parents. Here the cinema manager polices
an orderly queue of unaccompanied
children, many wearing their school caps
and all clutching their penny-ha'penny (less
than 1p) admission money (1). For this
they would get two full-length feature
films and a newsreel that would only
change every few months, and often
functioned more as a piece of geographical
reportage and political propaganda than as
up-to-the-minute news. Still, to judge
from both the extent of the preparation
(the usher going down the checklist in
front of the mirror, for one – 2) and the
results (the children shrinking from the
action in delighted horror – 3), everyone
emerged well satisfied.

SCHULKINDER stehen 1937 im Londoner East End an, um eine Matinee-
vorstellung von *Flash Gordon* zu sehen. Der
samstägliche Besuch im Kino erfreute sich
großer Beliebtheit und war ein ganz neu-
artiges Erlebnis, viel besser, als wenn man
über die Comic-Helden nur lesen konnte
– und für überbeanspruchte Eltern das
Ideal eines sicheren und vergleichsweise
billigen Kinderhorts. Hier sorgt der Leiter
des Kinos dafür, daß sie ordentlich antreten,
viele in Schulkappen und alle mit den
anderthalb Pence (weniger als ein heutiger
Penny) Eintrittsgeld in der Hand (1). Dafür
bekamen sie zwei ganze Filme und eine
Wochenschau zu sehen, die oft nur alle paar
Monate wechselte und daher wenig Neues,
dafür aber geographisches Lehrmaterial
und politische Propaganda brachte. Doch
wohlvorbereitet, wie alles war (zum Beispiel hatte der Platzanweiser einen Spiegel
mit Checkliste, damit er immer adrett
aussah, 2), und auch nach dem Blick in den
Saal zu urteilen (Kinder, die vor den entsetzlichen Geschehnissen auf der Leinwand
zurückschrecken, 3), waren alle zufrieden.

SCHOOLKINDEREN uit het Londense East
End staan in 1937 in de rij voor een
matineevoorstelling van *Flash Gordon*.
Steeds meer bioscopen openden 's
zaterdags hun deuren voor kinderen, tot
groot plezier van niet alleen de kinderen
zelf –stripboeken waren lang niet zo
spannend–, maar ook van hun vermoeide
ouders, die zich zo van een betrouwbare
en betrekkelijk goedkope kinderoppas
verzekerd wisten. Hier zorgt een
personeelslid van de bioscoop ervoor dat
de kinderen zich in een keurige rij
opstellen (1). Voor anderhalf pence (wat
tegenwoordig nog niet eens een penny is)
kreeg elk kind behalve twee complete
films, een journaal te zien dat vaak
maandenlang hetzelfde bleef en dat niet
door journalisten maar door aardrijks-
kundeleraren en politici gemaakt leek te
zijn. Te oordelen naar de uitgebreide
voorbereidingen (de plaatsaanwijzer
controleerde bijvoorbeeld zijn uiterlijk met
behulp van deze spiegel-en-checklist-in-
één, 2) en de stemming in de zaal (de
kinderen leven zichtbaar mee met de
gebeurtenissen op het witte doek, 3) was
iedereen tevreden.

HOLLYWOOD became synonymous with cinema in the 1930s and 40s. Many exiles from Nazi Europe joined the westward drift to contribute to the rapid expansion of the silver screen. The Californian climate also gave rise to a fresh dimension of the American Dream. If everyone was to own a smart car, then cinemas themselves would have to accommodate this. In the 1950s, a time of gas-guzzling Chevrolets, Oldsmobiles and Thunderbirds, roadsters with white tyres, wide wings and chromium teeth – the 'drive-in' was born (1). Your car was an additional fashion accessory, an extra-flashy outfit; bus-boys came and served the regulation hot dog and soda on a tray hooked into the window; the giant screen afforded but part of the entertainment, which also involved going as far as you could with your girl, or stopping the next driver from necking with his. That said, in this instance one driver is a woman, a far more common sight than in Europe at the time (2).

IN den 30er und 40er Jahren wurde Hollywood zum Synonym für Kino. Viele Flüchtlinge aus Nazieuropa ließen sich weiter nach Westen treiben und trugen ihren Teil zum kometenhaften Aufstieg der Filmstadt bei. Das kalifornische Klima gab auch dem Amerikanischen Traum eine ganz neue Dimension. Wenn nun jeder mit einem schicken Wagen kam, dann mußte auch das Kino entsprechend dafür eingerichtet sein. In den 50er Jahren, in der Zeit der Chevrolets, Oldsmobiles und Thunderbirds – der Straßenkreuzer mit ihren Weißwandreifen, Heckflossen und gewaltigen Chromkühlern –, entstand das »Drive-in« (1). Der eigene Wagen wurde zu einem Teil der Mode, er war ein eleganter Anzug; Servierer hängten ein Tablett am Fenster ein und brachten den unvermeidlichen Hot Dog mit Sodawasser; die gewaltige Leinwand war dabei nur ein Teil der Attraktion, denn es ging ja auch darum, bei seinem Mädchen so weit zu kommen wie nur möglich oder wenigstens den Nachbarn daran zu hindern, mit seinem zu knutschen. Immerhin haben wir hier einmal eine Frau am Steuer (2), in Amerika damals schon weit häufiger zu sehen als in Europa.

IN de jaren '30 en '40 werd Hollywood een ander woord voor film. Veel vluchtelingen uit het nationaal-socialistische Duitsland vestigden zich in Amerika en droegen, in belangrijke mate bij aan de pijlsnelle opkomst van de filmstad. Het Californische klimaat gaf ook een nieuwe dimensie aan de 'American dream'. Wanneer iedereen een auto bezat, moest ook de bioscoop daarvoor aangepast worden. In de jaren '50, de tijd van de Chevrolets, Oldsmobiles en Thunderbirds (grote sleeën met 'white wall-banden', staartvinnen en enorme verchroomde grilles) ontstond de drive-in-bioscoop (1). Een eigen auto werd een onmisbaar onderdeel van je garderobe, een soort elegant pak; bedienden haakten een plateau aan het portier en serveerden de onvermijdelijke hotdog met sodawater. Het reusachtige filmscherm was maar een klein deel van de attractie, het ging er immers ook om zo veel mogelijk bij je vriendin te bereiken of op z'n minst de buren daarbij lastig te vallen. Hier zit voor de verandering eens een vrouw achter het stuur (2), wat toen in Amerika al veel gewoner was dan in Europa.

The Changing Role of Women

SINCE at least Roman times there has been debate over whether women who 'sell themselves' into arranged matches with wealthy men are in essence doing anything very different from the women who offer a more short-term sexual union in return for money. The 'season' of débutante parties (such as this 1950s Red Cross ball, 1) and social events which still takes place in Britain and to a lesser extent elsewhere is a vestige of the arranged marriage system.

Throughout history women were bartered much as other forms of investment or currency. The brokers were usually men, a father if the 'marriage market' were being played; a pimp if the girl were being sold on the streets. It was only when women themselves could become the agents of change that their situation altered.

The long campaign to obtain the vote for women aimed to help them to step from the domestic to the political arena. Women had been grudgingly accorded token recognition within various education systems, so long as their betterment should not lead them beyond the home to outside spheres of influence. It was further determined that women's voting be tied to property rights – a way of reducing both the gender and the class component of the franchise, since women were considerably less likely to be house-owners. Switzerland was the last 'developed' country to grant women the vote – only in 1971.

Worldwide, even in the 1990s, women compose half of the world's population; perform two-thirds of its work; earn 10 per cent of its income and own 1 per cent of its wealth. Even recent campaigns such as that for 'equal work for equal pay', which resulted in the 1976 Equal Pay and Sex Discrimination Acts in Britain, still leave a majority of women worse off than their male counterparts. And if it is hard to achieve even the implementation of existing legislation based on broad consensus, it is far harder to guarantee equal rights in more controversial areas to do with female sexuality and fertility; childcare and education; sexual harassment and exploitation.

1

MINDESTENS seit den Zeiten der alten Römer wird darüber debattiert, ob Frauen, die sich für eine ausgehandelte Ehe mit einem reichen Mann »verkaufen«, nicht im Grunde das Gleiche tun wie Frauen, die in zeitlich begrenzterem Rahmen ihren Körper für Geld feilbieten. Die »Saison« der Debütantinnenbälle und anderer sozialer Ereignisse (hier ein Rotkreuzball in den 50er Jahren, 1), die es auch heute noch in Großbritannien und in geringerem Maße in anderen Ländern gibt, ist ein Überbleibsel der Zeit, als Ehen ausgehandelt wurden.

In vergangenen Zeiten wurden Frauen wie Investitionsgüter oder Geld gehandelt. Die Händler waren meist Männer – der Vater, wenn es um den »Ehemarkt« ging, ein Zuhälter, wenn es ein Straßenmädchen war. Erst als Frauen die Macht bekamen, selbst etwas dagegen zu unternehmen, änderten sich die Verhältnisse.

Das Wahlrecht, um das die Frauen so lange kämpften, sollte das Mittel sein, von der häuslichen in die politische Arena zu gelangen. Nur widerwillig war den Frauen Zugang zu gewissen Bildungseinrichtungen gewährt worden, und auch das nur pro forma und nicht mit dem Ziel, daß sie mit ihrer Universitätsbildung hinaus in die Öffentlichkeit gingen und Einfluß nahmen. Außerdem war das Frauenwahlrecht noch lange an Grundbesitz geknüpft, wodurch Frauen sexuell wie sozial diskriminiert wurden, denn sie waren weitaus seltener Hausbesitzer. Die Schweiz war die letzte unter den Industrienationen, die Frauen das Wahlrecht gewährte – erst 1971.

Selbst heute stellen Frauen zwar die Hälfte der Weltbevölkerung und leisten zwei Drittel aller Arbeit, doch verdienen sie nur zehn Prozent des Gesamteinkommens und besitzen nur ein Prozent aller Vermögen. Auch nach den Kampagnen unserer Tage wie etwa den Aktionen unter dem Motto »gleicher Lohn für gleiche Arbeit«, die 1976 in Großbritannien zu Antidiskriminierungsgesetzen führten, steht ein Großteil der Frauen schlechter da als vergleichbare Männer. Und wenn es schon schwer ist, bestehende Gesetze durchzusetzen, die von einer breiten Mehrheit befürwortet werden, dann ist es noch weitaus schwieriger, Gleichberechtigung in strittigeren Bereichen zu erlangen, in Fragen der weiblichen Sexualität, der Kindererziehung und der sexuellen Belästigung und Ausbeutung.

AL in het oude Rome werd gediscussieerd over de vraag of vrouwen die bewust kiezen voor huwelijken met rijke mannen eigenlijk wel zoveel verschillen van vrouwen die tegen betaling een iets korter durende seksuele relatie aanbieden. Het 'seizoen' van debutantenballen en andere sociale gebeurtenissen (zoals dit Rode-Kruisbal, blz. 698), die nog steeds georganiseerd worden in Groot-Brittannië en in mindere mate ook in andere landen, is een overblijfsel uit de tijd waarin huwelijken 'gearrangeerd' werden.

Door de eeuwen heen is er steeds met vrouwen gemarchandeerd alsof het om vee of een stuk land ging. De handelaars waren meestal mannen: een vader als het de huwelijksmarkt betrof, een pooier wanneer de zaken op straat werden gedaan. De situatie veranderde pas toen vrouwen zelf genoeg macht in handen kregen om er iets tegen te doen.

Het kiesrecht waarvoor de vrouwen zo lang hadden gevochten, zou hen van de huiselijke in de politieke arena moeten brengen. Slechts met veel tegenzin werden vrouwen tot bepaalde onderwijsinstellingen toegelaten en ook dan nog alleen pro forma, niet met het doel hen op een maatschappelijke carrière voor te bereiden. Bovendien bleef het vrouwenkiesrecht nog lange tijd aan grondbezit gekoppeld, waardoor de discriminatie van vrouwen in feite gewoon doorging, aangezien er zich veel minder huiseigenaars onder hen bevonden. Zwitserland was het laatste industrieland dat vrouwen kiesrecht gaf – pas in 1971.

Al vormen vrouwen de helft van de wereldbevolking en verrichten ze twee derde van al het werk, ze verdienen slechts 10% van al het loon en bezitten maar 1% van al het vermogen. Zelfs na iets recentere acties, zoals die voor 'hetzelfde loon voor hetzelfde werk', die in Groot-Brittannië in 1976 leidden tot het aannemen van antidiscriminatiewetten, zijn veel vrouwen slechter af dan mannen met vergelijkbare kwalificaties. En als het al moeilijk is om bestaande wetten die op een brede consensus kunnen rekenen goed uit te voeren, zal het nog veel moeilijker worden om voldoende steun te krijgen bij meer omstreden kwesties die te maken hebben met zaken als seksualiteit en zwangerschap, kinderopvang, onderwijs, ongewenste intimiteiten en seksuele uitbuiting.

THESE Barcelona 'ladies of the night' bargain with a prospective client under posters advertising a comedy called *If Eve were a Flirt* (1). Although firmly prohibited from street-soliciting by Franco's draconian laws, in 1951 these women were so hungry that their fee was a loaf of bread. In 1940s Hamburg there was already a street licensed for prostitution. Each woman has her own room and washroom – and her own windowsill from which to dangle her legs (2).

»SCHÖNHEITEN der Nacht« in Barce-lona verhandeln mit einem interessierten Kunden unter Plakaten für eine Komödie namens *Wenn Eva flirtet* (1). Zwar war die Straßenprostitution unter den drakonischen Gesetzen Francos streng verboten, doch diese Frauen im Jahre 1951 waren so hung-rig, daß sie es für einen Laib Brot taten. In Hamburg gab es schon in den 40er Jahren eine Straße mit legaler Prostitution. Jede Frau hatte ihr eigenes Zimmer mit Wasch-gelegenheit – und ein eigenes Fenster-brett, von dem sie die Beine baumeln lassen konnte (2).

DEZE 'nachtvlinders' uit Barcelona onderhandelen met een mogelijke klant over de prijs; boven hen hangen affiches voor de filmkomedie *Als Eva flirt* (1). Straatprostitutie was onder Franco's regime streng verboden, maar deze vrouwen hadden in 1951 zo'n honger, dat ze het zelfs voor een brood deden. In Hamburg bestond in de jaren '40 al een straat met legale prostitutie. Ieder meisje had haar eigen kamer met wasgelegenheid – en een vensterbank van waaruit ze haar benen naar beneden kon laten bungelen (2).

1   2

3

Brothel keeper Cyn Payne, Madam Cyn (1), clearly showed initiative on more than the choice of her name. In the 1980s she claimed to have been visited by many eminent Tory Party members. While gentlemen prefer private clubs (2), humbler punters took to the streets where the women posed at their windows (3). Baghdad has a 'shopping street' for the trade in women's bodies (5), while in 1930s Calcutta (4) and Cairo (6) women are transported and caged like animals in order to force them into prostitution.

Die Bordellbesitzerin Cyn Payne, genannt Madam Cyn (1), behauptete in den 80er Jahren, ihr Etablissement sei von zahlreichen Mitgliedern der Konservativen Partei frequentiert worden. Während der feine Herr Clubs bevorzugte (2), zog der einfache Mann durch die Straßen, wo

4

5

6

Frauen sich an den Fenstern feilboten (3). Bagdad hat eine »Einkaufsstraße« für Frauenkörper; in den 30er Jahren hingegen wurden Frauen in Kalkutta (4) und Kairo (6) wie Tiere in Käfigen gehalten und zur Prostitution gezwungen.

BORDEELHOUDSTER Cynthia Payne, die zichzelf de naam Madame Cyn (1) gaf, was ook op andere gebieden creatief. In de jaren '80 beweerde ze dat haar etablissement regelmatig bezocht werd door vooraanstaande leden van de conservatieve partij (Tories). In het Berlijn van de Tweede Wereldoorlog boden de

animeermeisjes in de clubs hun diensten ook aan nazi-officieren aan (2), voor de gewone man waren er de straten met 'raamprostituees' (3). Bagdad had een 'winkelstraat' voor vrouwenvlees (5). De vrouwen die in de jaren '30 in Calcutta (4) en Caïro (6) tot prostitutie gedwongen waren, werden als beesten opgesloten.

STRIPTEASE becomes a profession (1). In 1973 Soho, bookshops, strip joints and parts of Berwick Street market were given over entirely to the sex industry (2):

quite a displacement for an area that once boasted illustrious (and sometimes scurrilous) residents like the Duke of Monmouth, Mozart, the author Hazlitt, and the King of Corsica.

STRIPTEASE als Beruf (1). Eine Aufnahme aus Soho zeigt, daß Buchläden, Lokale und Teile des Markts in der Berwick Street 1973 ganz zum Geschäft mit dem Sex übergegangen waren (2):

ein tiefer Fall für ein Viertel, in dem einst so illustre (oder auch dubiose) Gestalten wie der Herzog von Monmouth, Mozart, der Schriftsteller Hazlitt und der König von Korsika wohnten.

Een professionele stripteasedanseres (1). Deze foto van Soho laat zien dat de wijk er in 1973 niet op vooruitging: boekhandels, restaurants en delen van de markt in Berwick Street werden verruild voor de seksindustrie (2). Een droevige teloorgang van een wijk waarin vroeger illustere (hoewel soms ook wat dubieuze) figuren als de hertog van Monmouth, Mozart, de schrijver Hazlitt en de koning van Corsica woonden.

APPARENTLY the first British Women's
Institute opened in a summerhouse
on Anglesey Island. By the 1950s it had a
membership of over half a million, and a
considerable lobbying voice in all sectors
of government, standing particularly firm
on matters relating to the family and
Christianity. Their domestic concerns were
often summarized as 'jam and Jerusalem',
which refers to their fund-raising through
home-produced goods and the hymn (with
words by the eighteenth-century poet
William Blake) they always sing at the end
of their national rally. Here members from
Eastgate participate in some lively outdoor
country dancing at Weardale, County
Durham.

DER erste britische Frauenverein wurde
offenbar in einem Sommerhaus auf
der Insel Anglesey gegründet. In den 50er
Jahren hatte der Verein bereits über eine
halbe Million Mitglieder und konnte
beträchtlichen Druck auf alle Bereiche der
Regierung ausüben; besonders vehement
setzten die Frauen sich für alles ein, was
mit Familie und mit Christentum zu tun
hatte. Sie bekamen den Spitznamen
»Marmelade und Jerusalem«, weil sie sich
das Geld für ihre Unternehmungen meist
mit selbstge-machten Lebensmitteln ver-
schafften und am Ende ihrer Landestreffen
immer das Kirchenlied »Jerusalem« (nach
einem Text des Dichters William Blake)
sangen. Hier sieht man Mitglieder aus
Eastgate bei einem fröhlichen Tanz auf
dem Lande, in Weardale, Grafschaft
Durham.

DE eerste Britse vrouwenorganisatie
schijnt in een zomerhuis op het eiland
Anglesey opgericht te zijn. In de jaren '50
telde de vereniging al meer dan een half
miljoen leden en wist ze een opmerkelijke
invloed uit te oefenen op alle onderdelen
van het regeringsbeleid; zaken die met het
gezinsleven of christendom te maken
hadden, konden op bijzondere
belangstelling van de vrouwen rekenen.
Hun bijnaam was 'jam en Jeruzalem'
omdat ze het geld voor hun activiteiten
meestal door de verkoop van zelfgemaakte
voedingsmiddelen bij elkaar brachten en
omdat ze tot slot van hun landelijke
bijeenkomsten altijd het kerklied
'Jerusalem' (met een tekst van de 18e-
eeuwse dichter William Blake) zongen. Op
de foto zijn een paar leden uit Eastgate te
zien bij een vrolijke dans op het platteland
in Weardale in het graafschap Durham.

A parallel British organization stemming from Edwardian times was the Mothers' Union, meeting here in a church hall in their hats and wire-rimmed spectacles (1). In the 1940s, too, Russian women decorated for service in the Second World War march through Red Square on a Victory Day Parade (3). And in Bradford, Yorkshire, Spinsters' Club members go public in their campaign for a national pension (2).

EINE ähnliche britische Organisation, die vom Anfang des Jahrhunderts stammte, war die Mothers' Union (Mütterverein), die sich hier in einem Kirchensaal trifft, alle mit Hüten und den typischen Nickelbrillen der Zeit (1). Diese russischen Frauen (3), ebenfalls in den 40er Jahren, sind als Kriegsheldinnen ausgezeichnet worden und nehmen an einer Parade auf dem Roten Platz zum Jahrestag des Kriegsendes teil. In Bradford, Yorkshire, demonstrieren Frauen des Spinsters' Club (Verein unverheirateter Frauen) für eine staatliche Rente (2).

EEN soortgelijke organisatie was de 'Mothers' Union', die hier in een wijkgebouw vergadert, compleet met de hoedjes en metalen brillen die zo typisch voor de jaren '40 waren (1). In dezelfde periode, tijdens de jaarlijkse herdenking van het einde van de Tweede Wereldoorlog, lopen deze Russische vrouwen (3), die een onderscheiding hebben gekregen, mee in de parade op het Rode Plein. In Bradford, Yorkshire, demonstreren leden van de 'Spinsters' Club' (Vereninging van ongehuwde vrouwen) voor een staatspensioen voor iedereen (2).

2

3

1

WOMEN have had a long and dynamic connection with pacifism. In 1923 a Women's Rally of the Workers' Union deplored the millions of sons and husbands lost in the Great War and opposed rearmament (1). In 1936 thousands of women donned hideous paper gas masks for the Assembly for Peace in Trafalgar Square (2).

FRAUEN spielen schon lange eine wichtige Rolle für den Pazifismus. 1923 gedachten die Frauen der Arbeitergewerkschaft der Millionen von Söhnen und Männern, die im Ersten Weltkrieg umgekommen waren, und protestierten gegen die Wiederaufrüstung (1). 1936 setzten Tausende von Frauen bei einer Friedensdemonstration am Trafalgar Square häßliche Papier-Gasmasken auf (2).

VROUWEN spelen al lange tijd een actieve rol in het pacifisme. In 1923 herdachten de vrouwen van de 'Workers' Union' de miljoenen zonen en echtgenoten die in de Eerste Wereldoorlog om het leven waren gekomen, ook protesteerden ze tegen de herbewapening (1). Tijdens een vredesdemonstratie op Trafalgar Square in 1936 bonden duizenden vrouwen afschrikwekkende papieren gasmaskers voor hun gezicht (2).

2

S UPPORTERS of the anti-nuclear Com-
mittee of a Hundred are carted away
from Parliament Square (2). These marchers
declare their intention of withholding
income tax designated for nuclear arms (1).
Jean Shrimpton spends a hungry Christmas
protesting at British complicity in the
1967–70 Biafra conflict (3).

A TOMKRAFTGEGNERINNEN werden
vom Londoner Parliament Square
getragen (2). Die Demonstrantinnen wollen
ihre Einkommensteuer zurückbehalten,
weil sie für nukleare Aufrüstung verwendet
werden soll (1). Jean Shrimpton in weih-
nachtlichem Hungerstreik aus Protest gegen
die britische Haltung im Biafrakrieg
(1967–70) (3).

T EGENSTANDERS van kernenergie worden
van het Londense Parliament Square
weggedragen (2). Deze demonstranten
weigeren hun inkomstenbelasting te betalen
omdat daarmee nucleaire wapens bekostigd
zouden worden (1). Jean Shrimpton (3)
brengt de kerst in hongerstaking door uit
protest tegen de Britse rol in de Biafra-
oorlog (1967-1970).

A woman, in the 1950s, wears a mask under the watchful and sceptical eyes of a copper and a city gent, flagging a meeting for equal pay to be addressed at London's largest rallying hall by MP Edith Summerskill and Labour premier Clement Attlee (1). By 1971, women are still making the same demand. Tired of waiting, they hand in a petition to Prime Minister Edward Heath at No. 10 Downing Street, calling for equal educational and job opportunities; equal pay now; free contraception and abortion on request; and free 24-hour child care centres (2).

EINE Frau, in den 50er Jahren, hat sich eine Maske umgebunden und ruft unter den skeptischen Blicken eines Polizisten und eines Geschäftsmannes zu einer Versammlung für Lohngerechtigkeit auf. In London werden die Parlamentsabgeordnete Edith Summerskill und der Labour-Premierminister Clement Attlee sprechen (1). 1971 sind die Forderungen noch dieselben. Diese Frauen haben das Warten satt und sind zur Downing Street Nr. 10 gezogen, wo sie dem Premierminister Edward Heath eine Petition überreichen, in der sie Gleichstellung bei Ausbildungs- und Arbeitschancen fordern, sofortige Angleichung der Löhne, das Recht auf Abtreibung sowie Verhütungsmittel und Ganztags-Kinderhorte auf Staatskosten (2).

IN de jaren '50 maakt deze gemaskerde vrouw onder het toeziend oog van een sceptische politieagent reclame voor een protestbijeenkomst voor gelijke lonen. In de grootste hal die Londen voor zulke evenementen kent, zullen afgevaardigde Edith Summerskill en Labourpremier Clement Attlee (1) spreken. In 1971 waren de eisen van de vrouwen nog niet veranderd. Sommigen hebben genoeg van het wachten en zijn naar Downing Street No. 10 getrokken om minister-president Edward Heath een petitie te overhandigen waarin ze niet alleen gelijke kansen in het onderwijs en op de arbeidsmarkt verangen, maar ook directe opheffing van het verschil in beloning, gratis voorbehoedmiddelen, het recht op abortus en gratis 24-uurs-crèches (2).

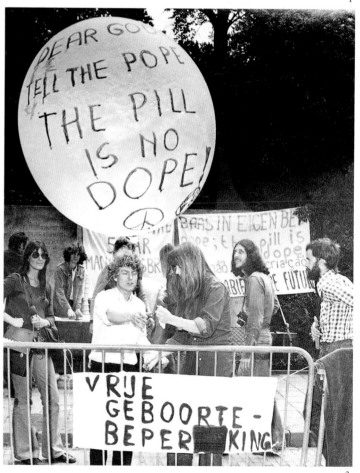

THROUGH the 1970s, women appeared to be on the march across the world. In the United States there emerged a clash between those, led here by Bella Abzug, who regarded a pregnancy as purely a transient condition of the female body (1), and the 'right-to-lifers' who considered abortion as tantamount to infanticide (2). In 1973 Dutch members of 'Dolle Mina' marked the fifth anniversary of the papal encyclical *Humanae Vitae* by releasing a balloon with the message: 'Dear God – tell the Pope the Pill is no Dope!' (3). In Italy, seat of the Vatican and country with the lowest birth rate in the world, women protest at the detention of a gynaecologist who performed abortions on demand (4).

IN den 70er Jahren erhoben Frauen überall auf der Welt ihre Stimmen. In den Vereinigten Staaten kam es zu Auseinandersetzungen zwischen denen, hier angeführt von Bella Abzug, die Schwangerschaft lediglich als einen vorübergehenden Zustand des weiblichen Körpers betrachteten (1), und der »Recht-auf-Leben«-Fraktion, für die eine Abtreibung einem Kindesmord gleichkam (2). 1973 begingen Mitglieder der holländischen Gruppe »Dolle Mina« den fünften Jahrestag der päpstlichen Enzyklika *Humanae vitae* damit, daß sie einen Ballon mit der Aufschrift in den Himmel steigen ließen: »Lieber Gott – sag dem Papst, daß die Pille keine Droge ist!« (3). In Italien, dem Sitz des Vatikans und dem Land mit der weltweit geringsten Geburtenrate, protestieren Frauen gegen die Verhaftung eines Gynäkologen, der auf Bitten von Patientinnen Abtreibungen vorgenommen hatte (4).

IN de jaren '70 lieten vrouwen over de hele wereld van zich horen. In de Verenigde Staten kwam het tot conflicten tussen aan de ene kant mensen die –hier onder aanvoering van Bella Abzug (1)– zwangerschap slechts als een tijdelijke toestand van het vrouwelijke lichaam beschouwden en aan de andere kant de 'recht-op-leven-beweging' voor wie abortus gelijkstond aan moord (2). In 1973 vierden leden van het Nederlandse 'Dolle Mina' de vijfde verjaardag van de pauselijke encycliek *Humanae Vitae* door een ballon los te laten waarop stond: "Dear God, tell the Pope the pill is no dope!" (3). In Italië, zetel van het Vaticaan en land met het laagste geboortecijfer ter wereld, protesteren vrouwen tegen de arrestatie van een gynaecoloog die op verzoek van patiëntes abortussen uitgevoerd had (4).

4

A New York woman police officer in the 1970s demonstrates to a quizzical audience how to disarm an assailant armed with a knife (1). According to the caption: 'Ravishing good looks may lure an assailant, but [she] tackles the problem with cool counterstrategy. There's daggers in her eyes!' Following a succession of rapes and sexual assaults near Stockport, Cheshire, youth leader (and ex-commando) George Ashton started training girls in 'how to say no to a rapist' (2). The classes were particularly popular with girls on local factory night shifts, or indeed anyone who wanted to learn 'how to blind your attacker' or 'how to cripple him by stamping on his feet'.

EINE New Yorker Polizistin der 70er Jahre zeigt einem nachdenklichen Publikum, wie man jemanden entwaffnet, der einen mit dem Messer bedroht (1). Die Bildunterschrift lautete: »Wenn eine Frau so gut aussieht, kann das einen Angreifer schon provozieren, aber sie weiß, wie sie damit fertig wird. Und ihre Augen schießen Pfeile!« Nachdem es in der Gegend von Stockport, Cheshire, mehrfach zu Vergewaltigungen und Fällen von sexueller

Belästigung gekommen war, begann der Jugendführer George Ashton (ehemals Mitglied einer Kommandotruppe) mit Kursen, in denen er den Mädchen beibrachte, »wie man Nein zu einem Vergewaltiger sagt« (2). Die Kurse fanden besonderen Zuspruch bei Mädchen, die auf Nachtschicht in den Fabriken arbeiteten, zogen aber auch andere an, die wissen wollten, »wie man dem Angreifer die Augen aussticht« oder »wie man ihm die Füße zertritt«.

EEN New Yorkse agente laat in de jaren '70 aan haar enigszins ongelovig kijkende mannelijke collega's zien hoe je een belager van zijn mes afhelpt (1). Het bijschrift bij de foto luidde: "Een knap uiterlijk werkt misschien provocerend op een potentiële verkrachter, maar deze vrouw weet daar wel raad mee. En vergeet haar dodelijke blikken niet!" Nadat in de omgeving van Stockport, Cheshire, meerdere meisjes waren verkracht of

aangerand, begon jeugdleider (en ex-commando) George Ashton meisjes te leren hoe ze zich tegen kwaadwillende mannen konden beschermen (2). De cursussen waren bijzonder populair bij meisjes die nachtdiensten in fabrieken draaiden, maar ook veel andere meisjes wilden graag weten 'hoe je je belager blind kunt maken' of 'hoe je hem kunt uitschakelen door op zijn tenen te trappen'.

Music and Dance

THE musical scene in the twentieth century brought wildly varying styles and extraordinary new techniques. While composers such as Richard Strauss (1864-1949) and Edward Elgar (1857-1934) were happy to develop in the mainstream as the natural successors of Wagner and Brahms, others went out on a limb. Arnold Schoenberg (1874-1951) devised the twelve-tone compositional method, in which 'old-fashioned' concepts of key and chromaticism were thrown out and instead a 'row' of twelve notes arranged in unrelated order was used as a thematic basis. His disciples, Berg and Webern, also used this method, although less rigidly. But it cannot be said that the average music-lover finds it easy to whistle a snatch or two of many of their works, despite the unquestioned merits of such operas as *Wozzeck* and *Lulu*. A later generation headed by the Frenchman Pierre Boulez and the German Karlheinz Stockhausen turned to electronic music, mixing tapes with live performance and using newly invented instruments such as the *ondes martenot*, a type of synthesizer. Their works, too, have met with critical attention rather than widespread popularity.

Stockhausen (1, overleaf) was born in 1928. In 1971 he created a programme of 'Anthems' of concrete sound to last all evening. Divided into four sections, each of which featured the national anthem of a different country, it provided a natural accompaniment of sounds ranging from the breathing of jungle animals to that of the instrumentalists. Asked if the listener could tell the difference and whether it mattered, the composer replied: 'Music is a state of being. It is a means to a new awareness.' Boulez (b. 1925) founded the Paris-based IRCAM institute in 1976 for research into experimental composition techniques (2, overleaf). He is an outstanding conductor, of Wagner in particular, somewhat surprisingly.

As ballet branched away from Russia and underwent a revitalization at the hands of Serge Diaghilev (1872-1929), the young Igor Stravinsky was coming to the fore. His three early works (*Firebird*, *Petruchka*, *Rite of Spring*) are among the best ballet scores of this or any century, and indeed are as thrilling in the concert hall as in the theatre. Diaghilev had a supremely catalytic quality, bringing together magnificent artists and composers as well as dancers like Nijinsky, now legends in the history of ballet. The influence of his splendid company percolated to Britain and the USA, and the eventual result was the establishment of the Royal Ballet in London and Balanchine's New York City Ballet. Britain produced another legend in Margot Fonteyn, while the vigorous American style was epitomized by Martha Graham and many others.

A true English opera at last became a reality with the stunning première of Benjamin Britten's *Peter Grimes* in 1945. On the face of it a gloom-laden tragedy, the opera is so gripping, with such marvellous music, that audiences emerge exhilarated and moved rather than downcast. American opera too has become firmly established over the last fifty years, through the setting up of world-class companies and performing centres throughout the United States.

Leonard Bernstein (1) was immensely successful at combining a classical training with a common touch. Born in the United States to immigrant parents in August 1918, he became internationally known as an electrifying conductor, becoming music director of the New York Philharmonic, and for the realism of his own compositions, in tune with popular rhythms and phraseology. Nowhere was this plainer than in his watershed musical *West Side Story*, a 'Romeo and Juliet' in which Montagues and Capulets are replaced by Sharks and Jets, the warring factions of New Yorkers and *newyorquinos*. His symphonies and sacred compositions are in a completely different vein.

DIE Musikszene des 20. Jahrhunderts zeichnet sich durch eine große Vielfalt der Stile und durch außerordentliche neue Techniken aus. Während Komponisten wie Richard Strauss (1864-1949) und Edward Elgar (1857-1934) mit großem Erfolg die Traditionen von Wagner und Brahms fortentwickelten, begannen andere ganz von vorn. Arnold Schönberg (1874-1951) erfand die Zwölftontechnik, in der »veraltete« Vorstellungen von Tonart und Chromatik über Bord geworfen wurden und statt dessen eine »Reihe« von zwölf unverbundenen Tönen die thematische Basis lieferte. Seine Schüler Berg und Webern komponierten ebenfalls nach dieser Methode, handhaben sie jedoch flexibler. Die meisten Musikfreunde fanden es nicht gerade leicht, die Melodien aus diesen Werken nachzupfeifen, auch wenn der Rang von Opern wie *Wozzeck* oder *Lulu* außer Frage steht. Die nächste Generation wandte sich unter Führung des Franzosen Pierre Boulez und des Deutschen Karlheinz Stock-

hausen der elektronischen Musik zu, sie brachten Tonbandmusik in ihre Konzertauftritte und arbeiteten mit neuerfundenen Instrumenten wie den *ondes martenot*, einer Art Synthesizer. Auch ihre Arbeiten haben eher bei den Kritikern als beim großen Publikum Anerkennung gefunden.

1971 führte Stockhausen (1), Jahrgang 1928, ein abendfüllendes Programm konkreter Musik mit dem Titel »Hymnen« auf. Im Mittelpunkt jedes der vier Teile stand die Nationalhymne eines Landes, und dazu wurden Geräusche eingespielt, vom Atem eines wilden Tieres bis hin zum Atem der Instrumentalisten. Auf die Frage, ob der Zuschauer denn zwischen beiden unterscheiden könne und ob das von Bedeutung sei, entgegnete der Komponist: »Musik ist ein Seinszustand. Sie ist ein Mittel zur Erweiterung des Bewußtseins.« Der 1925 geborene Boulez gründete 1976 in Paris das IRCAM-Institut zur Erforschung experimenteller Kompositionstechniken (2). Er ist ein bedeutender Dirigent und hat sich – was man bei seinen sonstigen Vorlieben wohl kaum vermutet hätte – besonders als Wagner-Interpret hervorgetan.

Als das Ballett seine russische Heimat verließ und unter Sergej Diaghilew (1872-1929) eine Verjüngungskur machte, trat der junge Igor Strawinsky auf den Plan. Seine frühen Werke *Der Feuervogel*, *Petruschka* und *Le sacre du printemps* zählen zu den bedeutendsten Ballettwerken dieses Jahrhunderts, wenn nicht aller Zeiten, und sind im Konzertsaal nicht weniger faszinierend als im Theater. Diaghilew war ein genialer Katalysator und brachte die bedeutendsten bildenden Künstler und Komponisten zusammen, dazu natürlich Tänzer wie Nijinsky, die heute Ballettlegende sind. Der Einfluß seiner Truppe reichte bis nach England und in die Vereinigten Staaten und war mitverantwortlich dafür, daß das Royal Ballet in London und Balanchines New York City Ballet gegründet wurden. Eine weitere Tanzlegende, Margot Fonteyn, kam aus Großbritannien, und Inbegriff des energischen amerikanischen Stils war, unter anderen, Martha Graham.

Mit der atemberaubenden Premiere von Benjamin Brittens *Peter Grimes* im Jahre 1945 wurde der Traum von einer echt englischen Oper endlich Wirklichkeit. Auf den ersten Blick ist es eine finstere Tragödie, doch die Oper ist so packend und die Musik so mitreißend, daß das Publikum nicht etwa niedergeschlagen aus dem Saal kommt, sondern gerührt und geläutert. Auch im amerikanischen Kulturleben hat sich die Oper in den letzten fünfzig Jahren einen festen Platz erobert, mit erstklassigen Truppen und Opernhäusern im ganzen Land.

Leonard Bernstein (1, vorherige Seiten) verstand es, klassische Ausbildung mit einer volkstümlichen Art zu verbinden. Als Einwanderersohn im August 1918 in Amerika geboren, wurde er für seine faszinierende Dirigentenkunst (er wurde Chef der New Yorker Philharmoniker) weltbekannt, ebenso für die Realistik seiner eigenen Kompositionen, in denen er volkstümliche Rhythmen und Gesangsstile verarbeitete. Nirgendwo war das offensichtlicher als in seinem Durchbruchswerk, dem Musical *West Side Story*, einem »Romeo und Julia«, bei dem an die Stelle der Montagues und der Capulets die Sharks und die Jets getreten sind, die verfeindeten Banden der einheimischen New Yorker und der lateinamerikanischen Einwanderer. Bernsteins Symphonien und Sakralwerke sind dagegen vollkommen anders im Ton.

DE 20e-eeuwse muziek onderscheidt zich door opvallende nieuwe technieken en een grote verscheidenheid aan stijlen. Terwijl componisten als Richard Strauss (1864-1949) en Edward Elgar (1857-1934) met succes de traditie van Wagner en Brahms voortzetten, begonnen anderen helemaal van voren af aan. Arnold Schönberg (1874-1951) vond het twaalftoonstelsel uit, waarbij hij 'verouderde' opvattingen over toonsoort en chromatiek verwierp en alle twaalf chromatische tonen als basis gebruikte. Zijn leerlingen Berg en Webern componeerden ook volgens deze methode, maar stonden zichzelf meer vrijheden toe. Het is moeilijk om van hun muziek zomaar even een melodie na te fluiten, ondanks de goede kwaliteit van opera's als *Wozzeck* en *Lulu*. De volgende generatie componisten richtte zich onder leiding van de Fransman Pierre Boulez en de Duitser Karlheinz Stockhausen op de elektronische muziek, waarbij bandopnamen en live muziek vaak gemixt werden. Ook werd er met nieuwe instrumenten gewerkt, zoals synthesizers.

Stockhausen (blz. 722), geboren in 1928, verzorgde in 1971 met zijn *Hymnen* een avondvullend programma. De voorstelling bestond uit vier delen, die elk het volkslied van een bepaald land karakteriseerden en die werden vergezeld van geluiden als de ademhaling van wilde dieren en van de instrumentalisten. Op de vraag of luisteraars daartussen een verschil zouden horen, en of dat van belang was, antwoordde de componist:

"Muziek is een vorm van zijn, een middel om het bewustzijn te verruimen." Boulez, geboren in 1925, richtte in 1976 in Parijs het IRCAM-instituut voor onderzoek naar experimentele compositietechnieken op. Hij is een voortreffelijke dirigent, die verrassend genoeg vooral naam heeft gekregen met zijn interpretaties van Wagner.

Toen het ballet Rusland verliet en door Serge Diaghilev (1872-1929) nieuw leven ingeblazen kreeg, trad de jonge Igor Stravinsky op de voorgrond. Zijn drie vroege werken *De vuurvogel*, *Petroesjka* en *Le sacre du printemps* behoren tot de beste balletmuziek die er ooit gemaakt is. Diaghilev was de bezielende kracht achter nieuwe balletsuccessen. Hij bracht de belangrijkste kunstenaars en componisten bij elkaar en natuurlijk ook dansers, die, zoals Nijinski, tegenwoordig heuse legenden zijn. Het succes van zijn balletgezelschap reikte tot in Groot-Brittannië en Amerika, en leidde ook tot de oprichting van het Royal Ballet in Londen en het Balanchines New York City Ballet. Groot-Brittannië bracht met Margot Fonteyn ook een eigen danslegende voort; Martha Graham was een goede vertegenwoordiger van de Amerikaanse dansstijl.

De adembenemende première van Benjamin Brittens *Peter Grimes* in 1945 was de geboorte van een echte Engelse opera. Op het eerste gezicht lijkt het een duistere tragedie, maar de opera heeft zulke meeslepende muziek, dat je de zaal ontroerd en gelouterd verlaat. In de loop van de laatste vijftig jaar heeft de opera zich ook in het Amerikaanse culturele leven een vaste plaats verworven.

Leonard Bernstein (blz. 721) had een klassieke opleiding gehad, maar stond open voor populaire invloeden en oogstte daarmee veel succes. Hij was in augustus 1918 in Amerika geboren en kreeg internationale erkenning voor zowel zijn buitengewone kwaliteiten als dirigent (hij werd de muzikale leider van de New York Philharmonic), als voor het realisme van zijn eigen composities, waarin hij populaire ritmes en zangstijlen verwerkte. Dit laatste kwam misschien wel het beste tot uitdrukking in het werk waarmee hij doorbrak, de musical *West Side Story*, een soort 'Romeo en Julia' waarbij de plaatsen van de Montagues en Capulets zijn ingenomen door de Sharks en de Jets, de rivaliserende bendes van blanke respectievelijk Latijns-Amerikaanse New Yorkers.

1

4

IGOR Stravinsky created a sensation when, aged 28 in 1910, he scored Diaghilev's ballet *The Firebird*. Fellow Russian Leon Bakst designed the costumes and the lead role was danced by Tamara Karsavina. In 1911 there followed the first performance of his ballet *Petruschka* in Paris, the beseechingly romantic puppet danced by Nijinsky, with costumes designed by Alexandre Benois. In 1913 uproar greeted the Théâtre des Champs-Élysées première of *The Rite of Spring*, described by one critic as composed of 'pounding, reiterated rhythms, and savage discords'. The pictures show Stravinsky in later life, conducting at a recording of Bach's *Von Himmel Hoch* and his own *The Rake's Progress* in London in 1964. The cellist Mstislav Rostropovich congratulates him at the end (5).

MIT der Musik, die er 1910 im Alter von 28 Jahren für Diaghilews Ballett *Der Feuervogel* schrieb, sorgte Igor Strawinsky für eine Sensation. Sein russischer Landsmann Leon Bakst entwarf die Kostüme, und Primaballerina war Tamara Karsawina. 1911 folgte die Erstaufführung seines Balletts *Petruschka* in Paris, die flehende romantische Puppe von Nijinsky

getanzt, mit Kostümen von Alexandre Benois. Als *Le sacre du printemps* 1913 im Théâtre des Champs-Élysées uraufgeführt wurde, gab es Tumulte; ein Kritiker schrieb, das Werk bestehe aus »stampfenden, immergleichen Rhythmen und wilden Mißklängen«. Die Bilder zeigen Strawinsky in späteren Jahren bei Schallplattenaufnahmen von Bachs *Vom Himmel hoch* und seinem eigenen *The Rake's Progress* in London 1964. Am Ende beglückwünscht ihn der Cellist Mstislaw Rostropowitsch (5).

MET de muziek die hij in 1910 op 28-jarige leeftijd voor Diaghilevs ballet *De vuurvogel* schreef, zorgde Igor Stravinsky voor een sensatie. Zijn landgenoot Léon Bakst ontwierp de kostuums en de hoofdrol werd gedanst door Tamara Karsavina. In 1911 volgde de première van *Petroesjka* in Parijs, met Nijinski als de smekende romantische pop en kostuums van Alexandre Benois. De eerste voorstelling van *Le sacre du printemps* in 1913 in het Théâtre des Champs-Élysées verliep bijzonder tumultueus; een criticus schreef dat de muziek bestond uit "stampende, repeterende ritmes en woeste wanklanken". De foto's (1-4) zijn in 1964 in Londen genomen en laten Stravinsky zien bij het maken van plaatopnamen van Bachs *Vom Himmel Hoch* en zijn eigen *The Rake's Progress*. Na afloop van een geslaagde uitvoering wordt hij gefeliciteerd door de cellist Mstislav Rostropovitsj (5).

2

3

(Overleaf)

IN 1980 the eighty-two-year-old Japanese violinist and tutor Shinichi Suzuki visited Britain to demonstrate his teaching methods. The lack of Suzuki teachers led to this demonstration at the British Suzuki Institute in Hertfordshire by the inventor of the technique himself (1). Back home in Tokyo, 2,000 little fiddlers (aged 3-10) from across Japan gathered in 1970 for a mass violin concert attended by their admiring parents (2, 3).

(Blz. 726/727)

IN 1980 kwam de 82-jarige Japanse violist en viooldocent Shinichi Suzuki naar Groot-Brittanni om zijn lesmethoden te demonstreren. Door een gebrek aan gekwalificeerde docenten liet de bedenker van de Suzuki-methode hier in het British Suzuki Institute in Hertfordshire zelf zien wat het een en ander inhield (1). Tweeduizend vioolvirtuoosjes, afkomstig uit heel Japan en in leeftijd varirend van drie tot tien jaar, kwamen in 1970 in Tokyo bij elkaar om een concert voor hun trotse ouders te geven (2, 3).

(Folgende Seiten)

IM Jahre 1980 kam der zweiundachtzigjährige japanische Geiger und Geigenlehrer Shinichi Suzuki nach Großbritannien, um seine Lehrmethoden zu unterrichten. Es fehlte an Lehrern, und deshalb führt der Erfinder der Suzuki-Methode sie hier im British Suzuki Institute in Hertfordshire selbst vor (1). Zu Hause in Tokio versammelten sich 1970 zweitausend kleine Geigenvirtuosen aus ganz Japan (zwischen drei und zehn Jahren alt) und gaben für die stolzen Eltern ein Großkonzert (2, 3).

5

1

2

1

WHILE Puccini's *Tosca* was the lush
apotheosis of nineteenth-century
Italian opera, Alban Berg's *Lulu* was among
the most daring operatic works of the
present century (although it remained
incomplete at Berg's death). Both are
thematically realistic works, dominated by
the tragedy of a powerful but doomed
woman. And both are here played by
outstanding singers who gave a unique
interpretation to their roles: Maria Callas
(2, with Tito Gobbi) in the former, Karan
Armstrong (1, with Erik Saeden) in the
latter. Puccini's Tosca goes beyond other
contemporary heroines (such as Violetta in
La Traviata) in having a political as well as
a romantic dimension. *Lulu* deals with the
theme of the *femme fatale*, bringing musical
inventiveness to the heroine's parabolic rise
and fall and the sleazy fate which even she
was unable to manipulate.

DER Überschwang von Puccinis *Tosca*
ist der Höhepunkt der italienischen
Oper des 19. Jahrhunderts, Alban Bergs
Lulu (die der Komponist nicht mehr voll-
enden konnte) zählt zu den gewagtesten
Opernwerken unseres Jahrhunderts. Beide
sind vom Thema her realistische Werke,
und im Mittelpunkt steht jeweils die Tragödie einer machtvollen, doch dem Untergang geweihten Frau. Beide werden sie
hier von Sängerinnen verkörpert, deren
Interpretation Geschichte machte: Maria
Callas (2, mit Tito Gobbi) als Tosca, Karan
Armstrong (1, mit Erik Saeden) als Lulu.
Was Puccinis Tosca vor anderen Opern-
heldinnen ihrer Zeit (wie etwa Violetta in
La Traviata) auszeichnet, ist die politische
Dimension, die zur Liebeshandlung hinzu-
kommt. Das Thema von *Lulu* ist die Femme
fatale, und mit bis dahin ungekannten
musikalischen Mitteln werden der parabel-
hafte Aufstieg und Fall der Heldin und
die Verwicklung des Schicksals vorgeführt,
das nicht einmal sie beeinflussen konnte.

TWEE eeuwen opera: Puccini's *Tosca*,
met al zijn overdaad het hoogtepunt
van de 19e-eeuwse Italiaanse opera; Alban
Bergs (onvoltooid gebleven) *Lulu*, een van
de gewaagdste operawerken van deze
eeuw. Beide opera's hebben een realistisch
thema, waarbij steeds het tragische lot van
een machtige, maar ten dode opgeschreven
vrouw centraal staat. De rollen worden
hier vertolkt door twee zangeressen die
met hun interpretatie internationale
waardering kregen: Maria Callas (2) als
Tosca en Karan Armstrong (1, met Erik
Saeden) als Lulu. Tosca onderscheidt zich
van andere hoofdrolspeelsters uit opera's
van die tijd (zoals Violetta uit *La Traviata*)
doordat er een politiek aspect aan haar
verliefdheid verbonden is. Het thema van
Lulu is de femme fatale, van wie de
parabelachtige opkomst en ondergang en
ook het vergeefse gevecht tegen het wrede
noodlot met tot dan toe ongekende
muzikale middelen geschilderd werd.

2

1

2

The delightful and popular Spanish mezzo-soprano Conchita Supervia imported the famous 1930s studio photographer Sasha for these 'informal' shots at her home in Mayfair (1). In fact the theatricality of the wrought-iron gates and drapes (2) well suited the disposition of the singer, whose principal roles included Carmen and the coloratura Rossini roles (Rosina, Cinderella).

DIE bezaubernde und beliebte spanische Mezzosopranistin Conchita Supervia ließ den berühmten Studiophotographen der 30er Jahre, »Sascha«, kommen, der diese »informellen« Aufnahmen in ihrem Haus im Londoner Stadtteil Mayfair machte (1). Eigentlich passen die schmiedeeisernen Gitter und die Vorhänge (2), die etwas Theatralisches haben, gut zu einer Sängerin, zu deren größten Rollen Carmen und die Koloraturen bei Rossini (Rosina, Aschenbrödel) gehörten.

DE betoverende en populaire Spaanse mezzosopraan Conchita
Supervia liet Sasha, de beroemde studiofotograaf uit de jaren
'30, overkomen om in haar huis in het Londense Mayfair deze
'informele' foto's te maken (1). Het smeedijzeren hekwerk en de
gordijnen (2) hebben iets theatraals over zich, wat goed past bij een
zangeres die voornamelijk bekend werd om haar vertolking van
Carmen en haar rollen in opera's van Rossini (Rosina,
Assepoester).

L ONDON'S Royal Opera House –
originally founded in 1732 – returned
to a central position on the musical map in
the 1950s. Here Joan Sutherland (1) spreads
her bloodstained skirts and her tumbling
locks in the mad scene from Donizetti's
Lucia di Lammermoor. In her audience was
Maria Callas, the Greek 'Tigress', chatting
to German fellow-soprano Elisabeth
Schwarzkopf (2). Schwarzkopf also goes
into a huddle with conductor Wolfgang
Sawallisch for further musical exchanges
following their recording of Richard
Strauss's *Der Rosenkavalier*.

D AS Londoner Royal Opera House,
schon 1732 gegründet, konnte in den
50er Jahren an einstige Größe anknüpfen.
Hier (1) zeigt Joan Sutherland ihr blutbefleck-
tes Gewand und die wallenden Locken in
der Wahnsinnsszene aus Donizettis *Lucia di
Lammermoor*. Im Publikum saß auch die
griechische »Tigerin« Maria Callas, die hier
mit ihrer deutschen Kollegin, der Sopra-
nistin Elisabeth Schwarzkopf, plaudert (2).
Nach der Aufnahme von Richard Strauss'
Der Rosenkavalier fachsimpelt die Schwarzkopf mit dem Dirigenten Wolfgang
Sawallisch.

H ET Londense Royal Opera House, dat
al in 1732 opgericht was, herwon in
de jaren '50 weer een groot deel van zijn
vroegere betekenis. Hier laat Joan
Sutherland (1) haar met bloed bevlekte
jurk en haar golvende krullen zien in de
waanzinscène uit Donizetti's *Lucia di
Lammermoor*. In het publiek zaten ook de
Griekse 'tijgerin' Maria Callas en haar
Duitse collega, de sopraan Elisabeth
Schwarzkopf (2). Schwarzkopf praat na
afloop van de opname van Richard Strauss'
Der Rosenkavalier, nog even ontspannen na
met dirigent Wolfgang Sawallisch (3).

2

3

1   2

FRANCIS Egerton sings the Captain to Welsh baritone Sir Geraint Evans in the title role of Alban Berg's *Wozzeck* in this 1978 production at the Royal Opera House, London (1). A very different treatment of a military theme was revived, also at Covent Garden, in 1966 with Donizetti's *Fille du Régiment* with (left to right) a relatively slender Luciano Pavarotti, Joan Sutherland and Spiro Malas (3). The 1973 Wagner Festival at Bayreuth opened with *Die Meistersinger von Nürnberg*: the master's grandson Wolfgang Wagner directs René Kollo as Walther von Stolzing (2).

FRANCIS Egerton singt den Hauptmann, der walisische Bariton, Sir Geraint Evans, die Titelrolle in dieser Produktion von Alban Bergs *Wozzeck* im Londoner Royal Opera House, 1978 (1). Eine ganz andere Sicht des Militärs kommt 1966, ebenfalls in Covent Garden, in dieser Inszenierung von Donizettis *Die Regimentstochter* zum Ausdruck, mit (von links nach rechts) einem damals noch vergleichsweise schlanken Luciano Pavarotti, Joan Sutherland und Spiro Malas (3). Die Festspiele in Bayreuth eröffneten 1973 mit den *Meistersingern von Nürnberg*. Hier gibt Wolfgang Wagner, der Enkel des Meisters, René Kollo, der den Walther von Stolzing singt, seine Anweisungen (2).

FRANCIS Egerton is de kapitein en de uit Wales afkomstige bariton Sir Geraint Evans speelt de titelrol in deze uitvoering van Alban Bergs *Wozzeck* in het Londense Royal Opera House (1, 1978). Van een heel andere visie op het leger getuigde in 1966, eveneens in Covent Garden, deze enscenering van Donizetti's *La fille du régiment*, met (v.l.n.r.) een nog betrekkelijk slanke Luciano Pavarotti, Joan Sutherland en Spiro Malas (3). De Bayreuther Festspiele werden in 1973 geopend met *Die Meistersinger von Nürnberg*. Hier geeft Wolfgang Wagner, de zoon van de meester, aanwijzingen aan René Kollo, die de rol van Walther von Stolzing speelt (2).

3

(Overleaf)

THE opening of the 1934 Glyndebourne opera season brought forth Lady Diana Cooper, aristocratic leader of the social scene and author of a racy literary auto-biography (2). Five years later the German photographer Felix Man (formerly Bau-mann) took this image of an interval in the grounds of the stately home where operas are staged (1). Despite the summer season, several of the women find it necessary to attend in their furs. Similar fashions, includ-ing buttonholes, accompany first-nighters attending the opening of the 1937 season at the Royal Opera House, picking their way through the crates of vegetables at Covent Garden (3).

(Folgende Seiten)

LADY Diana Cooper, damals erste Dame der englischen Gesellschaft (und Verfasserin einer skandalträchtigen Auto-biographie), erscheint zur Eröffnung der Opernsaison in Glyndebourne, 1934 (2). Fünf Jahre später nahm der deutsche Photo-graph Felix Man (vormals Baumann) dieses Bild von einer Aufführungspause im Park des aristokratischen Opernhauses auf (1). Obwohl es Sommer ist, finden einige der Damen Pelz angebracht. Ähnlich gekleidet, komplett mit Knopflochnelke, kommen diese Besucher zur Eröffnung der 1937er Saison im Royal Opera House (3). Ihr Weg führt sie zwischen den Gemüsekisten am Markt von Covent Garden hindurch.

Bɪj de opening van het operafestival van
Glyndebourne in 1934 mocht zij niet
ontbreken: Lady Diana Cooper,
toonaangevend in de toenmalige high
society en schrijfster van een smeuïge
autobiografie (2). Vijf jaar later nam de
Duitse fotograaf Felix Man (voorheen
Baumann) deze foto van bezoekers tijdens
een pauze in het park dat bij het
aristocratische operagebouw hoort (1).
Hoewel het zomer is, vinden sommige
dames een bontjas onontbeerlijk. In min of
meer dezelfde kleding gaan deze mensen in
1937 naar de opening van het seizoen in
het Royal Opera House (3). Hun weg
voert langs de groentekisten op de markt
van Covent Garden (3).

3

2

3

EPSTEIN, Dalí and Picasso: three prolific and international giants of twentieth-century art. Jacob Epstein (1880-1954) was a formidable sculptor, known mainly for large and majestic works such as that of St Michael the Archangel, over the portico of the new Coventry Cathedral; he also produced this Earth Mother statue (1). An anonymous ditty ran: 'I don't like the family Stein;/ There is Gert, there is Ep, there is Ein./Gert's writings are punk,/ Ep's statues are junk,/And nobody understands Ein.' Dalí and Picasso were both Catalan, but had absolutely nothing in common. The former (2) was a truculent eccentric with a genius for publicity and moustaches, an exponent of Dada and Surrealist art. Having left Spain after the Guernica bombing that was to give rise to one of his most famous works, Picasso based himself in the South of France. Here he is meditating on his sinister carving of a goat (3) – a sculpture apparently light-years away from Picasso the Cubist, or of the Blue, Pink, abstract or later periods.

EPSTEIN, Dalí und Picasso: drei Giganten der internationalen Kunst des 20. Jahrhunderts. Jacob Epstein (1880-1954) war ein begnadeter Bildhauer, der vor allem für seine großformatigen, majestätischen Werke, wie den Erzengel Michael über dem Portikus der neuen Kathedrale von Coventry und seine Erdmutter (1), bekannt ist. Unser alter Freund Anonymus verspottet in einem Verslein die Marotten des großen Bildhauers: »Ich mag sie nicht, die Familie Stein, / Nicht die Gert, nicht den Ep, nicht den Ein. / Gerts Bücher sind schal, / Eps Statuen 'ne Qual, / Und Einstein versteht kein Schwein.« Dalí und Picasso waren beide Katalanen, doch das war auch ihre einzige Gemeinsamkeit. Dalí war ein hundertprozentiger Exzentriker mit einem Talent für Publicity und Schnurrbärte, ein Vertreter von Dada und Surrealismus (2). Picasso verließ Spanien nach der Bombardierung Guernicas, die ihm das Thema für eines seiner berühmtesten Bilder lieferte, und lebte seitdem in Südfrankreich. Hier sitzt er nachdenklich auf seinem Ziegenbock (3) – eine Skulptur, die Lichtjahre von

Picassos kubistischer, blauer, rosa und abstrakter Periode entfernt ist.

EPSTEIN, Dali en Picasso: drie giganten van de internationale 20e-eeuwse kunst. Jacob Epstein (1880-1954) was een getalenteerde beeldhouwer en werd vooral beroemd om zijn majestueuze werken als het beeld van de aartsengel Michaël boven het portaal van de nieuwe kathedraal van Coventry en 'Moeder Aarde' (1). Een anonieme dichter erover: "Ik mag ze niet, die familie Stein,/ Met hun Gert, hun Ep en hun Ein./ Gerts boeken zijn saai,/ Eps beelden niet fraai,/ en niemand begrijpt iets van Ein." De enige overeenkomst tussen Dali en Picasso is dat ze allebei uit Catalonië kwamen. Dali was een excentriekeling pur sang met een geweldige neus voor publiciteit en snorren (2). Picasso verliet Spanje na de bombardementen op Guernica en vestigde zich in Zuid-Frankrijk. Hier zit hij wat na te denken op een geitenbok (3) – een houtsculptuur die lichtjaren verwijderd lijkt van zijn kubistische of zijn latere blauwe, roze of abstracte periodes.

(Overleaf)
IN 1966 the debonair Sir Malcolm Sargent conducts *Rule Britannia*, accompanied by considerable flag- and balloon-waving, at the Last Night of the Proms at the Royal Albert Hall.

(Folgende Seiten)
IM Jahre 1966 dirigiert ein gutgelaunter Sir Malcolm Sargent unter wehenden Flaggen und Ballons *Rule Britannia* bei der »Last Night of the Proms« in der Royal Albert Hall.

(Blz. 740/741)
TIJDENS de 'Last Night of the Proms' in de Royal Albert Hall dirigeert een goedgehumeurde Sir Malcolm Sargent in 1966 een uitvoering van *Rule Britannia*.

geworden was. Andere belangrijke Russen in de balletwereld waren destijds Serge Lifar, hier (1) samen met de muzen in *Apollon musagète* te zien, en Serge Diaghilev (rechts), met Jean Cocteau (2). In 1909 had Diaghilev in Monte Carlo zijn *Ballets Russes* opgericht. Vandaaruit liet hij het westerse publiek kennis maken met het Russische ballet en alle bekende componisten, choreografen en dansers van die tijd: Pavlova, Nijinski, Fokine, Massine, Balanchine, Stravinsky en Prokofjev.

(Overleaf)

T HE famous portraitist Kleboe's picture of the young Scottish ballerina Moira Shearer (b. 1926) as she appeared in the 1948 film *The Red Shoes*, one of the most successful ballet films, directed by Powell and Pressburger.

(Folgende Seiten)

D IESES Bild des berühmten Porträtphotographen Kleboe zeigt die junge schottische Ballerina Moira Shearer (geboren 1926) bei ihrem Auftritt 1948 in *Die roten Schuhe* von Powell und Pressburger, einem der erfolgreichsten Ballettfilme aller Zeiten.

(Blz. 744/745)

D EZE foto van de beroemde portretfotograaf Kleboe laat de jonge Schotse ballerina Moira Shearer (geboren in 1926) zien bij haar optreden in een van de succesvolste balletfilms aller tijden, *The Red Shoes* (1948) van Powell en Pressburger.

1

2

A NNA Pavlova (1881-1931) became the world's most famous exponent of classical ballet, basing herself in this house (Ivy Lodge) in London's Golders Green (3). The carefully posed swan is a heavy allusion to her signature solo, Mikhail Fokine's *Dying Swan* of 1905. Other important Russians in the world of dance at this time included Serge Lifar, posed with the muses (1) in *Apollon Musagète*, and Serge Diaghilev (on the right), with Jean Cocteau (2). In 1909 Diaghilev founded the Ballets Russes in Monte Carlo. From here, he brought Russian ballet to the west, introducing all the star composers, choreographers and dancers of the period: Pavlova, Nijinsky, Fokine, Massine, Balanchine, Stravinsky and Prokofiev.

A NNA Pawlowa (1881-1931) war die weltweit berühmteste Tänzerin des klassischen Balletts, und dieses Haus, Ivy Lodge im Londoner Golders Green, war ihr Hauptquartier (3). Der Schwan im Vordergrund steht für die Rolle, die sie zu ihrem Markenzeichen machte, Michel Fokines *Sterbenden Schwan* von 1905. Andere bedeutende Russen in der Welt des Tanzes waren damals Sergej Lifar, hier (1) mit den Musen in *Apollon Musagète* zu sehen, und Sergej Diaghilew (rechts), mit Jean Cocteau (2). 1909 hatte Diaghilew seine Ballets Russes in Monte Carlo gegründet. Von dort aus exportierte er russisches Ballett in den Westen und machte alle bedeutenden Komponisten, Choreographen und Tänzer der Zeit damit vertraut: Pawlowa, Nijinsky, Fokine, Massine, Balanchine, Strawinsky und Prokofieff.

A NNA Pavlova (1881-1931) werd de beroemdste klassieke balletdanseres ter wereld en richtte in het huis Ivy Lodge in het Londense Golders Green, haar hoofdkwartier in (3). De zwaan op de voorgrond verwijst naar *De stervende zwaan*, de solo die Michail Fokines voor haar geschreven had en die haar handelsmerk

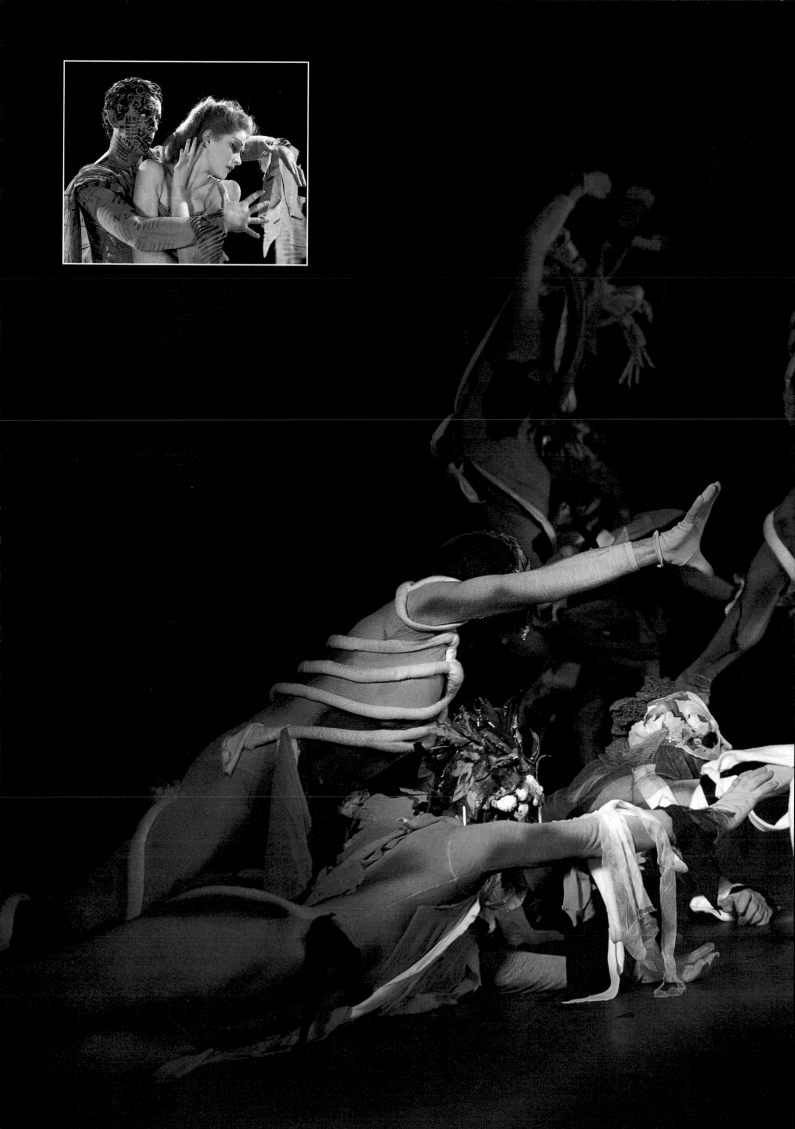

1

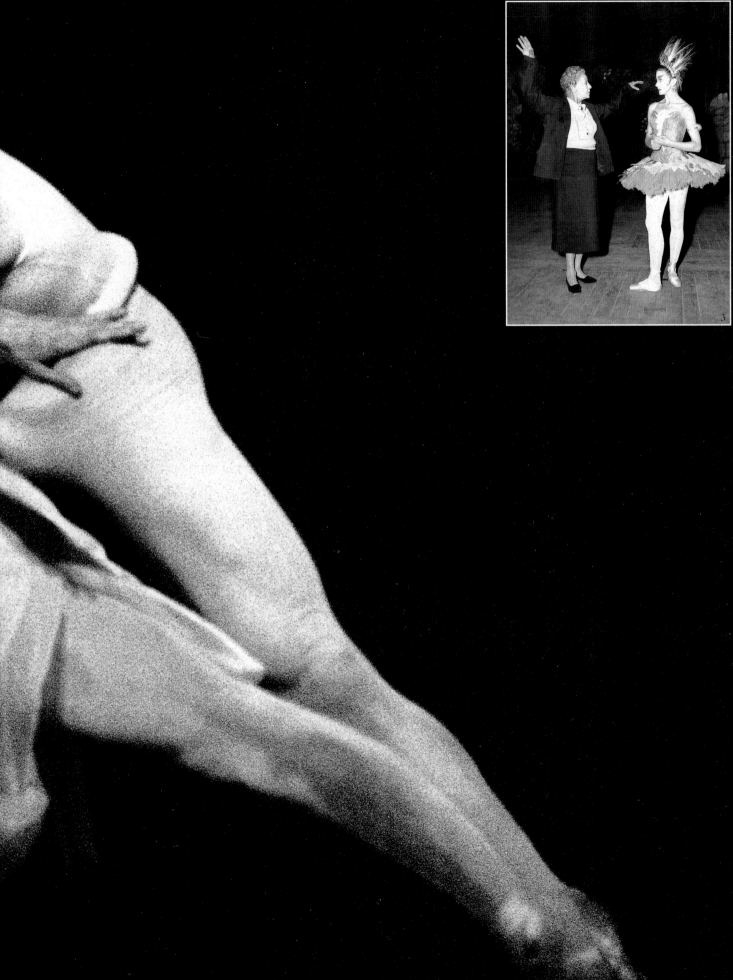

2

THE American Martha Graham (1894–1991) in her 1927 dance *Strike* (1). The Russian-born choreographer Georges Balanchine (1904-83) founded the New York City Ballet. Here, with British choreographer Frederick Ashton (second from left), he rehearses them in 1950 (2).

(*Previous pages*)
MARGOT Fonteyn (1919-1991) made her debut with the Vic-Wells Ballet in 1934. After her first *Giselle* in 1937 (1, in practice dress), she rapidly became a world star. Here she is in one of the roles she made her own: Stravinsky's *Firebird*, for which she was coached by Tamara Karsavina, the original Firebird (3). Her later career was revitalized by her partnership with the young Russian émigré Rudolf Nureyev. The pair are shown in the final rehearsal for the gala of *Pelléas et Mélisande* in 1969 (2).

DIE Amerikanerin Martha Graham (1894-1991) in ihrem Tanz *Strike* 1927 (1). Der aus Rußland stammende Choreograph Georges Balanchine (1904-83) begründete das New York City Ballet. Hier bei einer Probe im Jahre 1950 mit seinem britischen Kollegen Frederick Ashton (zweiter von links, 2).

(*Vorherige Seiten*)
MARGOT Fonteyn (1919-1991) gab ihr Debüt beim Vic-Wells-Ballett, 1934. Ihre erste *Giselle* 1937 (1, bei der Probe) machte sie zum Weltstar. Hier ist sie in einer ihrer Leib- und Magenrollen zu sehen, Strawinskys *Feuervogel*, für den sie Unterricht von Tamara Karsawina bekam (3). Später gab die Partnerschaft mit dem jungen russischen Emigranten Rudolf Nurejew ihrer Karriere neuen Schwung. Das Bild zeigt die beiden bei der letzten Probe zu einer Galavorstellung von *Pelléas et Mélisande* 1969 (2).

DE Amerikaanse Martha Graham (1894–1991) in haar ballet *Strike* uit 1927 (1). De uit Rusland afkomstige choreograaf George Balanchine (1904-1983) was de oprichter van het New York City Ballet. Hier is hij samen met zijn Britse collega Frederick Ashton (tweede van links, 2) te zien bij een repetitie in 1950.

(*Blz. 746/747*)
MARGOT Fonteyn (1919-1991) debuteerde in 1934 bij het Vic-Wells Ballet. Na haar eerste *Giselle* in 1937 (1, in een trainingsjurkje) groeide ze in korte tijd uit tot een wereldster. Hier is ze te zien in een van de rollen waar ze een eigen, unieke interpretatie aan gaf: als Stravinsky's *De vuurvogel*, waarvoor ze instructies kreeg van Tamara Karsavina, de allereerste vuurvogel (3). Later trad ze op met Rudolf Nurejev. De foto laat de twee zien bij de laatste repetitie voor een galavoorstelling van *Pelléas et Mélisande* in 1969 (2).

NINETTE de Valois (1, extreme left) rehearses the Sadlers Wells (later the Royal Ballet) *corps de ballet* in 1943. Marie Rambert founded the Ballet Rambert in 1926 (2). The British choreographer Frederick Ashton studied with Léonide Massine and Marie Rambert before joining the Vic-Wells ballet in 1935, creating numerous roles for Margot Fonteyn. Director of the Royal Ballet 1963-70, he is seen here rehearsing *Monotones* to music by Erik Satie (3), and dancing with Robert Helpmann as the Ugly Sisters in Prokofiev's *Cinderella* (5, right). John Cranko rehearses Gillian Lynne in *New Cranks* at London's Lyric Theatre in 1960 (4).

NINETTE de Valois (1, ganz links) trainiert die Truppe von Sadlers Wells (das spätere Royal Ballet), 1943. Marie Rambert begründete das Ballet Rambert 1926 (2). Der britische Choreograph Frederick Ashton studierte bei Léonide Massine und Marie Rambert, bevor er sich 1935 dem Vic-Wells-Ballett anschloß, wo er zahlreiche Rollen für Margot Fonteyn schuf. 1963-70 war er Direktor des Royal Ballet; und hier sieht man ihn bei der Probe zu *Monotones* mit Musik von Erik Satie (3) und zusammen mit Robert Helpmann als häßliche Schwestern in Prokofieffs *Aschenbrödel* (5, rechts). John Cranko probt mit Gillian Lynne für *New Cranks* im Londoner Lyric Theatre, 1960 (4).

NINETTE de Valois (1, uiterst links) oefent in 1943 met de dansers van Sadlers Wells (het latere Royal Ballet). Marie Rambert richtte in 1926 het Ballet Rambert op (2). De Britse choreograaf Frederick Ashton studeerde bij Leonide Massine en Marie Rambert voordat hij zich in 1935 bij het Vic-Wells Ballet aansloot. Van 1963 tot 1970 leidde hij het Royal Ballet; hier is hij bij een repetitie van *Monotones* met muziek van Erik Satie (3) en samen met Robert Helpmann als de lelijke zusters in Prokofjevs *Assepoester* (5, rechts). In het Londense Lyric Theatre geeft John Cranko in 1960 aanwijzingen aan Gillian Lynne voor haar rol in *New Cranks* (4).

MANY social changes occurred
through Fifties popular culture. Even
the skifflers here look faintly suspicious of
the women choosing to jive on the pavement with one another, watched by a crowd
of men (1). Girls out shopping together
in the heyday of the gramophone go into
a listening booth to check out a record
before buying (2). Other teenagers with
interchangeable hats and sandals sip identical milk-shakes in an identical pose (3).

VIELE gesellschaftliche Veränderungen
kamen durch die Popkultur der 50er
Jahre in Gang. Diese Skiffle-Musiker
scheinen den beiden Frauen selbst nicht
ganz zu trauen, die da vor einer großen
Zahl männlicher Zuschauer einen Jive aufs
Parkett des Bürgersteiges legen (1). Es war
die große Zeit der Schallplatte: Mädchen

hören sich beim Einkaufsbummel eine
Platte in der Hörkabine des Ladens an,
bevor sie entscheiden, ob sie sie kaufen (2).
Diese Teenager haben alle die gleichen
Sandalen, die gleichen Hüte, die gleichen
Posen und die gleichen Milkshakes (3).

IN de populaire cultuur van de jaren '50
werd de kiem gelegd voor veel
maatschappelijke veranderingen. Toch
lijken zelfs deze skifflemuzikanten zich niet
helemaal op hun gemak te voelen bij de
aanblik van de vrouwen die op het trottoir
voor hen onder grote mannelijke
belangstelling de jive met elkaar dansen (1).
Het was de tijd van de grammofoonplaat:
twee meisjes willen de plaat eerst in een
cabine beluisteren voordat ze hem kopen
(2). Originaliteit is voor deze tienermeisjes
(3) blijkbaar niet erg belangrijk: ze drinken
dezelfde milkshakes, hebben dezelfde
houding en dragen bijna dezelfde hoedjes
en sandalen.

3

Die Tanzstile wurden im Laufe des Jahrhunderts immer lockerer. Im Jahre 1927 nimmt Mrs. Harradine aus Wood Green, Nord-London, Unterricht im Black Bottom (1). Auch mit 87 Jahren möchte sie, wie sie sagt, auf dem laufenden bleiben, damit sie mit den jüngeren Familienmitgliedern Schritt halten kann. Eine andere Variante war der »Affentanz«, so genannt, weil Miss Jola Cohen aus Chicago und Arthur Murray sich die Schritte von der Äffin La Bella Pola beibringen ließen (5). Fred Astaire unterrichtet in seinem Atelier an der New Yorker Park Avenue gleich hundert Tanzlehrer in seinen Techniken. Zwei von ihnen demonstrieren den typischen Astaire-Tanz, eine Mischung aus Jitterbug, Foxtrott und einem geheimnisvollen »Jersey Bounce« (2). Das ist natürlich »der Astaire«. Latin Lovers wie Ramon Navarro führten einen »neuen Tango« ein, und im Londoner Piccadilly-Hotel eifern Josephine Head und Albert Zapp ihm nach (3). In den 60er Jahren kam es, wie es kommen mußte: Als es nicht mehr weiter voranging, konnte es nur noch rückwärts gehen (4) – und zwar bis ganz nach unten. Wer im Glenlyn Ballroom Dancing Club keinen Twist tanzt, der ist rettungslos verloren.

De dansstijlen werden in de loop van de eeuw steeds uitbundiger. In 1927 laat Mrs. Harradine uit Wood Green, Noord-Londen, zich vertellen hoe ze de 'Black bottom' moet dansen (1). Ze is al 87 jaar, maar wil graag op de hoogte blijven van de nieuwste ontwikkelingen 'om niet te hoeven onderdoen voor jongere leden van de familie'. Een andere variant werd de 'Monkey dance' genoemd, naar de aap La Bella Pella die hem voor het eerst aan Miss Jola Kohen uit Chicago en Arthur Murray voorgedaan had (5). Fred Astaire had in zijn eigen studio aan de New Yorkse Park Avenue genoeg ruimte om aan honderd dansleraren tegelijk les te geven. Twee van hen demonstreren hier de 'Astaire', die bestaat uit een combinatie van jitterbug, foxtrot en een geheimzinnige 'Jersey Bounce' (2). Latin lovers als Ramon Navarro introduceerden een nieuwe tango die in het Londense Piccadilly Hotel vol vuur door Josephine Head en Albert Zapp uitgevoerd wordt (3). In de jaren '60 was er geen ontkomen meer aan: alle mogelijke voorwaartse bewegingen waren al in een of andere dans verwerkt, over bleef slechts de weg terug – tot op je rug, welteverstaan (4). Wie in de Glenlyn Ballroom Dancing geen twist danste, hoorde er niet bij.

Dance styles loosened up and shook down through the course of the century. Anxious to get with it and do the Black Bottom in 1927, 87-year-old Mrs Harradine of Wood Green, North London, takes instruction (1) in order, she says, 'to keep pace with the younger members of the family'. Another variation was the 'Monkey Dance', so-called since the monkey La Bella Pola taught Miss Jola Cohen of Chicago and Arthur Murray himself a step or two (5). Fred Astaire's technique is passed on to 100 instructors at his own studio on Park Avenue, New York. Two of them demonstrate his signature dance, which combines jitterbug, fox-trot and a mysterious 'Jersey bounce' (2). It is, of course, 'the Astaire'. Latin lovers like Ramon Novarro created a taste for a 'new-fangled tango'. At the Piccadilly Hotel, London, Josephine Head and Albert Zapp are in hot pursuit of it (4). The 1960s brought the predictable outcome: when every forward move has been made, there's nowhere to go but back (3) – flat on your back. At the Glenlyn Ballroom Dancing Club, if you're not in a Twist you're a Square.

1

2

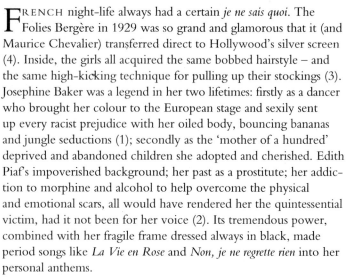

F RENCH night-life always had a certain *je ne sais quoi*. The Folies Bergère in 1929 was so grand and glamorous that it (and Maurice Chevalier) transferred direct to Hollywood's silver screen (4). Inside, the girls all acquired the same bobbed hairstyle – and the same high-kicking technique for pulling up their stockings (3). Josephine Baker was a legend in her two lifetimes: firstly as a dancer who brought her colour to the European stage and sexily sent up every racist prejudice with her oiled body, bouncing bananas and jungle seductions (1); secondly as the 'mother of a hundred' deprived and abandoned children she adopted and cherished. Edith Piaf's impoverished background; her past as a prostitute; her addiction to morphine and alcohol to help overcome the physical and emotional scars, all would have rendered her the quintessential victim, had it not been for her voice (2). Its tremendous power, combined with her fragile frame dressed always in black, made period songs like *La Vie en Rose* and *Non, je ne regrette rien* into her personal anthems.

3

4

D AS Nachtleben in Frankreich hatte schon immer ein gewisses *je ne sais quoi.* Die Folies Bergère waren 1929 so grandios, daß man sie (und Maurice Chevalier) schnurstracks nach Hollywood verfrachtete (4). Drinnen hatten die Mädchen alle die gleiche Kurzhaarfrisur – und die gleiche Technik, um die Strümpfe anzuziehen (3). Josephine Baker wurde gleich zweimal zur Legende, in den zwei Leben, die sie führte: zuerst als Tänzerin, die Farbe auf die Bühnen Europas brachte und allen rassistischen Vorurteilen mit ihrem geölten Körper, den hüpfenden Bananen und ihrer Dschungelerotik die Spitze nahm (1), zum zweiten als Mutter von hundert verlassenen Kindern, die sie adoptierte und aufzog. Edith Piaf schien zum Opfer geboren, bei den ärmlichen Verhältnissen, aus denen sie kam, ihrer Vergangenheit als Prostituierte, ihrer Morphium- und Alkoholsucht; doch ihre Stimme rettete sie (2). Die enorme Kraft dieser Stimme, die in einem solchen Kontrast zu der zerbrechlichen, stets in Schwarz gekleideten Gestalt stand, machte Lieder wie *La vie en rose* oder *Non, je ne regrette rien* zu ihren ganz persönlichen Hymnen.

H ET Franse nachtleven had altijd al een zeker *je ne sais quoi.* Hollywood raakte in 1929 zo gecharmeerd van de Folies Bergère, dat het de club meteen liet nabouwen (en Maurice Chevalier liet overkomen) (4). Binnen droegen de meisjes allemaal hetzelfde korte kapsel – en ze trokken hun kousen ook op dezelfde manier aan (3). Josephine Baker had eigenlijk twee levens en in allebei werd ze een legende: eerst als de danseres die wat kleur in de Europese theaters bracht en met haar geoliede lichaam, bananenjurkjes en jungle-erotiek alle racistische vooroordelen op de hak nam (1); later als de pleegmoeder van tientallen verwaarloosde en in de steek gelaten kinderen. Edith Piaf (2) kwam uit een arm gezin, had een verleden als prostituee, probeerde met drank en morfine haar psychische en emotionele problemen te vergeten en dreigde al met al op een zekere ondergang af te stevenen als ze niet een grandioze zangeres was geweest. Door de kracht van haar stem en haar fragiele verschijning, altijd in het zwart gekleed, leek het alsof chansons uit die tijd, zoals 'La vie en rose' en 'Non, je ne regrette rien' speciaal voor haar waren geschreven.

1

2

3

4

Billie Holiday (1); Ella Fitzgerald in 1962 (3); Thelonious Monk (2); Louis Armstrong in the 1960s (4).

Billie Holiday (1); Ella Fitzgerald, 1962 (3); Thelonious Monk (2); Louis Armstrong in den 60er Jahren (4).

Billie Holiday (1); Ella Fitzgerald in 1962 (3); Thelonious Monk (2); Louis Armstrong in de jaren '60 (4).

The Sixties and Seventies

THE decade opened with a bang, with Africa dominant. In 1960 Harold Macmillan's 'wind of change' speech unintentionally inaugurated a period of unprecedented bloodshed, which started when unarmed civilians attending a public meeting at Sharpeville were mown down as armed police opened fire without warning. That, of course, did most to radicalize both African and world opinion against apartheid. In the United States too the Civil Rights Movement was taking off, partly inspired by a time of rising expectations with Kennedy's presidential nomination in 1960. He won against Nixon, by only 120,000 votes, and promised in his inaugural speech that: 'The old era is ending. The old ways will not do.'

Kennedy's assassination in 1963 did not stem the tide of America's rise to the heights. In 1961 the US had put a chimpanzee named Ham into space; the Russians followed with their dog Laika – and, ahead of the US, their man, Yuri Gagarin. The Space War gradually turned into Star Wars: a hundred million viewers tuned in their television sets in 1969 to watch Neil Armstrong land on the moon, taking 'one small step for man, one giant leap for mankind'.

From August 1964, the US became heavily embroiled in the Vietnam war. By 1965 international protest was growing. In Washington candle-lit vigils were held outside the White House; in London 250,000 demonstrated before the US Embassy. 'Agent Orange', used in the war to defoliate trees and starve the local population, was perhaps one of the instigators of the backlash against environmental warfare.

Outstripping everything in popularity was 'Beatlemania', however fierce the defendants of the altogether rawer and raunchier Rolling Stones. The Beatles starred at the Royal Command Performance and walked away with their CBEs: by 1964 they were the country's most popular tourist attraction. Beatlemania was said to be primarily female, primarily below the belt. Even stay-up stockings sported pictures of the Fab Four.

London was swinging: more specifically, King's Road, Chelsea, was swinging to the sounds of British and West Coast bands and the fashions of Mary Quant, Ossie Clark and Barbara Hulanicki ('Biba'). Despite a radical student movement – causing the closure of numerous European universities, particularly in Britain, Germany and France – and the Black Power movement in the United States, there was a mood of positive optimism abroad. The world was youth's oyster: international travel was suddenly cheap (especially if you hitched the hippie trail); love was suddenly 'free' (at a time when the Pill was new and AIDS unheard-of); music was both poignant and danceable (and folk was pop while blues made the classics); and politics could still be about 'liberation movements' rather than 'the stuff of corruption and negativism'.

DAS Jahrzehnt begann mit einem Paukenschlag, ganz besonders in Afrika. Harold Macmillans Rede von 1960, in der er von einem »frischen Wind« sprach, löste unbeabsichtigt eine Welle beispielloser Bluttaten aus, die damit begann, daß unbewaffnete Zivilisten, Teilnehmer einer öffentlichen Versammlung in Sharpeville, von der Polizei niedergemäht wurden, die ohne Vorwarnung das Feuer eröffnete. Mehr brauchte es nicht, um Afrika und die ganze Welt auf die Barrikaden gegen die Apartheid zu bringen. In den Vereinigten Staaten kam die Bürgerrechtsbewegung in Gang, nicht zuletzt beflügelt von den großen Erwartungen der Nominierung Kennedys als Präsidentschaftskandidat im Jahre 1960. Mit nur 120 000 Stimmen Vorsprung setzte er sich gegen Nixon durch. In seiner Antrittsrede erklärte er: »Die alten Zeiten sind vorbei. Aber die guten Traditionen nicht.«

Die Ermordung Kennedys im Jahre 1963 konnte den Aufstieg der USA zu neuen Höhen nicht aufhalten. 1961 hatten die Amerikaner einen Schimpansen namens Ham in den Weltraum geschickt; die Russen folgten mit ihrer Hündin Laika – und vor den Amerikanern mit dem ersten Menschen im Weltraum, Juri Gagarin. Aus dem Wettlauf im Weltall wurde allmählich ein Sternenkrieg: 100 Millionen Menschen saßen 1969 an ihren Fernsehgeräten, um Neil Armstrong auf dem Mond zu sehen, wie er »einen kleinen Schritt für einen Menschen, doch einen großen Sprung für die Menschheit« machte.

Vom August 1964 an engagierten die Vereinigten Staaten sich verstärkt im Vietnamkrieg. 1965 kam es weltweit zu Protesten. Vor dem Weißen Haus in Washington wurden Mahnwachen gehalten; in London demonstrierten 250 000 vor der amerikanischen Botschaft. Das Entlaubungsmittel »Agent Orange«, das die Einheimischen dem Hungertod preisgab, war mitverantwortlich dafür, daß eine Kampagne gegen ökologische Kriegführung in Gang kam.

Populärer als alles andere war die »Beatlemania«, so sehr sich die Verehrer der handfesteren Rolling Stones auch ins Zeug legten. Die Beatles waren es, die vor der Queen auftraten und mit Orden dekoriert wurden – schon 1964 waren sie Großbritanniens größte Touristenattraktion. Von der Beatlemania, heißt es, waren hauptsächlich die weiblichen Fans betroffen, und sie wirkte eher unter der Gürtellinie. Selbst halterlose Strümpfe zierten das Bild der Fab Four.

Es war die Zeit des »Swinging London«; genauer gesagt, war es die King's Road in Chelsea, die zu den Klängen britischer und kalifornischer Bands swingte, mit Mode von Mary Quant, Ossie Clark und Barbara Hulanicki (»Biba«). Trotz Studentenunruhen – die zur zeitweiligen Schließung zahlreicher Universitäten führten, vor allem in England, Deutschland und Frankreich – und der Black-Power-Bewegung in den Vereinigten Staaten war es ein durch und durch optimistisches Jahrzehnt. Die ganze Welt stand der jungen Generation offen: Auslandsreisen waren plötzlich billig (besonders wenn man als Hippie per Anhalter reiste); Liebe war plötzlich »frei« (zu einer Zeit, als die Pille eben erst erfunden war und noch niemand von AIDS gehört hatte); die Musik hatte Tiefe, und man konnte trotzdem dazu tanzen (und Folk war Pop, und Blues war Klassik); und in der Politik konnte es noch um Befreiungsbewegungen gehen statt um Korruption und allgemeinen Niedergang.

HET decennium begon met enkele gebeurtenissen die niet snel vergeten zouden worden, zeker niet in Afrika. Harold Macmillans toespraak uit 1960, waarin hij het over een 'frisse wind' had, bracht onbedoeld een reeks ongekende bloedbaden teweeg. Het eerste bloedbad vond plaats in Sharpeville, waar de politie zonder waarschuwing vooraf ongewapende demonstranten neerschoot. Meer was er natuurlijk niet voor nodig om Afrika en de rest van de wereld op de barricaden te krijgen. In de Verenigde Staten kon de beweging voor burgerrechten op steeds meer aanhangers rekenen, onder andere omdat er veel verwacht werd van Kennedy's nominatie als presidentskandidaat in 1960. Kennedy won uiteindelijk met slechts honderdtwintigduizend stemmen verschil van Nixon en in zijn inaugurale rede verklaarde hij: "De tijden van vroeger zijn voorbij, maar de goede tradities blijven."

De moord op de jonge president in 1963 betekende niet het einde voor het Amerikaanse ruimtevaartprogramma dat hij had gestart. In 1961 had Amerika de chimpansee Ham de ruimte in gestuurd, waarop de Russen volgden met hun hond Laika en ook de eerste mens in het heelal, Joeri Gagarin. De ruimtewedloop bereikte een voorlopig hoogtepunt toen in 1969 honderd miljoen mensen aan hun tv-toestel gekluisterd zaten om Neil Armstrong als eerste mens op de maan te zien wandelen.

Vanaf augustus 1964 speelden de VS een steeds grotere militaire rol in de Vietnam-oorlog, wat al in 1965 leidde tot protesten over de hele wereld. Voor het Witte Huis in Washington vonden protestmanifestaties met kaarslicht plaats; in Londen demonstreerden tweehonderdvijftigduizend mensen voor de Amerikaanse ambassade. Het ontbladeringsmiddel 'Agent Orange', dat de Vietnamese boeren de hongerdood bezorgde, heeft er waarschijnlijk toe bijgedragen dat er een campagne tegen ecologische oorlogsvoering werd gestart.

Geen enkele popgroep was populairder dan de Beatles, hoe zeer de fans van de wat ruigere Rolling Stones hun best ook deden. De Fab Four traden voor de Britse koningin op, kregen onderscheidingen uitgereikt en waren in 1964 al de grootste toeristische attractie van Engeland. Van 'Beatlemania' hadden voornamelijk vrouwelijke fans last, met name onder de gordel.

Het was de tijd van 'Swinging London'. Om precies te zijn swingde het vooral op King's Road in Chelsea, met muziek van Britse en Californische bands en mode van Mary Quant, Ossie Clark en Barbara Hulanicki ('Biba'). Ondanks de studentenprotesten –die de tijdelijke sluiting van talrijke universiteiten tot gevolg hadden, vooral in Engeland, Duitsland en Frankrijk– en de Amerikaanse Black Power-beweging vormden de jaren '60 een zeer optimistische periode. De hele wereld lag aan de voeten van de jonge generatie: reizen naar het buitenland waren plotseling goed te betalen (vooral wanneer je het op de hippiemanier deed: liftend); er was ineens 'vrije liefde' (de pil was net uitgevonden en nog niemand had van AIDS gehoord); de muziek had diepgang en was toch goed dansbaar (en folk en blues waren toen wat nu pop respectievelijk klassiek is) en in de politiek kon het nog om zaken als bevrijdingsbewegingen gaan in plaats van corruptie en algemeen verval.

Mary Quant was fashion's contribution to 'Swinging London' (1). Even the staid *Time* magazine noted that: 'In a decade dominated by youth, London has burst into bloom. It swings: it is the scene'. Noted for swinging skirts and flares at near-High Street prices, and for her angular, heavily fringed haircut, Quant also attracted publicity when her husband trimmed her pubic hair into a heart-shape. Sandie Shaw (2), better known as a Eurovision Song Contest winner (with *Puppet on a String* in 1964), also launched a fashion boutique in 1967. Her perennially bare feet contrast with Quant's clumpy platform soles.

Mary Quant war der Beitrag der Modewelt zum »Swinging London« (1). Selbst die hausbackene Zeitschrift *Time* vermerkte: »In einem Jahrzehnt, das von der Jugend beherrscht wird, ist London erblüht. Es swingt: hier ist was los.« Quant war für ihre schwingenden Röcke und Schlaghosen bekannt, die sie zu Preisen verkaufte, die kaum über denen der Kaufhäuser lagen, und für den kantigen Haarschnitt mit dem tief in die Stirn gezogenen Pony. Sie erregte auch Aufsehen damit, daß ihr Mann ihr das Schamhaar herzförmig rasierte. Sandie Shaw (2), eher als Siegerin des Eurovision-Schlagerwettbewerbes bekannt (1964, mit *Puppet on a String*), eröffnete 1967 ihre eigene Modeboutique. Der Kontrast zwischen den nackten Füßen – ihrem Markenzeichen – und Mary Quants klobigen Plateausohlen könnte nicht größer sein.

Mary Quant (1) was de bijdrage van de modewereld aan 'Swinging London', een fenomeen waar zelfs het serieuze tijdschrift *Time* een analyse aan wijdde: "In het decennium waarin jongeren de dienst uitmaken, is Londen helemaal opgebloeid. Het swingt, het bruist: in Londen gebeurt het." Quant was zowel om haar betaalbare minirokken en broeken met wijde pijpen beroemd als om haar hoekige kapsel met extreem lange pony. Ze kreeg ook veel bekendheid met de ontboezeming dat haar man haar schaamhaar in de vorm van een hart geschoren had. Sandie Shaw (2), winnares van het Eurovisiesongfestival van 1964 (met 'Puppet on a String'), opende in 1967 haar eigen kledingzaak. Het contrast tussen haar blote voeten –haar handelsmerk– en Mary Quants reusachtige plateauschoenen is groot.

(Previous pages)

Yves St Laurent with models (1). Space is big news even in 1969 fashion swimsuits (2). If a face summarized the mood of the times, it was Twiggy's – doe-eyed, freckle-nosed, topped with cropped hair (4). Her gestures and bare feet seemed designed to underline her nickname (3).

(Vorherige Seiten)

Yves Saint-Laurent mit Mannequins (1). 1969 dreht sich alles um die Raumfahrt, selbst in der Bademode (2). Wenn es ein typisches Gesicht jener Zeit gab, dann war es das von Twiggy, mit ihren Kulleraugen, der sommersprossigen Nase und dem kurzen Haar (4). Mit ihrer Haltung und den nackten Füßen schien sie ihren Spitznamen (»Zweiglein«) noch zu unterstreichen (3).

(Blz. 762/763)

Yves Saint-Laurent met mannequins (1). In 1969 was alles ruimtevaart wat de klok sloeg, zelfs in de badmode (2). Met haar grote bolle ogen, sproeten en korte haar bezat Twiggy het ideale gezicht van de jaren '60 (4). Door haar houding en blote voeten leek ze haar bijnaam ('Twijgje') nog eens extra eer te willen aandoen (3).

IN 1965 Bob Dylan and his girlfriend Joan Baez were still folk-singers, rooted in the 'white blues' of Woody Guthrie and Pete Seeger (1). Composers, songwriters, singers and performers, they fulfilled new ideals of new troubadours. John Lennon and his second wife, the Japanese film-maker Yoko Ono, mock another established tradition in appearing on the Eamonn Andrews Show.

While Eamonn gets to lie in the bed they made famous by taking to it for world peace, they occupy a sheet sleeping-bag at its feet (2). Having denuded themselves before the camera, they were to remove another layer by shaving their heads. And they still maintained their opposition to the Vietnam War, along with their fellow long-haired 'peaceniks'.

IM Jahre 1965 waren Bob Dylan und seine damalige Freundin Joan Baez noch Folksänger, verwurzelt im »weißen Blues« von Woody Guthrie und Pete Seeger (1). Als Komponisten, Liedermacher, Sänger waren sie die idealen Troubadoure einer neuen Zeit. John Lennon und seine zweite Frau, die japanische Fluxus-Künstlerin Yoko Ono, verspotten in der Eamonn

1

2

Andrews Show wieder einmal eine ehrwürdige Tradition. Eamonn liegt in dem
Bett, das sie mit ihren Friedensdemonstra-
tionen weltberühmt machte, und die beiden
sitzen in einem Schlafsack ihm zu Füßen
(2). Sie blieben weiterhin Vietnamkriegs-
gegner, wie ihre langhaarigen Freunde, die
anderen »Peaceniks«.

IN 1965 waren Bob Dylan en zijn
toenmalige vriendin Joan Baez nog
folkzangers in de traditie van de 'blanke
blues' van Woody Guthrie en Pete Seeger
(1). Samen met andere componisten,
liedjesschrijvers, zangers en muzikanten
voorzagen zij in een behoefte aan nieuwe
troubadours. John Lennon en Yoko Ono
hebben zich, tijdens een optreden in de

Eamonn Andrews Show terwijl Eamonn in
het bed ligt dat zij voor hun
wereldberoemde vredesdemonstratie
hebben gebruikt, aan Eamonns
voeteneinde genesteld (2). Ze hebben zich
net voor de camera uitgekleed en gaan nu
hun hoofden kaalscheren. Ook zonder lang
peacenik-haar zouden ze tegenstanders van
de Vietnam-oorlog blijven.

THE 1960s were little if not exuberantly heterogeneous. While Stateside 'women's libbers' burnt their bras (even if only once and for a press-orchestrated publicity stunt), Hugh Hefner, head of the Playboy empire, stuffed his 'bunny girls' into ever-tighter, upward-thrusting corsets (1). An historic moment was reached in Vienna when, 16 years after the city's partition in 1945, President Kennedy exchanged hand-shakes with Prime Minister Khrushchev (2). The 1963 Profumo scandal brought down a minister and, subsequently, a govern-ment. Prostitute Christine Keeler was said to have bowed to the machinations of society doctor Stephen Ward, who used extensive connections to procure her high-class clients. Here she is seen waiting

outside the courtroom at his trial (4). She made a comeback of sorts at a 1969 photo-call for photographer David Bailey's book *Goodbye baby and Amen*, alongside model Penelope Tree and singer Marianne Faith-full (3).

DAS Bemerkenswerteste an den 60er Jahren war ihre Widersprüchlichkeit. Während in Amerika Feministinnen ihre BHs verbrannten, steckte Hugh Hefner, Chef des Playboy-Imperiums, seine »Bun-nies« in immer engere Korsetts (1). Ein historisches Ereignis fand in Wien statt, wo Präsident Kennedy sechzehn Jahre nach der Teilung der Stadt dem russischen Premierminister Chruschtschow die Hand reichte (2). Der Profumo-Skandal von

3

4

1963 brachte in England einen Minister und am Ende eine ganze Regierung zu Fall. Es heißt, die Prostituierte Christine Keeler sei dem Arzt der High Society, Stephen Ward, gefällig gewesen, und dieser habe seine vielfältigen Kontakte spielen lassen, um ihr Kunden aus der besten Gesellschaft zu vermitteln. Hier wartet sie beim Prozeß gegen Ward vor dem Gerichtssaal (4). 1969 hatte sie eine Art Comeback, als der Photograph David Bailey der Presse sein Buch *Goodbye Baby and Amen* präsentierte. Die beiden anderen sind Model Penelope Tree und Sängerin Marianne Faithfull (3).

D E jaren '60 waren vol tegenstrijdheden. Terwijl Amerikaanse feministes hun bh's verbrandden (bij wijze van eenmalige publiciteitsstunt), stak Hugh Hefner, de baas van het Playboy-imperium, zijn bunny's in steeds nauwere en

onnatuurlijkere korsetten (1). In Wenen vond een historische gebeurtenis plaats toen president Kennedy zestien jaar na de deling van de stad in 1945 de hand schudde met minister-president Chroesjtsjov (2). Het Profumo-schandaal uit 1963 bracht in Groot-Brittannië eerst een minister en daarna een complete regering ten val. De prostituee Christine Keeler zou haar diensten hebben verleend aan societyarts Stephen Ward, die in ruil daarvoor zijn uitgebreide connecties zou hebben gebruikt om haar klanten uit de hogere kringen toe te spelen. Hier is ze op weg naar het gerechtsgebouw waar het proces tegen Ward wordt afgehandeld (4). In 1969 beleefde ze een soort comeback bij de presentatie van David Bailey's fotoboek *Goodbye baby and Amen*, waarbij ook het model Penelope Tree en de zangeres Marianne Faithfull aanwezig waren (3).

FILM faces of the 1960s. Michael Caine, at home with his mother and brother in 1964 (1), the epitome of a working-class lad made good who still loved his mum. His flat South London accent and square specs were as much a part of his act as the tough-guy parts he played. Polish film director Roman Polanski married Californian starlet Sharon Tate in January 1968 (2). Nothing in the sinister oddness of his fantasy world anticipated the horror that resulted. In August 1969, Tate and their unborn child along with four friends were murdered by maniac cult leader Charles Manson and three female accomplices. And in Venice for the 1963 Film Festival, British stars Julie Christie and Tom Courtenay captured the look and spirit of a decade in the hugely successful *Billy Liar* (3).

FILMSTARS der Sechziger. Michael Caine, zu Hause mit Mutter und Bruder im Jahre 1964 (1), ganz der brave Sohn aus einfachem Hause. Der Südlondoner Akzent und die breiten Brillengläser waren ebenso eine Rolle, die er spielte, wie der harte Typ, den er so oft verkörperte. Der polnische Regisseur Roman Polanski heiratete das kalifornische Starlet Sharon Tate im Januar 1968 (2). Doch auch die abseitigsten Phantasien seiner Filme bereiteten niemanden auf das vor, was kommen sollte. Im August 1969 wurden Sharon Tate und ihr ungeborenes Kind zusammen mit vier Freunden von dem wahnsinnigen Sektenführer Charles Manson und drei Anhängerinnen ermordet. 1963, beim Filmfestival in Venedig, waren die britischen Stars Julie Christie und Tom Courtenay ganz auf der Höhe des Jahrzehnts, und ihr Film *Billy Liar* war ein großer Erfolg (3).

FILMSTERREN uit de jaren '60. Michael Caine, thuis met zijn moeder en broer in 1964 (1), het prototype van de eenvoudige jongen die zich met succes omhooggewerkt heeft, maar z'n lieve moeder niet vergeet. Zijn Zuid-Londense accent en zijn hoekige bril waren net zo karakteristiek voor hem als de rol van de keiharde jongen die hij vaak speelde. De Poolse regisseur Roman Polanski trouwde in januari 1968 met de Californische starlet Sharon Tate (2). Hij was bekend om de perverse fantasiewereld van zijn films, die bizarre werkelijkheid zouden worden. In augustus 1969 werd de zwangere Sharon Tate samen met vier vrienden vermoord door de krankzinnige sekteleider Charles Manson en vier vrouwelijke volgelingen. De Britse sterren Julie Christie en Tom Courtenay gaven in *Billy Liar* de spirit van de jaren '60 op perfecte wijze weer en oogstten daarmee op het filmfestival van Venetië in 1963 veel succes (3).

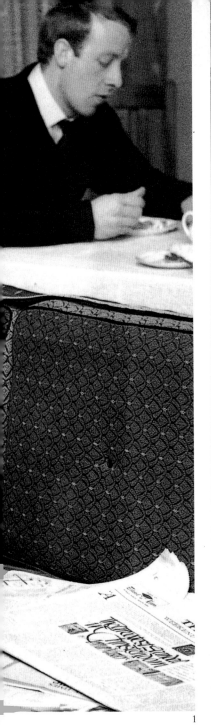

1 2

(Overleaf)

OUTDOOR pop festivals became big business through the 1960s and 1970s. Windsor (1), Woburn, Bath, the Isle of Wight and Hyde Park were all popular venues. And even if you couldn't hear the music, you could paint your own (or someone else's) body (2) and roll your own smoke, using an unlikely cigarette-holder (3).

(Folgende Seiten)

FREILUFT-POPFESTIVALS waren in den 60er und 70er Jahren ein großes Geschäft. Windsor (1), Woburn, Bath, die Isle of Wight und der Hyde Park waren die populärsten Orte. Wenn die Musik nicht zu hören war, konnte man sich den Körper bemalen (oder den einer Freundin) (2), oder etwas Selbstgedrehtes rauchen, wie hier mit dieser originellen Zigarettenspitze (3).

(Blz. 772/773)

POPFESTIVALS in de open lucht mochten zich in de jaren '60 en '70 in een steeds grotere populariteit verheugen. Windsor (1), Woburn, Bath, de Isle of Wight en het Hyde Park waren geliefde plekken. En als de muziek niet te horen was, kon je altijd nog je lichaam beschilderen (of dat van een vriendin, 2) of iets roken, zoals hier met dit originele sigarettenpijpje (3).

3

2   3

JIMI Hendrix shortly before dying of a heroin overdose in 1970 (1). Mary Wilson, Diana Ross and Cindy Birdsong in 1968 attained stardom as the Supremes (2). In 1967, the Rolling Stones enhanced their 'bad boys' image: Mick Jagger and Keith Richards sentenced for drug offences (3).

JIMI Hendrix, 1970, kurz bevor er an einer Überdosis Heroin starb (1). Mary Wilson, Diana Ross und Cindy Birdsong 1968, als sie schon als Supremes berühmt waren (2). Die Rolling Stones 1967: Mick Jagger und Keith Richards wurden wegen Drogenbesitzes verurteilt (3).

JIMI Hendrix vlak voordat hij in 1970 aan een overdosis heroïne overleed (1). Mary Wilson, Diana Ross en Cindy Birdsong in 1968, toen ze al als The Supremes beroemd waren (2). In 1967 werden Mick Jagger en Keith Richards veroordeeld wegens drugsbezit, waarmee ze het image van de Rolling Stones als 'bad boys' weer eens bevestigden (3).

3

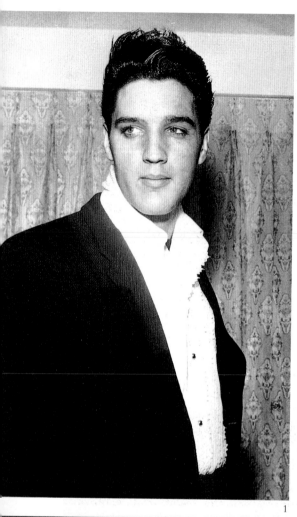

1 2

3 4

E LVIS Presley's phenomenal career (1) went into almost equally dramatic decline as drugs took over his life. Michael Jackson with the family pop group at Heathrow in 1972 (2). Bob Marley (5) made it ahead of other reggae singers because of exceptional talent, as a composer, musician and singer. The Everly Brothers (3), made fame last by staying the same, while 'husband-and-wife pop singers Sonny & Cher' (6) are no more, but Sonny Bono is mayor in California and Cher keeps churning out the movies. Stevie Wonder (4) in 1965, 'little' boy Wonder with his harmonica.

E LVIS Presleys Aufstieg war kometenhaft, doch beinahe ebenso steil war sein Fall, als Medikamentensucht sein Leben ruinierte (1). Michael Jackson mit der singenden Familie auf dem Londoner Flughafen Heathrow, 1972 (2). Bob Marley (5) hatte mehr Erfolg als jeder andere Reggaesänger wegen seines herausragenden Talents als Komponist, Musiker und Sänger. Die Everly Brothers (3) blieben sich treu und waren deshalb erfolgreich; für Sonny & Cher (6) sind die Zeiten als singendes Ehepaar vorbei, doch Sonny Bono ist Bürgermeister in Kalifornien, und Cher dreht einen Film nach dem anderen. Stevie Wonder 1965, als er noch der nette Junge mit der Mundharmonika war (4).

E LVIS Presley was een van de populairste rock-'n-rollzangers, maar toen hij verslaafd raakte aan drugs en medicijnen ging het snel bergafwaarts met zijn carrière (1). Michael Jackson en zijn zingende broers op Heathrow in 1972 (2). Zijn buitengewone talenten als componist, muzikant en zanger maakten van Bob Marley de beroemdste reggaezanger ter wereld (5). De Everly Brothers bleven succesvol door niet te veranderen (3) wat niet gold voor Sonny en Cher: Cher werd filmster, Sonny verongelukte. Stevie Wonder in 1965, toen hij nog de 'kleine' jongen met de mondharmonica was (4).

THE punk movement of the 1970s (1) was largely launched by the likes of the Sex Pistols pop group. In October 1978 Sid Vicious was arrested by New York police and charged with murdering Nancy Spungeon while the two were high on drugs. In February 1979 he died of a heroin overdose. Just as in the 1960s, supporters of different political and musical factions had their uniforms, despite a measure of cross-over. Skinheads and bovver boots were the primary prerogative of the neo-Nazi white supremacist British Movement (2), while 'crusties' in the 1990s (3), following hippie style, adopted the New Age garb of colour-ful dreadlocks, crazy hats and fabrics and a definitely unwashed look.

DIE Punk-Bewegung der 70er Jahre (1)
wurde von Gruppen wie den Sex
Pistols begründet. 1978 wurde Sid Vicious
von der New Yorker Polizei festgenommen
und des Mordes an Nancy Spungeon
angeklagt; beide standen zur Tatzeit unter
Drogen. Im Februar 1979 starb er an einer
Überdosis Heroin. Genau wie in den 60er
Jahren hatten die Anhänger bestimmter
politischer Fraktionen oder Musikrichtungen
ihre Uniformen, auch wenn die Grenzen
nicht mehr ganz so scharf gezogen waren.
Kahlgeschorene Köpfe und Springerstiefel
waren Erkennungszeichen der Neonazis
(die es auch in England als rassistisches
»British Movement« gab, 2), wohingegen
die »crusties« der 90er Jahre (3) sich in
New-Age-Gewänder hüllten, mit bunten
Dreadlocks, verrückten Hüten und Stoffen,
und einen ausgesprochen ungewaschenen
Eindruck machten.

DE punkbeweging van de jaren '70 (1)
kwam voort uit bands als de Sex
Pistols. In 1978 werd Sid Vicious door de
New Yorkse politie gearresteerd en van
moord op zijn vriendin Nancy Spungeon
beschuldigd. Op het tijdstip van het
misdrijf hadden beiden onder de invloed
van drugs gestaan; Sid overleed in 1979 aan
een overdosis heroïne. Net als in de jaren
'60 droegen de aanhangers van bepaalde
politieke groeperingen of
muziekstromingen hun eigen uniform, ook
al waren de verschillen soms niet meer zo
duidelijk. Kaalgeschoren hoofden en kistjes
waren de uiterlijke kenmerken van de
neonazi's (hier iemand van de 'British
Movement', 2), terwijl de 'crusties' uit de
jaren '90 (3) zich in New Age-gewaden
hulden, met felgekleurde dreadlocks en
'weirde' hoofddeksels, en een uitgesproken
ongewasssen indruk maakten.

1

2

S T-TROPEZ, made famous by its yachts and by Brigitte Bardot's residence there, continued to flaunt fashion's bottom line into the 1970s. Buttock-cutting jeans (3), studded mini-shorts (2) and a scarf (4) – at times only a string – were rare concessions to dress when leaving the nudist beaches for the boutiques and cafés lining the boardwalks. The striped outfit (1) has more lasting appeal than the outrageous platforms (5) or the babydoll smock and bell-bottoms (6).

S T. TROPEZ – bekannt für seine Jachten und dafür, daß Brigitte Bardot sich dort niedergelassen hatte – machte auch in den 70er Jahren noch Mode. Hautenge Hüfthosen (3), nietenbewehrte, ultrakurze Shorts (2) und ein Tuch (4) – manchmal sogar nur ein String – waren die einzigen

4   5   6

Zugeständnisse, die man machte, wenn man von den Nacktbadestränden zu den Boutiquen und Straßencafés herüberkam. Der Streifenanzug (1) kann heute eher noch überzeugen als die verrückten Plateausohlen (5) oder die Babydoll-Bluse mit Schlaghosen (6).

St.-Tropez, beroemd als thuishaven van Brigitte Bardot, was ook in de jaren '70 nog een modieuze badplaats. Strakke heupbroeken (3), hotpants (2) en een lap stof (4) —soms zelfs alleen maar een 'string'— waren de enige dingen die mensen wilden aantrekken wanneer ze het naaktstrand

verlieten voor een bezoek aan een kledingzaak of een café. Het gestreepte pakje (1) zou misschien ook tegenwoordig nog gedragen kunnen worden en ook de plateauschoenen 'mogen' weer (5), maar de babydollblouse met *bell-bottoms* (6) is nu echt uit de tijd.

DEMONSTRATIONS had their fashions too. While feminist marches in the United States and Britain could not fail to be reported as packed with 'dungarees-wearing, burly lesbians', the Italians had their own inimitable style, linking sunglasses and furs with demands for preschool provision and curriculum reform (1). Meanwhile rock'n'roll revivalists (2) and Notting Hill carnival celebrants (3) show a perhaps surprising convergence of glamorous and androgynous intentional vulgarity.

DEMONSTRATIONEN hatten ihre eigenen Moden. In den angelsächsischen Ländern konnte man sich darauf verlassen, daß in einem Bericht über einen feministischen Protestmarsch von »kräftigen Lesben in Latzhosen« die Rede sein würde, während Italienerinnen stilvoller in Sonnenbrille und Pelz auftraten, wenn sie für Kindergärten und Schulreformen demonstrierten (1). Es mag erstaunen, wie beim Rock 'n' Roll-Revival (2) und beim Karneval in Notting Hill (3) Glamour und ein androgyner, bewußt vulgärer Stil zusammenkommen.

ELKE demonstratie had zo haar eigen mode. In veel landen kon je er zeker van zijn dat er in een feministische protestmars 'stevige lesbiennes in tuinbroeken' meeliepen. Deze Italiaanse strijdsters voor kleuterscholen en schoolhervormingen doen het met stijl en dragen zonnebril en bontmantel (1). Het is verrassend om te zien hoe bij een rock-'n-rollrevival (2) en het carnaval in Notting Hill (3) glamour en een androgyne, bewust vulgaire stijl samengaan.

1

2 3

B LACK culture gave British male fashion a necessary fillip, lifting it out of its longstanding dullness. When the ex-troopship *Empire Windrush* docked at Tilbury in 1948 with 482 Jamaicans aboard, little did anyone imagine that it was Messrs Hazel, Wilmot and Richards's talents as natty dressers rather than as carpenters that would hit the headlines (1). Their chic tweeds contrast somewhat drastically with Mr Ruben Torres's 'ideal suit', which looks more appropriate to a moon landing than to Kew Gardens Railway Station (2). George Best, known for his antics off as well as on the football pitch, also fell foul of the dangling flares and the 'let it all hang out' school of fashion (3, right).

D IE Kultur der Schwarzen gab der britischen Herrenmode einen dringend benötigten Vitaminstoß und befreite sie aus ihrer althergebrachten Langeweile. Als der ehemalige Truppentransporter *Empire Windrush* 1948 mit 482 Jamaikanern an Bord in den Docks von Tilbury festmachte, hätte es niemand für möglich gehalten, daß die Herren Hazel, Wilmot und Richards eher wegen ihrer auffälligen Kleider in die Zeitung kamen, als daß sie Arbeit als Zimmerleute fanden (1). Ihre schicken Tweeds stehen in gewissem Kontrast zu Mr. Ruben Torres' »Idealanzug«, der eher zu einer Mondlandung als zum Bahnhof Kew Gardens zu passen scheint (2). George Best (3, rechts) hatte auch außerhalb des Football-Spielfelds seinen eigenen Kopf und hielt nichts von Schlaghosen und der »Schlabberkleidung« dieser Zeit.

D E Britse herenmode werd dankzij de cultuur van de zwarten ineens een stuk minder saai. Toen het voormalige troepentransportschip *Empire Windrush* in 1948 met 482 Jamaicanen aan boord in Tilbury aanlegde, hield niemand het voor mogelijk dat de heren Hazel, Wilmot en Richards nog voordat ze werk als timmerlieden vonden, in de krant kwamen te staan – vanwege hun opvallende kleren (1). Hun chique tweed kostuums verschillen nogal van Mr. Ruben Torres' 'ideale pak', dat beter bij een maanlanding dan op het station van Kew Gardens gedragen lijkt te kunnen worden (2). George Best (3, rechts) wist ook buiten het voetbalveld goed wat hij wilde: geen broeken met wijde pijpen bijvoorbeeld of andere typische kledingstukken van die tijd.

THE 1950s British youth revolt began with the 'teddy boys', so-called after the Edwardian style of draped suits and slicked hair they adopted (1). Two decades later the hippie movement stretched from California to Katmandu, supposedly spreading 'peace and love' – and long hair, paisley tablecloths and knitted skullcaps – across the globe (2).

DIE britische Jugendrevolte der 50er Jahre begann mit den »Teddyboys«, so benannt nach ihrem Outfit und ihrer Frisur im Stil der Jahrhundertwende, als König Edward regierte (1). Zwei Jahrzehnte darauf gab es Hippies von Kalifornien bis Katmandu, und sie verbreiteten weltweit »Frieden und Liebe« – und lange Haare, Paisley-Tischtücher und Strickmützen (2).

DE eerste jongeren die in de jaren '50 in Groot-Brittannië in opstand kwamen, waren de 'teddy boys'. Ze hadden zich laten inspireren door de pakken en kapsels uit het begin van deze eeuw, toen koning Edward ('Ted') aan de macht was (1). Twintig jaar later verspreidden de hippies behalve 'peace and love' ook lang haar, tafellakens met paisleymotief en zelfgebreide mutsjes (2).

(Overleaf)
In June 1967 the Beatles released *Sergeant Pepper's Lonely Hearts Club Band* to massive sales and acclaim. Fifteen years after he first heard the final track 'A Day in the Life', Leonard Bernstein wrote that it 'still sustained and rejuvenated me'.

(Folgende Seiten)
IM Juni 1967 veröffentlichten die Beatles *Sergeant Pepper's Lonely Hearts Club Band*, und der Verkaufserfolg war enorm. Fünfzehn Jahre nachdem er »A Day in the Life« zum ersten Mal gehört hatte, schrieb Leonard Bernstein: »Es nährt und erquickt mich bis heute.«

(Blz. 788/789)
IN juli 1967 brachten de Beatles de elpee *Sergeant Pepper's Lonely Heart Club Band* uit, een groot artistiek en commercieel succes. Vijftien jaar nadat hij 'A Day in the Life' voor het eerst gehoord had, schreef Leonard Bernstein dat het liedje hem nog steeds "kracht en inspiratie" gaf.

2

Aviation and Space

AVIATION has been one of the greatest forces for change in the modern world. Just a dozen years after the Wright Brothers achieved their historic first mission in 1903, air warfare was being introduced. Despite the new terror of being hit from the skies during the Great War, it was only in the Second World War that air power became a deciding factor.

The development of airships at the end of the 1920s was intended to provide a major new transport system. The R100 flew from Britain to Montreal in 78 hours. However, the disaster which overtook its sister ship, the R101, effectively put a stop to this innovation. The danger was always that poor weather could reduce command control and result in a collision and then an explosion. With 5.5 million cubic feet of hydrogen on board, the disaster was bound to be near-total.

English-language signpost 1,000 miles north of Oslo (1) gives an accurate estimate of air-travel time in 1951 (sponsorship crest from Scandinavian Airlines). These times are a far cry from Wilbur Wright's winning the Michelin Cup for flying 124 kms (77 miles) in 2 hours 44 years earlier; 44 years on, times would have been shortened by an even greater ratio. In 1990, the Oslo-New York run would have taken no more than five hours by the shortest route and the journey to Paris about 2 hours.

KAUM etwas hat die moderne Welt so sehr verändert wie die Luftfahrt. Nur zwölf Jahre nach dem historischen ersten Flug der Brüder Wright im Jahre 1903 begann der Luftkrieg. Doch auch wenn im Ersten Weltkrieg zu allen anderen Schrecken nun auch noch der neue hinzukam, von Bomben aus der Luft getroffen zu werden, war es doch erst der Zweite Weltkrieg, bei dem die Luftherrschaft die entscheidende Rolle spielte.

Luftschiffe versprachen Ende der 20er Jahre eine völlig neue Form der Fortbewegung. Die R100 flog in 78 Stunden von England nach Montreal. Doch mit der Katastrophe ihres Schwesterschiffes, der R101, war das Schicksal dieser neuen Erfindung besiegelt. Es bestand immer das Risiko, daß das Schiff bei schlechtem Wetter nicht mehr steuerbar war und nach einem Zusammenstoß explodierte, und mit fünfeinhalb Millionen Kubikfuß Wasserstoff an Bord war eine Katastrophe dann unvermeidlich.

1 600 Kilometer nördlich von Oslo gab dieser Pfosten in englischer Sprache (eine Reklame der Fluggesellschaft SAS, 1) Auskunft über Flugzeiten im Jahre 1951. Es war ein guter Fortschritt, seit Wilbur Wright 44 Jahre zuvor 124 Kilometer in zwei Stunden geflogen war und damit den Michelin-Pokal gewonnen hatte; noch einmal 44 Jahre später, und die Flugzeiten hatten sich noch drastischer verkürzt. 1990 brauchte der kürzeste Flug von Oslo nach New York nur noch fünf Stunden, und nach Paris waren es nur etwa zwei Stunden.

BIJNA niets heeft de moderne wereld zo zeer veranderd als de luchtvaart. Zo'n tien jaar na de historische eerste vlucht van de gebroeders Wright in 1903 werd de luchtoorlog geïntroduceerd. In de Eerste Wereldoorlog was voor de gevechtsvliegtuigen echter nog geen beslissende rol weggelegd; dit zou pas in de Tweede Wereldoorlog gebeuren.

Luchtschepen of zeppelins leken aan het einde van de jaren '20 een belangrijk nieuw vervoermiddel te worden. De R 100 vloog in 78 uur van Groot-Brittannië naar Montreal. Na de ramp met het zusterschip, R 101, was het echter gedaan met de toekomst van deze nieuwe uitvinding. Bij slecht weer liep een zeppelin altijd kans onbestuurbaar te raken en vervolgens te botsen en ontploffen. Met circa 150.000 m^3 waterstof aan boord zou een ramp dan onvermijdelijk zijn.

Duizend mijl ten noorden van Oslo gaf deze Engelstalige richtingwijzer (zie blz. 791) aan wat in 1955 de vliegtijden waren naar enkele belangrijke bestemmingen van vliegtuigmaatschappij SAS. Sinds Wilbur Wright 44 jaar daarvoor de Michelin-cup gewonnen had door in twee uur 124 km af te leggen, waren de reistijden aanzienlijk korter geworden, een ontwikkeling die zich na 1955 nog verder doorzette. In 1990 duurde de snelste vlucht van Oslo naar New York nog maar vijf uur en naar Parijs was het nog maar twee uur vliegen.

THE R100 airship came of age in
November 1929. Before its maiden
voyage, waitresses set the silver service in a
dining-room worthy of a grand hotel (4).
After a successful launch, she was berthed
at the mooring tower at Cardington, Bedfordshire, as the enthusiastic crowd rushed
towards her (1). The crash of the R101
(shown here, 3, as literally the skeleton of
its former self), caused the airship's demise
as a popular option. In the United States
the German airship *Hindenburg* landed
safely after a 62-hour flight from Frankfurt.

4

Its end was similar to that of the R101, when 44 people died in the crash of which there were only eight survivors (2).

D AS Luftschiff R100 lief 1929 vom Stapel. Vor dem Jungfernflug decken die Serviererinnen die Tafeln mit Silber, in einem Speisesaal, der einem Grand Hotel Ehre machen würde (4). Nach erfolgreich absolviertem Flug legt das Schiff in Cardington, Bedfordshire, an, und die Zuschauer stürmen begeistert hin (1). Nach dem Absturz der R101 (3) war das Luftschiff als

populäres Transportmittel nicht mehr durchzusetzen. Das deutsche Luftschiff *Hindenburg* legte nach 62stündigem Atlantikflug sicher in den Vereinigten Staaten an, doch bei einem späteren Flug erlitt sie das gleiche Schicksal wie die R101. 44 Menschen kamen bei dem Absturz um, nur acht überlebten (2).

I N november 1929 werd de laatste hand gelegd aan het luchtschip R100. Voordat zijn maidentrip begint, dekken serveersters de tafels met zilver, in een eetzaal die in een grand hotel niet zou misstaan (4). Na een

succesvol verlopen vlucht wordt de zeppelin aan de landingstoren in Cardington, Bedfordshire vastgemaakt, gadegeslagen door een steeds groter wordende groep kijklustigen (1). Het neerstorten van de R101 (waarvan alleen het skelet nog overbleef, 3) betekende het einde voor het luchtschip als populair vervoermiddel. De Duitse Hindenburg kon na een 62 uur durende vlucht over de Atlantische Oceaan veilig in Amerika aanleggen, maar stortte bij een volgende vlucht neer. Slechts acht van de 52 passagiers en bemanningsleden overleefden de ramp (2).

ON 12 April 1961, the Russian Yuri Gagarin (1) took his first space flight on board the *Vostok I*. The race to get the first man into space was terrific, given the intensity of Cold War competition as to which side had the more sophisticated technology. Gagarin orbited the earth in the 4.5 ton spacecraft for 108 minutes, reaching a height of 190 miles. He then fired braking rockets and the aircraft returned to earth by parachute. The USSR scored another 'first' when it put the first woman – Valentina Tereshkova – into orbit, travelling further than the longest-journeying US astronaut (2). The two of them joined hands in a Red Square salute – and a heroes' welcome back to earth – with Prime Minister Khrushchev (3). An old, illiterate sheep-farmer, who looks as though he were born before the invention of the newspaper, has the cosmonauts' story read to him (4).

AM 12. April 1961 unternahm der Russe Juri Gagarin (1) mit der *Wostok I* den ersten bemannten Weltraumflug. Das Wettrennen darum, wer den ersten Menschen ins Weltall brachte, war bei der großen Rivalität der beiden Machtblöcke im Kalten Krieg ungeheuer gewesen, denn schließlich ging es darum zu zeigen, welche Seite die technisch überlegene war. Gagarin umrundete die Erde in dem viereinhalb Tonnen schweren Flugkörper 108 Minuten lang und erreichte dabei eine Höhe von 300 Kilometern. Dann zündete er die Bremsraketen, und die Raumkapsel kehrte an einem Fallschirm zur Erde zurück. Zum zweiten Mal gewann die Sowjetunion das Wettrennen, als sie die erste Frau in den Weltraum schickte – Walentina Tereschkowa, die weiter ins All hinausflog als der erfolgreichste amerikanische Astronaut (2). Der russische Premierminister Chruschtschow reicht den beiden beim Heldenempfang, der ihnen bei ihrer Rückkehr auf dem Roten

1

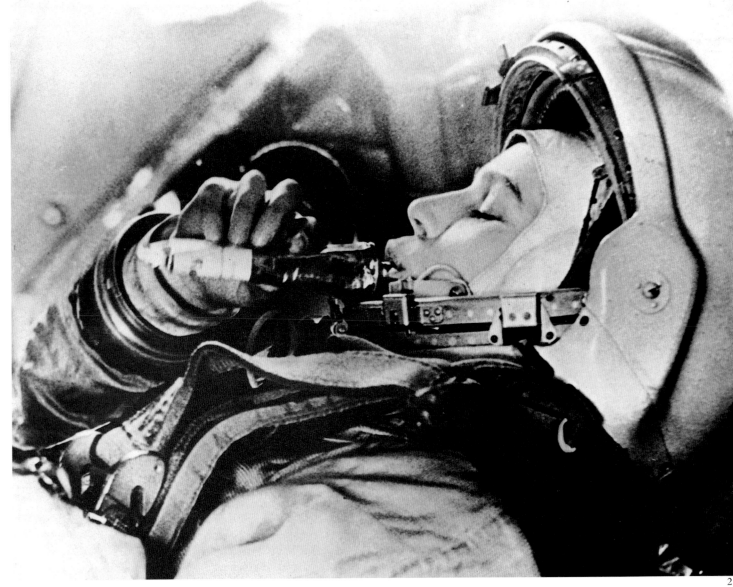

2

Platz bereitet wurde, die Hand (3). Dieser
Schafhirte, der nicht lesen kann, läßt sich
vom Triumph der Kosmonauten vorlesen (4).

O P 12 april 1961 maakte de Rus Joeri
Gagarin (1) met de *Vostok I* de eerste
bemande ruimtevlucht. Het was de tijd van
de Koude Oorlog, en de Verenigde Staten
en de Sovjet-Unie hechtten er allebei veel
waarde aan de eerste man buiten de damp-
kring te brengen. Gagarin en zijn 4,5 ton
wegende ruimtevaartuig omcirkelden de
aarde 108 minuten lang en bereikten
daarbij een hoogte van 300 km. Daarna
ontstak hij de remraketten en keerde de
ruimtecapsule aan een parachute naar de
aarde terug. De eerste vrouw in de ruimte
was ook Russisch: Valentina Teresjkova.
Haar collega Valery Bykovsky verbleef
langer in het heelal dan de succesvolste
Amerikaanse astronaut tot dan toe (2).
Premier Chroesjtsjov begroet hen
enthousiast op het Rode Plein (3). Deze
schaapherder, die analfabeet is, laat zich een
artikel over de astronauten voorlezen (4).

(Overleaf)

E ARTHRISE: the spectacular view of
our planet from space (1). Most of
Africa and part of Europe and Asia can be
seen in this image taken from the *Apollo 11*
spacecraft during its journey to the moon
(3). Cernan salutes the US flag when the
Apollo 17 lands on the moon in 1972 (2).
The space module of the *Apollo 12* craft
is a powerful draw at the Japan World Fair
of 1970 (4).

(Folgende Seiten)

E RDAUFGANG: die Erde vom Weltall
aus gesehen (1). Teile Afrikas, Europas
und Asiens sind auf diesem Bild sichtbar,
das beim Mondflug der Raumkapsel *Apollo 11*
entstand (3). Nach der geglückten Mondlandung von *Apollo 17* 1972 salutiert
Astronaut Cernan vor der amerikanischen
Flagge (2). Die Mondfähre der *Apollo 12*
sah man auf der Weltausstellung in Japan,
1970 (4).

(Blz. 796/797)

D E spectaculaire aanblik van onze
planeet vanuit de ruimte (1). Bijna
heel Afrika en delen van Europa en Azië
zijn te zien op deze foto, die tijdens de
vlucht van de *Apollo 11* naar de maan genomen werd (3). Na de geslaagde
maanlanding van de *Apollo 17* in 1972
begroet de astronaut Cernan de Amerikaanse vlag (2). De *Apollo 12*-maanlander
trok in 1970 op de Wereldtentoonstelling
in Japan veel publiek (4).

3

4

2

3

4

IN July 1969, Neil Armstrong, captain of the *Apollo 11* mission, was the first man on the moon, observed by hundreds of millions of television viewers around the world. He described his descent from the *Eagle* lunar module as 'one small step for man, one giant leap for mankind'. He was accompanied by Edwin 'Buzz' Aldrin, whom he photographed descending from the module (4), and who can also be seen cautiously groping his way among the footprints in the moondust (3). The rocket launcher at Kennedy Space Center blasts off *Apollo 11* in a characteristic 'pillar of flame' (1); as the module separates, it floats above the moon with the earth rising behind (2).

IM Juli 1969 betrat Neil Armstrong, Kapitän des *Apollo-11*-Fluges, als erster Mensch den Mond, unter den Augen von Millionen von Fernsehzuschauern in aller Welt. Er beschrieb seinen Ausstieg aus der Mondfähre *Eagle* mit den Worten: »Ein kleiner Schritt für einen Menschen, doch ein großer Sprung für die Menschheit.« Begleitet wurde er von Edwin »Buzz« Aldrin, den er photographierte, als dieser aus der Fähre klettert (4) und der auch zu sehen ist, wie er vorsichtig durch die Fußabdrücke im Mondstaub stakst (3). Von der Abschußrampe im Kennedy Space Center steigt *Apollo 11* in der typischen »Feuersäule« auf (1); als die Mondfähre sich löst, schwebt sie über die Mondoberfläche, und im Hintergrund geht die Erde auf (2).

IN juli 1969 zette Neil Armstrong, kapitein van de *Apollo 11*, als eerste mens voet op de maan, live gevolgd door honderden miljoenen tv-kijkers over de hele wereld. Hij noemde het moment waarop hij uit de maansloep 'Eagle' stapte "een kleine stap voor een mens, maar een gigantische sprong voor de mensheid". Hij werd op zijn reis vergezeld door Edwin 'Buzz' Aldrin, die hij fotografeerde bij het afdalen van de ladder (4) en het rondschuifelen in het maanstof (3). Bij de lancering van de *Apollo 11* vanaf de raketbasis in het Kennedy Space Center ontbreekt de typische 'vuurzuil' niet (1). Na het afstoten van de raketten zweeft de capsule in een baan rond de maan, terwijl op de achtergrond de aarde te zien is (2).

1

2

3

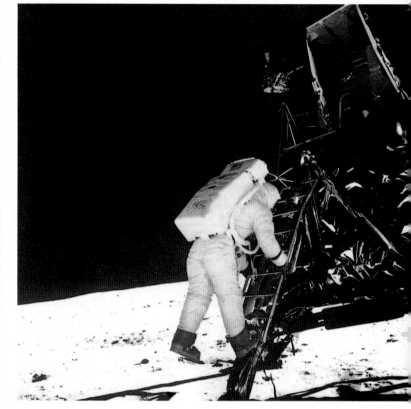

THE US space shuttle *Challenger* exploded 72 seconds after take-off on 28 January 1986, to the horror of watching millions (2). Among the crew of seven who died was Christa McAuliffe, a schoolteacher selected as the first woman to fly in a new 'citizens in space' programme (1). The flight had already been postponed five times, three of them due to bad weather. Before blast-off, icicles had to be chipped from the shuttle by hand. These were the first US casualties in space, dealing a devastating blow to a programme already in serious difficulties from drastically over-running its budget.

AM 28. Januar 1986 explodierte die amerikanische Raumfähre *Challenger* 72 Sekunden nach dem Start, zum Entsetzen der Millionen, die das an ihren Fernsehgeräten miterlebten. Zu der siebenköpfigen Besatzung, die dabei umkam, gehörte auch die Lehrerin Christa McAuliffe, die als erste Frau des neuen Programms »Bürger fliegen in den Weltraum« ausgewählt worden war (1). Der Flug war bereits fünfmal verschoben worden, dreimal wegen schlechtem Wetter. Vor dem Start mußte die Fähre mit der Hand von Eiszapfen befreit werden. Es waren die ersten Todesopfer, die es bei US-Weltraumflügen gegeben hatte, und es war ein schwerer Schlag für ein Programm, das ohnehin wegen drastisch überzogenem Budget in großen Schwierigkeiten war.

MILJOENEN tv-kijkers maakten op 28 januari 1986 live mee hoe de Amerikaanse spaceshuttle 'Challenger' 72 seconden na de start explodeerde (zie blz. 801). Onder de zevenkoppige bemanning die daarbij om het leven kwam, bevond zich ook de lerares Christa McAuliffe, de eerste vrouwelijke deelnemer aan het nieuwe project 'burgers in de ruimte' (1). De vlucht was al vijf keer uitgesteld, waarvan drie keer vanwege slecht weer. Nog kort voor de start moest het ruimtevaartuig met de hand van ijspegels ontdaan worden. Het waren de eerste doden uit de geschiedenis van de Amerikaanse ruimtevaart en het betekende een zware klap voor een programma dat vanwege een drastisch overschreden begroting toch al blootstond aan zware kritiek.

1

BEFORE the human guinea-pigs, the animal ones. In the 1950s animals were sent into space to see how they withstood flight conditions. Laika, the satellite dog in *Sputnik III* (1), achieved international fame – and indignation, when it was discovered that, mission accomplished, her food would be poisoned to prevent her dying slowly of starvation while still in orbit. In 1959, the US sent Sam (2), a 7-lb Rhesus monkey, 55 miles into space on a Project *Mercury* capsule. As late as 1970, NASA was performing an 'Orbiting Frog Otolith', placing two bullfrogs in a weightless environment for a period of days (3).

VOR den menschlichen Versuchskaninchen kamen die Tiere. In den 50er Jahren wurden Tiere in Raumkapseln ins All geschossen, um zu sehen, wie sie den Flug überstanden. Laika (1), die Hündin von *Sputnik III*, brachte es zu weltweiter Berühmtheit – und Empörung, als bekannt wurde, daß sie nach ihrer Mission vergiftet würde, damit sie nicht in der Erdumlaufbahn verhun-

gerte. 1959 schickten die Amerikaner den Rhesusaffen Sam an Bord einer *Mercury*-Kapsel in den Weltraum (2). Und noch 1970 gab es bei der NASA den »Erdumlauffrosch Otolith«: Zwei Ochsenfrösche wurden der Schwerelosigkeit ausgesetzt (3).

VOORDAT mensen voor proefkonijn mochten spelen, waren dieren aan de beurt. In de jaren '50 werden dieren de ruimte in gestuurd om te kijken hoe ze de vlucht zouden doorstaan. Laika (1), de hond aan boord van de satelliet *Spoetnik III*, maakte over de hele wereld reacties van bewondering los – en van verontwaardiging, toen bekend werd dat ze na het volbrengen van haar missie vergiftigd eten zou krijgen om te verhinderen dat ze in de ruimte een langzame hongerdood zou sterven. In 1959 werd het zeven pond zware resusaapje Sam door de Amerikanen in een *Mercury*-kunstmaan 90 km de ruimte in geschoten (2). In 1970 voerde de NASA 'otolietexperimenten' uit waarbij twee brulkikvorsen dagenlang gewichtloos bleven (3).

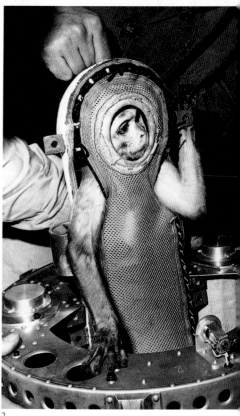

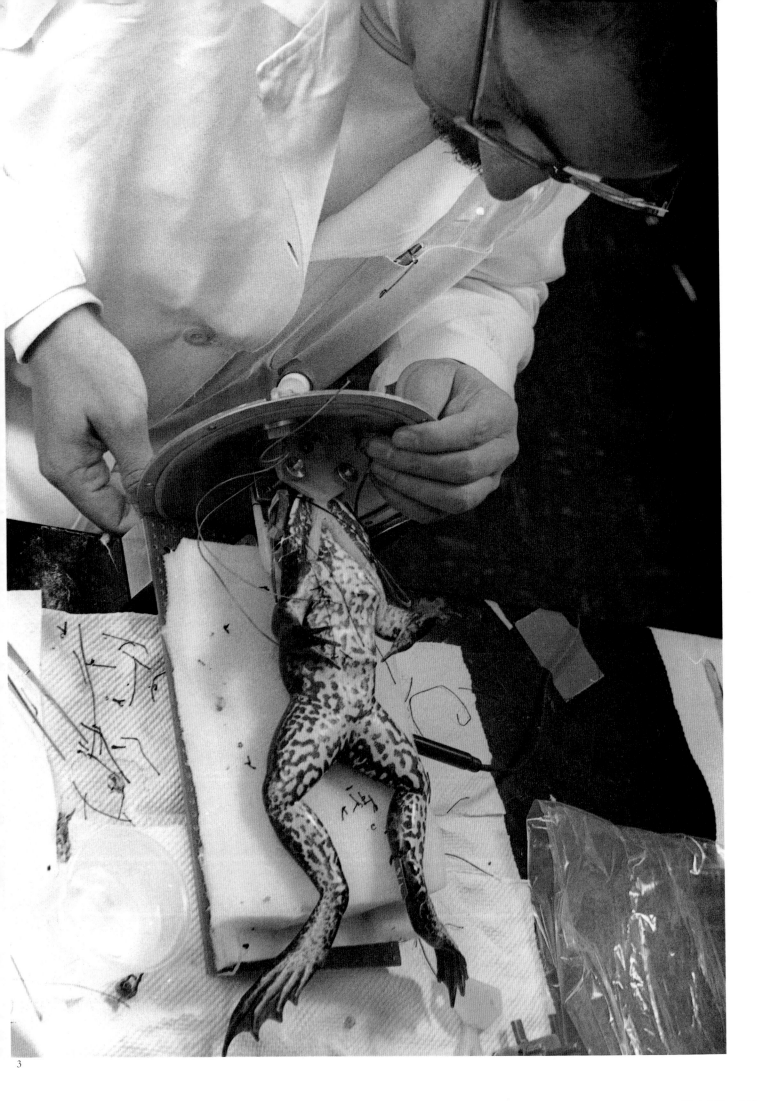

3

4

CHINA'S history over the last sixty years could be encapsulated in the costumes worn in these pictures. As Chairman Mao Tse-Tung addresses a meeting (1) calling for ever greater efforts against the Japanese enemy (2 – a propaganda poster in 1938), Nationalist Generalissimo Chiang Kai-Chek arrives at the 1939 meeting of the Kuomintang Nationalist Party, at which he was additionally named president of the Executive Council (4). While the Chairman's cotton kapok clothing matches that of the peasant, the Generalissimo obtains his garb from Paris outfitters. Meanwhile one of his soldiers, taken prisoner in Shantung, is given rough handling by the victorious Communists (3).

MAN könnte die ganze chinesische Geschichte der letzten sechzig Jahre aus den Kleidern ablesen, die auf diesen Bildern getragen werden. Der Parteivorsitzende Mao Tse-tung hält eine Rede (1), in der er verstärkte Anstrengungen gegen die japanischen Feinde fordert (2, ein Propagandaplakat aus dem Jahre 1938). Der Oberbefehlshaber der Nationalisten, Tschiang Kai-schek, erscheint zur Versammlung der nationalistischen Kuomintang-Partei im Jahre 1939, bei der er zusätzlich noch zum Präsidenten des Exekutivausschusses ernannt wurde (4). Der Vorsitzende Mao trägt den Baumwolldrillich der Bauern, der Oberbefehlshaber einen Pariser Maßanzug. Derweil fassen die siegreichen Kommunisten einen seiner Soldaten in Schantung nicht gerade mit Samthandschuhen an (3).

DE kleren die op deze foto's gedragen worden, geven een aardige indruk van de Chinese geschiedenis van de laatste zestig jaar. Partijvoorzitter Mao Tse-toeng houdt een toespraak (1) waarin hij tot meer militaire acties tegen de Japanse vijand oproept (2, een propagandaposter uit 1938). De opperbevelhebber van de nationalisten, Tsjang Kai-sjek, bezoekt in 1939 het congres van de nationalistische Kwo-min-tang-partij, waarop hij ook nog eens tot president van het uitvoerend comité benoemd werd (4). Terwijl Mao in de eenvoudige katoenen pakken van de boeren gekleed gaat, hult Tsjang Kai-sjek zich in Parijse maatkostuums. Ondertussen springen zegevierende communisten in Shantoeng niet bepaald zachtzinnig met een gevangengenomen nationalistische soldaat om (3).

THE Communist Youth Movement in
Hanking (1) learn how to handle weapons.
In 1966, Mao proclaimed a Cultural Revolution. Thousands of students, organized into
Red Guards, moved around the country as
here in 1967 (2), bearing banners of Mao and
copies of his Little Red Schoolbook. From
the same period is an example of the Red
Guards' 'wall to wall' poster campaign (3).

MITGLIEDER der kommunistischen
Jugendbewegung in Hangking lernen
an der Waffe (1). 1966 rief Mao die Kultur-
revolution aus. Tausende von Studenten, zu
Roten Garden organisiert, zogen mit Fahnen,

Bildern Maos und der »Mao-Bibel« durchs
Land (wie hier 1967, 2). Aus jener Zeit
stammt auch das Bild von den Wandzeitun-
gen, der Roten Garden (3).

LEDEN van de communistische
jeugdorganisatie in Hanking leren hoe
ze met wapens moeten omgaan (1). In
1966 riep Mao de Culturele Revolutie uit.
Duizenden studenten trokken, verdeeld in
Rode Gardes, met vlaggen, foto's van Mao
en het bekende rode boekje door het land
(zoals hier in 1967, 2). Uit dezelfde periode
stamt ook de foto van de muurkranten die
de Rode Gardes gebruikten (3).

FRENCH and Vietnamese forces were already bogged down in southeast Asia when, following the crossing of the 38th Parallel by North Korean troops in 1950, the United Nations intervened on the side of South Korea to defeat the 'Communist Menace from the North'. Here French troops flush a 'rebel' from a foxhole (1), while others question Communist suspects (2). It was a British press photographer, Bert Hardy, who made waves with his pictures of refugees (4) and of the maltreatment of North Korean POWs under the banner of the UN flag (3).

DIE Fronten hatten sich in Südostasien bereits verhärtet, als nordkoreanische Truppen 1950 den 38. Breitengrad überschritten und die Vereinten Nationen auf seiten Südkoreas gegen die »kommunistische Bedrohung aus dem Norden« eingriffen. Hier holen französische Soldaten einen »Rebellen« aus einem Schützenloch (1), andere verhören verdächtige Kommunisten (2). Bert Hardy, ein britischer Pressephotograph, sorgte für Aufruhr, als er seine Bilder von Flüchtlingen (4) und von mißhandelten nordkoreanischen Kriegsgefangenen veröffentlichte (3).

FRANSE en Vietnamese troepen waren in Zuidoost-Azië al in een heftige strijd verwikkeld toen in 1950 Noord-Koreaanse legereenheden de 38e breedtegraad overschreden, waarna de Verenigde Naties Zuid-Korea te hulp kwamen bij het gevecht 'tegen het communistische gevaar uit het noorden'. Hier halen Franse soldaten een 'rebel' uit een schuttersput (1) en ergens anders worden verdachte communisten verhoord (2). De Britse persfotograaf Bert Hardy zorgde voor grote opschudding met zijn foto's van vluchtelingen (4) en Noord-Koreaanse krijgsgevangenen die onder de verantwoordelijkheid van de VN mishandeld werden (3).

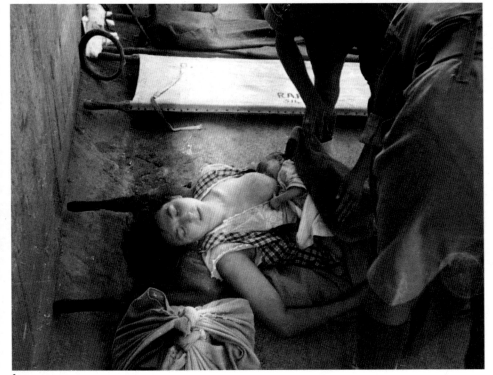

IN 1947 some hundreds of Jewish survivors were packed off to a detention camp in Cyprus (1, 3). And in 1948 the SS *United States* deliberately ran aground with 700 Jews on board, at Nahariya, near Haifa in Israel. The local population waded out to help bear the sick and old ashore (2).

IM Jahre 1947 erreichten einige Hundert jüdische Überlebende ein Lager auf Zypern (1, 3). Und 1948 setzte der Kapitän sein Schiff SS *United States*, mit 700 Juden an Bord, ein paar Meilen von dem Badeort Nahariya (nahe bei Haifa in Israel) absicht-lich auf Grund; die Einheimischen kamen und holten die Alten und Kranken an Land (2).

IN 1947 bereikten joodse overlevenden een kamp op Cyprus (1, 3). In 1948 liep het schip *SS United States* met aan boord zevenhonderd Oost-Europese joden bij de badplaats Naharija (vlak bij Haifa in Israël) aan de grond. De plaatselijke bevolking kwam te hulp (2).

THESE Jewish Palestinian girls are celebrating the successful conclusion to a hard day's work signing up some of the 135,000 volunteering for National Service (1). The Hebrew posters over the doorway are part of the propaganda that resulted in the Israeli army being among the first to incorporate women as regular soldiers. Until 1948, Britain maintained its Palestinian mandate, searching both Jews and Arabs (2) for weapons and bombs on the streets of Jerusalem and imposing a blockade along the coast. To add to the confusion, the Irgun 'terrorist' organization (one of whose leaders, David Ben Gurion, became Israel's first Prime Minister) waged war against the then Israeli government in 1948. Their arms ship was ignited by government mortar bombs (3), destroying 600 tons of weapons.

DIESE jüdischen Mädchen in Palästina freuen sich über das Ende eines harten Arbeitstages, an dem sie einen Teil der 135 000 Freiwilligen für den Militärdienst eingeschrieben haben (1). Die hebräischen Plakate gehören zu einer Werbekampagne, in der auch Frauen zum Militärdienst berufen wurden – die israelische Armee war eine der ersten, die Frauen aufnahm. Bis 1948 war Palästina britisches Mandatsgebiet, und Juden wie Araber wurden in den Straßen Jerusalems nach Waffen und Bomben durchsucht (2); zudem gab es eine Seeblockade. Die Lage wurde noch verwirrender dadurch, daß die »Terroristen« der Gruppe Irgun (einer ihrer Führer war der spätere israelische Premierminister David Ben Gurion) Krieg gegen die offizielle israelische Regierung führten. Das Schiff, das ihnen Waffen bringen sollte, wurde von Minenwerfern der Regierungstruppen beschossen, und 600 Tonnen Waffen und Munition gingen in die Luft (3).

DEZE joodse meisjes in Palestina vieren het einde van een vermoeiende, maar succesvolle dag waarop ze weer een groot deel van de 135.000 militaire vrijwilligers hebben ingeschreven (1). De Hebreeuwse affiches boven de ingang vormen een onderdeel van een reclamecampagne waarin ook vrouwen worden aangespoord in militaire dienst te gaan. In Jeruzalem werden zowel joden als Arabieren op straat gecontroleerd op het bezit van wapens en bommen (2). De situatie werd nog onoverzichtelijker toen de 'terroristen' van de groep Irgoen in 1948 in een oorlog verwikkeld raakten met de officiële Israëlische regering. Het schip met wapens voor de Irgoen werd door mortieren van de regeringstroepen beschoten, waardoor 600 ton aan wapens en munitie de lucht in ging (3).

2

3

THE British mandate ended at midnight
14/15 May 1948. Immediately Egyptian and Transjordan troops invaded Palestine. Arab Legion tanks started out several
hours before the mandate expired (1). It
took nearly twenty years, until 5 June 1967,
for the Arab-Israeli conflict to erupt into a
full-blown war. Israel, under the charismatic
military leadership of General Moshe Dayan
(4), emerged triumphant. On 8 June, Egypt
admitted defeat (captured Egyptian troops,
2). A day later, Israel began an all-out offensive hours after Syria also accepted the
ceasefire (3). Yasser Arafat (5), leader of the
Palestine Liberation Organization, became
the focus of mass opposition.

DAS britische Mandat endete am 15. Mai
1948. Sofort begannen ägyptische und
transjordanische Truppen mit ihrer Invasion
Palästinas. Die Panzer der arabischen Legion
machten sich früh auf den Weg (1). Doch
es dauerte fast zwanzig Jahre, bis am 5. Juni
1967 der israelisch-arabische Konflikt zu
einem Krieg auswuchs. Die Israelis unter
ihrem General Moshe Dayan (4) waren

3

4

5

siegreich. Am 8. Juni kapitulierten die
Ägypter (ägyptische Kriegsgefangene, 2).
Einen Tag darauf, nur Stunden nachdem
auch Syrien den Waffenstillstand akzeptiert
hatte (3), gingen die Israelis zum Groß–
angriff über. Der Palästinenserführer Yassir
Arafat (5) hatte viel Kritik einzustecken.

HET Britse mandaat eindigde 15 mei
1948. Direct daarna vielen Egyptische
en Transjordaanse troepen Palestina binnen.
De tanks van het Arabische legioen waren
het gebied al enkele uren eerder
binnengetrokken (1). Toch duurde het nog
tot 5 juni 1967, voordat het Arabisch-
Israëlische conflict tot een oorlog escaleerde.
De Israëli's, onder leiding van Mosje Dayan
(4), wonnen. Op 8 juni capituleerde Egypte
(2, Egyptische krijgsgevangenen). De
volgende dag, slechts enkele uren nadat ook
Syrië de wapenstilstand had geaccepteerd
(3), ging Israël tot de algemene aanval over.
Yasser Arafat (5) kreeg veel kritiek.

Six years later war broke out with Syria (1, 2), again fought on the Golan Heights (3). Twenty-two years on, despite fresh peace accords signed on the White House lawn (5) in September 1993, there is still acute friction between Israelis and Palestinians, among whom the radical Hamas movement is initiating fresh direct action. Almost as the accord was signed, Palestinians adorned Jerusalem's Old City Walls with their flags and stoned Israeli police, who responded with violence (4).

Sechs Jahre darauf brach erneut Krieg mit Syrien aus (1, 2), der wiederum auf den Golan-Höhen ausgefochten wurde (3). Auch 22 Jahre später, trotz jüngster Friedensvereinbarungen, die im September 1993 auf dem Rasen des Weißen Hauses unterzeichnet wurden (5), halten die Konflikte

4

5

ZES jaar later brak er opnieuw oorlog uit met Syrië (1, 2), die wederom op de hoogvlakten van Golan werd uitgevochten (3). 22 Jaar later is er, ondanks de vredesakkoorden die in september 1993 in de tuin van het Witte Huis ondertekend werden (5), nog steeds sprake van conflicten tussen Israëli's en Palestijnen, waarbij de radicale Hamas-beweging een grote rol speelt. Bijna onmiddellijk na de ondertekening van het verdrag stonden Palestijnen op de oude stadsmuren van Jeruzalem met hun vlaggen te zwaaien; toen ze stenen naar Israëlische politieagenten begonnen te gooien, werden ze met geweld uit elkaar gedreven (4).

zwischen Israelis und den Palästinensern an, deren radikale Hamas-Bewegung für neuen Zündstoff sorgt. Fast unmittelbar nach Unterzeichnung des Vertrages schmückten die Palästinenser die Wände der Jerusalemer Altstadt mit ihren Fahnen und warfen Steine auf israelische Polizisten, die zurückschossen (4).

IN July 1969, shortly after the Protestants' annual Orange Day parades, violence erupted on the streets of Belfast and Londonderry (even the name was contentious, Catholics preferring to leave off the English prefix). Sympathies in the 'six counties' of Northern Ireland were sharply divided between the Protestant majority, who wanted to retain rule from Westminster, and the Roman Catholic minority, who wanted union with Eire (Ireland). While the former organized the paramilitary forces of the Ulster Freedom Fighters and the Ulster Volunteer Forces, the latter revived the military wing of the Irish Republican Army and spawned a radical new branch, the Irish National Liberation Army. In August 1969 British troops were sent in 'to keep the warring factions apart' and 'restore the peace' – the start of twenty-five further years of 'troubles'.

A cheap weapon of choice was the petrol bomb, often fired by youths (1). Street barricades were hastily thrown up from pallets and tyres (3). With youth unemployment, especially among Catholics, being the highest in the UK, many were drawn into the street fighting almost as a rite of passage to prove their manhood (2).

IM Juli 1969 kam es kurz nach den jährlichen protestantischen Umzügen zum Oraniertag zu Unruhen in Belfast und Londonderry. Die Meinungen in den »sechs Grafschaften« Nordirlands waren streng gespalten zwischen der protestantischen Mehrheit, die weiterhin von Westminster aus regiert werden wollte, und der katholischen Minderheit, die eine Vereinigung mit der Republik Irland forderte. Die Protestanten organisierten sich in den paramilitärischen Truppen der Ulster Freedom Fighters und Ulster Volunteer Forces, die Katholiken ließen den militärischen Flügel der Irisch-Republikanischen Armee wiederaufleben und gründeten einen radikalen neuen Zweig,

die Irisch-Nationale Befreiungsarmee. 1969 schickte London Truppen nach Nordirland, »um Konfrontationen zwischen den sich bekriegenden Parteien zu verhindern« und »den Frieden wiederherzustellen« – der Beginn von mittlerweile mehr als 25 Jahre währenden Unruhen.

Eine beliebte, weil billige Waffe waren Brandbomben, die oft von Jugendlichen geworfen wurden (1). Barrikaden wurden in aller Eile aus Paletten und Autoreifen errichtet (3). Die Jugendarbeitslosigkeit, gerade unter den Katholiken, war die höchste in Großbritannien, und für viele waren die Straßenkämpfe das einzige Mittel, mit dem sie ihre Männlichkeit beweisen konnten (2).

IN juli 1969 kwam het vlak na de jaarlijkse optochten van 'Orange Day' tot onlusten in de straten van Belfast en Londonderry. Over de toekomst van de 'zes graafschappen' van Noord-Ierland werd zeer verschillend gedacht: de protestantse meerderheid wilde ook in het vervolg vanuit Westminster geregeerd worden; de katholieke minderheid was daarentegen een voorstander van een vereniging met de Ierse republiek. Terwijl de protestanten zich in de paramilitaire troepen 'Ulster Freedom Fighters' en 'Ulster Volunteer Forces' organiseerden, bliezen de katholieken de militaire vleugel van de 'Irish Republican Army' (IRA) nieuw leven in en richtten ze een radicale nieuwe tak op, de 'Irish

National Liberation Army'. Londen stuurde in 1969 troepen naar Noord-Ierland om 'confrontaties tussen de strijdende partijen te voorkomen' en 'de vrede te herstellen' – het begin van inmiddels al meer dan 25 jaar durende onlusten.

Een populair –want goedkoop– wapen was de brandbom, die vooral door jongeren werd ingezet (1). Voor barricaden werden in allerijl pallets en autobanden op een hoop gegooid (3). De jeugdwerkloosheid was, met name onder de katholieken, het hoogst van het hele Verenigd Koninkrijk en voor veel jongens waren de straatgevechten de enige mogelijkheid om hun mannelijkheid te bewijzen (2).

RIOT-SHIELDED British soldiers with a bleeding and unarmed protester (2). To many, the face of bigotry is that of the Reverend Ian Paisley, Ulster Unionist MP and a Protestant minister who sees the Pope as the anti-Christ. Here he is protesting away from home (1), at the celebration of a Catholic Mass at Canterbury Cathedral for the first time in 400 years in July 1970. Shortly before Christmas 1993, a mother carries her child past a PEACE sign (3). Perhaps this generation will be allowed to grow up using the streets as a thoroughfare rather than a battleground.

MIT Schilden geschützte britische Soldaten führen einen unbewaffneten, blutenden Demonstranten ab (2). Für viele die Bigotterie in Person: Reverend Ian Paisley, Parlamentsmitglied der Unionisten und protestantischer Geistlicher, für den der Papst der Antichrist ist. Hier (1) protestiert er in England, vor der Kathedrale von Canterbury, wo im Juli 1970 zum ersten Mal seit 400 Jahren eine katholische Messe zelebriert wurde. Kurz vor

Weihnachten 1993 trägt eine Mutter ihr Kind an einer Wand mit der Aufschrift PEACE vorbei (3). Vielleicht wird diese Generation die Straße wieder als Verbindungsweg von einem Ort zum anderen erleben, und nicht als Schlachtfeld.

MET oproerschilden uitgeruste Britse soldaten voeren een ongewapende bloedende demonstrant af (2). Voor velen de religieuze verdwazing in hoogst eigen persoon: dominee Ian Paisley, parlementslid van de Ulster Unionists en fervent tegenstander van het katholicisme (hij beschouwt de paus als de antichrist). Hier is hij bij een protestactie voor de kathedraal van Canterbury (1), waar in juli 1970 voor het eerst sinds vierhonderd jaar een katholieke eredienst gehouden werd. Vlak voor de kerst van 1993 loopt een moeder met haar kind in haar armen langs een muur waarop staat: PEACE (3). Misschien zal deze generatie de straat weer gewoon als een weg zien, en niet als slagveld.

3

IN April 1946 the British Cabinet delegation to India held discussions with the frail Hindu leader Mahatma Gandhi (here assisted by his doctor and helper, 4). The following year Lord Mountbatten (2, with his wife Edwina), last Viceroy of India, ended 150 years of British rule, and on 15 August 1947 Pandit Nehru (5) became first Indian Prime Minister. However, the fighting over Partition into the Moslem state of Pakistan to the north and predominantly Hindu India to the south provided a violent aftermath: 25,000 dead in New Delhi (3) and Calcutta (1) alone. Nonetheless, King George VI assured the new

Constituent Assembly: 'In thus achieving your independence by agreement, you have set an example to the freedom-loving people throughout the world.'

IM April 1946 verhandelte eine Delegation der britischen Regierung mit dem Hindu-führer Mahatma Gandhi (hier von seiner Ärztin und einer Helferin gestützt, 4) über das Schicksal Indiens. Im folgenden Jahr erklärte der letzte Vizekönig, Lord Mount-batten (2, mit Gattin Edwina), die 150 Jahre britischer Herrschaft über Indien für be-endet, und am 15. August 1947 wurde Pandit Nehru erster indischer Premierminister (5).

Doch die Auseinandersetzungen um die Teilung des Landes in einen Moslemstaat Pakistan im Norden und ein hauptsächlich von Hindus bevölkertes Indien im Süden nahm ein blutiges Ende: 25 000 Tote allein in Neu-Delhi (3) und Kalkutta (1). Das hinderte König Georg VI. nicht, dem neuen indischen Parlament zu versichern: »Indem Sie Ihre Unabhängigkeit durch friedliche Verhandlungen errungen haben, haben Sie freiheitsliebenden Völkern überall auf der Welt ein Beispiel gegeben.«

IN april 1946 onderhandelde een delegatie van de Britse regering met hindoeleider Mahatma Gandhi (hier met zijn dokter en haar assistente, 4) over de toekomst van India. In 1947 maakte de laatste onderkoning van India, Lord Mountbatten (2, met zijn echtgenote Edwina), een officieel einde aan de 150 jaar durende Britse heerschappij en op 15 augustus werd pandit Nehru de eerste Indiase minister-president (5). De discussies over een opdeling van het land in een islamitisch Pakistan in het noorden en een overwegend door Hindoes bevolkt India in het zuiden liepen uit in bloedige gevechten die alleen al in New Delhi (3) en Calcutta (1) aan 25.000 mensen het leven kostten. Desondanks verzekerde koning George VI het nieuwe Indiase parlement: "U hebt uw onafhankelijkheid met vreedzame middelen tot stand gebracht en daardoor hebt u een voorbeeld gegeven aan alle vrijheidlievende volken op de wereld."

B UDAPEST, 12 November 1956: uprising. In the brief moments of hope that their country might break free of the Russian occupation, these men are furiously dismantling a giant statue of Stalin (1) while others burn his portrait in a pyre of Soviet propaganda (3). Even humour enters into it, as the Russian tank has a sign hung on it with an order not to fire (2). Suspected members of the AVO (Secret Police) are subjected to summary reprisal (4). Girls as young as fifteen (5) were trained to carry guns against the Russian invasion.

A UFSTAND in Budapest, 12. November 1956. In der Hoffnung, daß ihr Land sich vom russischen Joch befreien könne, reißen diese Männer ein Standbild Stalins nieder (1), während andere sein Porträt verbrennen (3). Es war ein Aufstand mit Galgenhumor, wie dieses Schild beweist, das einen russischen Panzer auffordert, nicht zu schießen (2). Mit Mitgliedern der Geheimpolizei AVO wurde indes kurzer Prozeß gemacht (4). Selbst 15jährige Mädchen (5) übten den Umgang mit Waffen gegen die russische Invasion.

O PSTAND in Boedapest, 12 november 1956. Deze mannen zijn fanatiek met de sloop van een kolossaal standbeeld van Stalin begonnen (1); anderen verbranden Sovjetpropaganda (3). De opstand had zelfs een –donkere– humoristische kant, zoals dit bordje bewijst, dat een Russische tank een schietverbod oplegt (2). Met vermoedelijke leden van de AVO (geheime politie) werd ondertussen korte metten gemaakt (4). En aan de militaire voorbereiding op de Russische invasie deden zelfs vijftienjarige meisjes mee (5).

4

5

P RAGUE, August 1968, otherwise known as the 'Prague Spring', introduced as a period of liberalization by Prime Minister Dubcek, crushed as the Russian tanks (nicknamed 'Goliaths') ploughed into the largely unarmed 'Davids' who sought to hold them back with attempts at reasoning and fraternization.

P RAG, August 1968, als der »Prager Frühling«, die Liberalisierungen des Premierministers Dubcek, von russischen Panzern niedergewalzt wird. Die »Goliaths« (wie man die Panzer nannte) überrollen die größtenteils unbewaffneten »Davids«, die sie mit Argumenten oder einfacher Herzlichkeit aufhalten wollten.

P RAAG, augustus 1968: door de liberaliseringen van premier Dubçek ontstaat de 'Praagse lente', een opstand die op brute wijze door Russische tanks neergeslagen wordt. De 'Goliaths' (de bijnaam voor de tanks) reden zonder pardon in op de 'Davids', die hen met argumenten of vriendelijkheid probeerden tegen te houden.

JEAN-PAUL Sartre did it. Simone de Beauvoir did it. In May 1968 it was hard to encounter anyone who *did not* have a part to play in *les événements* (1) or didn't at least claim they had, safely after the event. The Canadian writer Mavis Gallant kept a diary and observed that Sorbonne stone-throwing (4) brought forth the CRS with military responses of teargas (2) and baton charges (3): '… med. students kept out of it at the beginning, joined movement only

as a reaction against the police… it wasn't safe for a doctor to help the wounded unless the doctor wore a helmet… wounded on stretchers beaten in a kind of frenzy. In Latin Quarter now, faces bruised, casts and bandages for what would seem to be ski accidents in another season, but these are fresh. Tendency of boys to behave like Old Soldiers: "I was on the barricades" like "I was in the Résistance"' (*Paris Notebooks 1968-86*).

JEAN-PAUL Sartre war dabei, Simone de Beauvoir war dabei. Im Mai 1968 war es schwer, jemanden zu finden, der *nicht* bei den *événements* dabeigewesen war (1). Die kanadische Schriftstellerin Mavis Gallant führte Tagebuch und beschreibt, wie sich die CRS von den Steinwürfen an der Sorbonne (2) zu martialischen Antworten mit Tränengas (3) und Schlagstöcken (4) hinreißen ließ: »Die Medizinstudenten hielten sich anfangs heraus und machten erst später aus Protest gegen die Polizei

2

3

1   4

mit… selbst auf die Verwundeten auf ihren Tragen schlugen sie noch in einer Art Rausch ein. Jetzt bin ich im Quartier Latin, zerschundene Gesichter, Bandagen und Gipsverbände, zu anderen Zeiten hätte man sie für die Opfer von Skiunfällen gehalten, doch die Verletzungen sind frisch. Die Jungs führen sich auf wie alte Kämpfer: ›Ich war auf den Barrikaden‹, genau wie die Alten einem ›Ich war bei der Résistance‹ erzählen«. (*Paris Notebooks*, 1968-86).

JEAN-PAUL Sartre had meegedaan, Simone de Beauvoir ook. In mei 1968 was het moeilijk om iemand te vinden die niet aan *les événements* had meegedaan of het op z'n minst achteraf –de veiligste manier– bewéérde (1). De Canadese schrijfster Mavis Gallant beschreef hoe de CRS de stenengooiers van de Sorbonne (4) met zware middelen als traangas (2) en gummiknuppels (3) meende te moeten aanpakken: "De studenten medicijnen hielden zich aanvankelijk afzijdig en deden

pas later uit protest tegen de politie mee … Een dokter kon alleen naar buiten om gewonden te helpen als hij zelf een helm droeg … Ze gaven zelfs gewonden op brancards nog klappen, als in een soort roes. Nu ben ik in het Quartier Latin, ik zie kapotte gezichten, bandages en gipsverbanden … De jongens gedragen zich als oude veteranen: in plaats van 'Ik heb in het verzet gezeten' hoor je nu 'Ik heb op de barricaden gestaan'."
(*Paris Notebooks*, 1968/1986)

THE early 1960s and a time of wire-laced walls (2), spotlights and sirens; Checkpoint Charlie and John Le Carré; of a miserably divided city. 'ATTENTION!: You are NOW leaving West Berlin' (1). Then, in 1989, the wall begins to come down: the first chink, seen from West (4) and East (5); with bulldozers moving in to make new crossing-points and 2.7 million East Germans given visas to go West (some of them on the Wall, 3).

DIE frühen 60er Jahre, eine Zeit der Wände mit Stacheldrähten (2), der Suchscheinwerfer und Sirenen, die Zeit von Checkpoint Charly und John Le Carré, die Zeit einer schaurig zweigeteilten Stadt. »ACHTUNG! Sie verlassen JETZT WEST-BERLIN« (1). Und dann, 1989, fällt die Mauer: die erste Kerbe, vom Westen aus gesehen (4), und vom Osten (5); dann

1

2

übernehmen die Bulldozer, um neue Übergänge zu schaffen, und 2,7 Millionen Ostdeutsche bekommen ein Visum für den Westen (ein paar von ihnen kann man hier auf der Mauer sehen, 3).

DE vroege jaren '60: de tijd van een gedeelde stad, van muren met prikkeldraad (2), zoeklichten en sirenes van Checkpoint Charlie en John Le Carré, en van borden met de tekst: 'ACHTUNG! Sie verlassen jetzt WEST-BERLIN' (1). Maar in 1989 valt de muur: een eerste opening, zelfgemaakt, gezien vanuit het westen (4) en het oosten (5); daarna nemen bulldozers het werk over. 2,7 Miljoen Oost-Duitsers krijgen een visum voor het Westen (sommigen van hen zijn hier op de muur te zien, 3).

3

4

5

Civil Protest

IN South Africa the introduction of apartheid in 1948 disbanded even the moderate Natives' Representative Council, leaving blacks no recourse but to work outside government dictates in order to pursue the mild but anti-segregationist policies of the Natives' Law Commission and to resist further forced deportations and cruel restrictions on their daily lives. In the United States, the foundation of the National Association for the Advancement of Colored Peoples (NAACP) threw into relief both the aspirations and the limitations of campaigns for a better deal for those whose living conditions continued, particularly in the Southern states, to show little improvement on those of their forefathers, imported into slavery.

The sheer scope of the 'Protest Movement', as it came to be called, was tremendous. Pastors such as the Reverend Frank Chikane and Archbishop Desmond Tutu in South Africa, Martin Luther King in the United States, militant separatist Black Moslems (Malcolm X) and Black Panthers (Bobby Seale, Eldridge Cleaver, Stokeley Carmichael), all had mass followings, protesting against not only local issues but highlighting a system of injustice against which many – particularly among the young – could unite in defiance. Against them were ranged fringe extremists like the Ku Klux Klan and the Afrikaner Brotherhood (A. W. B.) who sought to revive neo-Nazi visions of racial purity based on spurious biblical texts.

The whole western protest movement could be claimed to hinge on the strikes and sit-ins that culminated in all that went by the shorthand of 'May 1968', a time of spontaneous uprising in Paris and London, Rome and Berlin, Colombia and Berkeley. Solidarity with national liberation movements around the world; opposition to the Vietnam War and US 'neo-imperialism'; concern over the relevance of much that was taught in institutes of higher education: the basic upsurge of civil rights movements worldwide was deeply idealistic, frequently religious in its motivation and romantic in its expression.

IN Südafrika wurde 1948 die Rassentrennung eingeführt und selbst der bescheidene Natives' Representative Council noch aufgelöst, so daß den Schwarzen nichts anderes übrigblieb, als sich außerhalb des Gesetzes zu stellen, wenn sie die gemäßigte, doch gegen die Apartheid gerichtete Politik der Natives' Law Commission unterstützen und sich weiteren Deportationen und unwürdigen Beschränkungen ihres täglichen Lebens widersetzen wollten. In den Vereinigten Staaten zeigte die Gründung der National Association for the Advancement of Colored Peoples (NAACP) sowohl die Hoffnungen wie auch die Grenzen von Kampagnen, die bessere Lebensbedingungen für jene schaffen wollten, die, besonders im Süden, kaum anders lebten als ihre Vorfahren, die Sklaven waren.

Die Bandbreite der »Protestbewegung« war ungeheuer. Geistliche wie Reverend Frank Chikane und Erzbischof Desmond Tutu in Südafrika, Martin Luther King in den Vereinigten Staaten, militant-separatistische Black Moslems (Malcolm X) und Black Panthers (Bobby Seale, Eldridge Cleaver, Stokeley Carmichael) hatten allesamt gewaltige Anhängerscharen und protestierten nicht nur regional begrenzt, sondern gegen das ganze ungerechte System, so daß sich viele im Protest zusammenschließen konnten. Ihnen gegenüber standen Extremisten wie der Ku-Klux-Klan oder die Afrikaner-Brüderschaft (AWB), die, gestützt auf verdrehte Bibelworte, nazihafte Vorstellungen von Rassenreinheit wiederaufleben ließen.

Angelpunkt der ganzen westlichen Protestbewegung waren die Streiks und Sit-ins, die in dem kulminierten, was man kurz »Mai '68« nennt, einer Zeit spontaner Aufstände in Paris und London, Rom und Berlin, Columbia und Berkeley. Solidarität mit nationalen Befreiungsbewegungen überall auf der Welt, Opposition gegen den Vietnamkrieg und den US-amerikanischen »Neoimperialismus«, die Frage nach dem Sinn von Universitäten: Die Grundstimmung der Bürgerrechtsbewegungen überall auf der Welt war außerordentlich idealistisch, vielfach religiös motiviert und romantisch in ihrer Art.

IN Zuid-Afrika werd na de invoering van de rassen-scheiding in 1948 ook nog de Natives' Representative Council ontbonden. De zwarten werden zo gedwongen buiten de wet te opereren als ze de gematigde, maar tegen apartheid gerichte politiek van de Natives' Law Commission wilden ondersteunen en zich tegen nieuwe deportaties en andere aantastingen van hun vrijheden wilden verzetten. In de Verenigde Staten maakte de National Association for the Advancement of Colored People (NAACP) niet alleen de verwachtingen maar ook het beperkte succes duidelijk van acties die de levensomstandigheden moesten verbeteren van de mensen voor wie er, vooral in het zuiden, nauwelijks iets veranderd was sinds hun voorvaderen als slaven het land waren binnengebracht.

De 'protestbeweging', zoals de activisten al snel genoemd werden, omvatte zeer veel verschillende groeperingen. Geestelijken als Reverend Frank Chikane en aartsbisschop Desmond Tutu in Zuid-Afrika, Martin Luther King in de Verenigde Staten, militant-separatistische Black Moslems (Malcom X) en Black Panthers (Bobby Seale, Eldridge Cleaver, Stokeley Carmichael)

hadden allemaal enorme aantallen aanhangers. Ze protesteerden niet alleen in hun eigen omgeving, maar tegen het hele onrechtvaardige systeem, zodat veel mensen, vooral ook jongeren, zich bij hun opvattingen konden aansluiten. Hun fanatiekste tegenstanders waren extremistische organisaties als de Ku Klux Klan en de Afrikaner Weerstandsbeweging (AWB), die met verdraaide bijbelcitaten een nazi-achtige raszuiverheid propageerden.

De vele stakingen en sit-ins van de westerse protestbeweging culmineerden in dat wat 'mei '68' genoemd wordt, een periode van spontane opstanden in Parijs en Londen, Amsterdam en Berlijn, Columbia en Berkeley. Solidariteit met alle nationale bevrijdingsbewegingen op de wereld, verzet tegen de Vietnam-oorlog en het Amerikaanse 'neo-imperialisme', de vraag naar de relevantie van allerlei zaken: de algemene stemming onder de voorvechters van de burgerrechten was over de hele wereld buitengewoon idealistisch, vaak religieus gemotiveerd en in zekere zin romantisch van aard.

THE Sharpeville massacre, provoked by riots against the pass laws, took place in 1960 (1). Shortly afterwards Nelson Mandela, here photographed in discussion with a teacher (2), earned a reputation as the 'Black Pimpernel' for his resourcefulness in evading arrest. The 1964 Treason Trials sentenced him and eight others to life on Robben Island. Before his deportation he told the Pretoria courtroom: 'I do not deny that I planned sabotage. We had either to accept inferiority or fight against it by violence.' In Johannesburg, in June 1976, three days of uprising, leading to rioting and looting, left over 100 dead and 1,000 injured (3). Blacks were outraged at this response to an initially peaceful pupil-led protest, provoked when Afrikaans was suddenly made a compulsory subject on the school curriculum.

IM Jahre 1960 kam es nach Aufständen gegen die Paßgesetze zum Massaker von Sharpeville (1). Später erwarb sich Nelson Mandela, hier im Gespräch mit einem Lehrer (2), seinen Ruf als »Schwarzer Pimpernell«, weil er sich so geschickt immer wieder der Verhaftung entzog. 1964 wegen Hochverrats angeklagt, wurden er und acht andere zu lebenslanger Haft auf Robben Island verurteilt. Vor seiner Deportation sagte er: »Ich leugne nicht, daß ich sabotieren wollte. Wir

hatten nur die Wahl, unsere Benachteiligung zu akzeptieren oder mit Gewalt dagegen zu kämpfen.« Im Juni 1976 kam es in Johannesburg zu Aufständen und Plünderungen, mit über hundert Toten und tausend Verletzten (3). Die Schwarzen waren empört über die gewaltsame Reaktion auf einen zunächst friedlichen Protest gegen ein Gesetz, das Afrikaans zum Pflichtfach in den Schulen machte.

DE demonstraties die in 1960 in Sharpeville tegen de nieuwe pasjeswet gehouden werden, eindigden in een bloedbad (1). In de jaren daarop verwierf Nelson Mandela (hier in gesprek met een leraar, 2) zich een reputatie als 'zwarte pimpernel'. In 1964 werd hij samen met acht anderen van hoogverraad beschuldigd en veroordeeld tot levenslange gevangenisstraf op Robben Island. Voordat hij afgevoerd werd, zei hij in de rechtszaal:

"Ik ontken niet dat ik wilde saboteren. We hadden maar weinig keus: of we accepteerden onze achterstelling, of we besloten ons er met geweld tegen te verzetten." In juni 1976 was Johannesburg drie dagen lang het toneel van onlusten en plunderingen. Er vielen meer dan honderd doden en duizend gewonden (3). De zwarten waren zeer verontwaardigd over de reactie op de door scholieren georganiseerde protestdemonstratie.

F OLLOWING the victory for the A. N. C. on 27 April 1994, President Nelson Mandela and Deputy President F. W. de Klerk join hands (3). Members of the extreme right-wing A. W. B. listen to their leader, Eugene Terre Blanche (2), A woman sits in the smoking ruins of her house (1).

N ach dem Wahlsieg der ANC am 27. April 1994 heben Präsident Nelson Mandela und F. W. de Klerk vor dem Union Building gemeinsam die Hand (3). Derweil lauschen Mitglieder der extrem rechtsgerichteten AWB ihrem Führer Eugene Terre Blanche (2); eine Frau sitzt ratlos vor den Ruinen ihres niedergebrannten Hauses (1).

D E verkiezingszege van het ANC op 'Freedom Day' (27 april 1994): Nelson Mandela en vice-president F.W. de Klerk (3). Leden van de AWB luisteren naar Terre Blanche (2), een vrouw zit radeloos voor de resten van haar huis (1).

3

2

3

MARTIN Luther King addresses a crowd of a quarter of a million that included show business stars Marlon Brando, Burt Lancaster, Judy Garland and Bob Dylan (1, 2): 'I have a dream that one day this nation will rise up and live out the true meaning of its creed: "We hold these truths to be self-evident, that all men are created equal".' A year after President Lyndon Johnson signed the Civil Rights Act, he met with the six nuns leading the Civil Rights March from Selma, Alabama. The protest was in defiance of the police ban imposed after a gang of white supremacists attacked three liberal clergymen. One, the Rev. Reep, later died from his injuries. Pickets sitting down before the White House were bodily hauled away into police paddy wagons to be booked (3).

MARTIN Luther King spricht vor einer Viertelmillion Zuhörern, darunter die Stars Marlon Brando, Burt Lancaster, Judy Garland und Bob Dylan (1, 2): »Ich hatte einen Traum. Mir träumte, wie sich eines Tages diese Nation erheben wird und Wirklichkeit werden läßt, was sie sich auf die Fahnen geschrieben hat: Folgende Wahrheit halten wir für selbstverständlich: daß alle Menschen gleich geboren sind.« Ein Jahr nachdem Präsident Lyndon Johnson das Bürgerrechtsgesetz unterzeichnet hatte, traf er sich mit sechs Nonnen, den Führerinnen eines Protestmarsches, der von Selma, Alabama, ausging. Diese Demonstration setzte sich über das polizeiliche Verbot hinweg, das nach einem Überfall weißer Extremisten auf drei liberale Geistliche erfolgt war. Einer von ihnen, Reverend Reep, starb später an den Folgen seiner Verletzungen. Streikposten, die sich vor dem Weißen Haus niedergelassen hatten, wurden fortgezerrt und zum Verhör gebracht (3).

MARTIN Luther King spreekt voor een publiek van tweehonderdvijftigduizend toehoorders (waaronder ook Marlon Brando, Burt Lancaster, Judy Garland en Bob Dylan) zijn beroemd geworden woorden (1, 2): "Ik had een droom. Ik droomde hoe dit land zich op een dag zal verheffen en daadwerkelijk zal verwezenlijken wat het in zijn vaandel geschreven heeft: 'De volgende waarheid beschouwen wij als vanzelfsprekend; dat alle mensen gelijk geboren worden.'" Een jaar nadat president Lyndon Johnson de wet voor burgerrechten had ondertekend, bracht King een bezoek aan zes nonnen die vanuit Selma, Alabama een protestmars hadden georganiseerd. De vrouwen hadden zich niets aangetrokken van het demonstratieverbod dat de politie na de zware mishandeling van drie liberale geestelijken door blanke extremisten uitgevaardigd had. Een van de slachtoffers, Reverend Reep, overleed later aan zijn verwondingen. Demonstranten die voor het Witte Huis zitacties hielden, werden weggesleept en verhoord (3).

1

IN summer 1979 the march for Gay Rights went right up Fifth Avenue to a rally in Central Park (1). Gays wanted to be able to come openly out of the closet and into women's clothes (if they felt like it) *and* be patriotic all-American boys (and proud of it). Over 40,000 marched in the 1983 Gay Pride Parade in New York City (2), on the anniversary of the founding of the Gay Alliance Association in Greenwich Village, formed after the police confronted gays in a bar there in 1969 and the Stonewall Riots erupted. The movement swiftly diversified so that gays became represented in a variety of occupations and, as here, their relatives too could come out in their support.

IM Sommer 1979 zog der Marsch für die Rechte der Homosexuellen mitten über die Fifth Avenue zu einer Versammlung im Central Park (1). Die Männer wollten sich offen zu ihren Neigungen bekennen können und auch in Frauenkleider schlüpfen (wenn sie dafür eine Vorliebe hatten); sie wollten trotzdem brave patriotische Jungs sein dürfen (und stolz darauf). Über 40.000 gingen 1983 für die Gay Pride Parade in New York auf die Straße (2), am Jahrestag der Gründung der Gay Alliance Association. Diese Vereinigung war 1969 in Greenwich Village gegründet worden, nachdem Polizisten gegen Männer in einer Bar vorgegangen waren und damit die sogenannten Stonewall Riots provoziert hatten. Die Bewegung verzweigte sich rasch, und Homosexuelle verschiedenster Couleur fanden dort ihr Sprachrohr. Auch die Angehörigen konnten, wie hier, mit auf die Straße gehen und demonstrieren.

IN de zomer van 1979 trokken demonstrerende homoseksuelen midden over de Fifth Avenue naar een bijeenkomst in het Central Park. De mannen wilden openlijk voor hun voorkeuren uit kunnen komen en —als ze het leuk vonden— ook in vrouwenkleren kunnen rondlopen, wat naar hun mening geen reden was om hen als een soort landverraders te zien. Meer dan veertigduizend homo's en lesbiennes deden in 1983 mee aan de Gay Pride Parade in New York (2). Deze demonstratie vindt elk jaar plaats op de dag waarop in 1969 in Greenwich Village de Gay Alliance Association opgericht werd, nadat het optreden van politieagenten in een bar aldaar de zogenaamde Stonewall-rellen uitgelokt had. De beweging groeide snel en werd de spreekbuis van zeer verschillende groepen homoseksuele mannen en vrouwen. Zoals hier te zien is, konden ook familieleden meedemonstreren (1).

2　3

4　5

B Y spring 1965 President Johnson was sending the Marines into Vietnam to protect the US military base at Da Nang from increasingly stringent Viet Cong guerrilla attacks. While a US soldier crouches at ease behind his automatic weapon and his skull trophy (1), a burnt-out tank lies abandoned by the road, a warning to the fleeing South Vietnamese refugees (2). A cyclist passes corpses in Hue, holding his nose to exclude the stench of death (5). By 1968 the Viet Cong Tet offensive had failed, but this was to be a classic instance of losing the battle to win the war. Not only was the US signally failing to win over the 'hearts and minds' of the South Vietnamese, but the Viet Cong were scoring one propaganda coup after another with pictures like these (2, 3, 4).

I M Frühjahr 1965 schickte Präsident Johnson die Marines nach Vietnam, wo sie die Militärbasis Da Nang vor den immer stärker werdenden Guerilla-Angriffen des Vietkong schützen sollten. Ein US-Soldat hat es sich mit seinem Gewehr und seinem Maskottchen bequem gemacht (1), und ein ausgebrannter Panzer liegt verlassen am Wegrand, eine Warnung für die vorbeiziehenden südvietnamesischen Flüchtlinge (2). Ein Radfahrer in Hué (5) hält sich die Nase zu, damit er die Leichen nicht riechen muß. 1968 war klar, daß die Tet-Offensive des Vietkong gescheitert war, doch war dies der klassische Fall einer Schlacht, die man verliert, um den Krieg zu gewinnen. Nicht genug, daß es den Amerikanern nicht gelang, »Verstand und Herz« der Südvietnamesen für sich zu gewinnen, errang der Vietkong mit Bildern wie diesen (2, 3, 4) einen Propagandasieg nach dem anderen.

I N het voorjaar van 1965 stuurde president Johnson mariniers naar Vietnam, waar ze de Amerikaanse militaire basis Da Nang moesten beschermen tegen de steeds heftigere guerrilla-aanvallen van de Vietcong. Een Amerikaanse soldaat heeft het zich gemakkelijk gemaakt (1), terwijl een uitgebrande tank (2) langs de weg ligt, als een waarschuwing voor de voorbijtrekkende Zuid-Vietnamese vluchtelingen. Een fietser in Hue knijpt zijn neus dicht om de stank van de lijken niet te hoeven ruiken (5). Het Tet-offensief van de Vietcong in 1968 mislukte weliswaar, maar bleek tegelijk het klassieke voorbeeld te zijn van een nederlaag waarmee je een oorlog wint. Niet alleen slaagden de Amerikanen er duidelijk niet in een beroep op het 'verstand en hart' van de Zuid-Vietnamezen te doen, daarbij kwam nog dat de Vietcong met foto's als deze (2, 3, 4) over de hele wereld op steeds meer sympathie kon rekenen.

2 3

IT was unusual for western photographers to get close enough to cover Viet Cong soldiers in action. Here the pictures are taken by a fellow Communist from eastern Europe (1). Casualties of course occurred on both sides, as the grief of this airlifted marine beside the body bag indicates (2). By April 1975 when Viet Cong encirclement forced the South Vietnamese president to flee and General Duong Van Minh to surrender Saigon, the war was over. It had taken 1.3 million Vietnamese and 56,000 US lives. There were also upwards of a million orphans, many of them badly maimed, like these two, ten-year-old Le Luy and six-year-old Cu Van Anh, who somehow managed to hold hands and walk together despite a shortage of limbs (3).

NUR selten kamen westliche Reporter nahe genug heran, um Aufnahmen des Vietkong im Feld zu machen. Dieses Bild (1) stammt von einem kommunistischen Waffenbruder, einem Photographen aus Osteuropa. Verluste gab es natürlich auf beiden Seiten, und diesem Marine, der mit einem Hubschrauber aus dem Einsatzgebiet geflogen wird, steht der Schmerz im Gesicht geschrieben (2). Im April 1975 war Saigon vom Vietkong eingekreist, der südvietnamesische Präsident floh, und General Duong Van Minh kapitulierte – der Krieg war beendet. 1,3 Millionen Vietnamesen und 56 000 Amerikaner waren umgekommen. Etwa eine Million Waisen blieben zurück, viele davon verstümmelt so wie diese beiden, der zehnjährige Le Luy und der sechsjährige Cu Van Anh, die sich trotz fehlender Gliedmaßen an den Händen fassen und zusammen spazierengehen (3).

WESTERSE verslaggevers lukte het bijna nooit om foto's te maken van vechtende Vietcongsoldaten. Deze foto (1) werd gemaakt door een communistische wapenbroeder, een Oost-Europese fotograaf. Verliezen waren er natuurlijk aan beide kanten. Deze Amerikaanse marinier (2), die met een helikopter van het front afgevoerd wordt, is de pijn zichtbaar te veel geworden. In april 1975 was Saigon door de Vietcong omsingeld, waarop de Zuid-Vietnamese president vluchtte en generaal Duong Van Minh capituleerde: de oorlog was voorbij. 1,3 Miljoen Vietnamezen en 56.000 Amerikanen waren gesneuveld. Het aantal kinderen dat hun ouders had verloren of was verminkt bedroeg ongeveer een miljoen; twee van hen, de tienjarige Le Luy en de zesjarige Cu Van Anh, die allebei enkele ledematen moeten missen, helpen elkaar hier bij het maken van een wandeling (3).

DEMONSTRATIONS against the Vietnam war took place in America: these (1, 2 and 3) were in Washington. The Pentagon blamed the press – singling out the iconic portrait of a little girl running naked down a road, burnt by napalm – for turning the tide of opinion and making it the most unpopular war in US history.

IN Amerika, hier in Washington (1, 2, 3), wurde gegen den Vietnamkrieg demonstriert. Das Pentagon machte die Presse – die Photos wie das eines kleinen Mädchens verbreitete, das nackt, vom Napalm verbrannt, die Straße hinunterläuft – dafür verantwortlich, daß dieser Krieg zum unpopulärsten in der Geschichte der Vereinigten Staaten wurde.

3

IN Amerika vonden veel demonstraties tegen de Vietnam-oorlog
plaats (hier in Washington; 1, 2, 3). Het Pentagon hield de pers
–die beelden verspreidde als dat van het door de napalm verbrande
meisje dat naakt over straat rent– verantwoordelijk voor het feit
dat deze oorlog de impopulairste in de Amerikaanse geschiedenis
werd.

T HE anti-war demonstrations – this one (1) a candle-lit procession past the White House – spread to Britain, and erupted into violence when mounted police and demonstrators fought outside the American Embassy, Grosvenor Square, London (2).

D IE Antikriegsdemonstrationen – hier ein Kerzenzug am Weißen Haus (1) – griffen auch nach England über, und vor der amerikanischen Botschaft am Londoner Grosvenor Square gingen berittene Polizisten und Demonstranten aufeinander los (2).

A NTIOORLOGSDEMONSTRATIES –zoals deze protestmars met kaarsen voor het Witte Huis (1)– bleven niet beperkt tot de Verenigde Staten. Hier is te zien hoe politieagenten te paard en demonstranten elkaar voor de Amerikaanse ambassade op het Londense Grosvenor Square te lijf gingen (2).

1

TWO visits to London ten years apart: Pope John Paul II paid the first papal visit to Britain in centuries when he toured England, Wales and Ireland in his 'pope-mobile' (2). Perhaps being Polish – the first non-Italian pope in 450 years – helped his keenness to travel. It was also the first occasion since the Reformation that a Pope and the Archbishop of Canterbury prayed together at Canterbury Cathedral, at the tomb of the martyred Thomas à Becket. It was in March 1959 that the Dalai Lama, spiritual leader of Tibet, was forced to flee the holy city of Lhasa in the wake of Chinese repression of a nationalist independence movement. Chinese paratroopers were ordered to capture him alive (were he to be killed, the whole of Tibet would rise up) but he escaped, first to India and then to the West. Twenty-five years later, on a fortnight's stay in England (1), he was still urging Western governments to end cultural genocide in his homeland.

ZWEI Besuche in London, und zehn Jahre liegen dazwischen: Papst Johannes Paul II. unternahm den ersten päpstlichen Besuch in Großbritannien seit Jahrhunderten und war mit dem »Papamobil« in England, Wales und Irland unterwegs (2). Vielleicht war er als Pole – der erste nicht-italienische Papst seit 450 Jahren – reiselustiger als seine Vorgänger. Es war auch das erste Mal seit der Reformation, daß ein Papst und ein Erzbischof von Canterbury gemeinsam in der dortigen Kathedrale am Grab des Märtyrers Thomas Becket beteten. Im März 1959 hatte der Dalai Lama, das geistliche Oberhaupt Tibets, aus der heiligen Stadt Lhasa flüchten müssen, als die Chinesen gegen tibetische Unabhängigkeitsbestrebungen vorgingen. Die chinesischen Fallschirmjäger hatten den Auftrag, ihn lebend zu fangen (wäre er getötet worden, hätte sich ganz Tibet erhoben), doch er entkam, zuerst nach Indien und dann in den Westen. 25 Jahre darauf kam er für zwei Wochen nach England (1), noch immer bei den Regierungen im Westen unterwegs, in der Hoffnung, daß sie etwas gegen den Völkermord in seiner Heimat unternehmen würden.

TWEE keer hoog geestelijk bezoek aan Londen binnen tien jaar. Paus Johannes Paulus II bracht het eerste pauselijke bezoek aan Groot-Brittannië sinds eeuwen, waarbij hij in zijn 'pausmobiel' verschillende plaatsen in Engeland, Wales en Ierland aandeed (2). Misschien reisde hij zo graag omdat hij een Pool was – de eerste niet-Italiaanse paus sinds vierhonderdvijftig jaar. Het was ook de eerste keer sinds de Reformatie dat er in de kathedraal van Canterbury gezamenlijk door een paus en een aartsbisschop van Canterbury gebeden werd bij het graf van martelaar Thomas Becket. In maart 1959 had de Dalai Lama, de geestelijk leider van Tibet, de heilige stad Lhasa moeten ontvluchten, omdat China was begonnen met de hardhandige onderdrukking van de Tibetaanse onafhankelijkheidsbeweging. Chinese paratroepen hadden de opdracht de Dalai Lama levend te vangen (als hij gedood werd, zou heel Tibet in opstand komen), maar het lukte hem te ontkomen, eerst naar India, later naar het Westen. 25 Jaar daarna kwam hij voor twee weken naar Engeland (1), nog steeds op rondreis langs de westerse regeringen om hen ertoe te bewegen iets tegen de volkerenmoord in zijn vaderland te ondernemen.

2

1

A whirlpool of pilgrims in a 500-year-old ceremony: hundreds of thousands of pilgrims make their once-in-a-lifetime *Hajj* (journey to Mecca) and perform the *Tawaf* (sevenfold circling of the Ka'bah). This is the first house of God built on earth by Abraham and his son Ishmael, in the corner of which is embedded a black meteorite hurled by God at the disgraced Adam. Pilgrims are expected to kiss the stone or, at the very least if the crowds are too dense, point at it with the incantation: 'In the Name of God, God is Supreme'.

EIN Meer von Pilgern bei einer fünf-hundert Jahre alten Zeremonie: Hundert-tausende machen einmal im Leben ihre Hadsch (Wallfahrt nach Mekka) und voll-ziehen den Tawaf (siebenmaliges Umrunden der Kaaba). Dies ist das erste Gotteshaus auf Erden, errichtet von Abraham und seinem Sohn Ishmael, und in der Ecke eingeschlossen ist ein schwarzer Meteorit, den Gott dem gefallenen Adam nach-schleuderte. Die Pilger sollen den Stein küssen, doch wenn der Andrang zu groß ist, genügt es, darauf zu zeigen und zu rufen: »Im Namen Allahs, Allah ist groß!«

EEN zee van pelgrims tijdens een vijfhonderd jaar oude ceremonie: honderdduizenden mensen maken hier jaarlijks hun hadj, de bedevaartstocht naar Mekka die moslims geacht worden één keer in hun leven te ondernemen, en volbrengen de tawaf, waarvoor ze zeven keer om de Kaäba moeten lopen. Dit is het eerste godshuis op aarde, gebouwd door Abraham en zijn zoon Ismaël. In een hoek van het gebouw is een zwarte meteoriet gemetseld die God Adam na zijn zondeval nagooide. De pelgrims behoren de steen te kussen, maar als het erg druk is, hoeven ze slechts te wijzen, roepend: 'In de naam van Allah, Allah is groot'.

I T was with the Iranian Revolution of 1979 that a wave of politicized militancy swept through the Moslem world (3). Having forced their Shah into peripatetic exile, the Iranians called on other Moslem countries likewise to depose and replace their 'westernized' rulers. Called 'fundamentalism' by non-Moslems, the revolution was epitomized by the creation of a theocratic Islamic state by Ayatollah Khomeini (whose picture is carried through Tehran, 1) and by these women standing guard in Tehran (2) – women issued with modern weapons but directed to wear medieval clothing, with heavy penalties for uncovering their arms or hair.

I N der Folge der iranischen Revolution von 1979 ging eine Welle der Politisierung und Militarisierung durch die islamische Welt (3). Nachdem die Iraner den Schah in ein klägliches Exil gezwungen hatten, riefen sie ihre moslemischen Brüder auf, ihnen nachzueifern und ebenfalls ihre »verwestlichten« Herrscher abzusetzen. Sinnbilder dieser Revolution, die die Ungläubigen »Fundamentalismus« nennen und die einen theokratischen islamischen Staat begründete, sind der Ayatolla Khomeini (dessen Bild

hier durch die Straßen Teherans getragen wird, 1) und diese Frauen, die in Teheran Wache halten (2) – Frauen, die moderne Gewehre, doch mittelalterliche Kleidung tragen, bei schwerer Strafe, wenn sie Arme oder Haar entblößen.

D E Iraanse revolutie van 1979 veroorzaakte een sterke politisering en militarisering van de islamitische wereld (3). Nadat de Iraniërs de sjah verbannen hadden, riepen ze de inwoners van andere islamitische landen op hun voorbeeld te volgen en ook hun 'verwesterde' heersers af te zetten. Beeldbepalend voor deze revolutie, die door niet-moslims 'fundamentalisme' genoemd wordt, waren de ayatollah Khomeiny, de man die van Iran een theocratische islamitische staat maakte (en van wie portretten door de straten van Teheran worden gedragen, 1), en vrouwen zoals deze bewaaksters hier in Teheran (2): ze zijn met moderne wapens uitgerust, maar dragen tegelijkertijd nog traditionele kleren en krijgen zware straffen wanneer ze hun armen of haar niet bedekken.

O N 21 October 1966 (the last school-day before the half-term holiday) Pantglas Junior School in Aberfan, South Wales, was buried beneath a giant slag-heap that engulfed it during heavy rains. During the miserable search through the sludge for bodies (1, 2), it turned out that nearly 200 people, from the school and 18 houses, had been entombed. Most were children, as can be seen by the diminutive coffins on the hillside above Aberfan (3). There were no survivors. The bad weather may have been 'natural' but the slag-heap, a relic of Wales's mining industry, was manmade, as was 'the disaster waiting to happen'. It was simply too near the village for safety.

A M 21. Oktober 1966 (dem letzten Schultag vor den Herbstferien) wurde die Pantglas Junior School in Aberfan, Südwales, unter einer gewaltigen Abraum-halde begraben, die bei schwerem Regen ins Rutschen gekommen war. An die 200 Menschen waren in der Schule und in 18 Häusern verschüttet, und verzweifelt wurde nach den Opfern gesucht (1, 2). Die meisten waren Kinder, wie man an den winzigen Särgen auf dem Hügel sehen kann (3). Es gab keine Überlebenden. Das schlechte Wetter mag »natürlich« gewesen sein, doch es war eine »Katastrophe, die nur darauf wartete, daß sie geschah«.

O P 21 oktober 1966 (de laatste dag voor de herfstvakantie) raakte de Pantglas Junior School in Aberfan, Wales, bedolven onder een enorme hoop stenen die door zware regenval in beweging gekomen waren. Tijdens de wanhopige zoektochten naar slachtoffers in de glibberige steenmassa (1, 2) bleek dat in de school en achttien aangrenzende huizen bijna tweehonderd mensen onder de stenen begraven waren. De meesten waren kinderen (3). Er waren geen overlevenden. Het slechte weer mag dan 'natuurlijk' zijn geweest, de steenberg zelf, een overblijfsel van de mijnbouwindustrie, was door mensen gemaakt, veel te dicht bij het dorp.

1

2　3

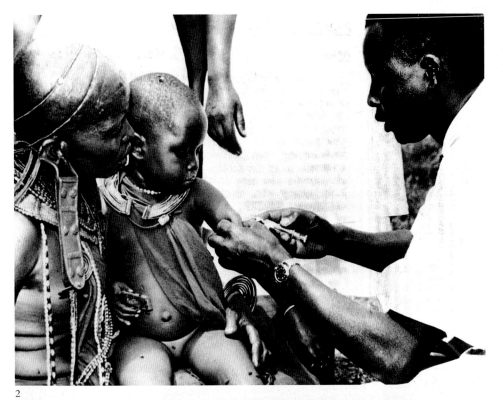

IN 1979 the UN declared the Year of the Child. In 1946 UNICEF was founded with a brief to provide every child on the planet with adequate nourishment, health, education and preparation for life. Here in the Sudan a vaccination programme gets under way (2): the eradication of smallpox and polio are two of UNICEF's major goals. Ethiopia in 1984, and a repeat of the critical famine conditions of 12 years earlier. In this area of Korem, this father and son are among 30,000 refugees who have been banished to the desert (1). In Mogadishu, Somalia, in 1993 this little girl is a survivor among over 300,000 who died (3).

DAS Jahr 1979 erklärten die Vereinten Nationen zum Jahr des Kindes. 1946 war die UNICEF gegründet worden, mit dem Ziel, jedem Kind auf der Welt genügend Nahrung, Gesundheit, Erziehung und einen guten Start ins Leben zu sichern. Hier im Sudan ist ein Impfprogramm im Gange (2) – die Ausmerzung von Pocken und Kinderlähmung gehört zu den größten Zielen der UNICEF. Äthiopien im Jahre 1984, als die Hungersnot, die das Land zwölf Jahre zuvor heimgesucht hatte, zurückkehrte. Dieses Bild von einem Vater mit seinem Sohn entstand in der Region Korem, zwei von 30 000 Flüchtlingen, die in die Wüste verbannt sind (1). Das kleine Mädchen, 1993 in Mogadischu aufgenommen (3), hat überlebt, doch über 300 000 Somalis kamen um.

HET jaar 1979 werd door de VN tot het jaar van het kind uitgeroepen. UNICEF, een organisatie met als doel alle kinderen op de wereld een goed leven te garanderen door middel van voedsel-, gezondheids- en onderwijsprogramma's, werd in 1946 opgericht. Hier in Soedan zijn verpleegkundigen bezig kinderen in te enten (2) – het uitroeien van pokken en polio is een van de grootste verdiensten van UNICEF. Ethiopië in 1984, toen de hongersnood terugkeerde die het land twaalf jaar eerder ook al geteisterd had. In de regio Korem werden dertigduizend vluchtelingen naar de woestijn verbannen, waaronder deze vader met zijn zoontje (1). Dit meisje uit Mogadishu (3) ontsnapte in 1993 aan de hongerdood die meer dan driehonderdduizend andere Somaliërs het leven heeft gekost.

1   2

AT Mirpur Relief Camp outside Dacca, Bangladesh, in 1976 a mother waits in exhaustion in a food queue with her children (3); starving children lie on rush matting inside the shelter (1); a father carries his dead child to the cemetery (2). The parents' expressions are eloquent. There is something against the natural law when children predecease the older generation.

DIE Hilfsstation Mirpur außerhalb von Dakka, Bangladesch, im Jahre 1976: eine halbverhungerte Mutter wartet mit ihren Kindern in der Schlange vor der Essensausgabe (3); hungernde Kinder liegen auf Binsenmatten in der Station (1); ein Vater trägt sein totes Kind zum Friedhof (2). Die Mienen der Eltern sprechen für sich. Es ist gegen die Natur, wenn die Kinder vor der älteren Generation sterben müssen.

HET Mirpur-hulpkamp bij Dacca, Bangladesh in 1976: een uitgeputte moeder staat met haar kinderen in de rij voor eten (3), sterk verzwakte kinderen liggen in het kamp op biezen matten te rusten (1), een vader draagt zijn dode kind naar de begraafplaats (2). De gelaatsuit-drukking van de vader spreekt voor zich. Het blijft iets tegennatuurlijks wanneer ouders hun kinderen moeten zien sterven.

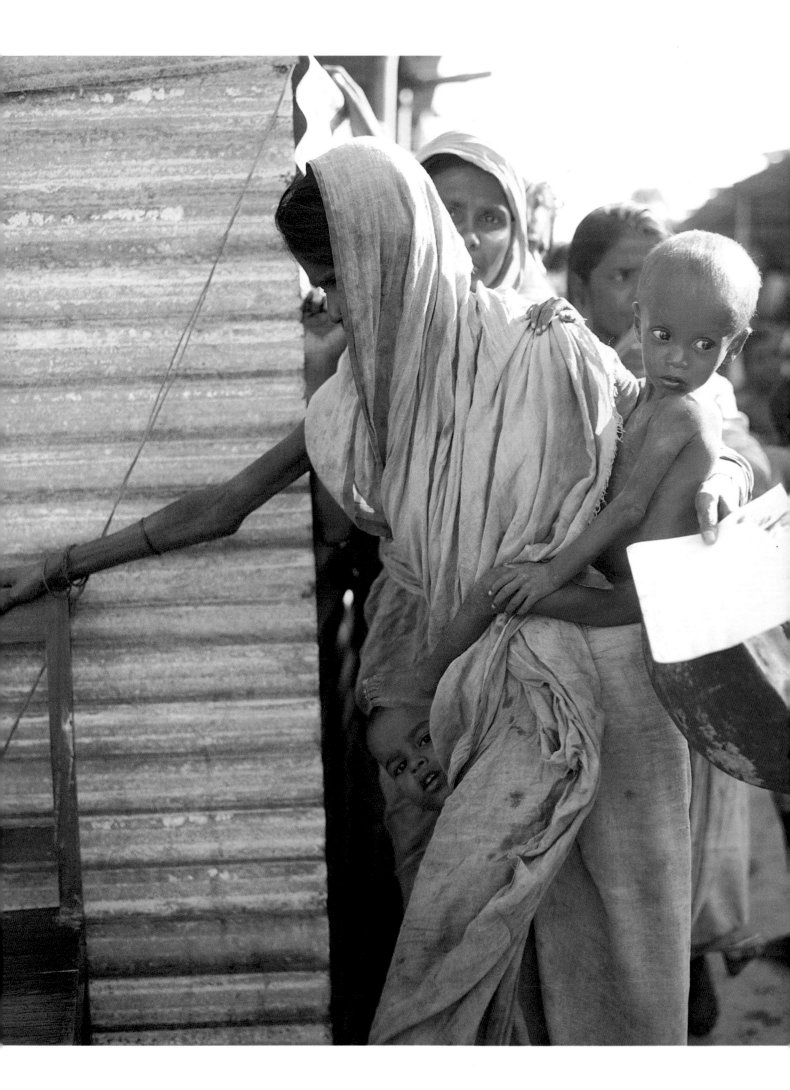

D ᴇꜱᴘɪᴛᴇ the Clean Air Act of 1956, Manchester in the 1970s
suffered from a yellowish fog caused by polluting emissions
(3). The 1974 Nypro chemical plant disaster killed 28 outright and
turned Flixborough into a ghost village (1). Twenty years later
the oil tanker *Braer* ran aground after losing power in a storm (2).

O ʙᴡᴏʜʟ es seit 1956 Gesetze gegen Luftverschmutzung
gab, litt Manchester noch in den 70er Jahren unter gefährlichen Rauchschwaden aus den Schornsteinen (3). Das Unglück
im Chemiewerk Nypro 1974 tötete 28 Menschen und machte
aus Flixborough ein Geisterdorf (1). Zwanzig Jahre später lief der
Öltanker *Braer* im Sturm auf Grund (2).

H ᴏᴇᴡᴇʟ er sinds 1956 wetten golden ter beperking van de
luchtvervuiling, hing boven Manchester in de jaren '70 nog
steeds een gelige mist (3). De chemische fabriek van Nypro in
1974 kostte aan 28 mensen het leven en veranderde Flixborough
in een spookstad (1). In 1994 liep de olietanker 'Braer' vast (2).

EVEN disasters can have their comical aspects. The 1993 floods in Faidhabad, Northern India, bring out children jumping from back to back of the buffaloes marooned in village floodwaters (1). Across Haryana. In the same month, but across the world in West Quincy, Illinois, a McDonald's billboard, still illuminated, pokes up from the Mississippi River after a levée burst (3). The Mayon volcano in the Philippines erupts in cascades of dust and lava (2). The Los Angeles earthquake of January 1994 created havoc through the city, with thousands (particularly the poorer people) still homeless eighteen months later. Here paramedic Dave Norman hoists rescue equipment in a tiny crevice of a collapsed parking lot (4).

SELBST Katastrophen können ihre komischen Seiten haben. Bei den Überschwemmungen im nordindischen Faidhabad, 1993, springen Kinder von einem Büffelrücken zum anderen, denn die Tiere sitzen im Wasser fest (1). Im selben Monat, doch am anderen Ende der Welt, steht in West Quincy im amerikanischen Bundesstaat Illinois ein Reklameschild von McDonald's, noch immer beleuchtet, nach einem Dammbruch in den Fluten des Mississippi (3). Beim Ausbruch des Vulkans Mayon auf den Philippinen steigen Rauchwolken und Lava auf (2). Das Erdbeben in Los Angeles im Januar 1994 richtete in der ganzen Stadt Verwüstungen an, und Tausende (gerade in den ärmeren Vierteln) waren auch anderthalb Jahre später noch ohne Unterkunft. Hier läßt der Rettungssanitäter Dave Norman seine Ausrüstung durch einen winzigen Spalt in ein eingestürztes Parkhaus hinab (4).

3

4

ZELFS rampen hebben zo hun grappige kanten. Door de overstromingen in het Noord-Indiase Faidhabad in 1993 zijn deze buffels vast komen te zitten en kinderen springen van de ene buffelrug naar de andere (1). In dezelfde maand, maar aan het andere eind van de wereld, namelijk in West Quincy in Illinois, rijst een billboard van McDonald's, nog steeds verlicht, uit een overstroomde Mississippi op (3). Bij de uitbarsting van de Filippijnse vulkaan Mayon worden aswolken en lava uitgestoten (2). De aardbeving in Los Angeles in januari 1994 richtte in de hele stad grote schade aan en duizenden inwoners (vooral uit de armere wijken) hebben anderhalf jaar later nog steeds geen onderdak gevonden. Hier is reddingswerker Dave Norman op het dak van een ingestorte parkeergarage bezig zijn spullen door een kleine spleet naar beneden te laten zakken (4).

2

3

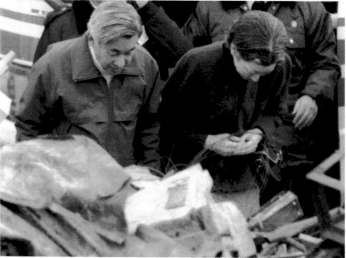

4

THE city of Kobe, Japan, was the epicentre of an earthquake which killed over 7,000 people in 1995 (1, 2). Cycles become the only functional means of transport (3). Emperor Akihito and Empress Michiko tour the disaster area (4).

DIE japanische Stadt Kobe lag im Zentrum eines Erdbebens, bei dem 1995 siebentausend Menschen umkamen (1, 2). Fahrräder waren die einzigen Transportmittel, mit denen man noch durchkam (3). Kaiser Akihito und Kaiserin Michiko besuchen das Katastrophengebiet (4).

DE Japanse stad Kobe lag in het epicentrum van een aardbeving waarbij in 1995 zevenduizend mensen omkwamen (1, 3). Fietsen was de snelste manier om van de ene plek naar de andere te komen (2). Keizer Akihito en keizerin Michiko brengen een bezoek aan het rampgebied (4).

Most of England's home matches were played at league club grounds until the 1950s, despite the availability of Wembley Stadium, which staged its first international in 1924 (England drawing 1-1 with Scotland). In fact until 1951, the only international matches played at Wembley were those between England and Scotland. White Hart Lane, the home of Tottenham Hotspur, hosted this match between England and France, England winning 4-1. Before the kick-off, the respective captains pose with three exotically dressed ladies (1).

Die meisten Heimspiele der englischen Nationalmannschaft wurden bis in die 50er Jahre hinein auf den Plätzen der Fußballclubs gespielt, obwohl das Wembley Stadion zur Verfügung stand, wo das erste internationale Spiel 1924 stattgefunden hatte (England gegen Schottland, 1:1). Bis 1951 blieben die Spiele England gegen Schottland die einzigen internationalen, die in Wembley ausgetragen wurden. White Hart Lane, Heimat der Tottenham Hotspurs, war Schauplatz dieses Länderspiels England gegen Frankreich, das die Engländer 4:1 gewannen. Vor dem Anstoß lassen sich die Mannschaftskapitäne mit exotisch gewandeten Damen aufnehmen (1).

De meeste thuiswedstrijden van het Engelse nationale elftal werden tot in de jaren '50 op de eigen velden van verschillende voetbalclubs gespeeld, ondanks de beschikbaarheid van het Wembley Stadion, waar in 1924 de eerste internationale wedstrijd plaatsvond (Engeland tegen Schotland, 1-1). Tot 1951 bleven de wedstrijden tussen deze landen ook de enige internationale wedstrijden die in dit stadion werden gespeeld. In het thuishonk van de Tottenham Hotspurs, White Hart Lane, vond de wedstrijd tussen Engeland en Frankrijk plaats (de Engelsen wonnen met 4-1). Voorafgaand aan de aftrap laten beide aanvoerders zich met enkele exotisch geklede dames op de foto zetten (1).

2

ENGLAND (in dark shirts) score in the 3-1 victory over newly-crowned world champions West Germany at Wembley, December 1954 (2). Two of England's goalscorers are in the photograph; number 8 Roy Bentley (Chelsea) and, facing the camera, Ronnie Allen (West Bromwich Albion). Seven months earlier, England suffered a humiliating 7-1 defeat at the hands of Hungary in a pre-World Cup friendly played in Budapest. The 'Magical Magyars', as they were known, reached the final of the World Cup that year only to lose 3-2.

ENGLAND (im dunklen Trikot) erringt in Wembley einen 3:1-Sieg über den frischgekürten Weltmeister Westdeutschland, Dezember 1954 (2); zwei der englischen Torschützen sind zu sehen: Roy Bentley (Chelsea), Nummer 8, und, mit Blick in die Kamera, Ronnie Allen (West Bromwich Albion). Sieben Monate zuvor hatten die Engländer bei einem Freundschaftsspiel im Vorfeld der Weltmeisterschaft in Budapest eine beschämende 7:1-Niederlage einstecken müssen. Die »Magischen Magyaren«, wie sie genannt wurden, kamen ins Weltmeisterschafts-Endspiel jenes Jahres, doch sie verloren 3:2.

ENGELAND (in de donkere shirts) wint in december 1954 in het Wembley Stadion (2) met 3-1 van de Bondsrepubliek Duitsland, de kersverse wereldkampioen. Op de foto zijn twee van Engelands doelpuntenmakers te zien: Roy Bentley (Chelsea), de nummer 8, en, met het gezicht naar de camera, Ronnie Allen (West Bromwich Albion). Zeven maanden eerder hadden de Engelsen in Boedapest een vriendschappelijke wedstrijd tegen Hongarije, bedoeld als voorbereiding op het wereldkampioenschap, verloren met 7-1. De 'Magische Magyaren', zoals ze werden genoemd, bereikten de finale van het wereldkampioenschap, maar verloren met 3-2.

ENGLISH football captain Bobby Moore being chaired after England's victory over West Germany in the 1966 World Cup Final, which had 50 per cent of the British population tuned in (1). Moore, a West Ham United player, won 108 caps in his career – more than any other professional. At the final of the Soccer World Championships in 1974, West Germany won 2-1 against Holland to become World Champions. Here team member Franz Beckenbauer is embraced by coach Helmut Schön at the end of the match (2). Brazilian player Zito celebrates scoring a second goal in his country's International against Czechoslovakia, played in Santiago, Chile, in 1962 (3). Brazil went on to win 3-1. Pele, the most famous Brazilian player of all time, displaying the trophy (4) after he helped Brazil win the 1970 World Cup in Mexico.

3

4

DER Kapitän der englischen Mann-
schaft, Bobby Moore, wird nach dem
Sieg über Westdeutschland im Endspiel um
den Weltmeisterschaftstitel 1966, ein Spiel,
bei dem die Hälfte der britischen Bevölkerung an den Fernseh- und Radiogeräten saß,
auf die Schultern gehoben (1). Moore, der
für West Ham United spielte, wurde im Laufe
seiner Karriere 108mal für die Nationalmannschaft aufgestellt – mehr als jeder andere
Profifußballer. Im Endspiel der Weltmeisterschaft des Jahres 1974 gewann Westdeutschland gegen Holland 2:1. Hier wird Franz
Beckenbauer am Ende des Spiels von Trainer
Helmut Schön umarmt (2). Der brasiliani-
sche Spieler Zito freut sich im Länderspiel
gegen die Tschechoslowakei, 1962 in
Santiago de Chile, über sein zweites Tor (3).
Brasilien gewann 3:1. Der Brasilianer Pelé,
der berühmteste Fußballspieler aller Zeiten
(4), hebt stolz den Weltmeisterschaftspokal
des Jahres 1970, den die Brasilianer in
Mexiko gewannen.

DE aanvoerder van het Engelse elftal,
Bobby Moore, wordt triomfantelijk
op de schouders gehesen (1), nadat zijn
team in 1966 in de finale van het
wereldkampioenschap –die door meer dan
de helft van de Britse bevolking via radio
of tv gevolgd werd– Duitsland verslagen
heeft. Moore, die voor West Ham United
speelde, werd in de loop van zijn carrière
108 keer in het nationale elftal opgesteld.
In de finale om de wereldtitel in 1974 won
Duitsland met 2-1 van Nederland. Hier
wordt Franz Beckenbauer na afloop van de
wedstrijd omarmd door trainer Helmut
Schön (2). De Braziliaan Zito heeft tijdens
de landenwedstrijd tegen Tsjecho-
Slowakije in 1962 in Santiago de Chile al
zijn tweede doelpunt gemaakt en springt
van blijdschap in de lucht (3). Brazilië won
uiteindelijk met 3-1. Pele, de beroemdste
Braziliaanse voetballer aller tijden, houdt
trots de beker omhoog (4) die de
Brazilianen in 1970 met zijn hulp op het
wereldkampioenschap in Mexico wonnen.

WEST Germany's centre forward Uwe Seeler is brought down by Uruguay's Manicera in the 1966 World Cup quarter-finals (1). Barcelona's captain Johan Cruyff, Holland's most gifted international, disputing his sending off before being escorted away by two policemen (2). George Best here seen in 1976 with Fulham at the twilight of his outstanding career (3). Argentina's Diego Maradona (4), valued in the 1970s at £3 m, and possibly the greatest player ever, sabotaged his later career through drugs. Pelé celebrates with tears after Brazil's victory in the 1970 World Cup Final (5).

DER westdeutsche Mittelstürmer Uwe Seeler wird beim Weltmeisterschafts-Viertelfinale 1966 von Manicera aus Uruguay zu Fall gebracht (1). Hollands begabtester internationaler Spieler Johan Cruyff, der als Kapitän für Barcelona spielte, protestiert gegen seinen Platzverweis, doch zwei Polizisten eskortieren ihn vom Feld (2). George Best, hier 1976 mit

3

4

Fulham gegen Ende seiner Karriere (3).
Der Argentinier Diego Maradona (4) war
einer der größten Fußballspieler überhaupt;
später machte ihm Kokainsucht schwer
zu schaffen. Pelé mit Freudentränen, als
Brasilien 1970 den Weltmeisterschaftstitel
erringt (5).

5

De West-Duitse midvoor Uwe Seeler
wordt in 1966 tijdens de kwartfinales
van het wereldkampioenschap voetbal door
Manicera uit Uruguay ten val gebracht (1).
Nederlands getalenteerde international
Johan Cruyff, hier aanvoerder van
Barcelona, moet na het krijgen van de rode
kaart uiteindelijk door twee politieagenten
van het veld worden verwijderd (2).
George Best, hier in 1976, op het einde
van zijn carrière, spelend voor Fulham (3).
De Argentijn Diego Maradona (4), die in
de jaren '70 al vele miljoenen guldens
waard was, bracht zijn latere loopbaan veel
schade toe door zijn cocaïnegebruik. Pele
kan zijn tranen niet bedwingen wanneer
Brazilië in 1970 wereldkampioen wordt
(5).

SUZANNE Lenglen in play at the Wimbledon Lawn Tennis Championships, which she won in 1925 (1). Fred Perry, playing here in the men's semifinals in 1936, won the men's singles for the third year running (2). In 1975, US player Arthur Ashe made tennis history to become the first black Wimbledon champion (3). Björn Borg's double-handed grip served to confuse the opposition as to whether he was coming in for a forehand or backhand shot. Here he is in action against Yugoslav Nicky Pilic in 1977 (4). He was unbeaten at Wimbledon between 1976 and 1980. Martina Navratilova (5) went on to win the Wimbledon women's singles nine times before retiring in 1994 after missing the much sought-after tenth record-breaking triumph.

SUZANNE Lenglen in voller Aktion beim Tennisturnier in Wimbledon, das sie im Jahre 1925 gewann (1). Fred Perry, hier im Halbfinale der Herren 1936, gewann den Pokal drei Jahre in Folge (2). 1975 machte der Amerikaner Arthur Ashe Tennisgeschichte als erster schwarzer Wimbledonsieger (3). Björn Borgs doppelhändiger Griff verwirrte den Gegner, der nie wußte, ob er Vor- oder Rückhand spielen würde. Hier sieht man ihn 1977 im Match gegen den Jugoslawen Nicky Pilic (4). Zwischen 1976 und 1980 konnte ihn keiner in Wimbledon schlagen. Martina Navratilova (5) gewann das Damen-Einzel neunmal; 1994 beendete sie ihre Karriere, nachdem ihr der zehnte Triumph, mit dem sie einen neuen Rekord aufgestellt hätte, nicht geglückt war.

SUZANNE Lenglen in actie op het Wimbledon-tennistoernooi, dat ze in 1925 won (1). Fred Perry, hier tijdens de halve finales van 1936, won het herenenkelspel drie jaar achter elkaar (2). In 1975 maakte de Amerikaan Arthur Ashe geschiedenis als de eerste zwarte winnaar van Wimbledon (3). Björn Borg zorgde er met zijn dubbelhandige techniek voor dat zijn tegenstanders tot het laatste moment niet wisten of hij nu met zijn back- of forehand zou slaan. Hier is hij te zien in een wedstrijd tegen de Joegoslaaf Niki Pilic in 1977 (4). Tussen 1976 en 1980 bleef hij ongeslagen op Wimbledon. Martina Navratilova (5) won het damesenkelspel negen keer. Ze stopte in 1994 met tennis nadat de recordpoging het voor de tiende keer te winnen mislukt was.

1

2 3

4 5

2

OTHER star names of the 1980s included Gabriela Sabatini of Argentina (1), whose stunning looks caused quite a stir, and Ivan Lendl, the Czech who repeatedly returned without ever quite winning (2). West German Boris Becker, coached since early childhood by his father, won in both 1985, 1986 and 1989 (3), while American André Agassi became as famous for his fashions (which included shaving his chest and legs) as for his play (4).

WEITERE Tennisstars der 80er Jahre in Wimbledon waren die Argentinierin Gabriela Sabatini (1), die auch als Schönheit Aufsehen erregte, und der Tscheche Ivan Lendl, der immer wieder dabei war und doch nie gewann (2). Boris Becker, schon als Kind von seinem Vater trainiert, siegte 1985, 1986 und 1989 (3). Der Amerikaner André Agassi war für sein Modebewußtsein (er rasierte sich Brust und Beine) ebenso berühmt wie für sein Spiel (4).

1

A NDERE tennissers die in de jaren '80 op Wimbledon furore maakten, waren de Argentijnse Gabriela Sabatini (1) en de Tsjech Ivan Lendl (2), die er steeds weer bij was maar nooit won. De Duitser Boris Becker werd al als kind door zijn vader getraind en won het toernooi in 1985, 1986 en 1989 (3), terwijl de Amerikaan André Agassi niet alleen opzien baarde met zijn spel, maar ook met zijn uiterlijk (4).

THE 1936 Olympic Games: those cheering wear logos as diverse as India and Brazil (1). The Olympic torch is run into the stadium beneath ranked banners of swastikas surmounted with eagles (2). Jesse Owens, US sprinter and long-jumper, is seen practising on board the SS *Manhattan* (3), on his way to represent his country – against Hitler's expressed wishes.

OLYMPISCHE Spiele 1936: begeisterte Zuschauer, darunter Inder und Brasilianer (1). Das olympische Feuer wird vor adlergekrönten Hakenkreuzflaggen ins Stadion getragen (2). Jesse Owens, Läufer und Weitspringer aus den USA, trainiert noch an Bord der SS *Manhattan*, um sein Land, gegen Hitlers ausdrücklichen Wunsch, zu vertreten (3).

DE Olympische Spelen van 1936: vrolijke en juichende toeschouwers, waaronder ook supporters uit Brazilië en India (1). Wanneer het Olympische vuur het stadion binnengedragen wordt, hangt dat vol met hakenkruisen en adelaars (2). Jesse Owens, de Amerikaanse sprinter en verspringer, doet nog wat oefeningen op het dek van de SS *Manhattan* (3).

IN Tokyo in 1991, Carl Lewis (USA) set a new men's 100 m record (1). In 1992 Linford Christie (UK) won the silver at the Barcelona Olympics 100 m (3, 4). In the 1993 World Championships, the US (gold) and British (silver) 100 m teams celebrate (2).

IN Tokio stellte der Amerikaner Carl Lewis 1991 einen neuen 100-Meter-Rekord auf (1). 1992 gewann Linford Christie Silber im Hundertmeterlauf bei den Olympischen Spielen in Barcelona (3, 4). Bei der WM 1993 jubeln das amerikanische (Gold) und das britische 100-Meter-Team (Silber, 2).

IN Tokyo liep de Amerikaan Carl Lewis in 1991 een nieuw wereldrecord op de 100 m (1). Op hetzelfde onderdeel behaalde Linford Christie in 1992 zilver (3, 4). Bij het wereldkampioenschap atletiek in 1993 kunnen de nummers 1 en 2 op de 100 m, de VS en Groot-Brittannië, hun geluk niet op (2).

RUSSIAN Olga Korbut, aged 20 here in 1975, rehearsing for the World Athletics Championships (1), following up her successes in the Olympic Games. Gwang-Suk Kim, of the People's Republic of (North) Korea, was another precocious 'wonder child', here seen performing on the asymmetric bars at the 1992 Barcelona Olympics (2).

DIE Russin Olga Korbut, hier 1975 mit zwanzig Jahren (1), trainiert nach ihrem großen Erfolg bei den Olympischen Spielen für die Leichtathletik-Weltmeisterschaft. Gwang-Suk Kim aus Nordkorea, ebenfalls ein »Wunderkind«, am Stufenbarren bei den Olympischen Spielen 1992 in Barcelona (2).

DE Russische Olga Korboet, hier twintig jaar oud (1, 1975), bereidt zich na haar grote succes op de Olympische Spelen voor op het wereldkampioenschap atletiek. Een ander 'wonderkind', Gwang-Suk Kim uit Noord-Korea, is hier op de Olympische Spelen van Barcelona in 1992 te zien op de brug met ongelijke leggers (2).

2

MR and Mrs Joe Louis take a stroll in 1936 (1). The following year he won the World Heavyweight Championship, holding it until 1949, the longest reign ever. In July 1951, Sugar Ray Robinson was caught by photographer Bert Hardy, practising at a gym in Paris shortly before his British match against Randolf Turpin (2). Robinson lost nine out of fifteen rounds and needed 14 stitches over his eye. This US heavyweight is the only champion ever to win under two names – first as Cassius Clay in 1964, then, after his conversion to Islam, as Muhammed Ali ten years later. He never missed an opportunity to say that he was the greatest champion of all time – and he probably was. He is pictured giving Sonny Liston 'a good whuppin' (his description) in their 1964 world title fight (3). Two years later, Muhammed Ali was pictured training at the Territorial Army Gymnasium, White City, London (4).

MR. Joe Louis und Gattin machen einen Spaziergang, 1936 (1). Im folgenden Jahr wurde Joe Louis Weltmeister im Schwergewicht und hielt diesen Titel bis 1949, länger als jeder andere. Der Photograph Bert Hardy hielt Sugar Ray Robinson im Juli 1951 beim Training in einer Pariser Sporthalle fest, kurz vor seinem Kampf gegen Randolf Turpin in England (2). Robinson verlor neun von fünfzehn Runden und mußte über dem Auge mit vierzehn Stichen genäht werden. Dieser amerikanische Schwergewichtler ist der einzige Champion, der unter zwei verschiedenen Namen den Titel gewann: zuerst 1964 als Cassius Clay, und dann, nach seiner Bekehrung zum Islam, zehn Jahre später als Muhammed Ali. Er ließ nie eine Gelegenheit aus zu verkünden, daß er der Größte aller Zeiten sei – und wahrscheinlich war er das tatsächlich. Im Kampf um den Weltmeisterschaftstitel 1964 sieht man ihn mit Sonny Liston, den er (wie er das

3

4

nannte) »ordentlich durchwalkt«. Die Aufnahme von Muhammed Ali beim Training entstand zwei Jahre später im Territorial Army Gymnasium, White City, London (4).

Toegejuicht door een bewonderende menigte maakt Mr. Joe Louis in 1936 samen met zijn vrouw een wandeling door New Orleans (1). In het jaar daarop werd hij wereldkampioen in het zwaargewicht, een titel die hij tot 1949 zou behouden, langer dan welke andere bokser ook. De fotograaf Bert Hardy legde Sugar Ray Robinson in juli 1951 bij een training in een Parijse sportschool op de gevoelige plaat vast (2), kort voor zijn gevecht met Randolf Turpin in Engeland. Robinson verloor negen van de vijftien ronden en liep boven zijn oog een wond op die met veertien steken gehecht moest worden. Deze Amerikaanse zwaargewicht is de enige bokser die onder twee namen de wereldtitel won – eerst als Cassius Clay, in 1964, en tien jaar later, na zijn bekering tot de islam, als Mohammed Ali. Hij liet geen gelegenheid voorbijgaan om te zeggen dat hij de beste bokser aller tijden was – wat waarschijnlijk waar was. Op de foto (3) is te zien hoe hij Sonny Liston in 1964 tijdens het gevecht om de wereldtitel 'een beste dreun' geeft (zijn eigen woorden). Een trainende Mohammed Ali in 1966 in het Territorial Army Gymnasium, White City, Londen (4).

THE racing driver Ayrton Senna was
such a hero in his native Brazil that
when he was killed on the racetrack in
May 1994, Brazil went into three days of
national mourning. Here he is engaged
in the Japanese (2) and the Australian (1)
Grand Prix races in 1993.

DER Rennfahrer Ayrton Senna war
in seinem Heimatland Brasilien ein
solcher Volksheld, daß drei Tage Staats-
trauer angeordnet wurden, als er im Mai
1994 bei einem Unfall umkam. Hier sieht
man ihn 1993 bei den Rennen in Japan (2)
und Australien (1).

DE formule 1-coureur Ayrton Senna
was in zijn vaderland Brazilië zo
populair, dat er drie dagen van nationale
rouw werden afgekondigd toen hij in mei
1994 bij een Grand Prix-wedstrijd
verongelukte. Hier is hij te zien bij de
races in Japan (2) en Australië (1).

BRITISH racing driver Graham Hill relaxes at home in North London in 1962, watched by his wife Bette holding their daughter Bridget, and by tiny fellow competitor and son Damon (1). Over thirty years later, in 1993, the self-same son participates in the Italian Grand Prix (2). At the Monaco Grand Prix of 1992, Eric Comas leads Martin Brundle, Riccardo Patrese and Gerhard Berger (3), while in the same year Nigel Mansell and Michael Schumacher celebrate after the Mexican Grand Prix (4).

DER britische Rennfahrer Graham Hill ruht sich in seinem Haus im Londoner Norden aus, 1962, und seine Frau Bette mit Tochter Bridget im Arm sieht zu, wie Sohn Damon dem Vater Konkurrenz macht (1). Über dreißig Jahre später: derselbe Damon beim Großen Preis von Italien (2). In Monaco, 1992, liegt Eric Comas vor Martin Brundle, Riccardo Patrese und Gerhard Berger in Führung (3), und im selben Jahr feiern Nigel Mansell und Michael Schumacher nach dem Großen Preis von Mexiko (4).

DE Britse coureur Graham Hill in 1962 op het minicircuit voor zijn huis in Noord-Londen met zijn vrouw Bette en dochter Bridget, zijn mededinger naar de overwinning is zijn zoon Damon (1). Ongeveer dertig jaar later, in 1993: dezelfde Damon in de Grand Prix van Italië (2). Tijdens de wedstrijd van Monaco in 1992 ligt Eric Comas voor op Martin Brundle, Riccardo Patrese en Gerhard Berger (3), en in hetzelfde jaar vieren Nigel Mansell en Michael Schumacher de afloop van de Grote Prijs van Mexico (4).

Register

Note: Page numbers refer to text and captions.

Die Seitenzahlen beziehen sich auf Text und Bildunterschriften.

Paginanummers verwijzen naar tekst en bijschriften.

How to buy or license a picture from this book

The pictures in this book are drawn from the extensive archives of The Hulton Getty Picture Collection. One of the largest picture libraries in the world, the collection contains approximately 15 million images, some of which date from the earliest days of photography. Originally formed in 1947 as the Hulton Press Library, it includes original material from leading press agencies – Topical Press, Keystone, Central Press, Fox Photos and General Photographic Agency as well as from *Picture Post* magazine, *The Daily Express* and the *Evening Standard*.

Picture Licensing Information
To license any of the pictures in the book Please call Hulton Getty, or the network of Getty Images offices worldwide, with your picture selection quoting the page reference and subject.

Hulton Getty Online
All the pictures in the book and countless others are available via Hulton Getty Online at: **http://www.hultongetty.com**

Buying a print
For details of how to purchase exhibition quality prints call **The Hulton Getty Picture Gallery + 44 020 7 376 4525**

Tel: **+44 020 7266 2662**, Fax: **+44 020 7266 3154**, e-mail: **info@getty-images.com**

Picture Credits and Leading Photographers

Abbé, James 530.1, 561.3
Abrahams, Horace 615.6
courtesy Anne Frank Foundation 487.3
Alan Band Photos/Hulton Getty 692.1, 776.1, 887.3
Ambler, Maurice (for Picture Post) 485, 673.2
Apple Corps 788
Auerbach, Erich 721, 722.1, 724–725, 733.3, 735.3, 740, 750.3, 758.2
Baron 674.2, 676.1, 679.2, 749.2
Beato, Felice 44.2, 45.3, 52.4, 328, 329
Brady, Matthew 330.2, 333.3, 454.1, 454.2
Brandt, Bill (for Picture Post) 630–631, 632.1, 632.3
Capa, Robert (Life/Pool/Keystone) 588.1, 589.3
Carjat, Etienne, 16.6, 16.9
Chillingworth, John (for Picture Post) 517.3, 638
Consolidated News, Washington 850.1, 817.5
Davey, C. (for Evening Standard) 702.1
Downey, W. & D. 17.5, 17.6, 83.2, 110.2, 158.1, 158.4, 159.5, 162.1, 163.2, 168.3, 179.4, 354.2, 355.3
Delamotte, Philip Henry 426.1, 426.2, 427.4
Dutkovich, Martin (for Picture Post) 635.2
Eason, Steve 779.3, 833
Elledge, Mark 845.5
Emerson, Peter Henry 25.2
Empics: Bildbyrån 885.2; Etherington, Steve 888, 890.2, 890.3, 891; Kinniard, Ross 878–879; O'Brien, Phil 882.1; Simpson, Neal 883.3, 883.4; Viera, Rui 883.2
England, William (for London Stereoscopic Company) 8, 66.1, 156.2, 215.3, 274.1, 278.1, 436.1, 437.2, 446–450
Esten, Jack (for Picture Post) 824.1, 824.2, 824.3, 824.4
Fenton, Roger 324, 325, 326
Ferraz, Peter 818.1
Fincher, Terry (for Daily Express) 814.2, 845.1, 845.2, 845.3, 845.4, 847.2
Frith, Francis 181.3, 185.3, 434, 454.3
Gardner, Alexander 330.1, 332.1, 334.1
Gould, Peter/Images N.Y. 716.2
Graham, Tim (for Evening Standard) 772

Grundy, William 28.1, 29.2, 463.2
Hardy, Bert (for Picture Post) 572.1, 645.1, 700.1, 823.5, 808.3
Hewitt, Charles 'Slim' (for Picture Post) 739.2, 810.2, 811.3
Hollyer, Fred 178.3
Howlett, Robert 431.2, 433.3
Hurley, Frank 468.2
Hutton, Kurt (for Picture Post) 516.2, 581.4, 651.2, 696–697, 701.2, 702.3
Jones, Roy (for Evening Standard) 780–781
Keegan, Peter (Keystone) 842.1
Khaldi, Yvgeni 594.3
Kleboe, Raymond (for Picture Post) 608.1, 744, 744.2,
Lancaster, Chris (for Daily Express) 830.1, 831.3, 831.4
Lange, Dorothea 511.4
Layfayette 743.3
London Stereoscopic Company 2, 17.2, 47.3, 67.2, 80, 85.4, 92.2, 97.5, 110.1, 144.1, 160.2, 161.2, 163.2, 177.4, 184.1, 185.2, 287.5, 435, 443.4, 470, 471
McCombe, Leonard (for Picture Post) 581.3
McKeown, Joseph (for Picture Post) 786.1
Man, Felix (for Picture Post) 736.1
Magee, Haywood (for Picture Post) 514.1, 515.2, 653.2, 759.3
Marcus, Eli 494.1
Martin, Paul 38.4, 50.1, 52.2, 53.6, 96.1, 97.2, 98.1, 100.2
Marey, Jules 459.2
Mayall, Robert 354.1
Meagher, Stanley (for Daily Express) 815.3, 819.4
Miller, H. 612.1
Minihan, John (for Evening Standard) 773.3, 778.1
Mirror Syndication International 728.1, 796.4, 816, 828–829, 847.3, 848–849, 857.3, 862–863, 864–865
Morse, Ralph (Life/Pool/Keystone) 585.3, 589.2
Mortimer, F.J. 30.1, 31.3, 51.3, 62.1, 63.2, 75.3, 92.4, 99.3, 102.2, 103.4, 290.1, 477.2
Mott, F. (for Evening Standard) 776.6

Muybridge, Eadweard 170, 456
Nadar 17.9, 177.8, 270.1
NASA 478, 796–801, 803.3
Ponting, H.G. 468.1
Ramage, Frederick (Keystone) 582.3, 583. 594.2, 596, 598–603, 604.1, 604.2, 614.4, 628–629, 637.3, 714.1
Reuters: Brylan, Desmond 838.1; Burditt, Howard 838.2; Castro, Erik de 866.2; Christensen, Jeff 867.3; Dunhill, Alice 852.1; Kishore, Kamal 866. Koyodo Japan 868.3; Mayama, Kimimasa 869.2, 869.4; Ngwenya, Juda 839.3; Pryke, John 869.3; Rodwell, Crispin 821. Sell, Blake 867.4; Silverman, David 817.4; Wong, Andrew 861.3
Rider-Rider, William 382.1
Riis, Jacob 234, 236, 237
Robertson, James 327.3
Robinson, A.H. 264.1
Sache, John 36.1
Sasha (Alex Stewart) 489, 730.1, 736.1, 74 746.1
Seeberger Frères 490, 491
Shaglin, Ivan 594.1
Shishkin, A. (Slava Katamidze Collection) 795.4
Sime, Jimmy (Central Press) 732.1
Smith, W. Eugene (INP/Pool/Keystone) 61
Startup, Ronald (for Picture Post) 706
Stroud, George (for Daily Express) 776.3, 82
Sunami, Soichi 748.1
Sutcliffe, Frank Meadow 84.2, 86
Thomson, John 38.3, 44.3, 48, 49.7, 52.3
Thiele, Reinhold 347–351
Todd, T.E. 34, 35, 60.2, 190–193
US Army Signal Corps 404.1
Ustinov, Alexander (Slava Katamidze Collection) 592.1
Valentine, James 26, 69.2, 433.4, 439.3
Walmsley Brothers 18, 19, 24.1, 29.3
Ware, Chris (Keystone) 695.3
Wasserman, Dimitri 17.12
Wood, Graeme (for Daily Express) 775.3
Zelma, George (Slava Katamidze Collectio 590.3